예비교사와 현직교사를 위한 초등수학지도방법
- 2판 -

**예비교사와 현직교사를 위한
초등수학지도방법**

초판발행　　2022년 3월 1일

저　자　　강문봉
펴　낸　곳　　지오북스
등　록　　2016년 3월 7일 제395-2016-000014호
전　화　　02)381-0706 | 팩스 02)371-0706
이 메 일　　emotion-books@naver.com
홈페이지　　www.geobooks.co.kr

ISBN　　979-11-91346-27-5
값 22,000원

이 책은 저작권법으로 보호받는 저작물입니다.
이 책의 내용을 전부 또는 일부를 무단으로 전재하거나 복제할 수 없습니다.
파본이나 잘못된 책은 바꿔드립니다.

예비교사와 현직교사를 위한
초등수학지도방법

저 자 강문봉

gb 지오북스

머리말

우리는 4차 산업혁명 시대에 살고 있으며, 지금보다 더욱 발전한 사회에서 살아갈 미래 세대를 교육한다. 4차 산업혁명은 초연결성과 초지능화의 특성을 가지고 있다. 세상은 이제 사물 인터넷과 클라우드 등 정보통신기술을 통해 인간과 인간, 사물과 사물, 인간과 사물이 상호 연결되고, 빅데이터와 인공지능 등으로 과거보다 훨씬 지능화된 사회로 변화될 것이다.

4차 산업혁명으로 인해 인간이 기계로 대체되어 벌써 일자리가 많이 사라지고 있으며 동시에 인공지능이나 3D 프린팅, 스마트 팩토리, 산업 로봇, 소프트웨어 분야에서 양질의 일자리가 만들어지기도 한다. 새로운 산업이나 일자리들을 살펴보면 주로 컴퓨터 관련 일들이 많으나, 그 출발은 수학에 있음을 짐작할 수 있다. 이와 같이 수학은 미래의 직업과 산업에 큰 역할을 차지하게 될 것임에 분명하다.

그러나 학교 교육에서 수학은 점점 위축되어가는 실정이다. 수학을 포기하거나 수학에 흥미를 잃는 학생들이 점점 많아지고 있으며, 교육과정을 개정할 때마다 수학 포기자를 줄여야 한다면서 수학의 많은 내용을 삭감하거나 위의 학년으로 이동하여 수학의 학습량을 줄이고 있는 것은 안타까운 일이 아닐 수 없다. 미래 산업은 발전된 수학 내용을 필요로 하는데, 수포자를 줄이는 방법을 수학의 학습량을 줄이는 데서 찾는 것은 잘못된 방향이라고 생각한다.

수포자를 줄이는 방법은 학습량의 감축이 아니라 지도 방법의 개선에서 찾아야 할 것이다. 학생들에게 도전 의식을 가지게 하고, 인내심을 기르고, 수학의 가치를 인식하게 하고, 수학을 학습하는 데서 흥미와 즐거움을 가지게 하고, 수학을 만들어보는 경험을 가지게 해야 하는 것이다. 어려운 내용이라고 해서 삭제하거나 위의 학년으로 옮기는 것이 아니라, 시대에 뒤떨어진 내용은 삭제하되 새로운 미래 사회에서 필요한 것은 어렵더라도 지도해야 하며, 오히려 새로운 내용을 추가하여 더 지도해야 할지도 모른다. 수학적 능력이 뒤떨어지는 아동을 배려해야 하지만 동시에 수학적 능력이 우수한 학생을 위한 고려도 있어야 한다.

필자는 수학을 학습하면서 "왜 이런 것을 배워야 할까?", "왜 이렇게 하지?" 하는 궁금증을 가진 적이 있으며, 문제를 해결하지 못해 고민하다가 잊어버렸는데 1년 정도 시간이 흐른 후에 갑자기 그 문제의 해법이 떠오른 적도 있었다. 그때의 기쁨은 오래 지속되었고 수학을 공부하는 동력이 되었었다. 필자는 학생들이 수학을 학습하면서 흥분과 희열을 느끼고 뭔가를 스스로 발견하는 기쁨을 누리게 하고 싶다. '교사들은 수학을 그렇게 가르칠 수 없을까?' '교과서의 수학을 아동들에게 전달하는 것이 아니라 아동들이 수학을 창조하게 할 수는 없을까?'

이 책은 그런 희망으로, 초등수학을 가르치려는 예비교사를 위해서 그리고 어느 정도는 수학 수업을 개선하려는 현직교사를 위해 집필한 것이다. 20년 남짓한 강의 경험과 교사들과의 대화를 통해 얻은 아이디어를 구체화하려고 시도하였다. 많은 것을 얻을 수는 없겠지만 조그마한 변화라도 얻기를 희망해 본다.

이 교재는 2015 개정 수학과 교육과정에서 구분한 영역을 중심으로 구성하되 수와 연산 영역은 분량이 많아서 여러 장으로 세분하였다. 3장부터는 각 장의 첫 페이지에 '생각할 문제'를 수록하였다. 이 문제는 각 장에 들어가기 전에 생각해 볼 문제 또는 각 장을 학습한 후에 해답을 찾기를 기대하는 문제들이다. 개정판에서는 일부 내용을 수정 보완하였으며, 개정된 검정 교과서(3, 4학년)의 내용을 반영하였다.

끝으로, 이 교재의 처음부터 끝까지 내용을 검토하고 아이디어를 제공해 준 김정하 박사에게 감사 말씀을 드리며, 또한 이 책을 출판해 주신 지오북스 김남우 대표에게 감사드린다.

2022년 2월
저자 강문봉

차 례 CONTENTS

1장 수학교육의 기초 ········· 11
1. 수학은 무엇인가?   12
    가. 수학의 의미   12
    나. 수학의 특성   13
2. 수학은 왜 가르치는가?   14
3. 수학 교과 역량   15
    가. 문제 해결   16
    나. 추론   17
    다. 창의·융합   18
    라. 의사소통   20
    마. 정보 처리   21
    바. 태도 및 실천   22

2장 수학과 수업 방법과 평가 ········· 25
1. 교수·학습 방법   26
2. 수학과 수업모형   27
    가. 수업모형의 의미   27
    나. 개념학습 모형   28
    다. 원리탐구 모형   32
    라. 귀납적 추론 수업모형   33
    마. 문제해결 수업모형   35
    바. 수학적 논의를 위한 수업모형   37
3. 평가   40

3장 0과 자연수 ········· 43
1. 관련 이론   45
    가. 자연수의 의미   45

나. 자연수 개념의 발달　　　　　　　　　47
　　　다. 명수법　　　　　　　　　　　　　　48
　　　라. 기수법　　　　　　　　　　　　　　50
　　　마. 수 감각　　　　　　　　　　　　　　53
　　　바. 자연수의 성질　　　　　　　　　　　55
　2. 0과 자연수의 지도　　　　　　　　　　　57
　　　가. 자연수의 모델　　　　　　　　　　　57
　　　나. 0-9의 지도　　　　　　　　　　　　59
　　　다. 두 자리 수의 지도　　　　　　　　　60
　　　라. 큰 수의 지도　　　　　　　　　　　62

4장 0과 자연수의 연산 ······ 65

　1. 관련 이론　　　　　　　　　　　　　　　67
　　　가. 연산　　　　　　　　　　　　　　　67
　　　나. 암산과 어림셈　　　　　　　　　　　69
　　　다. 계산 도구　　　　　　　　　　　　　74
　2. 덧셈과 뺄셈의 지도　　　　　　　　　　　75
　　　가. 덧셈과 뺄셈의 의미　　　　　　　　76
　　　나. 기호화 및 읽기　　　　　　　　　　77
　　　다. 기본 덧셈과 기본 뺄셈　　　　　　　77
　　　라. 덧셈과 뺄셈 알고리즘의 개발　　　　78
　　　마. 세 수의 덧셈과 뺄셈　　　　　　　　81
　　　바. 덧셈과 뺄셈의 성질　　　　　　　　82
　　　사. 계산 기능의 숙달　　　　　　　　　83
　　　아. 덧셈과 뺄셈의 활용　　　　　　　　84
　3. 곱셈의 지도　　　　　　　　　　　　　　86
　　　가. 곱셈의 의미　　　　　　　　　　　　87

나. 기호화 및 읽기　　　　　　　　　　　88
　　　다. 곱셈 모델　　　　　　　　　　　　　88
　　　라. 곱셈구구　　　　　　　　　　　　　89
　　　마. 곱셈 알고리즘의 개발　　　　　　　91
　　　바. 곱셈의 성질　　　　　　　　　　　　94
　　　사. 곱셈 기능의 숙달　　　　　　　　　96
　　　아. 여러 가지 곱셈 방법　　　　　　　　97
　4. 나눗셈의 지도　　　　　　　　　　　　　99
　　　가. 나눗셈의 의미　　　　　　　　　　100
　　　나. 기호화 및 읽기　　　　　　　　　　102
　　　다. 기본 나눗셈　　　　　　　　　　　102
　　　라. 나눗셈 알고리즘의 개발　　　　　　102
　　　마. 나눗셈에서의 오류 유형　　　　　　106
　　　바. 혼합계산　　　　　　　　　　　　　106
　　　사. 사칙계산의 활용　　　　　　　　　107
　5. 검산 방법　　　　　　　　　　　　　　109
　　　가. 어림 이용　　　　　　　　　　　　110
　　　나. 역연산 이용　　　　　　　　　　　110
　　　다. 구거법 이용　　　　　　　　　　　110
　　　라. 배수 판정법　　　　　　　　　　　111

5장 분수와 그 연산 ·················· 113

　1. 관련 이론　　　　　　　　　　　　　　115
　　　가. 분수의 의미　　　　　　　　　　　115
　　　나. 분수 표기법의 발달　　　　　　　　117
　　　다. 분수와 관련한 여러 가지 용어　　　118
　　　라. 분수가 어려운 이유　　　　　　　　119
　2. 분수 개념의 지도　　　　　　　　　　　120
　　　가. 등분할 활동　　　　　　　　　　　121
　　　나. 기호화 및 읽기　　　　　　　　　　123
　　　다. 분수의 크기 비교　　　　　　　　　124

　　　　라. 분수를 변형하기　　　　　　　　　　　125
　　3. 분수의 덧셈과 뺄셈 지도　　　　　　　　　125
　　　　가. 분모가 같은 분수의 덧셈과 뺄셈　　　126
　　　　나. 분모가 다른 분수의 덧셈과 뺄셈　　　126
　　　　다. 가분수나 대분수의 덧셈과 뺄셈　　　127
　　4. 분수의 곱셈과 나눗셈 지도　　　　　　　128
　　　　가. 분수의 곱셈　　　　　　　　　　　　129
　　　　나. 분수의 나눗셈　　　　　　　　　　　132

6장 소수와 그 연산 ··· 143
　　1. 관련 이론　　　　　　　　　　　　　　　145
　　　　가. 소수 개념의 발달　　　　　　　　　　145
　　　　나. 소수의 의미　　　　　　　　　　　　147
　　　　다. 수체계와 소수　　　　　　　　　　　148
　　2. 소수와 그 연산의 지도　　　　　　　　　149
　　　　가. 소수의 정의　　　　　　　　　　　　150
　　　　나. 소수의 크기 비교　　　　　　　　　　152
　　　　다. 소수의 덧셈과 뺄셈　　　　　　　　　153
　　　　라. 소수의 곱셈　　　　　　　　　　　　154
　　　　마. 소수의 나눗셈　　　　　　　　　　　154
　　　　바. 혼합계산　　　　　　　　　　　　　157

7장 도형과 그 지도 ··· 159
　　1. 관련 이론　　　　　　　　　　　　　　　161
　　　　가. 기하교육의 목적　　　　　　　　　　161
　　　　나. 기하학의 발달　　　　　　　　　　　162
　　　　다. van Hieles의 기하 학습 수준 이론　　164
　　　　라. 구성 활동　　　　　　　　　　　　　165
　　　　마. 공간 감각　　　　　　　　　　　　　171
　　2. 교구를 이용한 도형 지도　　　　　　　　172
　　　　가. 지오보드(점판)　　　　　　　　　　　172

나. 패턴블록　　　　　　　　　　　　　　175
　　　다. 칠교판　　　　　　　　　　　　　　　179
　　　라. 쌓기나무　　　　　　　　　　　　　　181
　　　마. 기타 여러 교구　　　　　　　　　　　181
　3. 소프트웨어를 이용한 도형 지도　　　　　　182
　　　가. LOGO 유형의 프로그램　　　　　　　183
　　　나. Geometer's SketchPad　　　　　　　188
　4. 모양의 인식 지도　　　　　　　　　　　　　189
　　　가. 입체도형의 모양 인식　　　　　　　　190
　　　나. 평면도형의 모양 인식　　　　　　　　190
　5. 평면도형의 성질 지도　　　　　　　　　　　191
　　　가. 용어의 정의 방법　　　　　　　　　　191
　　　나. 직선, 반직선, 선분　　　　　　　　　193
　　　다. 각　　　　　　　　　　　　　　　　　193
　　　라. 수직과 평행　　　　　　　　　　　　　195
　　　마. 삼각형　　　　　　　　　　　　　　　196
　　　바. 사각형　　　　　　　　　　　　　　　201
　　　사. 다각형　　　　　　　　　　　　　　　205
　　　아. 원　　　　　　　　　　　　　　　　　207
　　　자. 합동과 이동　　　　　　　　　　　　　208
　6. 입체도형의 성질 지도　　　　　　　　　　　210
　　　가. 직육면체와 정육면체　　　　　　　　211
　　　나. 각기둥과 각뿔　　　　　　　　　　　214
　　　다. 정다면체　　　　　　　　　　　　　　216
　　　라. 다면체에서 규칙성 탐구　　　　　　217
　　　마. 회전체　　　　　　　　　　　　　　　217

8장 측정과 그 지도 ·········· 221

　1. 관련 이론　　　　　　　　　　　　　　　　223
　　　가. 측정 지도의 목적　　　　　　　　　　223
　　　나. 양의 개념　　　　　　　　　　　　　　224

다. 측정 지도 순서　　　　　　　　　　　　　　224
　2. 길이 지도　　　　　　　　　　　　　　　　　　229
　　　가. 비교　　　　　　　　　　　　　　　　　　230
　　　나. 임의단위를 이용한 직접측정　　　　　　　230
　　　다. 표준단위를 이용한 직접측정　　　　　　　230
　　　라. 간접측정　　　　　　　　　　　　　　　　233
　3. 넓이 지도　　　　　　　　　　　　　　　　　　234
　　　가. 넓이의 비교　　　　　　　　　　　　　　235
　　　나. 임의단위를 이용한 직접측정　　　　　　　236
　　　다. 표준단위를 이용한 직접측정　　　　　　　237
　　　라. 여러 가지 도형의 넓이 간접측정　　　　　238
　4. 들이와 부피 지도　　　　　　　　　　　　　　250
　　　가. 들이 지도　　　　　　　　　　　　　　　251
　　　나. 부피의 지도　　　　　　　　　　　　　　252
　5. 기타 외연량의 지도　　　　　　　　　　　　　254
　　　가. 무게의 지도　　　　　　　　　　　　　　255
　　　나. 시간의 지도　　　　　　　　　　　　　　256
　　　다. 각도의 지도　　　　　　　　　　　　　　260
　6. 내포량의 지도　　　　　　　　　　　　　　　261
　7. 개측(어림 측정)　　　　　　　　　　　　　　262
　　　가. 어림 측정의 지도 이유　　　　　　　　　262
　　　나. 어림 측정의 실제　　　　　　　　　　　263
　　　다. 어림 측정 전략　　　　　　　　　　　　264

9장 자료와 가능성 및 그 지도 ····················· 267

　1. 관련 이론　　　　　　　　　　　　　　　　　269
　　　가. 확률과 통계 지도의 목적　　　　　　　　269
　　　나. 관련 용어　　　　　　　　　　　　　　　270
　　　다. 확률의 역사　　　　　　　　　　　　　　270
　　　라. 수학적 확률과 통계적 확률　　　　　　　272
　　　마. 통계의 역사　　　　　　　　　　　　　　273

    2. 통계 지도　　　　　　　　　　　　　　　　　　275
        가. 통계적 탐구 절차　　　　　　　　　　　　275
        나. 여러 가지 통계 그래프　　　　　　　　　277
        다. 대푯값　　　　　　　　　　　　　　　　　285
    3. 가능성의 지도　　　　　　　　　　　　　　　287

10장 규칙성과 그 지도 ·················· 289

    1. 관련 이론　　　　　　　　　　　　　　　　　291
        가. 비와 비율의 지도 이유　　　　　　　　　291
        나. 비와 비율에 관한 여러 개념　　　　　　292
        다. 규칙성 지도의 이유　　　　　　　　　　295
        라. 규칙성의 유형　　　　　　　　　　　　　296
    2. 비와 비율의 지도　　　　　　　　　　　　　298
        가. 비와 비율　　　　　　　　　　　　　　　298
        나. 비례식과 비례배분　　　　　　　　　　　301
        다. 정비례와 반비례　　　　　　　　　　　　302
    3. 규칙성의 지도　　　　　　　　　　　　　　303
        가. 규칙성 찾기 지도에서 주의할 점　　　　303
        나. 대응 관계 찾기　　　　　　　　　　　　305

▶▶참고문헌　　　　　　　　　　　　　　　　　　　307
▶▶찾아보기　　　　　　　　　　　　　　　　　　　311

제1장 수학교육의 기초

1장 수학교육의 기초

🔍 1. 수학은 무엇인가?

가. 수학의 의미

수학이 무엇인지를 정의한다는 것은 어려운 일이다. 먼저 수학의 원어적 의미를 살펴보자. 수학이라는 글자의 뜻을 그대로 해석하면 '수(數)를 배우는 학문(學)'이라고 할 수 있다. 영어 mathematics의 어원은 '배우는 모든 것'이라는 뜻의 그리스어 mathemata 또는 mathema에서 유래한 것으로 알려져 있다. 이러한 단어들은 모두 배움이나 지식과 같은 의미를 가진 mathesis에서 유래한 말로 본시 수학뿐만 아니라 전반적인 학문을 넓히는 것을 의미했으며 오늘날의 수학(mathematics)보다 더 넓은 의미로 쓰였다는 것을 알 수 있다.

수학은 오랜 역사를 거치면서 발전해 왔고, 그 과정에서 수학의 의미가 확대되고 수학의 대상이 확대되었다. 요즘에 수학은 어떤 의미로 이해되고 있는지 알아보자.

첫째, 수학은 패턴의 과학이다. 과거에는 수와 계산 또는 수와 공간에 관한 학문으로 여겼으나 이제 수학자는 수의 패턴, 형태의 패턴, 운동의 패턴, 행동의 패턴 등을 연구한다(Devlin, 1994). 수학은 자연현상이나 사회현상 속에서 수학적 현상을 연구하는 학문이라고 할 때의 수학적 현상 역시 어떤 질서와 패턴이다.

둘째, 수학은 체계적이고 연역적인 과학으로서, 정의, 정리, 알고리즘과 그 연역 체계라고 하는 입장이 있지만, 수학은 인간의 정신 활동(허민 역, 2003)으로 보는 입장도 있다. 전자는 수학자들이 만들고 최종적으로 완성한 결과물을 수학으로 보고 있는 반면, 후자는 그러한 결과물을 만들고 다듬어 가는 과정을 수학으로 보는 것이다. 수학은 사고실험이라거나 "수학은 끊임없는 개선을 통해 성장한다"(Lakatos, 1976)는 입장이 이와 같다.

셋째, 수학은 문제해결이다. "사고를 한다는 것은 문제를 해결하기 위한 것이고 수학을 한다는 것도 결국 수학적으로 문제를 해결하기 위한 것이며 계산법도 개념적 사고도 결국은 문제를 해결하기 위한 수단 도구에 불과하다고 볼 수 있다"(우정호, 1998).

이와 같이 수학이 무엇인가에 대한 관점은 다양하다. 그러므로 수학을 한 마디로 정의하려고 하기보다는 수학이 이러한 다양한 측면을 가지고 있다는 것을 이해해야 할 것이다.

나. 수학의 특성

첫째, 추상적인 학문이다. 수학적 개념은 어떤 구체물이 아니라 구체물 혹은 인간의 활동을 추상화하여 얻어진 개념이다. 추상화란 어떤 구체물의 집합이나 인간의 활동에서 이질적인 속성을 제거하고 동질적인 속성만을 끄집어내는 과정이다. 수학의 개념인 '삼각형'을 의미하는 주변의 물건은 많이 있으나 그 물건 어느 것도 삼각형은 아니며, 사과가 접시 위에 3개가 놓여 있을 때 그것은 수 3을 나타내는 사물이기는 하지만 사물 자체가 수 3은 아닌 것이다.

둘째, 형식적인 학문이다. 수학적 개념은 추상적인 것으로 이를 일반화하기 위해 고도로 형식화된 학문이다. 수학의 출발은 현실의 어떤 상황에서 비롯되었겠지만 수학이 성장하면서 그 의미를 버리고 형식만 취하게 된다. 이렇게 형식화되면서 의사소통이 원활해지고 그 적용성이 높아지게 된다.

셋째, 계통성이 있는 학문이다. 수학은 개념이나 알고리즘이 따로 떨어져 있는 것이 아니라 논리적 연결성을 가지고 있으며, 어떤 내용을 기반으로 하여 그 기반 위에 다른 내용들이 첨가되면서 그 수준이 높아지고 그 범위가 확장해 가는 학문이다. 이와 같은 수학의 특징으로 인해 어느 학습 단계에서 낙오하게 되면 그 다음 단계로 나아가기 어렵다. 예를 들어 구구단을 알지 못하면 곱셈은 물론이고 나눗셈, 약수와 배수 등을 이해하기 어렵게 된다.

넷째, 실용적인 학문이다. 실생활에 필요해서 생겨난 수학 내용이 많이 있다. 또한 수학이 추상적이고 형식적일수록 실용성과 거리가 있을 것으로 생각되지만 오히려 새로운 영역에 적용되는 경우들도 많다.

다섯째, 논리적인 학문이다. 귀납이나 유추 등에 의해 발견한 어떤 사실들이 논리적으로 정당화되지 않으면 그것은 '추측'일뿐 수학의 '정리'로 인정받지 못한다. 논리적으로 정당화된 여러 내용은 정의와 정리 등에 의해 치밀하게 조직화되어 연역체계를 이루게 된다.

여섯째, 역동적인 학문이다. 수학 체계는 완성되어 정적인 학문으로 보이지만, 그러한 수학이 만들어지고 완성되는 과정은 직관적이고 역동적이다. 수학은 연역적으로 생성되기 보다는 직관에 의해 발명 또는 발견되고, 많은 시행착오를 거치면서 성장해 나가는 인간 활동이다.

2. 수학은 왜 가르치는가?

'수학을 왜 배우는가?' 라는 질문과 '수학을 왜 가르치는가?' 라는 질문은 질문의 주체가 학생인가 교사인가의 차이만 있을 뿐 그 해답은 동일하다고 생각하기 쉽다. 그러나 학습자가 자발적으로 학습할 때는 학습할 필요성을 인식하고 있거나 혹은 호기심이나 즐거움으로 학습하게 된다. 그러지 않을 때 학습자는 '왜 배우는가?' 라는 의문을 가지게 되는데, 그때 교사가 생각하고 있는 가르치는 이유는 학습자에게 그리 의미 있게 다가오지 않는다. 게다가 학교 교육에서는 학습자의 관심과 무관하게 학습의 시기와 학습 내용이 정해져 있다. 그러므로 '왜 배우는가?' 라는 질문보다 '왜 가르치는가?' 라는 질문이 교사들에게 더 적절할 것이다.

수학을 가르치는 이유로 보통 실용적 목적, 도야적 목적, 심미적 목적, 문화적 목적을 거론한다. 이에 대해 살펴보자.

첫째, 실용적인 목적이다. 수학은 실생활에 많은 도움을 준다. 간단한 계산과 어림은 물론 수학적인 용어를 이용한 일상적인 의사소통도 실생활에 매우 유용하다. 수학은 국가의 정보 산업 또는 국방 등과 같은 국가 보안과 발전에도 큰 도움을 주며, 과학이나 의학, 경제학 등에 종사하기 위해서도 필요하다. 이런 부분을 전문적인 목적으로 따로 분류하기도 하지만 넓은 의미로 실용적 목적에 포함하기도 한다.

둘째, 도야적 목적이다. 수학을 학습하게 됨으로써 논리적, 창의적, 비판적, 종합적 사고능력과 같은 정신 능력을 기르게 된다는 것이다. 수학을 단순한 계산을 위한 학문이 아니라 생각하고 마음을 바로잡는 학문으로 보는 것이다. 페스탈로찌가 "기초적으로 다루어지는 수 및 도형의 교육은 정신적 기술력의 수련"(김정환, 1970)이라고 주장한 것이나, 포앙카레(Poincaré)가 "수학 교육의 주된 목적은 정신 능력을 개발하는 것"이라고 주장한 것들은 모두 수학의 도야적 가치를 강조한 것이다.

셋째, 심미적 목적이다. 기하학적 도형이나 황금분할, 프랙탈 등을 보면 수학적 대상이 음악이나 미술 작품처럼 아름답다는 것을 느낄 수 있다. 또한 '박사가 사랑한 수식'이라는 소설에 등장하는 오일러의 공식 $e^{\pi i}+1=0$을 보자. 수학에서 가장 기본이 되는 1과 0, 허수인 i, 기본적인 무리수 π와 e가 수학에서 중요한 연산인 덧셈과 곱셈, 지수와 함께 등호로 연결되었다는 사실은 전율을 느낄 정도로 수학에서 가장 아름다운 식이다.

넷째, 문화적 목적이다. 인류가 만든 많은 문화유산을 유적지나 박물관에 잘 보존해 두는 것처럼 수학자들이 발견하거나 혹은 창조한 수학을 정신문화로서 후대에 계승 보관하려는 목적이다.

여기에 더하여 교양 있는 민주 시민의 양성이라는 목적도 생각할 수 있다. 수학은 교양인이 가져야 할 상식이며 민주 시민으로 살아가는 데 필요한 수단이라는 것이다. 지구가 태양의 주변을 공전하고 자전한다는 사실을 모르고 태양이 지구 둘레를 돈다고 하더라도 일상적으로 생활하는 데는 전혀 문제가 없다. 그럼에도 불구하고 이것은 현대인의 과학적 상식이다. 수학적 지식도 마찬가지이다. 우리는 일상생활에서 황금분할, 함수, 신뢰수준 등 많은 수학 용어나 기호들을 쉽게 접하게 된다. 우리가 가르치는 많은 수학 내용을 제대로 이해하지 못한다 하더라도 그러한 것을 어느 정도 알지 못하면 상식이 부족하게 된다. 게다가 수많은 정보가 난립하는 현대 사회에서 정보의 진위를 판단하고 합리적으로 의사결정을 하기 위해서도 수학은 필요하다.

3. 수학 교과 역량

2015 개정 교육과정은 문제 해결, 추론, 창의·융합, 의사소통, 정보 처리, 태도 및 실천의 6가지 수학 교과 역량을 길러야 한다고 말하고 있다. 박경미 외(2015)는 2015 개정 교육과정 시안을 개발하면서 이 6가지 교과 역량에 대해 설명하고 그 하위 요소도 밝히고 있다. 이러한 교과 역량은 새롭게 등장한 것이 아니라 NCTM(1989)이 다음과 같은 다섯 가지 수학 학습 목표를 제시한 이후 계속 강조되고 있는 목표이다.

1) 학생들은 수학의 가치를 이해할 수 있어야 한다.
2) 수학을 하는 자신의 능력에 대해 확신을 가져야 한다.
3) 수학 문제 해결자가 되어야 한다.
4) 수학적으로 의사소통하는 것을 배워야 한다.
5) 수학적으로 추론하는 것을 배워야 한다.

수학 교과 역량과 그 하위 요소에 대해서 자세히 살펴보자.

가. 문제 해결

문제 해결은 해결 방법을 알고 있지 않은 문제 상황에서 수학의 지식과 기능을 활용하여 해결 전략을 탐색하고 최적의 해결 방안을 선택하여 주어진 문제를 해결하는 능력이다. 문제 해결 능력을 기르기 위해 2015 개정 교육과정에서는 다음 사항을 강조하고 있다.

〈표 1-1〉 문제해결 능력 함양(교육부, 2015d)

(나) 문제 해결 능력을 함양하기 위한 교수·학습에서는 다음 사항을 강조한다.
① 문제를 해결할 때에는 문제를 이해하고 해결 전략을 탐색하며 해결 과정을 실행하고 검증 및 반성하는 단계를 거치도록 한다.
② 협력적 문제 해결 과제에서는 균형 있는 책임 분담과 상호작용을 통해 동료들과 협력하여 문제를 해결하게 한다.
③ 수학적 모델링 능력을 신장하기 위해 생활 주변이나 사회 및 자연 현상 등 다양한 맥락에서 파악된 문제를 해결하면서 수학적 개념, 원리, 법칙을 탐구하고 이를 일반화하게 한다.
④ 문제 해결력을 높이기 위해 주어진 문제를 변형하거나 새로운 문제를 만들어 해결하고 그 과정을 검증하는 문제 만들기 활동을 장려한다.

문제 해결 역량의 하위 요소 및 그 의미와 기능은 다음과 같다.

〈표 1-2〉 문제 해결 역량의 하위 요소(박경미 외, 2015)

하위요소	의미	기능
문제 이해 및 전략 탐색	문제에서 구하고자 하는 것과 주어진 조건 및 정보를 파악하고, 적절한 해결 전략을 탐색하여 풀이 계획을 수립하는 능력	(문제) 이해하기, 분석하기, (조건, 정보) 파악하기, (관계) 파악하기, 계획하기, 탐구하기, 일반화하기, 특수화하기, 유추하기, 분류하기, 조사하기, 거꾸로 생각하기, 단순화하기, 그림으로 나타내기, 표 만들기, 식 세우기, (다양한 전략) 구사하기
계획 실행 및 반성	계획한 풀이 과정을 수행하고 검증 및 반성을 통하여 해결 방법과 해답을 평가하는 능력	계산하기, (절차) 수행하기, 문제 해결하기, 적용하기, 활용하기, 점검하기, 반성하기, 평가하기
협력적 문제해결	균형 있는 책임 분담과 상호작용을 통해 집단적으로 문제 해결을 수행하는 능력	설명하기, 정당화하기, 질문하기, 비판하기, (의견) 존중하기, (의견) 조정하기, 의사결정하기, 토론하기, 제안하기, 종합하기
수학적 모델링	실생활 문제 상황을 수학적으로 나타내고 분석하여 결론을 도출하고 이를 상황에 맞게 해석하는 능력	(상황) 모델링하기, 변환하기, 분석하기, 적용하기, 활용하기, 해석하기, 결론 도출하기, 점검하기
문제 만들기	주어진 문제를 변형하거나 새로운 문제를 만들어 해결하는 능력	(조건) 변경하기, 유사성 찾기, 비교하기, 관련짓기, 확장하기, 생성하기, (문제) 만들기

나. 추론

추론은 수학적 사실을 추측하고 논리적으로 분석하고 정당화하며 그 과정을 반성하는 능력이다. 추론 능력을 기르기 위해 2015 개정 교육과정에서는 다음 사항을 강조하고 있다.

〈표 1-3〉 추론 능력 함양(교육부, 2015d)

> (다) 추론 능력을 함양하기 위한 교수·학습에서는 다음 사항을 강조한다.
> ① 관찰과 탐구 상황에서 귀납, 유추 등의 개연적 추론을 사용하여 학생 스스로 수학적 사실을 추측하고 적절한 근거에 기초하여 이를 정당화할 수 있게 한다.
> ② 수학의 개념, 원리, 법칙을 도출하는 과정과 수학적 절차를 논리적으로 수행하게 한다.
> ③ 추론 과정이 옳은지 비판적으로 평가하고 반성하도록 한다.

추론 역량의 하위 요소 및 그 의미와 기능은 다음과 같다.

〈표 1-4〉 추론 역량의 하위 요소(박경미 외, 2015)

하위요소	의미	기능
관찰과 추측	관찰과 탐구 상황에서 귀납, 유추 등의 개연적 추론을 사용하여 수학적 사실을 추측하는 능력	관찰하기, 추측하기, 규칙찾기, 탐구하기, 일반화하기, 특수화하기, 유추하기
논리적 절차 수행	수학적 절차와 수학적 사실 도출 과정을 논리적으로 수행하는 능력	형식화하기, 작도하기, 순서 짓기, 대입하기, 단순화하기, 계산하기, 절차 따르기, 풀기, (해) 구하기, 함수 구하기
수학적 사실 분석	수학적 개념, 원리, 법칙을 분석하는 능력	이해하기, (조건, 정보 등) 파악하기, 분석하기, 정의하기, 관계 짓기, 비교하기, 구별하기, 측정하기, (단위, 식) 변환하기, 공식 유도하기, (수, 개수, 경우의 수) 세기, 어림하기, 분해하기, 합성하기
정당화	수학적 사실이 참임을 보이기 위해 증거를 제시하고 이유를 설명하는 능력	정당화하기, 반례 찾기, 예증하기, 증명하기, 설명하기, 규칙 정하기
추론 과정의 반성	자신의 추론 과정이 옳은지 비판적으로 평가하고 되돌아보는 능력	반성하기, 되돌아보기, 비판하기, 평가하기, 검토하기, 판단하기, 판별하기, 확인하기

다. 창의·융합

창의·융합은 수학의 지식과 기능을 토대로 새롭고 의미 있는 아이디어를 다양하고 풍부하게 산출하고 정교화하며, 여러 수학적 지식, 기능, 경험을 연결하거나 타 교과나 실생활의 지식, 기능, 경험을 수학과 연결·융합하여 새로운 지식, 기능, 경험을 생성하고 문제를 해결하는 능력이다. 창의·융합 능력을 기르기 위해 2015 개정 교육과정에서는 다음 사항을 강조하고 있다.

〈표 1-5〉 창의·융합 능력 함양(교육부, 2015d)

> (라) 창의·융합 능력을 함양하기 위한 교수·학습에서는 다음 사항을 강조한다.
> ① 새롭고 의미 있는 아이디어를 다양하고 풍부하게 산출할 수 있는 수학적 과제를 제공하여 학생의 창의적 사고를 촉진시킨다.
> ② 하나의 문제를 여러 가지 방법으로 해결하게 하고, 해결 방법을 비교하여 더 효율적인 방법을 찾거나 정교화하게 한다.
> ③ 여러 수학적 지식, 기능, 경험을 연결하거나 수학과 타 교과나 실생활의 지식, 기능, 경험을 연결·융합하여 새로운 지식, 기능, 경험을 생성하고 문제를 해결하게 한다.

창의·융합 역량의 하위 요소 및 그 의미와 기능은 다음과 같다.

〈표 1-6〉 창의·융합 역량의 하위 요소(박경미 외, 2015)

하위요소	의미	기능
독창성	문제 상황에서 새로운 아이디어, 해결 전략, 해결 방법을 찾아내거나 새로운 관점에서 문제를 제기하는 능력	(새로운 관점에서 문제 해결 방법이나 전략) 찾아내기, (새로운 관점에서) 문제 제기하기, 발견하기, 창작하기, 상상하기, 발명하기, 만들기
유창성	문제 상황에서 많은 아이디어나 해결 방법, 해답을 산출하는 능력	(많은 해결 방법이나 해답) 찾아보기, (문제 해결 방법이나 전략을 2개 이상) 제시하기, (개방형 문제에서 다양한 해답) 산출하기
융통성	고정된 사고 방식에서 벗어나 다양한 관점에서 해결 방법이나 전략, 아이디어를 찾아내거나 문제를 제기하는 능력	(다양한 관점에서 해결 방법이나 전략, 아이디어) 찾아내기, 여러 범주(대수, 기하, 식, 표, 그래프 등에서) 해결책 찾아내기, (다양한 관점에서) 문제 제기하기
정교성	기존의 수학적 아이디어에 세부사항을 추가하거나 변형하여 더욱 가치 있는 것으로 발전시키는 능력	(수학적 아이디어) 구체화하기, (수학적 사실을 표, 그림, 모델, 수학 용어, 기호 등을 사용하여) 간단명료하게 표현하기, (수학적 아이디어나 문제 풀이 과정) 정련하기/정교화하기, (여러 풀이나 설명 중에서) 완결성 높은 것 찾아보기

수학 내적 연결	여러 수학적 지식, 기능, 경험 등을 연결하여 새로운 수학적 지식, 기능, 경험 등을 생성하고 수학 문제를 해결하는 능력	(서로 다른 주제 또는 서로 다른 학년의 수학 지식, 기능, 경험 사이의) 관계 찾기/관련짓기/연결하기/통합하기/재구성하기, (수학 문제 상황에 두 가지 이상의 지식, 기능) 적용하기/문제 해결하기
수학 외적 연결 및 융합	수학과 타 교과나 실생활의 지식, 기능, 경험 등을 연결·융합하여 새로운 지식, 기능, 경험 등을 생성하고 문제를 해결하는 능력	(실생활 경험이나 타 교과 상황과 관련된 수학적 지식, 기능, 경험 등) 찾아보기, (실생활이나 타 교과 상황에 수학적 지식, 기능, 경험 등) 적용하기/연결하기/관련짓기/융합하기

라. 의사소통

의사소통은 수학 지식이나 아이디어, 수학적 활동의 결과, 문제 해결 과정, 신념과 태도 등을 말이나 글, 그림, 기호로 표현하고 다른 사람의 아이디어를 이해하는 능력이다. 의사소통 능력을 기르기 위해 2015 개정 교육과정에서는 다음 사항을 강조하고 있다.

〈표 1-7〉 의사소통 능력 함양(교육부, 2015d)

(마) 의사소통 능력을 함양하기 위한 교수·학습에서는 다음 사항을 강조한다.
 ① 수학 용어, 기호, 표, 그래프 등의 수학적 표현을 이해하고 정확하게 사용하며, 수학적 표현을 만들거나 변환하는 활동을 하게 한다.
 ② 수학적 아이디어 또는 수학 학습 과정과 결과를 말, 글, 그림, 기호, 표, 그래프 등을 사용하여 다른 사람과 효율적으로 의사소통할 수 있게 한다.
 ③ 다양한 관점을 존중하면서 다른 사람의 생각을 이해하고 수학적 아이디어를 표현하며 토론하게 한다.

의사소통 역량의 하위 요소 및 그 의미와 기능은 다음과 같다.

〈표 1-8〉 의사소통 역량의 하위 요소(박경미 외, 2015)

하위요소	의미	기능
수학적 표현의 이해	수학적 표현의 의미를 이해하고 정확하게 사용하는 능력	그리기, (수, 시각) 읽기·쓰기, 표현하기, 형식화하기, 서술하기, 작도하기, 이해하기
수학적 표현의 개발 및 변환	자신의 아이디어를 나타내는 표현을 만들고 수학적 표현들끼리 변환하는 능력	(표) 만들기, (그래프) 그리기, 꾸미기, 채우기, 이름짓기, (그림, 식, 표 등으로) 나타내기, 표현하기, 선택하기, 변환하기 (바꾸기)
자신의 생각 표현	수학 학습 활동 과정과 결과를 다른 사람에게 표현하는 능력	설명하기, 쓰기, 말하기, 보여주기, 토론하기
타인의 생각 이해	다른 사람의 생각을 이해하고 평가하는 능력	경청하기, 질문하기, 파악하기, 토론하기

마. 정보 처리

정보 처리는 다양한 자료와 정보를 수집, 정리, 분석, 활용하고 적절한 공학적 도구나 교구를 선택, 이용하여 자료와 정보를 효과적으로 처리하는 능력이다. 정보 처리 능력을 기르기 위해 2015 개정 교육과정에서는 다음 사항을 강조하고 있다.

〈표 1-9〉 정보 처리 능력 함양(교육부, 2015d)

> (바) 정보 처리 능력을 함양하기 위한 교수·학습에서는 다음 사항을 강조한다.
> ① 실생활 및 수학적 문제 상황에서 적절한 자료를 탐색하여 수집하고, 목적에 맞게 정리, 분석, 평가하며, 분석한 정보를 문제 상황에 적합하게 활용할 수 있게 한다.
> ② 교수·학습 과정에서 적절한 교구를 활용한 조작 및 탐구 활동을 통해 수학의 개념과 원리를 이해하도록 한다.
> ③ 계산 능력 배양을 목표로 하지 않는 교수·학습 상황에서의 복잡한 계산 수행, 수학의 개념, 원리, 법칙의 이해, 문제 해결력 향상 등을 위하여 계산기, 컴퓨터, 교육용 소프트웨어 등의 공학적 도구를 이용할 수 있게 한다.

정보 처리 역량의 하위 요소 및 그 의미와 기능은 다음과 같다.

〈표 1-10〉 정보 처리 역량의 하위 요소(박경미 외, 2015)

하위요소	의미	기능
자료와 정보 수집	실생활 및 수학적 문제 상황에서 적절한 자료와 정보를 탐색 및 생성하여 수집하는 능력	(자료를) 수집하기, 조사하기, 기록하기, 탐색하기, 생성하기
자료와 정보 정리 및 분석	수집한 자료와 정보를 목적에 맞게 분류, 정리, 분석, 평가하는 능력	표현하기, 분류하기, 정리하기, 열거하기, 배열하기, 비교하기, 묶기, 분석하기, 분류하기, 분할하기, 시각화하기, 평가하기
정보 해석 및 활용	분석한 정보에 내재된 의미를 올바르게 파악하여 해석, 종합, 활용하는 능력	예측하기, 설명하기, 해석하기, 종합하기, 활용하기
공학적 도구 및 교구 활용	수학적 아이디어와 개념을 탐구하고 문제를 해결하는 데 적합한 공학적 도구 및 교구를 선택하고 이용하는 능력	선택하기, 조작하기, 공학적 도구 활용하기, 시각화하기

바. 태도 및 실천

태도 및 실천은 수학의 가치를 인식하고 자주적 수학 학습 태도와 민주 시민 의식을 갖추어 실천하는 능력이다. 태도 및 실천 능력을 기르기 위해 2015 개정 교육과정에서는 다음 사항을 강조하고 있다.

〈표 1-11〉 태도 및 실천 능력 함양(교육부, 2015d)

(사) 태도 및 실천 능력을 함양하기 위한 교수·학습에서는 다음 사항을 강조한다.
① 수학을 생활 주변과 사회 및 자연 현상과 관련지어 지도하여 수학의 필요성과 유용성을 알게 하고, 수학의 역할과 가치를 인식할 수 있게 한다.
② 수학에 대한 관심과 흥미, 호기심과 자신감을 갖고 수학 학습에 적극적으로 참여하게 하며, 끈기 있게 도전하도록 격려하고 학습 동기와 의욕을 유발한다.
③ 학생 스스로 목표를 설정하고 학습을 수행하며 학습 결과를 평가하는 자주적 학습 습관과 태도를 갖게 한다.
④ 수학적 활동을 통하여 정직하고 공정하며 책임감 있게 행동하고 어려움을 극복하기 위해 도전하는 용기 있는 태도, 타인을 배려하고 존중하며 협력하는 태도, 논리적 근거를 토대로 의견을 제시하고 합리적으로 의사 결정하는 태도를 갖고 이를 실천하게 한다.

태도 및 실천 역량의 하위 요소 및 그 의미와 기능은 다음과 같다.

〈표 1-12〉 태도 및 실천 역량의 하위 요소(박경미 외, 2015)

하위요소	의미	기능
가치 인식	수학에 대해 관심과 흥미를 갖고, 수학의 실용적, 도야적, 심미적, 문화적 가치를 인식하는 능력	(수학에 대해) 관심과 흥미 갖기, (수학의) 가치 인식하기, (수학의) 역할 이해하기, (수학의) 필요성/유용성 인식하기, (수학의) 편리함) 인식하기
자주적 학습 태도	수학 학습 의지와 자신감, 끈기를 갖고 자신 스스로 목표를 설정하여 자율적으로 학습을 수행하며 학습 결과를 평가하는 태도	(즐거움, 성취감, 동기화, 안정감, 만족감, 도전의식, 적극성, 자신감, 끈기) 갖기, 목표 설정하기, 계획 세우기, 조절하기, 점검하기, 평가하기, 시간 관리하기, 자율적으로 행동하기
시민의식	수학적 활동을 통하여 정직하고 공정하며 책임감 있게 행동하고 어려움을 극복하기 위해 도전하는 용기 있는 태도, 타인을 배려하고 존중하며 협력하는 태도, 논리적 근거를 토대로 의견을 제시하고 합리적으로 의사결정하는 태도를 갖고 이를 실천하는 능력	(공정, 정직)한 태도 취하기, (책임감, 도전정신, 용기) 갖기, 배려하기, 존중하기, 협력하기, 논리적 근거를 토대로 의견 제시하기, 이유 설명하기, 합리적으로 의사결정하기

제2장
수학과 수업 방법과 평가

2장 수학과 수업 방법과 평가

1. 교수·학습 방법

다음은 수학과 교수·학습과 관련하여 2015 개정 교육과정에서 제안하는 내용이다. 수학과 수업은 학생의 능력과 수준 등을 고려하여 다양한 방법을 사용할 것을 요청하면서 그러한 방법으로 설명식 교수, 탐구 학습, 프로젝트 학습, 토의·토론 학습, 협력 학습, 매체 및 도구 활용 학습 등에 대하여 설명하고 있다.

또한 의미 있는 발문을 하기 위한 유의점도 제안하고 있다. 수업에서 교사가 하는 일 중에서 어떻게 발문하고 학생의 반응을 어떻게 처리하는가 하는 것은 매우 중요한 문제이다. 사고 촉진을 위한 다양한 발문 방법을 고민하고 학생의 반응을 중요시하고 의미 있게 처리할 것을 권고하고 있다.

〈표 2-1〉 수학과 교수·학습 방법(교육부, 2015d)

> (2) 교수·학습 방법
> (가) 수학과의 수업은 학생의 능력과 수준 등을 고려하여 설명식 교수, 탐구 학습, 프로젝트 학습, 토의·토론 학습, 협력 학습, 매체 및 도구 활용 학습 등을 적절히 선택하여 적용한다.
> ① 설명식 교수는 교사가 설명과 시연을 통해 수업을 주도하는 교수·학습 방법으로, 수업 내용을 구조화하여 체계적으로 지도하는 데 효과적이다. 이때, 교사는 학생의 적극적인 수업 참여를 유도하고, 사고를 촉진하는 발문을 적절히 활용한다.
> ② 탐구 학습은 학생이 중심이 되어 수학 개념, 원리, 법칙을 발견하고 구성하는 교수·학습 방법으로, 학생 스스로 자료나 정보로부터 지식을 도출하거나 지식의 타당성을 확인하는 능력을 기를 수 있게 한다.
> ③ 프로젝트 학습은 특정 주제나 과제를 탐구하기 위해 계획을 수립하고 수행하여 결과물을 산출하거나 발표하는 교수·학습 방법으로, 개인별 또는 집단별로 실시할 수 있다.

④ 토의·토론 학습은 특정 주제에 대해 협의하거나 논의하는 교수·학습 방법으로, 의사소통이 지니는 상호 협력적인 면을 강조한다. 이를 통해 학생들이 교과 내용을 폭넓게 이해하고 논리적이고 비판적으로 추론하며 다른 사람의 의견을 비판적으로 수용하고 자신의 주장을 효과적으로 표현하는 능력을 기를 수 있게 한다.

⑤ 협력 학습은 모둠 내의 상호작용, 의사소통, 참여를 통해 공동의 학습 목표에 도달하도록 하는 교수·학습 방법으로, 다른 사람을 존중하고 배려하며 모둠 내의 역할을 이해하고 책임감을 기를 수 있게 한다.

⑥ 매체 및 도구 활용 학습은 학생의 수준과 학습 내용에 적합한 매체와 도구를 활용하여 흥미를 유발하고 학습의 효율성과 다양성을 도모하는 교수·학습 방법으로, 시청각 자료, 멀티미디어나 인터넷 등의 컴퓨터 활용 매체와 교구, 계산기, 교육용 소프트웨어 등의 도구를 이용한다.

(아) 의미 있는 발문을 하기 위하여 교수·학습에서 다음 사항에 유의한다.

① 학생의 사고를 촉진하는 다양한 발문을 통해 상호작용이 활발한 교실 환경을 구축하고 학생의 능동적 수업 참여를 독려한다.

② 학생의 인지 발달과 경험을 고려하여 발문을 하고, 발문에 대한 학생의 반응을 의미 있게 처리한다.

2. 수학과 수업모형

가. 수업모형의 의미

수업이란 특정한 수업 목표를 학습자가 달성할 수 있도록 시행, 조정하는 매우 복잡한 과정이다. 이와 같이 복잡하게 전개되는 과정을 단순화하여 모형으로 제시한 것이 (절차적) 수업모형이다. 수업모형을 통해 복잡하게 전개되는 수업의 과정이나 현상을 이해하거나 설명할 수 있고 효과적인 수업의 전개를 준비할 수 있다.

수업 목표를 가장 효과적으로 달성할 수 있을 것이라고 판단하여 고안된 절차가 수업모형이다. 그러나 그 목표를 달성하는 방법과 과정은 학습자와 환경에 따라 유연해야 한다. 즉, 수업모형을 선정하여 수업을 전개할 수는 있으나 선택한 수업모형에 고정되어서는 안된다. 학습자 역시 고정된 학습 양식을 가지고 있는 것도 아니라는 점도 유의해야 한다(윤기옥 외, 2009).

수업은 대략적으로 동기유발과 전개, 정리 및 평가 단계로 진행된다. 동기유발 단계는 학생들의 흥미를 끌어내기 위한 단계이지만 단순히 흥미만을 위해서는 아니다. 흥미보다는 학습을 계속하려는 의욕을 가지게 하는 단계이다. 전개 단계에서는 그 수업에서 계획한 목표를 달성하기 위한 활동이 이루어지는데, 수업 목표에 따라 전개 방식이 달라진다. 정리 및 평가에서는 전개 단계에서의 활동이 간단하게 요약·정리되고 수업 목표가 달성되었는지를 확인하기 위한 평가가 이루어진다.

수학 수업에서 고려하는 수업 목표와 그에 적합한 수업모형은 다음과 같다.

① 개념이나 원리를 이해시키려고 할 때 설명식 수업모형
② 기능을 숙달시키려고 하면 직접교수법
③ 개념을 획득 또는 형성하려고 할 때는 개념학습 모형
④ 원리를 탐구하고자 할 때는 원리탐구 모형
⑤ 추론 능력, 특히 귀납적 추론 능력을 기르려고 할 때는 귀납적 추론 수업모형
⑥ 문제해결 능력을 신장시킬 때는 문제해결 수업모형
⑦ 의사소통 능력을 기르고 논의를 활성화하려 할 때는 수학적 논의 수업모형

이하에서는 개념학습 모형과 원리탐구 모형, 귀납적 추론 수업모형, 문제해결 수업모형, 수학적 논의 수업모형에 대해서 살펴본다.

나. 개념학습 모형

개념은 다양한 사실이나 현상들을 공통 성질에 따라 범주화한 것이다. 개념 형성은 다루고자 하는 대상들을 분류하고 공통 성질을 추상화하는 정신 작용이다. 분류는 다양한 사실들을 공통 성질에 근거하여 모으는 활동이고 추상화는 공통 성질을 명확하게 인식하는 활동이다. 그러므로 개념학습에서는 언어적 정의만을 학습하는 것으로는 부족하며 분류하고 추상화하는 활동을 할 수 있어야 한다.

1) 용어 정리

개념을 지도하기 위해서 몇 가지 알아야 할 용어를 생각해 보자.

① 속성, 결정적 속성, 비결정적 속성

사물을 분류하는 기준 또는 특성을 속성이라고 한다. 이때 다른 개념과 구별되는 가장 중요한 속성을 결정적 속성, 덜 중요한 속성을 비결정적 속성이라고 한다. 예를 들어 남녀를 구별할 때 출산 유무는 결정적 속성이지만 성격은 비결정적 속성이다.

② 예, 비례(예가 아닌 것), 원형(prototype)

예는 개념에 속하는 보기를 말하며 비례는 예가 아닌 것을 말한다. 예와 비례를 모두

합해서 범례라고 한다. 예에는 여러 가지가 있을 수 있으나 그 개념을 가장 잘 대표할 수 있는 전형적인 예를 원형이라고 한다.

③ 오개념, 상투개념(stereotype)

오개념은 개념의 결정적 속성 또는 비결정적 속성을 잘못 이해하여 형성된 개념이며, 상투개념은 비결정적 속성을 결정적 속성으로 잘못 생각하여 형성된 개념으로 이 또한 오개념이다.

2) 개념학습 모형의 종류

개념을 지도할 때 기존 개념을 학생들에게 제시하고 그 개념을 획득하도록 할 수 있다. 그러한 수업 절차에는 속성모형과 원형모형이 있다. 반면에 존재하지 않은 새로운 개념을 형성하도록 할 수도 있다. 즉, 교사의 입장에서는 이미 알고 있는 개념이지만 아동의 입장에서는 알지 못하는, 그래서 아동의 심리 속에 존재하지 않은 개념을 형성하게 할 수 있다. 그러한 절차에는 분류를 통해 개념을 형성하는 개념형성 모형이 있다.

가) 속성모형

속성모형은 개념은 속성들의 묶음으로 이루어진다고 가정한다. 개념을 가르칠 때 예나 상황보다 개념이 가지고 있는 속성을 중심으로 가르치는 것이다. 그러므로 결정적인 속성을 쉽게 찾을 수 있는 개념의 지도에 효과적이다. 속성모형은 다음 <표 2-2>와 같은 과정을 거친다.

<표 2-2> 속성모형

단계	설명
① 개념의 정의	아동이 배울 개념을 정의한다. 예를 들어 평행사변형 개념을 지도할 때 '평행사변형은 두 쌍의 대변이 평행한 사각형이다.'와 같이 정의한다.
② 속성 제시	학습할 개념의 결정적 속성과 비결정적 속성을 제시한다. 결정적 속성은 '두 쌍의 대변이 평행하다.'이며 비결정적 속성은 예를 들면 평행사변형은 '요렇게 생겼다'와 같이 평행사변형의 모양이다.
③ 예와 예가 아닌 것의 검토	예와 예가 아닌 것을 제시하고 이를 검토함으로써 개념의 속성을 명확히 이해하게 한다. 이때 예와 예가 아닌 것은 대략 3:1 정도로 제시하는 것이 효과적이다.
④ 가설 검증	새로운 대상에 이 속성이 잘 적용되는지 시험해 본다. 즉, 배운 개념을 다른 상황에 적용해 본다.
⑤ 개념 분석	학습한 개념과 관련된 개념이나 확대된 개념을 사용함으로써 학습한 개념의 위치를 파악한다.

나) 원형모형

그 속성을 잘 파악하기 힘든 개념도 있다. 이럴 경우 개념을 정의하거나 그 속성을 제시하기 어렵다. 이와 같은 개념을 지도할 때는 그 개념의 원형을 제시하고 이를 분석함으로써 그 개념을 획득하게 할 수 있다. 원형모형은 다음 <표 2-3>과 같은 과정을 거친다.

〈표 2-3〉 원형모형

단계	설명
① 원형 제시	지도하려는 개념의 원형을 제시한다. 예시적 정의가 여기에 해당할 수 있지만, 여러 개의 예를 제시하기보다는 개념을 가장 잘 드러낼 수 있는 대표적인 예를 제시하는 것이 좋다.
② 예가 아닌 것 제시	예에서 추상할 수 있는 속성은 다양하므로 지도하려는 개념의 속성과 다를 수 있다. 그러므로 예가 아닌 것을 제시하여 원형과 비교하게 한다.
③ 개념 정의	원형의 속성을 확인하고 예가 아닌 것의 속성을 비교하여 개념을 정의한다.
④ 개념 분석	학습한 개념과 관련된 개념이나 확대된 개념을 사용함으로써 학습한 개념의 위치를 파악한다.

다) 개념형성 모형

속성모형이나 원형모형에서는 개념을 먼저 정의하거나 그 개념의 원형을 제시한다. 그러나 존재하지 않는 개념이라고 하면 개념을 먼저 정의할 수도 그 예를 제시할 수도 없다. 이럴 경우에는 새로운 개념을 형성해야 하는데, 개념형성 모형의 절차는 다음과 같다.

① 범례 제시하고 분류하기

개념의 예와 예가 아닌 것을 제시하고 아동들에게 이 대상들을 분류하도록 한다. 아동들은 나름의 기준을 가지고 이 대상들을 분류하게 된다. 그러므로 교사가 의도하지 않은 분류의 결과가 나올 수도 있다. 교사는 수업에서 의도한 개념을 형성하기 위하여 여러 분류의 결과 중에서 수업 목표와 일치하는 분류를 가지고 수업을 진행할 수 있으며, 경우에 따라서는 의도치 않은 분류를 가지고 수업 계획에서 의도하지 않았던 새로운 개념을 형성하도록 할 수도 있다. 혹은 그러한 분류를 적절한 시간에 다룰 수도 있다.

② 공통 성질 확인하기

아동이 분류한 기준이 무엇인지 확인하고, 분류 기준에 맞게 대상을 분류하였는지 점검한다. 분류 기준이 애매하면 어떤 대상이 그 기준에 해당할 수도 있고 안 할 수도 있기 때문에 분류 기준이 명확한지도 점검하고, 그 기준이 애매할 경우 기준을 다른 기준으로 교체하거나 수정한다. 분류한 기준을 포함하여 분류된 대상들이 어떤 공통 성질을 가지고 있는지를 확인한다.

③ 개념 정의하기

분류한 대상들의 집단에 이름을 정하고 개념을 정의한다. 개념의 이름을 정하는 것은 개념화한 사람의 자유이지만 분류한 기준을 가지고 이름을 정하는 것이 합리적이고 기억하기 쉽다. 그러나 그러한 이름이 이미 확립된 이름과 다를 수도 있으므로 교육적 조치가 필요할 수 있다.

예를 들어, 여러 사각형 중에서 네 각이 모두 직각인 사각형을 분류하였을 때, 이러한 사각형을 발견한 사람의 이름으로 정할 수도 있다. 그러나 그보다는 직각이 있는 사각형이므로 아동들은 '직각삼각형'과 같이 이미 경험한 바가 있어서 '직각사각형'으로 명명할 수 있다. 그러나 이미 확립된 명칭은 '직사각형'이므로 이러한 갭을 어떻게 메울 것인지를 고려해 보아야 한다.

이와 같이 대상의 이름을 정했으면 이것이 무엇인지를 정의해야 한다. 즉, '직사각형은 … 이다.' 와 같이 정의해야 하는데 이것 역시 분류했던 기준이 사용될 가능성이 높다. 그러나 반드시 그래야 하는 것은 아니므로 여러 가지 속성들을 파악하고 이를 이용해야 한다.

④ 개념의 속성 조사하기

범례를 분류하고 개념을 정의하는 과정에서 개념의 여러 가지 속성과 성질을 얻게 된다. 이러한 속성이 개념의 결정적 속성인지 비결정적 속성인지를 조사할 필요가 있다.

⑤ 개념 익히기

개념을 익히고 개념을 적용하며 다른 개념과의 관련성을 파악한다.

개념형성 모형을 적용할 때 주의할 점이 있다. 수학적 개념에는 개별 개념, 관계 개념, 조작 개념 등이 있는데, 개념형성 모형은 분류 활동을 기반으로 하기 때문에 분류가 가능한 개념, 특히 도형의 개념 지도에 적합하며, 모든 종류의 개념을 개념형성 모형으로 지도하려고 해서는 안된다.

다. 원리탐구 모형

원리란 사물이나 현상의 근본이 되는 이치로, 기초가 되는 근거 또는 보편적 진리를 말한다. 수학과에서 지도해야 할 원리에는 두 자리 수의 덧셈 원리, 곱셈 원리, 위치적 기수법의 원리 등과 같이 '원리'라는 이름이 붙은 것이 있고, '삼각형의 세 내각의 크기의 합은 180°이다.'와 같은 기본적이고 중요한 정리도 있다.

수학의 여러 원리는 교사가 의미 있게 잘 설명해줄 수 있다. 또한, 수학의 여러 절차가 왜 그렇게 되는지의 원리를 아동들이 스스로 탐구하게 할 수도 있다. 원리탐구 모형은 아동 스스로 수학의 원리를 탐구하도록 하기 위한 수업모형이다. 원리탐구 모형은 다음과 같은 과정을 거친다.

① 새로운 문제 상황 제시

이미 학습한 방법 혹은 잘 적용되는 방법으로는 해결하기 어렵거나 비효율적인 새로운 문제 상황을 제시한다. 이러한 문제 상황은 기존의 방법으로 해결할 수 있는 문제 상황과 겉보기에는 아주 유사할 수 있다.

② 수학적 원리의 필요성 인식

아동들은 기존의 방법을 적용하여 겉보기에 유사한 문제를 해결해 보려고 하지만 해결이 어렵거나 비효율적임을 깨닫고 인지적 갈등을 겪게 된다. 그리하여 새로운 어떤 원리나 방법이 필요함을 인식한다.

③ 수학적 원리가 내재된 조작 활동

새로운 문제를 해결할 수 있는 원리가 내재된 조작 활동을 통해 문제를 해결하게 한다. 교사는 '원리가 내재된' 조작 활동을 잘 구성해 내어야 한다. 이때 교사는 이미 표준화된 어떤 방법을 지도할 목적으로 아동들의 조작 활동을 의도적으로 이끌어갈 것이 아니라 아동들의 자연스런 활동이 가능하도록 보장해야 한다. 예를 들어, 받아올림이 있는 두 자리 수의 덧셈 원리를 탐구하기 위하여 수모형을 이용하여 조작 활동을 하도록 하면서 낱개를 먼저 더해보게 하고 이어서 십모형을 더해보게 한다면 이것은 자연스런 조작 활동이 아니라 표준 알고리즘을 지도하기 위해 의도적으로 아동들의 사고 활동을 이끌어가는 것이다. 역사적 발달 과정을 보거나 인간의 심리를 보거나 십모형을 낱개보다 먼저 조작하는 것이 자연스럽기 때문이다.

④ 수학적 원리의 형식화

원리가 내재된 조작 활동을 반성하고 음미하여 이를 형식화하게 한다. 형식화할 때 완성된 형태의 원리나 방법으로 형식화하는 것이 아니라 아동이 수행한 조작 활동에 충실하게 조작 활동을 제대로 반영한 원리나 방법으로 형식화되어야 한다. 그리고 이를 점진적으로 수정하고 개선하여 최종적인 원리나 방법을 이끌어 내어야 한다.

⑤ 수학적 원리 익히기 및 적용하기

형식화한 수학적 원리를 익히고 숙달하며 이를 적용해 본다.

라. 귀납적 추론 수업모형

일반적 진리로부터 개별적 진리를 추론하는 것을 연역적 추론, 개별적 진리로부터 일반적 진리를 추론하는 것을 귀납적 추론이라고 한다. 연역적 추론의 결과는 필연적이지만 귀납적 추론의 결과는 개연적이다. 포퍼(Popper)와 라카토스(Lakatos)는 발견 수단으로서의 귀납을 기각하고 있는데(강문봉, 1993), 이는 한순간에 참인 진리를 얻어내는 문제를 지적한 것이며 추측하고 반례가 출현하면 새로운 추측을 하는 과정을 접목하는 방식으로 귀납의 과정을 확장하면 그리 문제가 되지는 않을 것이다.

2015 개정 수학과 교육과정에서 교과 역량으로 강조하는 것 중의 하나가 추론이다. 추론은 크게 논증적 추론(연역)과 개연적 추론(귀납, 유추)으로 구분된다. 이 중에서 귀납적 추론을 경험하게 하거나 귀납적 추론 능력을 길러주기 위한 수업 모형은 다음과 같이 진행된다. 귀납적 추론 수업모형은 주장하는 사람에 따라 그 단계와 명칭이 약간씩 다를 수 있다.

① 자료 수집(관찰 및 실험)

교사가 몇 개의 자료를 제공하거나 아동들이 어떤 문제를 해결하기 위해 관련 자료를 수집한다. 실험하여 관련 자료를 얻을 수도 있다. 귀납적 추론과 관련하여 해결해야 할 문제는 예를 들면 '두 자리 수에서 일의 자리의 수와 십의 자리의 수를 바꾼 수와 처음 수와의 차는 어떻게 될까?'와 같은 문제이다.

자료를 수집하면 자료를 관찰하여 공통점을 찾아야 한다.

② 추측하기

수집한 자료를 관찰하여 공통점을 찾아낸다. 추측한다는 것은 찾아낸 공통 성질을 관찰한 몇 개의 자료에 한정하지 않고 일반화한다는 것이다. 예를 들어 몇 개의 뺄셈 문제를 통해 두 수의 차는 9의 배수임을 관찰하였다고 하자. 이러한 공통점이 관찰한 몇 개의 뺄셈에서만 성립하는 것이 아니라 "'두 자리 수에서' 일의 자리의 수와 십의 자리의 수를 바꾼 수와 처음 수와의 차는 9의 배수이다."와 같이 추측하게 되는 것이다.

이 단계에서 추측한 규칙 또는 성질을 수학적 식이나 용어로 표현하기도 한다.

③ 추측의 검증

귀납을 포함한 개연적 추론의 결과는 항상 참은 아니다. 그러므로 다른 사례에서도 이러한 추측이 성립하는지를 확인하고 검증한다. 만약 추측이 틀렸다는 반례가 나오면 이 추측은 잘못되었기 때문에 버리거나 혹은 추측을 보완 개선할 수 있다.

④ 발전

반례가 나오지 않거나 반례가 나와서 추측을 개선하여 더 이상 반례가 나오지 않을 것 같으면 이 추측을 연역적으로 정당화하려고 시도할 수 있다. 이러한 정당화의 과정은 귀납의 과정이 아니라 연역적인 과정으로 넘어가는 것이다. 경우에 따라서 정당화의 과정이 아니라 조건을 변경하여 새로운 발견으로 이어지는 발전적 사고로 이어질 수도 있다. 예를 들어, '세 자리 수에서는 어떻게 될까?'라거나 '십의 자리의 수와 일의 자리의 수를 바꿔서 더하면 어떻게 될까?'와 같은 생각은 발전적 사고가 된다.

귀납적 추론을 통해 어떤 사실을 발견할 수 있다. 자료를 수집할 때 계산기를 이용할 수도 있다. 예를 들어 소수의 곱셈을 배우지 않은 아동이 다음과 같이 계산기를 이용하여 소수의 곱셈을 할 수 있다.

$0.2 \times 0.4 = 0.08 \quad 0.2 \times 4 = 0.8 \quad 0.02 \times 0.4 = 0.008$

이러한 결과를 통해 소수의 곱셈은 소수점을 무시하여 곱한 다음 소수점을 적절한 위치에 찍으면 된다는 사실을 발견하였다고 하자. 귀납적 추론을 통해 이와 같이 어떤 방법을 찾을 수 있기는 하지만, 왜 그렇게 되는지는 설명해 주지 못한다. 그 이유는 연역적 추론을 통해서 찾아야 한다. 아동이 귀납적으로 추론하는 경험을 가지는 것이 매우 중요하고 귀납적으로 사고하는 방법을 배워야 하지만, 교사는 이러한 귀납적 추론이 가지는 한계도 이해할 필요가 있다.

마. 문제해결 수업모형

문제해결은 수학교육의 중요한 목표 중의 하나이면서 동시에 수학을 지도하는 중요한 방법 중의 하나이기도 하다. 문제를 해결하는 과정에서 아동이 가지고 있는 수학적 지식과 기능을 동원하기도 하고 문제를 해결하는 데 필요한 지식과 기능을 개발할 수도 있기 때문이다. 그러나 문제해결은 매우 복잡한 과정이다. 그러므로 문제해결 수업을 하려면 그 목표를 명확히 해야 한다. 수업 목표 중의 하나로 '일상생활의(또는 수학의) 문제를 해결할 수 있다.' 와 같이 목표를 선정해서는 안된다. 문제해결에서 말하는 문제는 '진정한' 문제, 즉 아동들이 일시적으로 해결에 곤란함을 느끼는 그런 문제여야 하기 때문이다.

문제해결 수업에서 설정할 수 있는 목표에는 문제해결 과정에 대해서 이해하는 것, 문제해결 전략에 관한 것, 문제해결과 관련한 정의적인 것 등이 있을 수 있다. 보다 구체적인 예로는 다음과 같은 목표를 설정할 수 있다.

- 문제의 주요 부분을 파악한다.
- 문제를 해결하기 위한 계획을 체계적으로 구상한다.
- 거꾸로 풀기 전략을 이해한다.
- 문제를 해결하기 위한 여러가지 방법을 생각한다.
- 더 나은 해결 방법을 찾으려 한다.
- 새로운 문제를 만들어본다.
- 여러 사람이 협력하여 해결한다.
- 인내심을 기른다.

폴리아(Polya)는 문제해결 단계와 각 단계에서 적합한 발견술(발문과 권고)을 다음과 같이 제안하였다.

〈표 2-4〉 폴리아의 문제해결 단계 및 발견술(Polya, 1973)

단계	발견술
문제 이해	• 구하려는 것은? 주어진 것은? 조건은? • 그림을 그리고 적절한 기호를 붙여 보아라.
계획 작성	• 전에 이 문제를 본 적이 있는가? • 관련된 문제를 알고 있는가? • 미지인 것이 같은 문제를 살펴 보아라. • 문제를 달리 진술할 수 있을까? • 보다 특수한 문제는? • 조건의 일부분만 생각해 보아라.
계획 실행	• 계획을 실행하고 매 단계를 점검하여라. • 각 단계가 올바른지 명확히 알 수 있는가?
반성	• 결과를 점검할 수 있는가? • 결과를 다른 방법으로 이끌어낼 수 있는가? • 결과나 방법을 다른 문제에 활용할 수 있는가?

* 발문과 권고는 일부만 발췌함.

문제해결 수업모형으로 2015 개정 교육과정의 지도서에서처럼 폴리아가 제안한 문제해결 4단계를 제시하는 경우가 많다. 문제해결 4단계가 간편하기는 하지만, 이 보다는 강옥기 외(1985)가 제안한 모형이 수업모형으로 더 적합해 보인다. 이 모형은 <그림 2-1>과 같이 교사가 중심이 되어 아동들과 함께 문제를 해결하는 단계를 거쳐 소집단 또는 개인별로 아동들이 문제를 해결해 보도록 하는 단계로 이루어져 있다.

단계			활동
도입			동기유발, 문제 인식 등
전개	교사중심	이해 계획 실행 반성	교사가 주도하여 수업 목표에 따라 진행함
	소집단별	이해 계획 실행 반성	소집단 또는 개인별로 문제를 해결함
정리 및 평가			문제해결의 전 과정을 다루되, 수업 목표에 해당하는 부분을 강조

〈그림 2-1〉 문제해결 수업모형

이때 전개 과정의 세부적인 사항은 수업 목표에 따라 조정될 수 있다. 예를 들어 특정한 문제해결 전략이 수업 목표라면 폴리아의 문제해결 과정 중에서 반성 단계는 약화할 수 있다. 문제의 주요 부분을 파악하는 능력을 기르는 것이 수업의 목표라면 계획이나 실행, 반성 단계가 약화될 수 있다. 반면에 문제를 해결하고 나서 더 나은 방법을 찾아보려는 태도를 기르는 것이 수업 목표라면 폴리아의 반성 단계에 집중할 수 있다.

바. 수학적 논의를 위한 수업모형

수학적 의사소통은 2015 개정 수학과 교육과정에서 수학 교과 역량 중의 하나로서, 오래 전부터 수학교육에서 강조되어 왔다. 수학 수업에서는 의사소통 외에도 더 나아가서 여러 가지 방법에 대해 논의를 할 수도 있다.

토론은 어떤 문제에 대하여 대립되는 의견을 내세워 그것의 정당함을 논하는 것이며 토의는 어떤 문제를 해결하기 위하여 여럿이 이야기를 주고받는 것을 말한다. 또한, 논의는 어떤 문제에 대하여 서로 의견을 말하며 토의하는 것을 말한다. 수학 수업에서는 대립되는 의견의 정당함을 논하기보다는 여러 가지 방법에 대하여 장단점을 찾아보는 경우가 많다. 그런 점에서 수학과에서는 토론수업보다는 의사소통과 수학적 논의를 효율적으로 전개하기 위한 수업모형을 생각해 볼 수 있다. 보통 '수학적 토론' 수업모형이라고 부르고 있기도 하지만 본질적 의미는 수학적 논의를 위한 수업모형이라고 부르는 것이 더 적합하다고 할 수 있다.

효율적인 수학적 논의를 위해서는 수업 전부터 교사가 치밀하게 준비를 할 필요가 있다. 수업 전의 준비 단계를 포함하여 수업 중의 단계는 다음과 같다(방정숙 역, 2013).

① 수업 목표 및 과제 선정

수학적 논의를 위한 수업의 목표는 당연히 의사소통 역량의 하위 요소인 수학적 표현의 이해나 자신의 생각 표현, 타인의 생각 이해 등이 포함될 것이다. 그러나 이외에도 수학의 소재로서 '사다리꼴의 넓이를 구할 수 있다'와 같은 인지적 영역의 목표도 선정할 것이다.

이러한 목표가 선정되면 인지적 목표를 달성함과 동시에 논의를 효과적으로 전개할 수 있는 과제를 선정해야 한다. 수업 목표와 일치하는 과제여야 하며, 다양한 수준의 아동들이 자신의 수준에서 접근 가능한 과제이어야 하고, 여러 가지 방법으로 해결 가능한 과제라야 한다.

② 과제에 대한 아동들의 반응을 예상하기

논의를 효율적으로 전개하기 위해서는 교사가 미리 아동들의 해결 방법을 예상해 보아야 한다. 정답을 찾는 올바른 해결 방법은 물론 아동들이 오류를 범하기 쉬운 잘못된 해결 방법도 예상해야 한다. 그러기 위해서는 교사가 아주 다양한 방법으로 과제를 해결해 볼 필요가 있다.

수업을 전개하기 전에 교사는 자신이 예상한 여러 반응을 <표 2-5>와 같은 체크리스트로 만들어 둘 필요가 있다.

〈표 2-5〉 체크리스트(방정숙 역, 2013, 78쪽에서 인용)

전략	누가 그리고 무엇	순서
표	1모둠은 1씩 증가하는 것으로 시작했지만 포기했고 20씩 증가시킴 2모둠, 3모둠, 4모둠은 10씩 증가시킴	둘째(소윤) 첫째(지혁)
그래프	1모둠은 표로부터 그래프를 그리기 위해 계산기를 사용함 2모둠은 대략적으로 그래프를 그렸지만 점을 찍지는 않음 3, 4모둠 각각은 표로부터 그래프를 그림	셋째(상윤)
방정식	5모둠은 식을 세운 다음 0분과 100분을 사용하여 그래프를 그림 6모둠은 식으로 시작하고 이를 이용하여 5씩 증가하는 값으로 표를 만듦	넷째(태경)
기타	3모둠은 문제의 맥락을 이해하는 데 어려움을 겪음 4모둠은 초기에 그래프의 축을 혼동함 6모둠은 표기법을 혼동해서 처음에 0.04 대신에 0.4를 사용했었음	

아동들의 반응을 예상하고 체크리스트를 만들었으면 수업을 시작할 준비가 되어 있는 셈이다. 수업을 시작하면서 과제를 제시하고 모둠별 또는 개인별로 과제를 수행하게 한다. 아동들이 과제를 수행하는 동안 교사는 아동들의 반응을 확인하고 제대로 수행하지 못하는 아동이나 모둠에 대해서 개별지도를 하곤 한다. 그러나 이런 개별지도를 넘어서서 다음과 같이 아동들의 반응을 점검하고 기록해야 한다.

③ 아동들의 실제적인 반응을 점검하기

아동들의 사고와 전략을 세밀히 관찰하고 그들이 어떤 반응을 보였는지를 <표 2-5>의 체크리스트에 기록한다.

④ 특정 아동과 특정 활동을 선정하기

아동들의 반응 중에서 어떤 반응을 발표시킬 것인지를 선정하고, 어느 모둠의 누구를 발표시킬 것인지를 체크리스트에 근거하여 선정한다. 이때 아동들의 반응이 수업 목표에 어떤 기여를 할 것인지를 평가하여 선정하여야 한다.

⑤ 발표 순서를 계열 짓기

선정된 활동 중에서 어느 것을 먼저 발표할 것인지 그 순서를 정하고 그 순서에 따라 발표하게 한다. 발표 순서는 논의를 효율적으로 할 수 있는지를 결정하는 중요한 요인이다. 발표 순서는 대략 다음과 같은 기준으로 정한다.

- 대다수 아동들이 사용한 전략을 먼저 발표한다.
- 여러 아동들이 드러낸 공통적인 오개념은 먼저 발표하여 오류를 해소한다.
- 구체적인 전략에서 추상적인 전략의 순서로 발표한다.
- 관련되거나 대조적인 것은 잇달아 발표하여 비교하기 쉽게 한다.

아동들은 자신의 활동 내역을 발표하고 다른 아동의 발표 내용을 경청한다. 교사는 각각의 방법의 장점과 단점을 이해하게 하고 여러 방법의 중심적인 아이디어가 드러날 수 있도록 논의를 이끌어야 한다.

⑥ 다양한 반응끼리 또는 반응과 수업 목표를 연결하기

아동들의 여러 가지 해결 방법을 연결하고 핵심적인 수학적 아이디어를 연결하여 이를 수업 목표와 관련시킨다.

아동들이 발표하고 논의하는 과정에서 교사는 아동들의 논의가 효율적으로 진행할 수 있도록 적절히 도움을 주어야 한다. 이때 논의를 진행하기 위해서 교사가 사용할 수 있는 팁 또는 전략에는 다음과 같이 몇 가지가 있다.

① 교사가 다시 말하기

발표하는 아동이 너무 작은 소리로 말하면 논의가 진행되지 않는다. 이때 교사는 모든 아동들이 들을 수 있도록 발표한 아동을 대신해서 다시 말을 한다. 교사는 아동의 아이디어를 그대로 또는 약간만 변경해서 최대한 아동이 한 그대로 말하도록 한다.

② 다른 아동의 추론을 다시 말하게 하기

한 아동이 말한 것을 다른 아동이 자신의 언어로 다시 말해보게 한다. 이것은 먼저 말한 아동의 것을 평가하거나 비평하는 것이 아니라 그저 다시 말해보게 하는 것이다.

③ 자신의 추론을 다른 사람의 추론에 적용하게 하기

서로 추론 방법은 다르지만 둘 다 옳을 수 있으며 같은 해결 방법에 이를 수 있다. 그러므로 자신의 방법을 다른 사람의 방법에 적용해 보게 하고 서로 비교해 보게 한다. 다른 방법으로 해결한 모둠에게 "이 모둠의 해결 방법에 대해서 어떻게 생각하니?"와 같이 질문할 수 있다.

④ 후속 참여를 독려하기

"다른 생각을 가진 사람 있니?" "여기에 누가 더 보충할 수 있을까?" 등과 같이 더 많은 아동이 그 다음 논의에 참여할 수 있도록 독려한다.

⑤ 기다리기

아동들이 자신의 응답을 생각할 시간을 줌으로써 더 많은 아동들이 논의에 참여할 수 있는 기회를 제공하게 된다.

🔍 3. 평가

평가는 아동들을 경쟁으로 몰아넣기도 하지만 아동들의 전인적 발달에 기여하는 방식으로 평가가 이루어질 수도 있다. 2015 개정 교육과정에서는 평가를 하는 목적으로 학생들의 수학 학습과 전인적 성장을 돕고 교사의 수업 방법을 전개하기 위한 것이라고 밝히고 있다. 이를 위하여 학습 결과와 과정을 평가할 것을 요구하면서 다양한 평가 방법을 설명하고 있다. 다음 <표 2-6>은 교육과정에서 제시하고 있는 평가 원칙과 평가 방법이다.

⟨표 2-6⟩ 평가 원칙과 평가 방법(교육부, 2015d)

(1) 평가 원칙
(가) 수학과의 평가는 학생의 인지적 영역과 정의적 영역에 대한 유용한 정보를 수집·활용하여 학생의 수학 학습과 전인적 성장을 돕고 교사의 수업 방법을 개선하는 것을 목적으로 한다.
(나) 수학과의 평가는 교육과정에 제시된 내용의 수준과 범위를 준수하고, 교육과정에 제시된 목표, 내용, 교수·학습과 일관성을 가져야 한다.
(다) 수학과의 평가에서는 수학의 개념, 원리, 법칙, 기능뿐만 아니라 문제 해결, 추론, 창의·융합, 의사소통, 정보 처리, 태도 및 실천과 같은 수학 교과 역량을 균형 있게 평가한다.
(라) 수학과의 평가는 학습자의 수준을 고려하고 평가 목적과 내용에 따라 다양한 평가 방법을 활용한다.
(마) 평가 결과는 학생, 학부모, 교사 등에게 환류하여 학생의 수학 학습 개선을 도울 수 있게 한다.

(2) 평가 방법
(가) 수학과의 평가는 학습 결과 평가뿐만 아니라 과정 중심 평가도 실시하여 종합적인 수학 학습 평가가 될 수 있게 한다.
(나) 수업의 전개 국면에 따라 진단평가, 형성평가, 총괄평가를 적절히 실시하되, 지속적인 평가를 통해 다양한 정보를 수집하고 수업에 활용한다.
(다) 학생의 수학 학습 과정과 결과는 지필 평가, 프로젝트 평가, 포트폴리오 평가, 관찰 평가, 면담 평가, 구술 평가, 자기 평가, 동료 평가 등의 다양한 평가 방법을 사용하여 양적 또는 질적으로 평가한다.
① 지필 평가는 수학의 개념, 원리, 법칙을 이해하고 적용하는 능력과 문제 해결, 추론, 창의·융합, 의사소통 능력 등을 평가하는 데 활용할 수 있고, 선택형, 단답형, 서·논술형 등의 다양한 문항 형태를 활용한다.
② 프로젝트 평가는 수학 학습을 토대로 특정한 주제나 과제에 대해서 자료를 수집하고 분석, 종합, 해결하는 과정과 결과를 평가하는 방법으로, 문제 해결, 창의·융합, 정보 처리 능력 등을 평가할 때 활용할 수 있다.
③ 포트폴리오 평가는 일정 기간 동안 수학 학습 수행과 그 결과물을 평가하는 방법으로, 학생의 학습 내용 이해와 수학 교과 역량을 종합적으로 판단하고 학생의 성장에 대한 정보를 얻는 데 활용할 수 있다.
④ 관찰 평가, 면담 평가, 구술 평가는 학생 개인 및 소집단을 관찰, 학생과의 대화, 학생의 발표를 통해 학생의 이해 정도와 사고 방법, 수행 과정 등을 평가하는 방법으로, 의사소통, 태도 및 실천 능력 등을 평가할 때 활용할 수 있다.
⑤ 자기 평가는 학생 스스로 자신의 이해와 수행을 평가하는 방법으로, 문제 해결과 추론 과정의 반성, 자신의 생각 표현, 태도 및 실천 능력 등을 평가할 때 활용할 수 있다.
⑥ 동료 평가는 동료 학생들이 상대방을 서로 평가하는 방법으로, 협력 학습 상황에서 학생 개개인의 역할 수행 정도나 집단 활동에 기여한 정도를 평가할 때 활용할 수 있다.
(라) 평가 내용이나 방법에 따라 학생에게 계산기, 컴퓨터, 교육용 소프트웨어 등의 공학적 도구와 다양한 교구를 이용할 수 있게 한다.

제3장
0과 자연수

제 3 장
생각할 문제

이 단원을 학습하기 전에 다음 문제를 생각해 봅시다.

01 수와 숫자, 수사는 어떻게 다른가?

02 수는 어떻게 생겨났을까?

03 수의 이름은 어떻게 만들어졌을까?

04 숫자는 어떻게 만들어졌을까?

05 숫자 0이 없어진다면 어떤 일이 벌어질까?

06 큰 수를 쓸 때 왜 3자리마다 콤마를 붙일까?

3장 0과 자연수

1. 관련 이론

가. 자연수의 의미

자연수는 우리 일상에서 많이 사용되고 있으며 그 의미도 다양하다. 자연수는 어떤 의미를 가지고 있는지 살펴보자.

1) 집합수

과일 3개, 어린이 3명 등과 같이 집합의 원소의 개수를 나타낼 때 사용하는 수가 집합수이다. 집합수로서의 수 개념은 <그림 3-1>과 같이 두 집합에서 원소의 종류나 모양, 위치 등의 이질적인 속성을 배제하고 공통점, 즉 '같은 개수'만을 추상하여 얻어진다. 이 추상화에서 얻어진 수는 3이다. 집합수로서의 수의 크기나 순서는 두 집합 간 원소를 일대일로 대응시켜 남는 집합의 개수가 더 크거나 나중 순서의 수로 정의된다. <그림 3-2>에서와 같이, 일대일대응 결과 3보다 4가 더 크다.

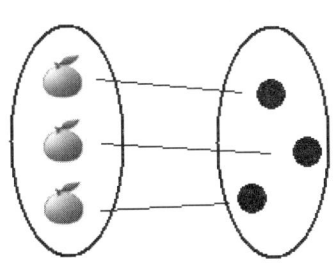

〈그림 3-1〉 집합수 3

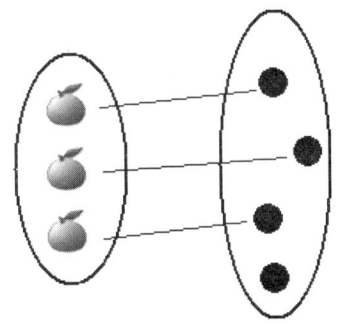

〈그림 3-2〉 3 < 4

2) 순서수

첫째, 둘째, 혹은 1층, 2층과 같이 순서나 위치를 나타낼 때 사용하는 수가 순서수이다. 달리기를 하면서 먼저 온 순서를 말한다거나 계단의 위치를 말할 때 순서수가 사용된다.

집합수든 순서수든 하나하나의 대상에 대응하며 수의 이름이 지정된다. 그러나 집합수의 경우는 가장 마지막의 수사가 그 집합 전체의 개수를 의미하며 순서수의 경우는 그 수사가 지정된 특정한 대상을 의미하게 된다. 이러한 차이로 인해 자연수를 집합수 개념으로 지도하거나 순서수 개념으로 지도할 때 덧셈을 정의하거나 덧셈의 교환법칙을 설명하는 방식이 달라지게 된다. 교육과정에서는 집합수와 순서수 모두 다루지만 덧셈을 정의할 때는 주로 집합수 개념으로 다루어지고 있다.

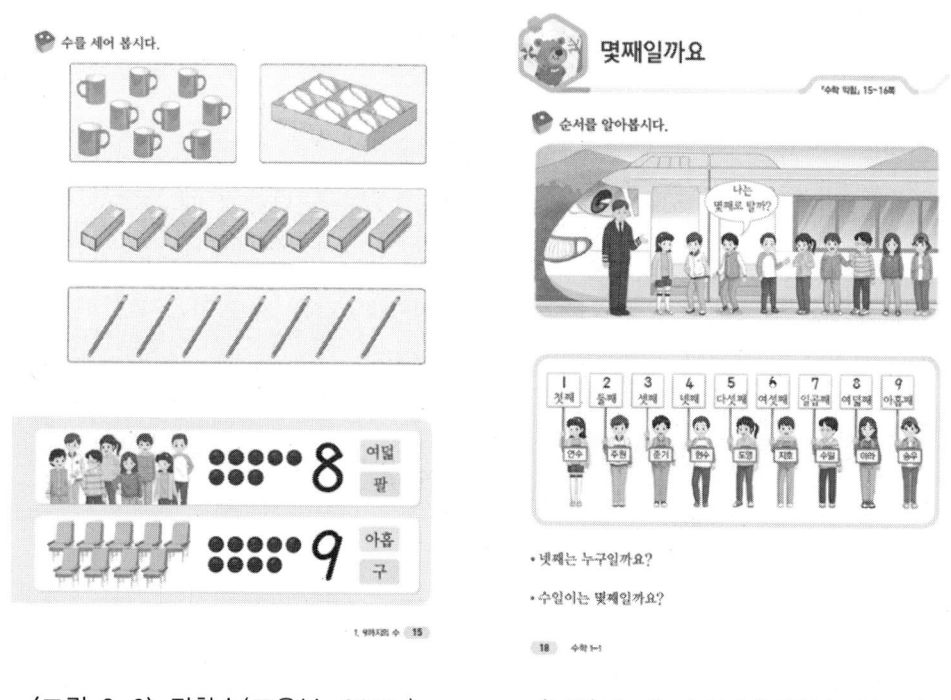

〈그림 3-3〉 집합수(교육부, 2017e)   〈그림 3-4〉 순서수(교육부, 2017e)

3) 측정수

맥렐란과 듀이는 "수는 주어진 양을 균형의 필요에 입각해서 정확하게 측정하는 과정에서 발생한다."(McLellan & Dewey, 1895)고 하였다. 즉, 인간은 생활의 필요에 의해 막연한 전체를 명확히 하기 위한 분석 수단으로 단위를 도입하여 단위량과 비교하여 전체를 명확히 하려는 측정 활동을 하게 되고 이러한 측정으로부터 수가 생겨난다. 그러므로, 수는 전체량과 단위량 사이의 상대적인 관계, 즉 '비'가 된다. 측정수는 이와 같이 자연수의 발생을 설명하는 개념이다.

이러한 관점에서 보면 수는 사물이 가지고 있는 속성이 아니라 사물에 가해진 인간의 활동, 즉 측정에서 비롯된다. 예를 들어 <그림 3-5>의 (1)에서 우리는 개수가 '여섯'이라는 생각을 떠올리게 되지만 (2)에서는 묶음이 '셋'이라는 생각이 떠오르게 된다. 이것은 사물을 단위로 측정하였다는 것을 의미한다.

〈그림 3-5〉 6과 3

일반적으로 세기 활동은 측정 활동의 한 부분으로 생각하지만, 멕렐란과 듀이는 "세는 것은 모두 측정하는 것이며 측정하는 것은 모두 세는 것이다"(McLellan & Dewey, 1895)라고 말하면서 아동의 경우에 세기 활동은 측정 활동과 불가분의 관계에 있다고 주장한다. 그러므로 측정수의 개념은 연속량과 이산량 모두에 적용된다.

참고사항) 명목수

일상생활에서 자연수는 사물을 구별하기 위한 일종의 이름으로 사용되는 경우가 많다. 전화 번호나 버스의 번호, 학생들의 학번, 아파트의 동 호수 등은 어떤 집합의 원소의 개수도 아니고 순서도 아니다. 이름 대신 편리하게 사용하는 것이다. 이렇게 사용되는 수를 명목수 또는 이름수라고 한다. 그러므로 명목수는 자연수가 가진 의미라기보다는 자연수가 일상생활에서 사용되는 방법을 말한다고 할 수 있다.

나. 자연수 개념의 발달

자연수 개념은 어느 한순간에 형성되는 것이 아니라 인간이 태어나는 순간부터 시작하여 오랜 기간에 걸쳐서 발달한다. 그 발달 과정은 다음과 같다.

첫째, 수사를 순서대로 말하는 단계이다. 하나, 둘, 셋과 같은 수의 이름을 알고 이 이름을 순서대로 말할 수 있는 단계이다.

둘째, 수사와 대상을 일대일 대응시키는 단계이다. 아주 어린 아동들은 손으로 물건을 가리키는 동작과 입에서 내뱉는 수사를 대응시키지 못하는 경우가 있다. 물건의 개수를 세면서 물건 하나하나에 대하여 수사를 하나씩 순서대로 대응할 수 있어야 한다.

셋째, 마지막에 대응된 수사가 그 집합 전체의 개수임을 아는 단계이다. 수사와 대상을 일대일 대응을 시켰어도 마지막에 대응된 수사가 그 집합 전체를 나타내는 것임을 알지 못하는 경우가 있다.

넷째, 세는 방법을 달리 해도 전체의 수가 변하지 않음을 아는 단계이다. 피아제(Piaget)의 연구에 의하면, 보존 개념이 형성되지 않은 아동은 대상의 배열을 바꾸거나 물건의 개수를 왼쪽에서부터 세거나 오른쪽에서부터 세든지 혹은 부분 부분 센다 하더라도 그 전체의 개수가 변하지 않는다는 사실을 알지 못하는 단계가 있다. 즉, 수 개념의 발달에서 대상의 배열이나 세는 방법을 달리 하더라도 전체의 개수가 같다는 보존 개념을 형성해야 하는 단계이다.

다. 명수법

명수법은 수의 이름을 만드는 방법이다. 수의 이름을 만드는 방법은 나라마다 다양했다. 우리나라는 하나, 둘, 셋, 넷, 다섯, 여섯, 일곱, 여덟, 아홉, 열까지의 이름이 있고 그 다음에는 열하나, 열둘과 같이 '열'에 그 다음 이름을 붙여서 사용하였으며, '열'씩 모일 때마다 스물, 서른, 마흔, …, 백과 같이 새로운 이름을 만들어서 사용하였다. 지금은 사용하지 않는 온(백), 즈믄(천), 드먼(만), 골(경), 잘(정)과 같은 큰 수의 이름도 있다. '온'은 지금은 수의 이름으로 사용되지는 않지만 전세계를 뜻하는 '온누리', 우리나라 최초의 쇄빙선 이름인 '아라온' 등에서와 같이 '모두'를 뜻하는 의미로 사용되고 있다.

반면, 중국에서는 우리와 비슷한 방법이기는 하지만 매 '열'마다 새로운 이름을 만드는 것이 아니라 이십, 삼십과 같이 이미 만든 수의 이름을 곱셈적으로 이용하였다.

영어권에서는 이와 달리 스물까지 각각의 새로운 이름을 만들어 사용하였음을 알고 있다. 반면에 캄보디아에서는 뭐이, 삐, 바이, 부온, 쁘람과 같이 5까지의 수의 이름을 가지고 있고 6은 쁘람뭐이, 7은 쁘람삐와 같이 사용한다.

이와 같이 수의 이름은 각각의 문화적 환경에 따라 다르게 만들어 사용되었다. 그러나 수가 커질수록 새로운 이름을 만드는 것은 엄청난 지적 낭비일 수밖에 없다. 그래서 큰 수를 만드는 체계적인 방법을 고안해야 하며, 대표적인 것이 중국의 명수법과 서양의 명수법이다.

1) 중국의 명수법

중국에서는 4자리마다 새로운 이름을 만들어서 사용하였다. 4자리 마디 속에는 일, 십, 백, 천이 순환된다. 그러므로 4자리마다 끊어서 읽는 것이 편리하다. 그런 점에서 만진법이라고도 부른다.

10^4 만(萬)	10^8 억(億)	10^{12} 조(兆)	10^{16} 경(京)
10^{20} 해(垓)	10^{24} 자(秭)	10^{28} 양(穰)	10^{32} 구(溝)
10^{36} 간(澗)	10^{40} 정(正)	10^{44} 재(載)	10^{48} 극(極)
10^{52} 항하사(恒河沙)		10^{56} 아승기(阿僧祇)	
10^{60} 나유타(那由他)		10^{64} 불가사의(不可思議)	
10^{68} 무량수(無量數)			

〈그림 3-6〉 큰 수의 이름(수술기유, 190년경; 산학계몽, 1299)

2) 서양의 명수법

서양에서는 3자리마다 새로운 이름을 만들어서 사용하였다. 1000은 thousand, thousand의 1000배는 million, million의 1000배는 billion 등이다. 그런 점에서 천진법이라고도 부른다. 서양의 명수법에 따르면 세 자리마다 콤마(,)를 찍어서 나타내면 수를 읽기에 편리하다. 그러나 이런 표기법은 4자리마다 새로운 이름을 사용하는 동양에서는 혼란스럽다.

10^{100}을 나타내는 구골이라는 수의 이름은 1920년에 미국의 수학자 카스너(Kasner)의 9살 조카인 시로타가 만들어냈다고 한다. 이 이름은 학문적으로 중요한 의미를 가지지는 않으며 다만 아주 큰 수를 나타내는 이름 중의 하나로서의 흥미를 가지고 있다.

참고사항)

중국에서 처음부터 4자리 수마다 새로운 이름을 확정한 것은 아니었다. 수가 열 배가 될 때마다 혹은 4자리 수마다 혹은 8자리 수마다 새로운 이름을 사용하기도 하였다. 그러나 열 배가 될 때마다 새로운 이름을 만드는 것은 너무 비효율적이며 8자리마다 이름을 만드는 것도 너무 복잡하여 4자리마다 이름을 만드는 것으로 통일되었다. 서양에서도 6자리마다 새로운 이름을 사용하기도 하였으나 너무 복잡하여 3자리마다 수의 이름을 만드는 것으로 통일되었다. '아승기'는 '항하사'의 만 배이지만, 사전을 찾아보면 옛날에는 항하사의 억 배로 사용되기도 했음을 알 수 있다. 마찬가지로 billion은 million의 천 배이지만 million의 백만 배로 사용되곤 했다. 이러한 사실은 수의 이름을 만들고 통용되는 역사 속에서의 경쟁적 흔적을 말해준다.

라. 기수법

기수법은 수의 기호, 즉 숫자를 만드는 방법이다. 숫자를 만들 때도 이름을 만들 때처럼 작은 수에 대해서는 하나하나 기호를 만들게 된다. 일에서 구까지(절대기수법에서는 일에서 십까지)의 기호를 만드는 십진법적 기수법도 있고, 로마숫자나 마야의 숫자처럼 오진법적 수체계도 있다. 고대 바빌로니아 숫자는 육십진법적 기수법이다. 하나의 기호 옆에 다른 기호를 첨가하여 수를 나타내는 가법적 기수법도 있고 이웃한 기호의 곱으로 그 값을 나타내는 승법적 기수법도 있다. 큰 수에 대한 기호를 체계적으로 만드는 방법으로 위치적 기수법과 절대 기수법도 있다.

1) 가법적 기수법과 승법적 기수법

가) 가법적 기수법

고대 이집트나 로마에서는 가법적 기수법을 사용하였다. 가법적 기수법은 몇 개의 숫자를 합하여 새로운 수를 나타내는 방법이다. 예를 들어 고대 이집트에서는 십 기호(∩) 2개와 일 기호(|) 3개를 합하여 23을 ∩∩|||와 같이 나타내며 고대 로마에서는 5 기호(V)와 일 기호(I)를 합하여 6을 VI과 같이 나타낸다. 4의 경우는 IV로 나타내는데 I을 기호 V의 왼쪽에 쓰면 빼는 것을, 오른쪽에 쓰면 더하는 것을 의미한다.

가법적 방법으로 수를 나타내면 쉽게 수를 파악하는 데 도움이 되기는 하지만 큰 수를 나타내는 데는 매우 불편하다. 56,789를 이집트 숫자로 나타내어 보면 그 불편함을 알 수 있을 것이다.

나) 승법적 기수법

중국은 승법적 기수법을 채택하였다. 예를 들어, 이십은 이와 십을, 오백은 오와 백을 곱한 수를 나타낸다. 四百五十三은 4×100+5×10+3을 의미하며 승법적, 가법적 방식을 사용하여 수를 나타낸다.

2) 절대 기수법과 위치적 기수법

가) 절대 기수법

절대 기수법은 하나하나의 기호가 특정한 수의 값을 나타내는 방법이다. 중국의 기수법이나 이집트 기수법, 로마 기수법이 대표적이다. 중국의 기수법이나 이집트 기수법은 열이 되면 새로운 기호를 사용하는 십진법을 채택하고 있다.

절대 기수법에서는 계속해서 새로운 기호를 만들어내야 한다는 어려움이 있다. 고대 이집트의 경우 <그림 3-7>과 같이 십은 발뒤꿈치로, 백은 두루마리로, 천은 나일강에 많이 피어 있는 연꽃으로, 만은 손가락으로, 십만은 올챙이로, 백만은 수가 너무 많아서 놀라는 사람(혹은 수의 신)으로 나타내고 있다. 기호는 그 의미를

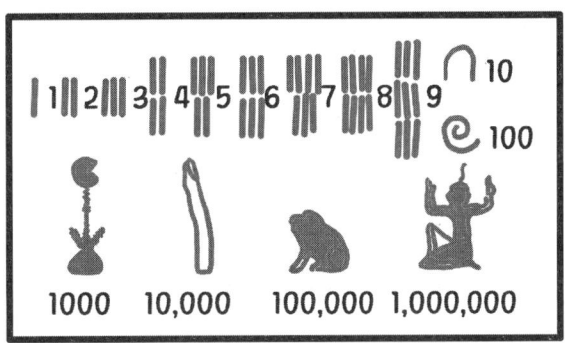

〈그림 3-7〉 고대 이집트의 숫자

쉽게 알 수 있는 모양으로 만들게 된다는 점에서 이집트의 숫자가 흥미롭기는 하지만 계속해서 큰 수의 기호를 만드는 것은 그리 쉽지 않다.

고대 로마에서는 <그림 3-8>과 같이 5는 V, 10은 X, 50은 L, 100은 C와 같은 기호를 사용했다. 그러므로 400은 CCCC와 같이 나타낼 수 있다. 그러나 같은 기호가 4번

1 = I	10 = X	100 = C	1000 = M
2 = II	20 = XX	200 = CC	2000 = MM
3 = III	30 = XXX	300 = CCC	3000 = MMM
4 = IV	40 = XL	400 = CD	
5 = V	50 = L	500 = D	29 = XXIX
6 = VI	60 = LX	600 = DC	99 = XCIX
7 = VII	70 = LXX	700 = DCC	3456 = MMMCDLVI
8 = VIII	80 = LXXX	800 = DCCC	
9 = IX	90 = XC	900 = CM	

〈그림 3-8〉 로마 숫자

반복되면 불편하기 때문에 이를 피하기 위하여 500에서 100을 빼는 아이디어를 생각해 내었다. 즉, CD와 같이 왼쪽에 쓴 작은 값은 빼는 것으로, 오른쪽에 쓴 작은 값은 더하는 것으로 나타내었다.

절대 기수법은 수를 나타내는 데는 비교적 편리하나 수의 계산을 하는 데는 불편하여 주판과 같이 계산을 하는 도구가 필요하게 된다.

나) 위치적 기수법

위치적 기수법은 같은 기호라도 그 기호가 놓인 위치에 따라 그 값이 달라지는 기수법이다. 그러므로 한 자리에 놓일 수 있는 몇 개의 기호만 있으면 충분하다. 고대 바빌로니아의 수체계나 인도-아라비아 수체계, 마야의 수체계가 위치적 기수법을 적용하고 있다. 위치적 기수법을 사용하려면 어떤 자리가 비어 있다는 것을 나타내는 기호가 있어야 한다.

위치적 기수법은 수를 나타내는 데도 편리하지만 수를 계산하는 데도 편리하다.

① 고대 바빌로니아 수체계

고대 바빌로니아 기수법은 60이 되면 그 위치가 달라지는 60진법을 채택하고 있다. 일(▼)과 십(◁)을 나타내는 기호를 가법적으로 사용하여 1에서 59까지의 숫자를 만들고 그 이상의 수는 위치적 기수법을 사용하여 나타내었다. 고대 바빌로니아 체계에서는 빈 자리를 나타내는 기호가 존재하지 않았다. 다음 <그림 3-9>를 보면 1과 60이 모두 같은 기호이다. 이것은 일의 자리가 비어 있음을 나타내는 기호가 없기 때문이다. 2와 61도

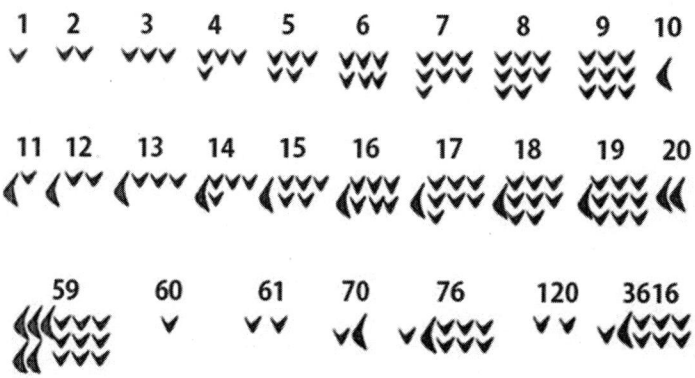

〈그림 3-9〉 고대 바빌로니아 숫자

비슷하다. 2는 낱개 두 개로 나타내지만 61은 60묶음 하나와 낱개 한 개를 나타낸 것이며 2와 달리 그 사이에 약간의 간격이 있다. 그러나 이런 간격이 눈에 잘 드러나지 않는다. 그러므로 ▼▼는 2인지 $1 \times 60 + 1$인지, $1 \times 60^2 + 1 \times 60$인지, $1 \times 60^2 + 0 \times 60 + 1$인지 파악하기 쉽지 않다. 기원전 3세기 경에 와서 비어 있는 자리를 나타내는 기호가 도입되었다. 그런 점에서 고대 바빌로니아 기수법은 불완전한 위치적 기수법이다.

② 마야 수체계

기원후 1000년 경에 도시화를 이룬 마야인들은 기본 단위를 뜻하는 점과 기본 단위의 다섯 배를 뜻하는 막대, 그리고 빈 자리를 나타내는 기호(◠)를 만들고 20진법을 채택하였다. 수를 위에서 아래로 쓰는 방식이 독특하다. <그림 3-10>에서 알 수 있듯이, 20은 20 묶음 하나(●)와 일의 자리가 비어 있음을 나타내는 기호(◠)로 표현되어 있다.

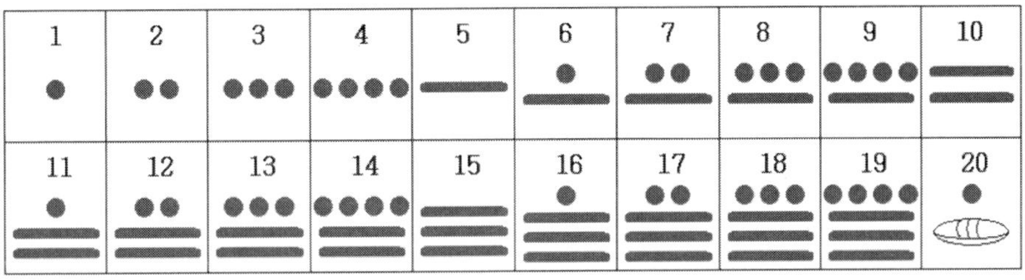

<그림 3-10> 마야의 숫자

③ 인도-아라비아 수체계

인도인들은 오래전부터 10진법에 따른 기수법을 사용하였으며 2세기경부터 1부터 9까지의 숫자를 사용해 왔다. 빈 자리를 나타내는 기호인 0이 나타난 시기는 불분명하지만 0을 사용하면서 위치적 기수법이 완성되었다. 우리가 지금 사용하고 있는 숫자인 0, 1, 2, 3, 4, 5, 6, 7, 8, 9는 오랜 세월에 걸쳐서 그 모양이 변해 온 것이다.

인도의 숫자와 기수법은 8세기경 아라비아로 전해졌고 페르시아의 알콰리즈미의 수학 서적들이 유럽에 전해지면서 인도 숫자는 인도-아라비아 숫자로 알려지게 되었다.

마. 수 감각

수 감각(number sense)이란 개념은 명확하게 규정되어 있지 않지만 수에 대한 직관적인 느낌, 수를 다면적으로 볼 수 있는 안목, 수를 다양하게 사용하고 해석하는 능력이라고 할 수 있다. NCTM(1989)은 수 감각에는 다음과 같은 5가지 요소가 있다고 설명한다.
  ① 수의 의미를 개발함. 이것은 집합수와 순서수의 의미를 포함한다.
  ② 조작도구를 이용하여 수 관계를 탐구함. 예를 들어 대상들의 집합의 결합과 분해는 7을 6보다 1이 크고, 8보다 1이 작으며, 5보다 2가 크고, 홀수임을 이해할 수 있게 해주며, 이와 비슷하게 50을 십이 5개이고, 25가 2개이며, 십 4개와 낱개 10개임을 이해하게 해 준다.
  ③ 수의 상대적인 크기를 이해함. 예를 들어 31은 4보다 크고, 대략 27과 같고, 60의 절반 정도이며, 92와 비교하면 작다. 계산기에서 1씩 빠르게 100까지 또는 1000까지 두들기는 것은 이런 수들의 상대적 크기를 파악하는 데 도움을 준다.
  ④ 수를 계산하는 것의 상대적 효과에 대한 직관을 발달시키는 것.
  ⑤ 아동들의 환경에서 일상적인 대상과 상황을 측정하기 위한 참조물을 개발하는 것. 예를 들어 4학년 아동의 키가 316cm가 된다거나 몸무게가 8kg이 된다는 것은 비현실적이며, 빵 한 조각이 117달러가 될 수 없고 선생님의 나이가 96세는 아니다. 이러한 측정의 합리적인 범위에 대한 지식은 결과의 합리성을 판단하는 기초가 된다.

이외에도 다음과 같은 요소들을 더 생각해볼 수 있다.
⑥ 수를 여러 가지 방식으로 표현하는 능력
  예를 들어 3=2+1, $3=\frac{3}{1}=2.9999...$, $50\%=\frac{1}{2}$ 등과 같이 다양하게 표현할 수 있는 능력이다.
⑦ 계산 결과를 이해하고 어림하는 능력
  계산의 결과가 어느 정도 되는지를 어림하거나 175를 약 200 또는 150 정도 등과 같이 적절히 어림하는 능력이다.
⑧ 수를 일상생활에서 사용하고 해석하는 능력
  일상생활에서 수나 숫자를 사용하려는 마음, 혹은 TV나 신문에서 사용되는 수의 의미나 크기를 해석하는 능력이다.
  이와 같은 수 감각은 오랜 기간에 걸쳐서 발달한다.

바. 자연수의 성질

1) 홀수와 짝수

일상생활에서 홀수와 짝수는 많이 사용되는 개념이다. 짝수는 2의 배수인 정수이며 홀수는 2의 배수가 아닌 정수이다. 그러므로 0, ±2, ±4, ±6, ±8, ... 등은 짝수이며, ±1, ±3, ±5, ... 등은 홀수이다. 2015 개정 교육과정에서는 짝수와 홀수를 배수를 배우기 전인 1-2학년군에서 지도한다. 그러므로 초등학교 수준에서는 둘씩 짝을 지을 수 있는 수를 짝수라고 하고, 둘씩 짝을 지을 수 없는 수를 홀수라고 정의하고 있다. 즉, 짝수와 홀수를 자연수 범위에서만 다루게 된다.

짝수와 홀수에서는 다음과 같은 성질을 찾을 수 있다.
- 홀수와 홀수의 합은 짝수이다.
- 짝수와 짝수의 합은 짝수이다.
- 짝수와 홀수의 합은 홀수이다.
- 홀수와 홀수의 곱은 홀수이다.
- 짝수와 짝수의 곱은 짝수이다.
- 짝수와 홀수의 곱은 짝수이다.

2) 약수와 배수

약수(divisor)는 0이 아닌 자연수를 나누었을 때 나누어 떨어지게 하는 자연수를 말한다. 예를 들어 6의 약수는 6을 나누었을 때 나누어 떨어지게 하는 자연수로서

$6 \div 1 = 6$

$6 \div 2 = 3$

$6 \div 3 = 2$

$6 \div 4 = 1$ 나머지 2

$6 \div 5 = 1$ 나머지 1

$6 \div 6 = 1$

이므로 6의 약수는 1, 2, 3, 6이다.

배수(multiple)는 어떤 수를 0배, 1배, 2배, 3배, ...한 수를 말한다. 예를 들어

$4 \times 0 = 0$, $4 \times 1 = 4$, $4 \times 2 = 8$, $4 \times 3 = 12$, $4 \times 4 = 16$

이므로 4의 배수에는 0, 4, 8, 12, 16, ... 등이 있다.

약수와 배수 역시 초등학교 수준에서는 자연수 범위에서 다루고 있지만 수학적으로는 정수 범위에서 정의되기 때문에 0은 모든 정수의 배수이며, 음의 정수에서도 약수와 배수를 생각할 수 있다.

3) 인수, 소수

약수와 비슷한 개념이 인수(factor)이다. 인수는 정수 또는 다항식을 몇 개의 곱의 꼴로 나타내었을 때 그것의 각 구성 요소를 말한다. 예를 들어 자연수 12는 $12=1\times12=2\times6=3\times4$와 같이 나타낼 수 있으므로 1, 2, 3, 4, 6, 12는 12의 인수가 된다. 자연수에서는 약수나 인수가 모두 같은 결과가 되므로 약수를 구할 때 나눗셈식이나 곱셈식을 이용하여 구하게 되지만 엄밀한 의미에서 약수와 인수는 다른 개념이다.

소수(素數, prime number)는 인수(약수)가 1과 자신의 2개 뿐인 자연수를 말한다. 즉, 2, 3, 5, 7, 11 등은 소수이다. 약수의 개수가 3개 이상인 자연수는 합성수라고 한다.

4) 공약수와 공배수

어떤 수들의 공통된 약수를 공약수라 하며 공약수 중에서 가장 큰 수를 최대공약수라고 한다. 또, 어떤 수들의 공통된 배수를 공배수라 하고, 공배수 중에서 가장 작은 수를 최소공배수라고 한다. 공약수와 공배수는 둘 이상의 수에서 생각할 수 있으나 2015 개정 교육과정에서는 두 수의 공약수와 공배수를 다루는 것으로 한정하고 있다.

예를 들어 12와 18의 공약수를 구하면

 12의 약수는 1, 2, 3, 4, 6, 12

 18의 약수는 1, 2, 3, 6, 9, 18

이므로 공약수는 1, 2, 3, 6이며 최대공약수는 6이다. 이때 공약수는 최대공약수의 약수임을 알 수 있다.

4와 6의 공배수를 구하면

 4의 배수는 4, 8, 12, 16, 20, 24, 28, 32, 36, ...

 6의 배수는 6, 12, 18, 24, 30, 36, ...

이므로 공배수는 12, 24, 36, ...이며 최소공배수는 12임을 알 수 있다. 이때 공배수는 최소공배수의 배수임을 알 수 있다.

🔍 2. 0과 자연수의 지도

교육과정에서는 2학년까지는 네 자리 이하의 수, 4학년까지는 다섯 자리 이상의 수를 지도하게 하고 있는데 전통적으로 '조'까지의 수를 지도한다. 자연수의 지도에서는 자릿값과 위치적 기수법을 이해하고 수를 읽고 쓰며, 수의 계열과 수의 크기를 비교할 수 있어야 한다.

1-2학년군에서는 자연수가 개수, 순서, 이름 등을 나타내는 경우가 있음을 알고, 실생활에서 수가 쓰이는 사례를 통하여 수의 필요성을 인식하게 하도록 하고 있다. 개수는 집합수, 순서는 순서수, 이름은 명목수를 말한다. 그러나 실제 지도에서는 순서수에 대한 내용은 그리 많지 않고 명목수는 다루지 않으며, 대부분 집합수로 자연수를 다루고 있다.

수에 대한 지도는 4학년에서 완성되며, 5-6학년군에서는 자연수의 성질인 약수와 배수에 관한 내용을 지도한다.

〈표 3-1〉 0과 자연수의 내용 체계(교육부, 2015d)

영역	핵심 개념	일반화된 지식	학년군별 내용 요소		
			1-2학년군	3-4학년군	5-6학년군
수와 연산	수의 체계	수는 사물의 개수와 양을 나타내기 위해 발생했으며, 자연수, 분수, 소수가 사용된다.	• 네 자리 이하의 수	• 다섯 자리 이상의 수	• 약수와 배수
	수의 연산				

가. 자연수의 모델

수는 추상적인 개념이므로 이를 지도하기 위해서는 적절한 모델을 사용할 필요가 있다. 자연수의 모델로 적절한 것들은 다음과 같다.

1) 바둑돌 종류

바둑돌이나 콩, m&m 초콜렛, 타일 등이 해당한다. 이러한 모형은 수를 초기 단계에서 낱개를 지도하거나 하나씩 세는 활동을 할 때 유용하다.

2) 십진블록, 연결큐브, 산가지, 화폐

두 자리 이상의 수를 지도할 때는 열 묶음, 백 묶음 등을 나타내는 모형이 필요하다. 묶음이 고정된 것도 있고 필요시 분리하거나 결합할 수 있는 분리형도 있다. 십진블록이나 화폐 등은 고정형이며 연결큐브나 산가지 등은 분리형이다. 연결큐브도 한 방향으로만 연결할 수 있는 것도 있고 여러 방향에서 연결할 수 있는 것도 있다. 받아올림이나 받아내림이 있을 경우 고정형은 단위에 맞춰 교환하는 활동이 필요하게 된다.

〈그림 3-11〉 바둑돌

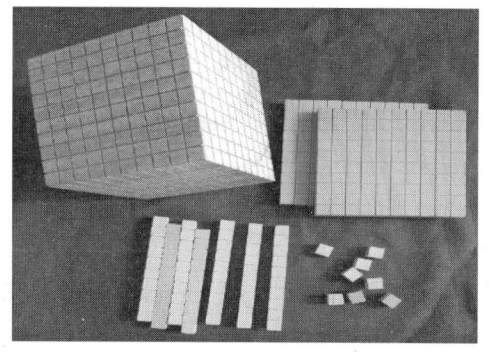

〈그림 3-12〉 십진블록

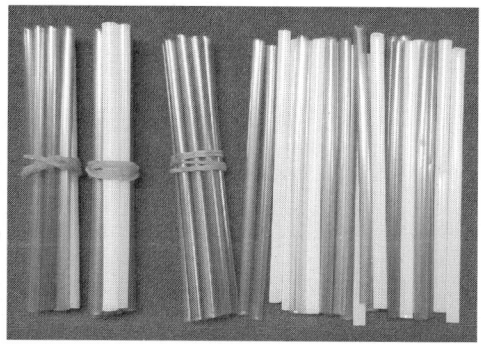

〈그림 3-13〉 산가지

산가지는 두 자리 수를 지도할 때는 열 묶음을 만들어야 하며 세 자리 수를 지도할 때는 백 묶음을 만들어야 한다. 그러나 산가지로 백 묶음을 만들기는 적절해 보이지 않는다.

십진블록이나 연결큐브는 낱개, 열 묶음, 백 묶음을 나타내기 쉽고 시각적으로도 이해하기 쉽다. 그러나 천 이상을 나타낼 때는 너무 부피가 커지는 단점이 있다.

〈그림 3-14〉 연결큐브

3) 퀴즈네어 막대

퀴즈네어 막대는 1에서 10까지의 수를 나타내는 10개의 모형이 크기에 따라 각기 다른 색상으로 만들어져 있다. 퀴즈네어 막대는 가장 작은 것을 1로 보고 그 크기에 비례하여 2, 3, 4,…를 나타내는 자연수의 지도에도 사용될 수 있지만, 눈금이 표시되지 않았기 때문에 각각이 고정된 수를 의미하지 않고 임의의 막대를 하나의 단위로 생각하여 곱셈과 나눗셈을 지도하는 데도 사용할 수 있고, 분수를 지도하는 데도 사용할 수 있다.

4) 수직선

수직선은 지금까지의 여러 모델보다 훨씬 더 추상적인 수 모델이다. 수직선은 자연수 개념뿐만 아니라 등분할하기 쉽기 때문에 소수나 분수 개념을 나타내는 모형으로도 사용할 수 있으며, 방향을 생각하면 음수를 나타낼 수도 있다. 그러나 아주 추상적인 모델이라 수직선을 이용하여 수를 지도할 때는 좀 더 세심한 배려가 요구된다.

두 개의 수직선을 함께 이용하는 이중수직선은 비례적 사고를 요구하는 문제 해결에도 유용하게 사용될 수 있다.

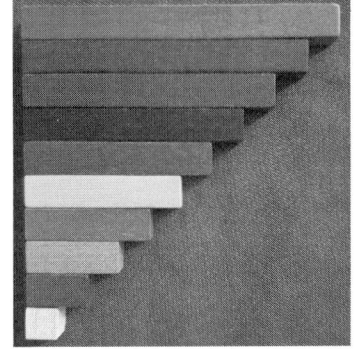

〈그림 3-15〉 큐지네어 막대

참고사항) 비례모형과 비(非)비례모형

여러 가지 수모형은 비례모형과 비비례모형으로 구분하기도 한다. 비례모형은 모형이 나타내는 수의 크기와 모형의 크기가 비례하는 것으로, 바둑돌, 산가지, 십진블록, 연결큐브, 퀴즈네어 막대 등이 해당되며, 비비례모형은 수의 크기와 모형의 크기가 비례하지 않는 것으로 화폐가 그 대표적인 모형이다.

비례모형은 수의 크기에 대한 감각을 형성하는 데 도움이 되지만 큰 수의 지도에서는 모형도 비례해서 커야 하기 때문에 효율성이 떨어진다. 비비례모형은 그 반대로 수의 크기에 대해 오개념을 심어줄 가능성이 있지만 모형의 크기가 작기 때문에 편리한 점도 있다. 그러므로 작은 수를 지도할 때는 비례모형을 사용하여 수의 크기에 대한 감각을 충분히 기르고, 큰 수의 지도에서는 비비례모형을 사용하는 것이 바람직하다.

나. 0-9의 지도

1에서 9까지의 수나 숫자의 지도는 그리 어렵지 않을 것이다. 1에서 9까지의 수의 지도에서는 수사, 숫자, 수의 크기 등을 이해하고 사용할 수 있게 지도해야 한다. 우리 말에서는 수를 나타내는 이름이 두 가지가 있다. 순수 우리 말로 읽는 경우와 한자어로 읽는 경우가 있어서 어떻게 읽느냐 하는 혼란이 있을 수 있다. 보통은 집합수의 경우는 우리 말로 읽고 연속량을 측정한 경우에는 '오 센티미터'와 같이 한자어로 읽는다. 어떻게 읽느냐에 따라서 의미가 달라지는 경우도 있다. 예를 들어 '2학년'을 '이학년'으로 읽으면 특정한 학년을 의미하고 '두 학년'으로 읽으면 일학년과 이학년처럼 두 개 학년을 의미한다. 이런 문제를 지나치게 강조할 필요는 없고, 1에서 9까지의 수를 두 가지 방법으로 읽는 법을 지도하는 정도이다.

0은 자연수보다 훨씬 어려운 개념이다. 0은 두 가지 의미를 가진다. 하나는 위치적 기수법에서 자리가 비어 있음을 나타내는 기호이다. 빈 자리를 나타내는 기호가 없다면 위치적 기수법은 제대로 작동하기 어렵다. 빈 자리를 나타내는 기호라면 이 기호를 가지고 계산을 할 수는 없다. 수를 표기하는 기호로만 사용하게 된다. 또 하나의 의미는 '수'로서의 0이다. 아무 것도 없는 것을 나타내는 수, 1보다 하나 작은 수로 사용되면 0을 덧셈, 뺄셈, 곱셈, 나눗셈과 같은 연산의 대상으로 취급할 수 있게 된다.

그러므로 0은 아무 것도 없는 것을 나타내는 수, 1보다 하나 더 작은 수로서의 의미를 이해하게 해야 한다. 그러기 위해서는 0을 읽고 쓰는 법을 지도할 뿐만 아니라 0, 1, 2, 3,…의 수 계열을 이해하도록 해야 하며, 3-3=0, 3+0=3과 같이 계산 과정에서도 0을 자유자재로 사용할 수 있도록 해야 한다. 더 나아가서 두 자리 수, 세 자리 수에서 어떤 자리가 비어 있는 것을 나타내도록 지도해야 한다. '9 다음에 1 큰 수를 10이라고 한다.'와 같이 설명하면 이때의 0이 일의 자리가 비어 있음을 나타내는 것임을 이해하기가 어렵다. 대상을 열 묶음, 백 묶음으로 묶고 낱개나 묶음이 없을 때 이를 나타내는 방법을 생각해 보게 하여야 할 것이다.

0은 보통 1에서 5까지의 자연수를 학습한 다음에 지도하기도 하고, 2015 개정 교과서에서처럼 9까지 학습한 다음에 지도하기도 하는데, 이와 같은 지도 시기의 차이는 크게 문제가 되지는 않아 보인다. 그러나 두 자리 수를 지도할 때 혹은 그 전에 학습하여야 빈 자리를 나타내는 자리지기로서의 의미를 학습할 수 있을 것이다.

다. 두 자리 수의 지도

10을 지도할 때 전통적으로 <그림 3-16>과 같이 9까지 학습하고 나서 그 다음의 수로서 10을 곧바로 지도한다. 이어서 11, 12, 13, …, 20, 30, 40, 50과 같이 크기 순서대로 두 자리 수를 지도한다. 그러나 이런 순서는 몇 가지 문제가 있어 보인다.

초등학교에 입학하기 전에 이미 아동들은 하나, 둘, 셋, …, 아홉, 열, 열하나, … 등 꽤 큰 수까지의 수사를 순서대로 말할

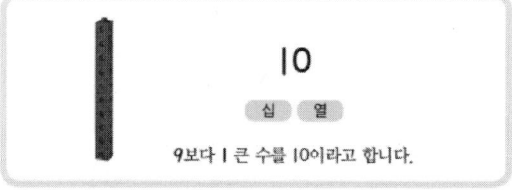

〈그림 3-16〉 수 10의 지도(교육부, 2017e)

수 있다. 그리고 1에서 9까지의 숫자를 학습하였다. 그 다음에 '열'을 나타내는 기호를 학습해야 하는데, 9보다 1 큰 수를 '열' 또는 '십'이라고 부르지만 열 또는 십을 기호로 10과 같이 나타내는지를 이해하기는 쉽지 않다. '열'을 왜 새로운 기호를 사용하지 않고 10으로 나타내는지, 왜 10을 '일영'으로 읽지 않고 '십'으로 읽어야 하는지 궁금해하는 것은 당연하다.

십을 10으로 나타내는 이유를 이해하려면 위치적 기수법을 이해해야 한다. 절대 기수법을 사용한다면 이집트 숫자(∩)처럼 혹은 중국 숫자(十)처럼 새로운 기호를 만들게 될 것이다. 위치적 기수법에 근거하여 큰 수를 나타내기 위해서는 묶음을 만들어야 한다.

대상을 여러 개로 묶을 때 다섯 개씩 묶어야 할지 열 개씩 묶어야 할지 열두 개씩 혹은 스무 개씩 묶어야 할지는 문화적으로 다르다. 현재는 열씩 묶는 십진법이 지배적이다. 그러므로 묶음을 지도할 때 다른 묶음을 다루지 않고 곧바로 열씩 묶도록 하는 것도 무방하다.

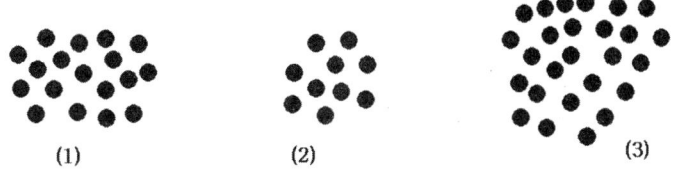

〈그림 3-17〉 대상의 개수(1)

<그림 3-17>을 보자. 각각 몇 개씩 있는지를 세어본다. 세어보고 나서 다른 사람에게 몇 개인지를 이야기해줘도 한눈에 몇 개인지를 파악하기는 쉽지 않다. 그래서 <그림 3-18>과 같이 열 개씩 묶어보게 한다.

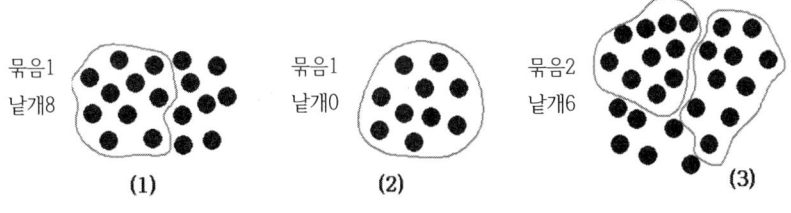

〈그림 3-18〉 대상의 개수(2)

이렇게 묶음으로 나타내면 대상이 몇 개인지를 비교적 쉽게 파악할 수 있게 된다. 이 묶음과 낱개를 다음 표와 같이 나타내 보자.

묶음의 수	낱개의 수
1	8
1	0
2	6

기호화 →

18
10
26

이제 이 표를 없애고 위치를 고려하면서 기호화하면 각각은 18, 10, 26과 같이 나타내게 된다. 오른쪽의 수는 낱개를 나타내고 왼쪽의 수는 열 묶음의 개수를 나타낸다. 이때 10은 열 묶음이 1개이고 낱개가 없는 집합의 원소의 개수를 나타내는 숫자가 되며 그래서 10을 '일영'이 아니라 열 또는 십으로 읽게 된다는 것을 납득할 수 있게 된다. 그러므로 두 자리 수는 한 자리 수에서 1부터 순서대로 9까지 지도하는 것처럼 수의 크기 순서대로 지도할 것이 아니라 열 묶음과 낱개가 분명하게 드러나게 하기 위해서 '십'보다는 다른 두 자리 수가 먼저 다루어지는 것이 기호화에 더 도움이 될 것이다. 이렇게 두 자리 수의 기호화가 가능해진 다음에는 수의 계열을 익히기 위해 10에서 20까지의 수, 20, 30, ,,,, 90의 수 등을 지도할 수 있다.

이와 같이 두 자리 수가 학습이 된 다음에는 세 자리 이상의 수도 비슷한 방법으로 학습하게 된다. 즉 열 묶음 열 개를 묶으면 백이 되고 이 경우 열 묶음과 낱개가 없으면 100으로 표기된다.

라. 큰 수의 지도

전통적으로 우리나라 초등수학 교육과정에서는 큰 수를 만에서 조까지 지도한다. 그러나 아동들이 이보다 더 큰 수에 관심을 가진다면 큰 수의 이름을 알려주거나 혹은 큰 수의 이름을 만들어보는 활동을 할 수도 있을 것이다.

서양식 표기법에 따라서 큰 수를 나타낼 때 일상에서는 세 자리마다 콤마를 찍어서 나타낸다. 이렇게 수를 나타내면 4자리마다 새로운 단위의 이름을 부여하는 동양식 방식과는 달라서 수를 읽을 때 매우 불편하다. 따라서 초등학교에서는 콤마를 사용하지 않고 수를 표기한다. 그러므로 큰 수를 읽거나 쓸 때는 표기된 수를 네 자리마다 끊어서 읽는 법과 쓰는 법을 지도한다.

큰 수를 읽고 쓸 수 있도록 지도하지만 복잡한 계산은 지도할 필요가 없다. 큰 수의 계산을 정확하게 해야 할 경우에는 계산기나 컴퓨터를 사용하도록 하고 그렇지 않을 경우에는 어림셈으로 계산하게 하면 된다.

큰 수의 지도에서 중요한 점은 수 감각이다. 1만, 1억, 1조가 얼마나 큰 수인지에 대한 감각을 가져야 한다. 수의 크기에 대한 감각을 가지려면 아동들이 알고 있는 거리나 시간과 같은 양과 함께 비교해 보는 것이 좋을 것이다. 1억 초가 며칠인지, 1조 원이면 자동차를 몇 대 살 수 있는지, 1조 미터의 거리는 지구에서 달까지의 거리의 몇 배인지, 계산기 자판을 누르면서 1씩 더해간다면 1에서 1억이 되는 데까지 얼마나 오래 걸리는지 등을 생각해 볼 수 있다.

최근에는 조보다 더 큰 '경' 단위의 큰 수도 일상에서 심심치 않게 나타난다. 그러므로 큰 수를 지도할 때는 신문이나 영화 등에 등장하는 소재를 사용하는 것도 좋을 것이다. 예를 들어 우리나라에서 1년 동안 라면이 38억 개가 소비되는데, 일 인당 연간 라면 소비량이 74.6개로 세계 1위라고 한다. 이러한 기사를 참고하여 큰 수를 읽고 큰 수의 계산 문제를 만들어 볼 수도 있다. 최초의 컴퓨터 개발과 관련한 내용이 등장하는 <이미테이션 게임>이라는 영화에는 '1해 5천 경' 가지의 경우의 수가 등장한다. 우리나라 2022년 예산은 607조 원 규모가 될 것이라고 한다. 이런 소재를 활용하면 수학이 이용되는 여러 사례를 알 수 있게 되고 수학의 가치를 인식시켜 줄 수 있으며 학생들의 흥미를 일으킬 수도 있을 것이다.

제4장
0과 자연수의 연산

제 4 장
생 각 할 문 제

이 단원을 학습하기 전에 다음 문제를 생각해 봅시다.

01 옛날 사람들은 어떻게 계산했을까?

02 우리가 지금 사용하는 계산 방법은 어떻게 만들어졌을까?

03 대안적인 계산 방법에는 어떤 것들이 있을까?

04 어림셈은 언제 하는 것이 좋을까?

05 계산기가 흔한 요즘 계산을 지도할 필요가 있을까?

4장 0과 자연수의 연산

Q 1. 관련 이론

가. 연산

1) 연산의 의미

계산은 셈하여 어떤 수치를 구하는 것이지만 연산은 어떤 수에 대하여 한 수를 대응시키는 일종의 함수이다. 두 수 a, b에 대해서 한 수 c를 대응시키는 연산을 이항연산이라고 한다. 대응 규칙은 매우 다양하다. 두 수 a, b에 대하여 한 수 $a+b$를 대응시키는 것을 덧셈이라고 하고, $a-b$에 대응시키면 뺄셈, $a \times b$에 대응시키면 곱셈, $a \div b$에 대응시키면 나눗셈이다.

이와 같이 수학적으로 볼 때 연산은 대응 규칙이지만 실생활에서 그런 대응은 특별한 의미를 가지고 있으며 이러한 연산이 사용되는 특수한 상황이 있다. 그러므로 계산 알고리즘을 기계적으로 학습하게 할 것이 아니라 그러한 연산의 의미를 이해하게 하는 것이 중요하다. 연산의 의미를 이해하는 것이 중요한 이유는 다음과 같다.

첫째, 계산을 능숙하게 잘 하는 것보다 연산의 결정 능력이 더 중요하기 때문이다. 아무리 계산을 잘 하더라도 문장제에서 어떤 계산을 해야 하는지를 알지 못하면 계산 능력을 발휘할 수 없다. 또한 최근에는 계산기와 같은 공학 도구들이 발달하고 쉽게 사용할 수 있어서 이러한 도구들이 계산을 대신해 줄 수 있다. 그러나 어떤 계산을 하여야 하는가 하는 것은 도구를 이용하는 사람이 결정할 문제이다.

둘째, 수의 범위가 한 자리에서 두 자리로, 자연수에서 분수나 소수로 또는 정수로 확장될 때, 연산의 의미를 알고 있으면 보다 효과적으로 대처할 수 있다. 예를 들어, 곱셈의 의미를 알지 못한 상태에서 곱셈구구만 외우면 그 범위 내에서의 곱셈은 능숙하게 잘 할 수 있겠지만 3×12와 같이 곱셈구구 범위 밖의 곱셈은 암기한 내용에 없기 때문에 그 값을 구할 수 없게 된다. 그러나 연산의 의미를 잘 이해하고 있으면 교사의 도움 없이도 학습하지 않은 보다 확장된 문제 상황에서도 능동적으로 대처할 수 있게 된다.

셋째, 계산 방법을 잊었을 때 무조건적으로 방법만 알고 있었던 것보다는 그 의미를 알고 있었다면 그 의미에 근거하여 계산 방법을 다시 기억해 내기 쉽고 계산 결과를 검토할 때도 효과적이다.

2) 연산 지도 순서

연산을 지도할 때는 연산 알고리즘을 곧바로 지도하기 보다는 다음과 같은 순서에 의해 지도하는 것이 바람직하다.

첫째, 연산의 의미를 이해시킨다. 덧셈이나 뺄셈 등을 지도할 때는 계산 방법보다는 그 의미가 무엇이며 그런 연산이 어떤 경우에 사용되는지를 이해시킨다.

둘째, 계산 방법을 아동 스스로 발명하게 한다. 표준 알고리즘을 제시하여 곧바로 지도할 것이 아니라 불완전한 형태로라도 아동 스스로 계산 방법을 발명하고 이를 개선해 나가게 하며, 여러 가지 방법을 비교하여 각각의 방법의 장점을 파악하게 한다.

셋째, 연산의 성질을 발견하게 하거나 이해시킨다. 연산의 성질을 알게 되면 연산을 더욱 효과적으로 활용할 수 있게 된다.

넷째, 계산 방법을 숙달시킨다. 계산 원리를 이해한다고 해서 계산을 능숙하게 잘 할 수 있는 것은 아니다. 반복 연습을 통하여 기능을 숙달시킨다.

다섯째, 학습한 계산 방법을 활용한다. 계산을 통해 문제를 해결하는 것뿐만 아니라 이러한 활용을 통해 수학의 가치를 인식하게 하고 수학적 사고 능력을 기를 수 있도록 활용한다.

3) 연산 학습의 선행 조건

아동들이 연산을 학습하기 위해서는 다음과 같은 몇 가지 준비가 되어 있어야 한다.

첫째, 수 세기이다. 덧셈은 두 수를 모두 합하여 세는 것이며, 뺄셈은 일부를 제외한 나머지를 세는 것 또는 거꾸로 세는 것이다. 곱셈과 나눗셈은 묶어서 세는 활동이다. 이러한 수 세기를 효율적으로 하는 것이 계산 알고리즘이다. 그러므로 연산을 학습하기 전에 수 세기를 능숙하게 할 수 있도록 지도하여야 한다. 바로 세는 것은 덧셈, 거꾸로 세는 것은 뺄셈, 묶어 세거나 건너 세는 것은 곱셈과 나눗셈을 학습하기 위한 선행 조건이다. 이러한 수 세기를 능숙하게 할 수 있도록 사전 지도해야 하며, 큰 수를 세는 불편함을 인식하는 것은 보다 편리한 연산 알고리즘의 개발로 이어지는 동력이 된다.

둘째, 연산과 관련한 구체적인 경험이다. 구체물을 이용하여 두 집합의 물건의 수를 합하거나 비교하는 경험, 물건을 나누어주는 경험, 놀이나 게임에서 연산과 관련한 경험을 함으로써 나중에 덧셈식이나 나눗셈식과 같은 기호화된 여러 연산을 친숙하고 의미 있게 학습하게 된다.

셋째, 자릿값 개념의 이해이다. 덧셈, 뺄셈, 곱셈, 나눗셈은 여러 차례 받아올림이나 받아내림을 수반하면서 묶음 단위별로 그 개수를 세게 된다. 이러한 과정을 위치적 기수법을 사용하여 처리하려면 자릿값의 이해가 필수적이다. 자릿값을 이해하기 위해서는 낱개 열 개를 열 묶음으로, 열 묶음 열 개를 백 묶음으로 묶거나 그 반대로 교환하는 활동, 10의 합성과 분해와 같은 활동이 도움이 될 것이다.

넷째, 언어적 능력이다. 수학을 하는 모든 활동은 결국 말이나 글로 의사소통하게 된다. 문제 상황의 제시나 수학적 발명의 결과를 전달하거나 토론을 할 때 몸짓이나 그림보다는 말이나 글이 효과적이고 말이나 글을 통한 의사소통이 대부분이다. 수나 식으로 표현하는 것도 구체물 사용이 충분하고 언어적 의사소통이 충분히 이루어진 후에 혹은 언어적 의사소통과 함께 제시되어야 한다. 그러므로 언어적 능력은 연산을 학습하는 것뿐만 아니라 수학학습에도 매우 중요한 요소이다.

나. 암산과 어림셈

계산은 주로 필산으로 처리된다. 그러나 필산 외에도 중요한 계산으로 암산과 어림셈이 있다. NCTM(1989)은 <그림 4-1>과 같이 계산할 때의 의사결정 단계를 제시하고 있는데, 이런 의사결정 과정에서 암산과 어림셈의 위치를 잘 보여주고 있다.

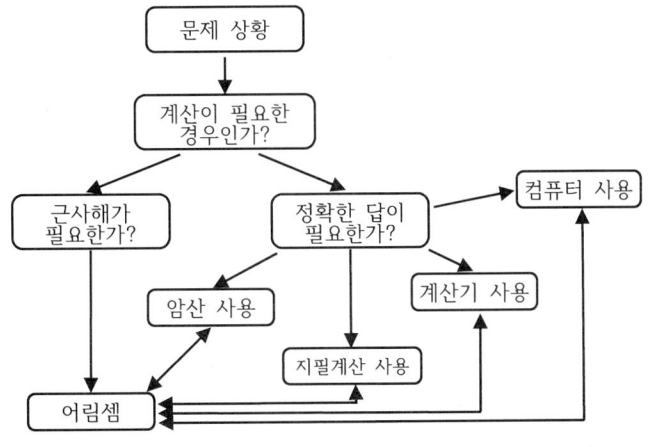

<그림 4-1> NCTM(1989, p.9)

1) 암산

암산은 '머리 속에서 계산'하는 것이다. 암산은 종이에 쓰면서 계산하는 필산을 종이 없이 머리 속에서 그대로 계산하는 것을 의미하지 않는다. 예를 들어 46+28을 필산으로 계산할 때는 일의 자리 수부터 계산한다. 그러나 암산할 때는 그런 전략은 사고에 큰 부담을 주게 된다. 암산할 때는 먼저 십의 자리 수부터 계산한다. '40과 20을 더하면 60이고, 6과 8을 더하면 음, ... 74이다.'와 같이 계산하거나 '46에 30을 더하여 76을 얻고 2를 빼면 74가 된다.'는 식으로 계산한다. 164+99를 계산할 때 164에 100을 더하고 1을 빼서 263을 얻는다. 26×5를 계산할 때 26을 2로 나누어 13을 얻은 다음 10을 곱해서 130을 얻었다. 이러한 계산은 필산 알고리즘을 적용한 것이 아니다.

암산이 중요한 이유는 다음과 같은 이유 때문이다.

첫째, 많은 계산이 암산으로 이루어진다. 필산을 할 때도 암산이 필요하고 암산 그 자체를 요구하기도 한다. 일상생활에서의 많은 계산 역시 암산에 의한 것이다.

둘째, 암산은 수 감각을 기르고 창의적 활동에 도움이 된다. 필산과는 달리 수 감각에 기반하여 다양한 암산 전략을 개발하고 이를 사용함으로써 수 감각을 강화시키며 창의적 사고를 하게 된다.

셋째, 어림셈 능력의 신장에 도움이 된다. 어림셈은 기본적으로 암산에 기반을 두고 있으므로 암산 능력이 약하면 어림셈 능력을 신장시킬 수 없다.

암산을 지도할 때 다음과 같은 점에 주의할 필요가 있다.

첫째, 아동들에게 암산을 하도록 격려해야 한다. 필산 알고리즘을 학습하다 보면 학습한 방법을 그대로 이용하여 필산을 하거나 필산 방법을 암산에 적용하려고 하거나 암산하는 것을 부끄러워 할 수 있다. 암산도 훌륭하고 효율적인 계산 방법임을 인식하게 한다.

둘째, 아동들이 어떤 암산 전략을 사용하는지 관심을 가지고 조사해야 한다. 암산 방법은 다양하며 아동에 따라 특징적인 암산 방법을 개발하고 사용한다. 아동들이 사용한 암산 방법을 확인해 보고 아동의 입장에서 암산 방법을 이해할 필요가 있다.

셋째, 아동들이 사용한 암산 방법을 발표시킨다. 발표하면서 다른 아동들의 암산 전략에 관심을 가지면서 아동 자신의 창의적이고 효율적인 암산 방법을 개발하고 또 서로 암산 전략을 공유할 수 있게 된다.

넷째, 암산을 체계적이고 정기적으로 지도한다. 일주일에 몇 번 혹은 매 시간에 몇 분씩 계획을 세워서 지도하되, 해당 차시 지도 시간을 고려하여 너무 길지 않게 5분 내지 10분 정도의 시간을 할애하는 것이 바람직할 것이다.

다섯째, 아동의 자신감을 북돋아 주어야 한다. 암산하기 쉬운 문제로부터 단계적으로 지도하면서 아동들이 암산에 자신감을 가지게 한다. 교사의 입장에서는 비효율적인 암산 전략일 수 있어도 아동의 입장에서는 필산보다 효과적인 암산 전략일 수 있으므로 격려해줄 필요가 있다.

여섯째, 어림셈과 암산의 차이를 인식시킨다. 어림셈이나 암산은 모두 머리 속에서 이루어지는 공통점이 있지만 어림셈은 대략적인 결과를 구하는 것이고 암산은 정확한 결과를 구하는 것이다.

2) 어림수와 어림셈

가) 어림수

어림셈을 하기 전에 어림수를 알아야 한다. 어림수는 어떤 수를 정확하게 나타내지 않고 대략적인 크기로 나타낸 수를 말한다. 비슷한 개념으로 근삿값이 있다.

어림수를 사용하는 이유는 다음과 같다. 첫째, 참값을 얻는 것이 불가능하거나 어려운 상황이 많이 있다. 예를 들어 인구조사를 한다고 하더라도 조사하는 데 시간이 걸리고 그 사이에 태어나고 사망하는 사람들이 있기 때문에 우리나라 인구가 몇 명인지를 정확히 아는 것은 불가능할 것이고 대략적인 인구수로 만족하게 된다. 둘째, 참값보다 어림수가 이해하기 쉽고 편리한 경우가 많다. 예를 들어 빛의 속도는 진공에서 299,792,458m/s이다. 이 값을 외우기 어렵지만 빛의 속도가 300,000,000m/s라고 한다면 외우기도 편리하고 계산하기도 쉽다.

나) 어림수로 나타내는 방법

어림수를 나타내는 방법으로 보통 올림, 버림, 반올림이 있다.

반올림을 할 때 처리하는 자리의 수가 5 미만이면 버리고 5 이상이면 올려준다. 예를 들어 5.284와 3.126을 (소수 둘째 자리에서) 반올림하여 소수 첫째 자리까지 나타내면 5.3과 3.1이 된다.

버림은 구하려는 자리의 아래 수를 버려서 나타내는 것이며 올림은 구하려는 자리의 아래 수를 올려서 나타내는 방법이다. 예를 들어 756을 버림하여 백의 자리까지 나타내면 700이 되며, 204를 올림하여 백의 자리까지 나타내면 300이 된다.

반올림을 가장 많이 사용하지만 안전이나 다른 여러 가지 상황을 고려하여 올림이나 버림을 해야 하는 경우가 있다. 예를 들어 등산객 142명이 케이블카를 탈 때 한 대에 탈 수 있는 정원이 10명이라면 케이블카는 계산상으로는 142÷10=14.2(회) 운행하게 된다. 이때는 반올림하는 것이 아니라 올림을 해서 15회 이상 운행해야 안전하다. 한편 과일 147개를 한 상자에 10개씩 담아서 팔려고 할 때 포장해서 팔 수 있는 과일 수는 140이다. 이것은 버림하여 십의 자리까지 나타낸 것이다.

어림수를 나타내는 방법에는 반올림, 올림, 버림만 있는 것은 아니다. 계산을 편리하게 하기 위해 그냥 적당한 값으로 어림하는 경우도 있다. 예를 들어 26×4를 계산할 때 26을 일의 자리에서 올리거나 버리거나 반올림하는 것은 오차가 꽤 크다고 할 수 있다. 이럴 경우 26을 25로 어림하면 계산도 편리하고 오차도 적다.

다) 어림셈

어림셈은 대략적인 계산이다. 대략이 어느 정도인지는 어림셈을 하는 사람이 필요에 맞게 판단한다. 어림셈을 하는 이유는 다음과 같다.

첫째, 정확하게 계산하는 방법을 모르지만 계산 결과를 대략적으로라도 알고 싶기 때문이다. 예를 들어 $2\frac{2}{3}+5\frac{3}{7}$과 같은 분수의 덧셈을 할 수 없어도 이 값이 하나는 3에 가깝고 다른 하나는 5에 가깝다는 사실을 알고 계산 결과가 대략 8이 되겠다거나 혹은 분수를 버리고 자연수끼리만 더해서 7보다는 크겠다거나 하는 경우이다.

둘째, 정확한 계산을 할 수 있으나 대강의 값을 아는 것으로도 충분한 경우이다. 정확한 계산을 하는 것은 귀찮고 복잡한데 굳이 정확한 값을 알 필요는 없을 수도 있다.

셋째, 계산기나 컴퓨터의 계산 결과가 맞는지를 확인하려고 할 때이다. 계산기나 컴퓨터의 계산은 빠르고 정확하지만 입력을 잘못하면 큰 오차를 야기하게 된다. 혹은 물건을 사고 직원이 계산한 물건값이 맞는지를 확인하고자 할 때 어림셈을 하여 어림셈의 결과와 크게 차이가 나지 않으면 계산기의 계산이나 직원의 계산을 수용할 수도 있다.

간혹 가다가 참값을 쉽게 계산할 수 있는데 어림하라고 요구하는 경우도 있다. 이런 경우는 참값을 구한 후 요구에 맞춰서 어림수로 나타내는 경우도 생기게 되어 적절한 요구라고 할 수 없다.

라) 어림셈 전략

대략적인 계산이라고 해서 아무렇게나 계산할 것이 아니라 적절한 전략을 사용하면 간단하면서도 꽤 정확한 값을 얻을 수 있다.

(1) 왼쪽에서부터 계산하기

<그림 4-2>와 같은 계산을 해 보자. 왼쪽의 백의 자리 수부터 계산하면 4+6+2=12, 즉 1200이다. 이 수의 합은 약 1200 혹은 '1200보다 크다'와 같이 어림하는 것이다.

더 정확히 어림하고 싶다면 계속해서 십의 자리를 계산한다. 1200을 머릿속에 기억해 두고 십의 자리 수를 계산하면 8+3+5=16, 즉 160이다. 이것을 1200에 더하면 1360이다. 보다 더 정확하게 어림하고 싶다면 계속해서 일의 자리 수를 계산하면 된다. 이와 같이 계산하는 사람의 필요한 정도에 따라 적당한 데까지 어림하는 방법이다.

```
      489
       37
      651
    + 208
```

〈그림 4-2〉

이러한 어림 전략은 곱셈이나 나눗셈에서도 적용할 수 있지만 덧셈이나 **뺄셈**에서 더 효과적이다.

(2) 반올림 전략

반올림하여 계산하고 반올림한 방향을 고려하여 결과를 조정하는 방법이다. 예를 들어 27×56을 반올림 전략으로 계산해 보자. 먼저 두 수를 반올림하면 30과 60이다. 이 두 수를 곱하면 1800이다. 그런데 30과 60은 처음 수인 27과 56보다 크기 때문에 당연히 어림셈한 결과는 참값보다 꽤 크다. 어떻게 조정할 것인지를 생각해 보자.

a와 b를 곱하려고 한다. a와 b를 반올림(결과적으로는 올림하였다고 하자)한 $a+c$와 $b+d$를 곱한다. 그 곱의 결과는 다음과 같다.

$$(a+c) \times (b+d) = ab + ad + bc + cd$$

우리가 구하려는 참값은 ab이다. 그러므로 올림하여 얻은 값에서 ad, bc, cd를 **빼야** 한다. 이러한 값 역시 정확하게 계산하는 것은 불편하니 a와 b는 올림한 값으로 처리하고 cd는 상대적으로 작은 값이니 무시해도 된다. 즉, 27×56은 반올림하여 얻은 1800에서 3×60=180과 30×4=120을 각각 **빼어** 1500으로 조정하면 된다. 만약 버림을 했다면 이러한 값은 더해주어야 한다.

62×79의 경우에는 반올림하면 60×80=4800이 되는데 버려지는 부분과 더해지는 부분이 있어서 상쇄되는 면이 있으므로 이런 경우는 굳이 조정해 주지 않아도 된다.

반올림 전략은 곱셈의 경우에 특히 유용하다.

(3) 적당한 수로 바꿔서 계산하기

3388÷7을 반올림하여 계산하려면 그 계산이 쉽지 않다. 어림셈은 계산하는 과정이 간편하고 암산으로 처리할 수 있다는 데 그 장점이 있다. 그러므로 여기서는 3388을 적절한 자리에서 반올림하기 보다는 나누기 편한 수로 어림하는 것이 좋다. 7로 나누기 쉽게 하려면 3388을 3500으로 어림하면 좋다. 이 경우 3388÷7≒3500÷7=500이 된다.

이 전략 역시 다른 계산에서도 유용하다. 특히 반올림을 하면서 오차가 많이 생기는 경우에는 오차를 적게 하면서도 계산이 간편한 수로 바꿀 수 있다는 장점이 있다.

(4) 집단화하기(clustering) 전략

크기가 비슷한 수끼리 묶어서 대략의 평균값을 이용하여 계산하는 방법으로 '평균 이용하기'라고도 한다.

265+248+234+227을 계산할 때 각각의 수를 대략적으로 250으로 보거나 240으로 간주하면 250×4 또는 240×4로 계산할 수 있다. 어림셈을 하는 것이므로 이중 어느 것이 맞는가 하는 논의는 중요하지 않다.

다. 계산 도구

오랜 옛날부터 여러 도구를 사용하여 계산했다. 산가지나 주판도 중요한 계산 도구였다. 그러나 최근에는 계산기가 발달하고 많이 보급되어 있으므로 산가지나 주판 등을 사용할 가능성은 매우 적다. 취학전 아동이나 초등학교 저학년 아동은 손가락을 이용하는 것이 편리하고 계산 방법을 어느 정도 학습한 다음에는 계산기를 사용할 수도 있다.

1) 손가락

손가락은 가장 기본적이고 항상 가까이 있는 계산 도구이다. 수나 계산을 학습하는 초기 단계에서는 바둑돌과 같은 구체물을 이용하기 보다 손가락을 이용하는 것이 더 편리할 수 있다. 그러나 10 이상인 수의 경우에는 사용하기 어려운 단점이 있다. 그러므로 자연수를 학습하는 초기 단계 혹은 연산의 초기 단계에서 적절히 사용하면 좋다.

2) 계산기

계산기는 언제 어디서나 강력한 연산 도구이다. 2015 개정 교육과정에서도 계산기 사용을 권장하고 있다. 그러나 필산 알고리즘은 반드시 배워야 하며 반복 연습을 통해 숙달되어야 한다. 암산이나 필산을 통해 능숙하게 익혀야 할 계산 유형에는 적어도 두 자리 수의 덧셈과 뺄셈, 곱셈, 나눗셈이 해당할 것이다. 세 자리 수의 계산을 능숙하게 할 것인가에 대해서는 논란의 여지가 있을 수 있으나 2015 개정 교육과정에서는 적어도 네 자리 수 이상의 계산 기능을 강조하지는 않는다고 볼 수 있다. 그러므로 이러한 핵심적인 계산 능력은 암산이나 필산으로 얻어져야 할 것이다.

연산의 의미나 개념의 이해가 부족한 상태에서 계산기를 사용하는 것은 의미가 없다. 예를 들어 같은 수를 계속 곱하는 거듭제곱의 의미가 충분히 이해되지 않은 상황에서 계산기의 x^y 키의 사용법을 지도하는 것은 아무 의미가 없다.

원의 넓이나 원기둥의 겉넓이를 구할 때 원주율의 값으로 3.14를 사용한다면 계산기 사용이 효과적일 것이다. 또한 계산기를 사용하여 규칙성을 탐구하는 것도 직접 복잡한 계산을 하여 규칙성을 탐구하게 하는 것보다 교육적 효과가 클 것이다.

2. 덧셈과 뺄셈의 지도

1-2학년군에서는 두 자리 수 범위에서 덧셈과 뺄셈의 의미를 이해하고 계산 원리를 이해하게 하며, 여러 가지 방법으로 계산하여 연산 감각을 기르도록 하고 있다. 3-4학년군에서는 세 자리 수의 덧셈과 뺄셈 원리를 이해하고 계산하며 계산 결과를 어림하도록 하고 있다.

〈표 4-1〉 자연수의 덧셈과 뺄셈 내용 체계(교육부, 2015d)

영역	핵심 개념	일반화된 지식	학년군별 내용 요소		
			1-2학년군	3-4학년군	5-6학년군
수와 연산	수의 체계				
	수의 연산	자연수에 대한 사칙계산이 정의되고, 이는 분수와 소수의 사칙계산으로 확장된다.	• 두 자리 수 범위의 덧셈과 뺄셈	• 세 자리 수의 덧셈과 뺄셈	• 자연수의 혼합 계산

가. 덧셈과 뺄셈의 의미

1) 덧셈이 쓰이는 경우

다음 두 문제를 보자.

(1) 흰 바둑돌이 4개, 검은 바둑돌이 3개 있습니다. 바둑돌은 모두 몇 개입니까?
(2) 비둘기 4마리가 있습니다. 3마리가 더 날아왔습니다. 비둘기는 모두 몇 마리입니까?

이 두 문제는 모두 덧셈이 쓰이는 경우이다. 처음 문제는 합병형이라고 한다. 이 경우 바둑돌 4개의 집합과 3개의 집합의 합집합의 원소의 개수를 구하는 것이 된다. 합병은 동시적이다. 그러므로 4+3 또는 3+4와 같은 식을 만들 수 있다.

두 번째 문제는 첨가형이라고 한다. 비둘기 4마리가 먼저 있고 여기에 3마리가 더 추가되는 것이다. 이와 같이 첨가는 순차적으로 진행된다. 순차적으로 진행되기 때문에 이 경우에는 덧셈식 4+3이 사용되며 3+4는 적합하지 않다.

이 두 문제는 모두 집합수로서의 덧셈이며, 다음과 같이 순서수로서의 덧셈이 쓰이는 경우도 있다. 이 경우에도 3+2가 되며 2+3은 적합하지 않다.

영수는 마라톤에서 3등을 했습니다. 지훈이는 영수보다 2명 더 뒤에 들어왔습니다. 지훈이는 몇 등입니까?

2) 뺄셈이 쓰이는 경우

다음 두 문제를 보자.

(1) 흰 바둑돌이 5개, 검은 바둑돌이 3개 있습니다. 흰 바둑돌은 검은 바둑돌보다 몇 개 더 있습니까?
(2) 비둘기가 5마리 앉아 있습니다. 그 중 3 마리가 날아갔습니다. 몇 마리가 남아 있습니까?

이 두 문제는 모두 뺄셈이 쓰이는 경우이다. 처음 문제를 비교형이라고 한다. <그림 4-3>과 같이 두 집합의 원소를 비교하여 남은 것을 구하는 것이다.

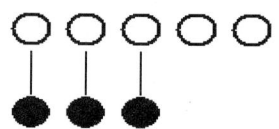

〈그림 4-3〉 비교형

제거형은 <그림 4-4>와 같이 이미 있는 것에서 해당되는 만큼을 제거하고 난 나머지를 구하는 것이다. 덧셈에서의 첨가형처럼 순차적으로 제거된다.

이 두 문제도 집합수로서의 뺄셈이다. 그러나 순서수로서의 뺄셈 상황도 있다.

〈그림 4-4〉 제거형

나. 기호화 및 읽기

덧셈과 뺄셈의 의미를 이해한 후 이를 기호화한다. 기호화를 할 때는 가로 쓰기로 나타내며, 세로 쓰기는 두 자리 수의 계산에서부터 다루는 것이 좋다.

3에 2를 더하는 것 또는 3과 2의 합은 3+2로 나타내고 그 결과까지 나타낼 때는 3+2=5와 같이 표현한다. 5에서 2를 빼는 것 또는 5와 2의 차는 5-2로 나타내고 그 결과까지 나타낼 때는 5-2=3과 같이 표현한다.

이러한 기호를 읽는 방법은 다음과 같다.

    3+1=4   3 더하기 1은 4와 같습니다.
                 3과 1의 합은 4입니다.

    6-2=4   6 빼기 2는 4와 같습니다.
                 6과 2의 차는 4입니다.

다. 기본 덧셈과 기본 뺄셈

1) 기본 덧셈

합이 10 이하인 덧셈은 전체를 세어서 해결한다. 직접 물건을 놓고 세거나 그림을 그려서 세거나 손가락을 이용하여 셀 수도 있다. 좀 더 간편하게 해결하려면 더해지는 수나 더하는 수 중 큰 수에서 시작하여 작은 수만큼 세어 나간다. 이런 방법은 아동 스스로 발견해서 사용하면 된다.

합이 10 이상인 덧셈도 마찬가지 방법으로 해결할 수 있다. 그러나 이 경우에는 손가락을 이용해서 세는 것은 적절하지 않을 수 있다. 이 경우 <그림 4-5>와 같이 수를 분해하고 합성하는 과정을 거쳐서 계산할 수 있다. 그러려면 10에 대한 보수를 이해하고 있어야 한다. 합성과 분해를 이용하여 계산하는 방법을 지나치게 형식화할 필요는

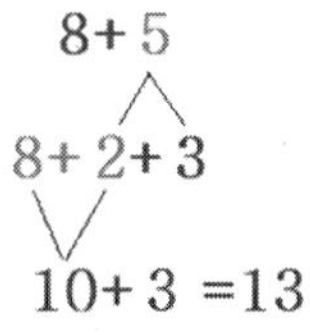

$$8+5$$
$$8+2+3$$
$$10+3=13$$

〈그림 4-5〉

없다. 손가락을 이용하거나 직접 세어서 구해도 된다. 정확하고 빠르게 계산할 수 있도록 훈련할 필요가 있다.

  2) 기본 뺄셈
  한 자리 수의 뺄셈은 비교하거나 제거한 후 나머지를 세어서 해결한다. 그러나 예를 들어 8-3의 경우 3에서 시작하여 8이 될 때까지 세거나 8에서 시작하여 3이 될 때까지 거꾸로 세어서 해결할 수도 있다.
  (십 몇)-(몇)의 뺄셈도 한 자리 수의 뺄셈에서처럼 빼는 수에서 빼어지는 수까지 세어서 해결할 수 있다. 다만 이 경우에는 <그림 4-6>과 같이 수의 합성과 분해를 이용하여 두 가지 방법으로 해결할 수도 있다.

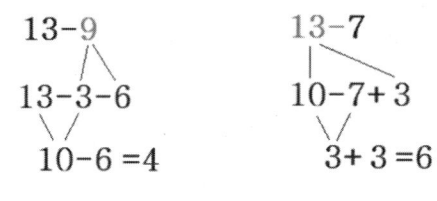

〈그림 4-6〉 (두 자리 수)-(한 자리 수)

  이러한 방법을 사용하지 않고 12-7은 "15, 음~ 5!"와 같이 계산하는 아동도 있다. 이 아동은 마음속에서 12-7=(12+3)-(7+3)=15-10=5와 같은 과정으로 해결한 것이다. 그러므로 이러한 방법들을 지나치게 형식화할 필요는 없으며 아동들이 자신의 방법을 능숙하게 사용할 수 있게 지도하는 것이 바람직하다.

라. 덧셈과 뺄셈 알고리즘의 개발

  (두 자리 수)±(두 자리 수)의 계산 알고리즘이 어떻게 만들어지는지를 살펴보자. 먼저 아동이 더하거나 빼는 활동을 할 수 있는 상황을 제공해 주어야 한다.

  1) 받아올림이 있는 두 자리 수의 덧셈
  다음 문제 상황을 제시한다.

  공원에 어른이 36명, 어린이가 17명 있습니다. 모두 몇 명 있습니까?

받아올림이 없는 두 자리 수의 덧셈을 배운 아동이 받아올림이 있는 덧셈을 처음 접하는 상황에서 36+17=413과 같이 계산할 수 있다. 이런 경우에는 어림을 하여 오류를 깨닫게 하는 것이 좋다. 즉 어림하면 40과 20을 더하여 모두 60명 이하이므로 400명 정도가 될 수 없다는 것을 알게 될 것이다.

아직 덧셈 알고리즘을 배우지 않은 아동이 이 문제를 해결하려면 직접 세어봐야 한다. 어른 36명을 ○로 나타내고 어린이 17명을 △로 나타내어 모두 세어보면 된다. 이러한 해결 방법의 불편함을 느끼고 더 편리한 방법을 찾아보려는 마음을 가지게 한다. 경우에 따라서는 세는 과정에 잘못이 있는 것 같다고 지적하거나 이것보다 더 많은 사람 수로 문제를 변형하여 제시함으로써, 그림을 그리고 직접 세어보는 활동은 불편하다는 것을 인식하도록 할 수 있다.

○, △와 같은 그림으로 그리는 것보다 편리한 방법은 십진블록과 같은 수모형을 이용하는 것이다. 그래서 어른 36명과 어린이 17명을 <그림 4-7>과 같이 수모형으로 나타내어 보자.

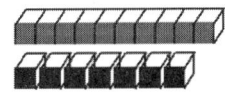

〈그림4-7〉 수모형(36+17)

수모형은 일일이 그리지 않아도 되고 모두 몇 명인지를 세어볼 때도 낱개로 세는 것이 아니라 열 묶음으로 셀 수 있어서 낱개가 여러 개 놓여 있는 그림보다 훨씬 편리하다는 것을 알 수 있다. 이 수모형을 세어보면 모두 53명임을 알 수 있다.

이러한 활동을 반성하여 형식화하면 계산 알고리즘을 얻을 수 있다. 수모형 조작 과정을 단계적으로 형식화하면 <그림 4-8>과 같다.

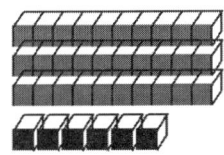

〈그림 4-8〉 덧셈 계산 방법의 형식화

먼저 십 모형 3개와 1개를 세어서 십 모형이 4개임을 알았다. 그 다음에는 낱개를 더한다. 낱개가 모두 13개이므로 십 모형이 4개에서 5개로 고쳐지고 그래서 답은 53이 된다. 이와 같이 받아올림이 있는 두 자리 수의 덧셈 알고리즘이 만들어진다.

2) 받아내림이 있는 두 자리 수의 뺄셈

뺄셈의 경우도 마찬가지이다. 위의 문제 상황에서 '어른이 어린이보다 몇 명 더 많은지를 구하는 뺄셈' 문제를 해결해 보자. 어른 36명을 그린 후에 어린이 17명만큼 지운 다음 나머지를 세어보는 활동은 매우 귀찮고 불편하다. 그래서 수모형으로 나타내어 보자.

36을 나타내는 수모형에서 17을 빼려면 낱개 7개를 덜어내기 전에 먼저 열 모형 1개를 덜어내는 것이 자연스럽다. 이것은 십의 자리에서 3-1=2를 계산하는 것과 같다. 이어서 7을 빼야 하는데 6에서 7을 뺄 수 없으니 열 묶음 1개를 낱개 10개로 교환하여 16에서 7을 빼게 된다. 그렇게 해서 얻어진 값이 19이다. 이러한 과정을 형식화하면 다음 <그림 4-10>과 같은 뺄셈 알고리즘이 만들어진다.

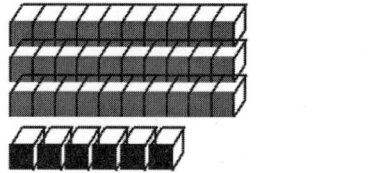

〈그림 4-9〉 수모형(36)　　　　　〈그림 4-10〉 뺄셈 방법의 형식화

이상에서 얻어진 덧셈 알고리즘과 뺄셈 알고리즘에서는 교과서에서 지도하는 표준 알고리즘과 달리 십의 자리에서 먼저 계산하였다. 수모형을 이용하여 세 자리 수의 덧셈이나 뺄셈을 할 때도 비슷하게 백의 자리에서 먼저 처리하게 된다. 이러한 흐름은 심리적으로 매우 자연스러우며 역사적 발달 과정과도 일치한다.

그러나 이러한 알고리즘은 두 줄로 처리되어야 해서 지저분하고 산뜻하지 않은 느낌이 든다. 그래서 이러한 알고리즘이 일의 자리에서 먼저 계산하는 표준 알고리즘으로 개선되게 된다. 어쨌든 알고리즘의 개발 과정에서 교과서의 표준 알고리즘이 처음부터 만들어진 것은 아니고 오랜 세월 동안 많이 수정 변화되어 진화된 것이라는 점에서 이른 시기에 자연스럽게 개발된 중간 과정의 알고리즘을 무시하는 것은 알고리즘화의 교육에서 바람직하지 않다. 특히 수모형을 이용한 활동을 한다면 그 활동과 표준 알고리즘과는 갭이 생기게 되는데, 이러한 갭을 중간 단계의 알고리즘으로 메워줄 필요가 있다.

마. 세 수의 덧셈과 뺄셈

이항연산은 두 수에 대해서 어느 한 수를 지정해 주는 대응이다. 그런 연산이 두 개 이상 포함된 혼합계산에서는 계산 순서가 중요하다. 그 순서는 약속에 의해 결정된다. 이러한 순서가 합의되지 않으면 계산 결과가 달라 혼란을 초래하게 된다.

가장 먼저 소괄호 안에서 계산이 이루어진다. 그 다음에는 중괄호({ }), 마지막으로 대괄호([ ]) 안에서 이루어진다. 그러나 괄호를 표시하는 것이 불편할 때는 괄호를 생략하기도 하는데 괄호를 생략할 때 또다시 계산 순서에 대해 약속을 해야 한다. 이러한 약속을 정리하면 다음과 같다.

① 소괄호, 중괄호, 대괄호 순서로 먼저 계산한다.
② 괄호 안에서 또는 괄호가 없을 때는 덧셈과 뺄셈은 앞(왼쪽)에서부터 먼저 계산한다.

이러한 계산 순서는 진리가 아니라 약속이다. '이 순서는 약속이니까 지켜야 한다'고 강요할 것이 아니라 아동들이 이러한 약속을 해야 할 필요성을 인식해야 하고 아동들 스스로 약속을 만드는, 소위 재발명 활동으로 약속을 만들도록 지도하는 것이 바람직하다.

계산 순서를 약속해야겠다고 생각하게 하려면 순서를 달리 했을 때 다른 결과가 나오는 상황을 제공할 필요가 있다. 우리는 자연스럽게 왼쪽에서부터 계산하기 때문에 왼쪽에서 계산하는 것보다 오른쪽에서 계산하는 것이 더 편리한 문제를 제공하게 되면 그런 다른 결과가 나오게 할 수 있다. 그렇지 않고 교사가 "오른쪽에서부터 계산하면…"이라고 말할 때 아동들이 "누가 오른쪽부터 계산하겠어?"하고 의심하게 된다면 이것은 그런 약속의 필요성 상황으로 적합하지 않다. 예를 들어 7+5-3은 7+5나 5-3 어느 것을 먼저 계산하여도 결과가 같으며 12-3-6의 경우는 뒤의 뺄셈을 먼저 할 수 없으니, 이러한 예들은 약속의 필요성을 인식하게 하는 적절한 예가 될 수 없다. 이와는 달리, 12-5-4는 12-5를 계산하는 것보다 5-4의 계산이 더 쉬우니 아마도 12-5보다 5-4를 먼저 계산하는 아동들도 있을 것이다. 이런 경우 서로 다른 답이 나올 수 있게 된다.

관찰한 바에 의하면, 4+8-6+6을 계산할 때 대부분의 아동들이 왼쪽부터 순서대로 계산해서 12를 얻었지만 그 반에서 수학을 가장 잘 하는 아동 중 한 명은 4와 8을 먼저 더해 12를 얻고 6과 6을 더해서 12를 얻은 다음 뺄셈을 하여 0을 얻었다. 이러한 사례를 통하여 계산 순서에 대해 약속할 필요가 있다는 점을 인식시킨다.

바. 덧셈과 뺄셈의 성질

덧셈에는 교환법칙과 결합법칙이 성립하며 덧셈과 뺄셈은 역연산 관계에 있다.

1) 덧셈의 교환법칙

$a+b=b+a$와 같이 덧셈에서 더하는 순서를 바꾸어도 결과가 같다는 것이 덧셈의 교환법칙이다. 교환법칙은 공리적으로 도입할 수도 있으나 초등수학에서는 귀납적으로 발견하는 것이 더 바람직하다. 물론 교환법칙을 명시적으로 지도하지는 않는다.

합병형 상황에서는 동일한 상황을 $a+b$로 계산할 수도 있고 $b+a$로 계산할 수도 있다. 그러므로 합병형에서는 교환법칙을 굳이 설명하지 않아도 문제가 없다. 그러나 순서수 개념이나 첨가형으로 제시되면 $a+b$와 $b+a$는 동일한 상황이 아니다. 이런 경우에는 $a+b$와 $b+a$를 각각 계산하고 그 결과가 같다는 사실에서 귀납적으로 교환법칙이 성립함을 이해하게 된다.

2) 덧셈의 결합법칙

세 수를 계산할 때는 어느 것을 먼저 계산해야 하는지를 괄호를 이용하여 나타내야 한다. 그러나 세 수를 더하는 경우 어느 것을 먼저 더하든지 그 결과는 같다. 이것을 덧셈의 결합법칙이라고 한다. 즉,

$$(a+b)+c=a+(b+c)$$

이다. 그러므로 세 수를 더할 때는 굳이 괄호를 사용할 필요가 없어지게 되고 그래서 간단히 $a+b+c$와 같이 나타낸다.

3) 덧셈과 뺄셈의 관계

덧셈과 뺄셈은 역연산 관계에 있다. 그러므로 다음과 같이 덧셈식을 보고 뺄셈식을, 뺄셈식을 보고 덧셈식을 만들 수 있어야 한다.

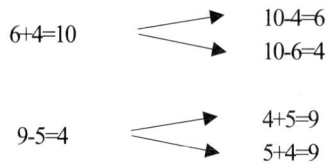

이러한 관계를 제대로 이해하면 다음과 같이 미지수(□)가 포함된 덧셈, 뺄셈 문제를 해결할 수 있다.

$$□+5=7 \quad 4+□=11$$
$$9-□=3 \quad □-2=7$$

교육과정의 1-2학년군에서 □가 있는 덧셈식과 뺄셈식을 만들고 □의 값을 직관적으로 구할 수 있는 수준의 문제를 다루도록 요구하고 있다. 그러나 미지수가 있는 문제는 아동들이 문제 자체를 납득하기 어려워한다. 더하거나 빼려면 얼마인가가 있고 거기에 얼마를 더하든가 빼야 하는데 그걸 모르는 수라고 하니 이해할 수가 없다. 이 단계에서는 아동들이 등호(=)를 좌변과 우변이 '같다'는 의미가 아니라 '좌변을 계산하면 우변이 된다'는, 일종의 계산 과정으로 받아들이는 단계이다. 그러나 어느 정도 시간이 지나면서 혹은 적절한 지도를 통해서 이를 '계산 과정'이 아니라 좌변과 우변이 같다는 의미로 이해하게 되면서 이런 문제를 해결하게 된다. 이때 많은 아동이 예상과 확인 전략을 이용하여 해결한다. 즉 미지수에 적당한 값을 대입하여 결과를 확인해 보고 등호가 성립하지 않으면 다른 수를 대입해 보곤 한다. 간단한 문제의 경우에는 이러한 방법도 유용하지만 문제가 복잡해지면 예상과 확인 전략보다는 역연산을 이용하여 해결하는 것이 더 편리하다. 그러므로 덧셈과 뺄셈의 역연산의 관계를 잘 이해시킬 필요가 있다.

사. 계산 기능의 숙달

복잡한 계산을 강조할 필요는 없지만 계산 알고리즘을 가르치면 그 기능을 숙달할 수 있도록 지도해야 한다. 계산은 정확하고 신속하게 할 수 있도록 한다. 이 경우 한꺼번에 집중적으로 연습하는 것보다 적당한 시간을 두고 반복 연습하는 것이 더 효과적이다.

모든 반복 연습은 지루하고 귀찮기 때문에 반복 연습을 하기 위해서 게임을 활용하는 것도 바람직하다. 게임에는 승부욕이 작동하므로 지루한 연습을 적극적으로 할 수 있다.

계산 과정에서 흔히 나타나는 오류 유형을 분석하여 오류에 대해 적절히 지도할 필요도 있다. <그림 4-11>과 같이 덧셈과 뺄셈에서는 자릿값의 오류나 0 처리 오류, 혹은 빼는 수와 빼어지는 수를 이해하지 못하고 무조건 각 자리에서 큰 수에서 작은 수를 빼는 오류들이 있다.

$$\begin{array}{r} 27 \\ +35 \\ \hline 512 \end{array} \qquad \begin{array}{r} 54 \\ -26 \\ \hline 32 \end{array} \qquad \begin{array}{r} 103 \\ -\ 41 \\ \hline 102 \end{array}$$

<그림 4-11> 덧셈 뺄셈에서의 오류

아. 덧셈과 뺄셈의 활용

1) 덧셈표

다음 덧셈표의 빈칸을 채우게 한다. 빈칸을 채우는 과정에서 여러 차례 덧셈 계산을 하게 되거나 혹은 규칙을 찾아서 채우게 된다.

다 채운 다음 이 표에서 여러 규칙을 찾아보게 한다. 오른쪽으로 갈수록, 혹은 아래로 내려갈수록 합이 어떻게 되는지, 혹은 대각선으로 볼 때는 어떤 규칙이 있는지, 오른쪽으로 두 칸을 가고 아래로 한 칸을 갈 때 어떻게 되는지 등의 규칙을 찾아볼 수 있다. 그리고 왜 그런 규칙이 성립하는지를 생각해 보게 할 수도 있다. 이런 생각을 통해 귀납적 사고와 연역적 사고를 하게 된다.

빈칸에 채워진 100개의 수의 합을 구하게 할 수도 있다. 단순히 100개의 수를 더하는 것은 매우 지루한 과정이다. 이 합을 보다 간편하게 구하는 방법을 찾아보게 한다.

+	0	1	2	3	4	5	6	7	8	9
0										
1										
2										
3										
4										
5										
6										
7										
8										
9										

<그림 4-12> 덧셈표

2) 귀납적 추론

두 자리 수의 **뺄셈**을 배우고 나서 **뺄셈** 능력을 신장하기 위해 연습 문제를 부과한다. 만약 연습 문제를 다음과 같이 구성하면 **뺄셈** 연습뿐만 아니라 **뺄셈**을 통해 귀납적 사고를 하는 기회를 제공할 수도 있다.

```
1. 다음 뺄셈을 하시오

    52        72        61        91
   -25       -27       -16       -19
```

〈그림 4-13〉

이 계산에서 공통점을 찾아보게 한다. 아동들의 반응에 따라서 문제에서의 공통점 혹은 답에서의 공통점을 찾아보도록 보다 세분하여 질문할 수도 있다. 여기서 얻어지는 결과는 다음과 같을 것이다. 다음 사실들은 본질적으로는 동일한 내용이다.

① 십의 자리의 수와 일의 자리의 수를 바꾸어서 두 수의 차를 구하면 그것은 9의 배수이다.
② 십의 자리의 수와 일의 자리의 수를 바꾸어서 두 수의 차를 구했을 때 그 차의 십의 자리의 수와 일의 자리의 수를 합하면 9이다.
③ 십의 자리의 수와 일의 자리의 수를 바꾸어서 두 수의 차를 구하면 그것은 처음 수의 십의 자리의 수와 일의 자리의 수의 차에 9를 곱한 것과 같다.

①은 '배수'를 배워야 나올 수 있는 내용이다. 각각에서 그 추론 결과가 맞는지 다른 예를 통해서 확인해 보게 한다. 예를 들어 ②와 같은 추론을 했다면 위의 4가지 사례가 아닌 다른 사례, 즉 85-58=27과 같은 예에서 2+7=9가 됨을 재조사한 후에 그런 추론이 참임을 확인한다.

여기서 더 나아가 세 자리 수에서는 어떻게 될 것인지를 생각하게 한다. 321-123, 714-417 등을 계산해 보고 세 자리 수에서도 이와 같이 바꿔서 뺀 후 답의 각 자릿수를 더하면 18이 됨을 알 수 있다. 이와 같이 '두 자리 수'라는 조건을 '세 자리 수'로 변경하여 조사하는 것은 발전적 사고이다. 여기서 더 나아가서, 두 자리 수에서와 세 자리 수에서의 결과를 바탕으로 네 자리 수에서 이와 같이 하면 그 결과는 27이 될 것이라고 추측할 수 있다. 이 결과는 옳은 것이 아니지만 이것 역시 귀납적 사고이다. ①의 경우나 ③의 경우에서도 같은 방식으로 진행할 수 있다.

이와 같이 받아내림이 있는 뺄셈 계산을 지도하면서도 아동들에게 수학적 사고를 할 수 있는 기회를 제공할 수 있다.

3) 디피(diffy) 활동

디피 활동은 오른쪽 그림과 같이 위의 이웃한 두 수의 차를 계속 구해 나가는 활동이다. 가장 오른쪽에서는 그 위에 왼쪽의 수 하나뿐이므로 이 경우에는 위의 왼쪽의 수와 위의 가장 왼쪽의 수의 차를 구한다. 이렇게 해서 그 차가 모두 0이 되면 끝이 난다. 이 활동은 6단계에서 끝나게 되는 가장 위의 4 수의 쌍을 구하게 하는 것이다. 오른쪽 그림에서 네 수의 쌍 (3, 15, 12, 7)은 5단계에서 끝이 났다. (2, 6, 12, 20)은 6단계에서 끝나게 되는 수의 쌍이다.

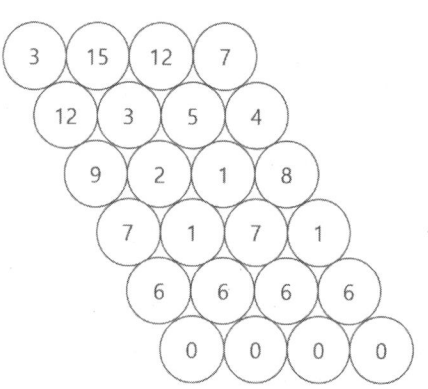

〈그림 4-14〉 디피 활동

디피 활동은 단순 뺄셈 문제로 보이지만 의외로 많은 수학적 사고가 개입되고 많은 특징적인 사실을 발견할 수 있게 된다. diffy는 difference에서 나온 말이다. 네 수의 쌍이 아니라 두 수의 쌍, 세 수의 쌍, 다섯 수의 쌍 등으로 차를 계속 구한다면 어떤 일이 벌어질까? 이런 생각을 한다면 이것은 발전적 사고가 작동한 것이다.

두 수의 차를 구하는 것이 아니라 두 수의 몫을 구하게 하는 것으로 조건을 변경한다면 이것은 디비(divy) 활동이라고 한다. 디비 활동에서는 그 몫이 모두 1이 되면 끝나게 된다.

3. 곱셈의 지도

2학년에서 곱셈의 의미를 배와 동수누가를 이용하여 지도하며 곱셈구구를 1의 곱과 0의 곱까지 다룬다. 3-4학년군에서는 곱하는 수가 한 자리 수 또는 두 자리 수인 곱셈의 계산 원리를 이해하고 계산하게 하는데, 곱해지는 수는 세 자리 수까지 다룬다. 곱셈을 하기 전에 계산 결과를 어림해 보게 하고 있다.

〈표 4-2〉 자연수의 곱셈 내용 체계(교육부, 2015d)

영역	핵심 개념	일반화된 지식	학년군별 내용 요소		
			1-2학년군	3-4학년군	5-6학년군
수와 연산	수의 체계				
	수의 연산	자연수에 대한 사칙계산이 정의되고, 이는 분수와 소수의 사칙계산으로 확장된다.	• 곱셈	• 자연수의 곱셈과 나눗셈	• 자연수의 혼합계산

가. 곱셈의 의미

곱셈은 같은 수를 여러 번 더하는 동수누가 외에도 배와 곱집합의 의미를 가지고 있다.

1) 동수누가

다음 두 문제가 어떤 공통점이 있고 어떤 점이 다른지를 생각해 보자.

(1) 바둑돌을 은서는 7개, 혜송이는 9개, 성광이는 6개, 지훈이는 4개, 은택이는 6개를 가지고 있다. 모두 몇 개인가?
(2) 우리 분단은 모두 6명이다. 각자 바둑돌을 9개씩 가지고 왔다. 바둑돌은 모두 몇 개인가?

이 두 문제는 모두 '더하는' 문제라는 공통점을 가지고 있다. 그런데 두 번째 문제는 첫 번째 문제와 달리 같은 수를 여러 번 더하는 문제이다. 같은 수를 여러 번 더하는 것은 좀 더 간단하게 나타내는 방법을 생각해 볼 수 있는데, 그렇게 나타낸 것이 곱셈이다.

즉, 곱셈은 같은 수를 여러 번 더하는 것(동수누가)을 간단히 표현한 것이다. 예를 들어, 9+9+9+9+9+9는 9를 여섯 번 더하는 것이므로 9×6과 같이 나타낸다.

2) 배

배의 사전적 의미는 '그 수만큼 거듭됨' 또는 '어떤 수량을 두 번 합한 것'이다. 그러므로 사전적으로는 '배'나 '동수누가'는 동일한 뜻이다. 그러나 자연수 범위를 넘어서서 소수나 분수로 확장되면 좀 다르다. 동수누가, 즉 여러 '번'이라는 말은 분수나 소수에 적용되지 않는다. 그러나 배는 가능하다. 즉 $\frac{2}{3}$배, $\frac{5}{2}$배와 같이 배는 어떤 양의 축소 또는 확대를 의미한다. 그런 점에서 배는 단순히 '거듭됨'이 아니라 어떤 대상에 작용하여 그만큼 늘이거나 줄이는 연산자(operator)의 의미를 가지게 되어, 더하는 행위인 동수누가와는 다른 의미를 가지고 있다고 할 것이다.

3) 곱집합

두 집합 A={1, 2, 3}, B={a, b}가 있을 때 두 집합의 원소의 순서쌍으로 이루어진 집합 {(1, a), (1, b), (2, a), (2, b), (3, a), (3, b)}의 원소의 개수는 두 집합의 원소의 개수를 곱한 것과 같다. 그런 점에서 이 집합을 A와 B의 곱집합이라고 하고 A×B={(1, a), (1, b), (2, a), (2, b), (3, a), (3, b)}로 나타낸다. 이런 점에서 곱셈은 곱집합의 의미를 가지고 있다.

나. 기호화 및 읽기

여러 가지 대상들을 묶어서 3씩 몇 묶음, 5씩 몇 묶음 등을 덧셈식으로 나타내고 나서 이를 간단히 곱셈식으로 기호화한다. '3의 4배'와 같은 표현을 사용할 수도 있으나 아직까지는 연산자로서의 '배'의 의미를 파악하기는 어려울 것으로 보인다.

3+3+3+3을 3×4로 나타내고 이것을 '3 곱하기 4'라고 읽으며 3×4의 값은 3을 4번 더하여 구한다. 그러므로 다음과 같이 읽을 수 있게 지도한다.

3×4=12   3 곱하기 4는 12와 같습니다.
3과 4의 곱은 12입니다.

곱셈을 세로 쓰기로 나타낼 수 있으나 세로 쓰기는 두 자리 이상의 곱셈에서 유용하기 때문에 한 자리 수끼리의 곱셈에서는 굳이 세로 쓰기를 지도할 필요는 없다.

다. 곱셈 모델

곱셈을 지도하기 위해서 곱셈을 나타내는 모델을 이용하면 시각적으로 많은 도움이 된다. 곱셈을 나타내는 모델에는 다음과 같은 것들이 있다.

1) 묶음 모델

대상들이 낱개로 무질서하게 놓여 있으면 곱셈 모델로 적절하지 않다. 그러나 대상들이 같은 개수만큼 묶여 있으면 묶음의 개수를 생각하게 되므로 곱셈 모델이 된다.

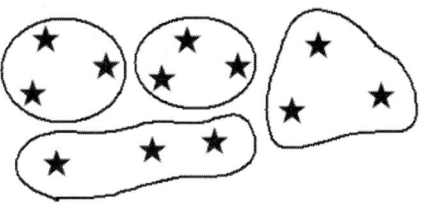

〈그림 4-15〉 묶음 모델

2) 수직선 모델

수직선에서 다음 <그림 4-16>처럼 같은 수만큼 건너뛰게 되면 같은 수를 여러 번 더하는 것을 시각화해 주는 모델이 된다.

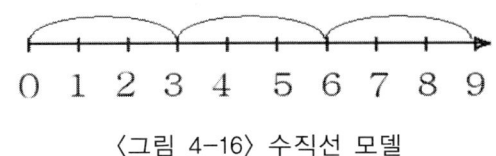

〈그림 4-16〉 수직선 모델

3) 직사각형 배열 모델

사물을 직사각형으로 배열하면 묶음 표시가 없더라도 가로 또는 세로로 같은 개수가 여러 번 배열되었음을 시각적으로 파악할 수 있다. 직사각형 배열 모델은 이산량 뿐만 아니라 넓이로 대표되는 연속량에서도 적용할 수 있다. 또한 반드시 직사각형이어야만 하는 것이 아니라 평행사변형으로 배열해도 마찬가지 효과를 얻게 된다.

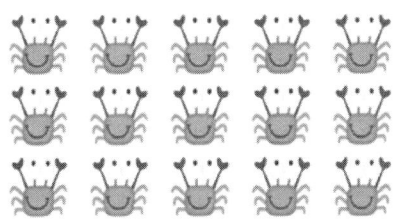 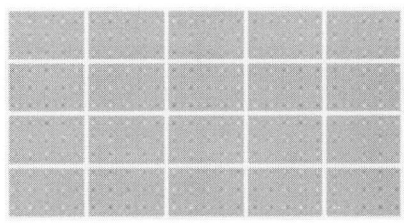

〈그림 4-17〉 직사각형 배열 모델(1)   〈그림 4-18〉 직사각형 배열 모델(2)

라. 곱셈구구

9×6은 9를 여섯 번 더하는 것이기 때문에 9×6이 얼마인지를 알려면 9를 여섯 번 더하면 알 수 있다. 곱셈의 결과가 얼마인지를 알기 위해서 이처럼 매번 더하는 것은 매우 불편하다. 그래서 곱셈구구를 암기하면 아주 유용하다.

곱셈구구는 곱셈구구가 만들어지는 원리를 이해한 후에 암기하도록 한다. 곱셈구구단을 전개하는 순서가 획일적이지는 않다. 2단에서 시작하여 순서대로 9단까지 지도해도 되고, 보다 더 익숙하고 쉬운 단부터 순서대로, 즉 2단과 5단을 먼저 지도하고 7단이나 8단을 가장 나중에 지도할 수도 있다. 2단에서 9단까지 지도한 후에 1단과 0단을 지도한다. 한때 19단까지의 곱셈구구를 암기하는 것이 유행인 적도 있으나 굳이 그렇게까지 할 필요는 없을 것이다.

구구단을 구성할 때는 가급적 곱하는 수를 순서대로 제시하는 것이 바람직하다. 예를 들어 3단을 만들게 된다면

$$3 \times 1 = 3$$
$$3 \times 2 = 3 + 3 = 6$$
$$3 \times 3 = 3 + 3 + 3 = 9$$

와 같은 과정으로 진행하면서 적절한 시기에 '곱하는 수가 1 커지면 결과는 곱해지는 수만큼 커진다'는 사실을 발견하게 하고 이를 이용하여 구구단을 완성시킨다. 즉,

$$3 \times 4 = 9 + 3 = 12$$
$$3 \times 5 = 12 + 3 = 15$$

와 같이 진행한다. 아동이 이런 성질을 발견하지 못하면 계속 더하는 방법으로 진행해도 무방하다.

2단부터 9단까지 모든 단을 원리에 의해 만들 필요는 없으며 2-3개 정도의 단을 원리에 의해 구성한 다음 다른 단은 그대로 제시해서 암기하게 해도 무방하다.

1단과 0단까지 지도한 다음에는 곱하는 수의 범위를 확대하여 (어떤 수)×0도 지도해야 한다. 0×(어떤 수)는 0을 여러 번 더하는 것과 같으므로 이 결과는 0이다. 그러나 (어떤 수)×0은 (어떤 수)를 0번 더하는 것이므로 이 값이 0이 된다고 단정하기가 쉽지 않다. 교과서에서는 <그림 4-19>와 같이 지도하고 있다.

원판을 돌려서 멈췄을 때 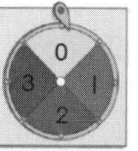가 가리키는 수만큼 점수를 얻는 놀이를 하였습니다. 도영이가 원판을 6번 돌려서 얻은 점수를 알아봅시다.

• 빈칸에 알맞은 곱셈식을 써 보세요.

원판의 수	0	1	2	3
나온 횟수(번)	2	3	1	0
점수(점)			2×1=2	

〈그림 4-19〉 0의 곱셈(교육부, 2017h)

원판을 돌려서 원판의 수가 예를 들어 3인 곳이 5번 나왔다고 하면 이때 15점을 얻게 됨을 알 수 있다. 이것은 또한 3×5와 같이 계산할 수 있음을 알 수 있다. 즉, 점수는 (원판의 수)×(나온 횟수)이다. 이것을 다른 상황에 적용한다. 만약 원판의 수가 0인 곳이 두 번 나왔다고 하면 이때의 점수는 0점이다. 이것은 0×2로 나타낼 수 있으므로 0×2=0이다. 만약 원판의 수가 3인 곳이 한 번도 나오지 않았다면 이때의 점수는 0점이다. 이것은 앞의 경우를 살펴볼 때 3×0으로 쓸 수 있다. 그러므로 3×0=0이다.

다음과 같은 방식으로도 지도할 수 있다.

5×3=15   5×2=10   5×1=5

곱하는 수가 1씩 작아질 때마다 곱해지는 수만큼 작아짐을 알 수 있다. 그러므로 5×0=5-5=0이 된다.

이러한 과정을 통해서 어떤 수에 0을 곱하든 0에 어떤 수를 곱하든 그 결과는 0이 됨을 알게 한다.

마. 곱셈 알고리즘의 개발

곱셈구구로 해결할 수 없는 범위의 수의 곱셈을 하려면 곱셈 알고리즘을 개발해야 한다.

1) (한 자리 수)×(두 자리 수)

예를 들어 6×24와 같은 곱셈을 구해보자. 이것은 6을 24번 더하는 것이므로 인내하며 정확하게 계산하면 시간이 걸리더라도 해결이 된다. 그러나 보다 간단히 계산하는 방법을 찾아보자.

6을 10번 더하면 얼마일까? 60이다. 3을 10번 더하면 30이다. 이와 같이 어떤 수 곱하기 10은 그 수를 십의 자리 수로 하고 일의 자리에 0을 쓴 수와 같음을 귀납적으로 발견하게 한다. 더 나아가서 (한 자리 수)×(몇 십)은 (한 자리 수)×(몇)에 10을 곱한 것임을 알게 된다. 이 사실을 발견한 다음에는

6×24=6×(10+10+4)=6×10+6×10+6×4

와 같이 곱하는 수를 분할하여 계산하거나 6×24=6×20+6×4와 같이 계산할 수 있다.

여기서 더 나아가, (한 자리 수)×(두 자리 수)의 세로셈 알고리즘을 만들어 낼 수 있으나, 나중에 곱셈에서 교환법칙이 성립함을 알고 나서 (두 자리 수)×(한 자리 수)의 방법으로 구하게 할 수도 있다.

2) (두 자리 수)×(한 자리 수)

26×3과 같이 (두 자리 수)×(한 자리 수)는 동수누가를 이용하여 계산할 수 있으며, 수모형을 이용한 활동을 통해 알고리즘을 만들어 낼 수도 있다. 26×3을 수모형으로 나타내면 <그림 4-20>과 같이 26개의 모둠 3개로 나타낼 수 있다.

〈그림 4-20〉 26개의 모둠 3개

이것이 모두 몇 개인지를 세어보게 되는데 먼저 열 모형이 2개씩 3개, 즉 2×3=6개이다. 낱개로 생각하면 20×3=60이다. 다음에는 낱개 모형을 세는데 6개씩 3개, 즉 6×3=18이다. 이것을 모두 더하면 60+18=78이다.

이 과정을 형식화하면 <그림 4-21>과 같다.

$$\begin{array}{r} 26 \\ \times\ 3 \\ \hline 60 \\ 18 \\ \hline 78 \end{array} \longrightarrow \begin{array}{r} 20 \\ \times\ 3 \\ \hline 60 \end{array} \qquad \begin{array}{r} 6 \\ \times\ 3 \\ \hline 18 \end{array}$$

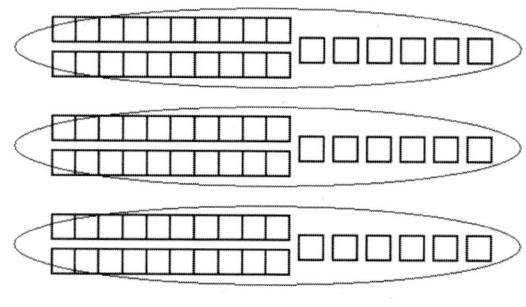

〈그림 4-21〉

이 과정을 일의 자리에서부터 먼저 곱하는 표준 알고리즘으로 변형할 수 있지만 아직까지는 굳이 그럴 필요는 없을 것이다. 필요하면 (두 자리 수)×(두 자리 수)의 지도에서 행할 수 있다.

3) (두 자리 수)×(두 자리 수)

곱하는 수가 두 자리 수이면 여러 번 더해서 구하는 것은 매우 번거롭다. 그러므로 (한 자리 수)×(두 자리 수)에서처럼 곱하는 수를 계산하기 편하게 분할해서 처리할 수도 있다. 보다 편리한 알고리즘을 개발하려면 다음과 같이 진행하게 된다. 43×26을 예로 하여 계산해 보자.

〈방법 1〉

43을 간편하게 26번 더하려면 20번 더하고 6번 더 더하면 된다. 43을 20번 더하는 것은 43을 두 번 더한 것을 10번 더한 것과 같다. 그러므로 <그림 4-22>와 같이 43×2를 하고 이것을 10번 더하고 다시 43을 6번 더하면 된다.

```
    43           43         43
   ×26   →     ×20        × 6
   860   ←     860 ─────  258
   258 ←
  1118
```

<그림 4-22>

〈방법2〉

43×26은 <그림 4-23>처럼 작은 직사각형이 가로로 43칸, 세로로 26칸 있는 큰 직사각형에서 작은 직사각형의 개수를 세는 것과 같다.

작은 직사각형이 모두 몇 개인지를 세어보게 하고, 보다 쉽게 셀 수 있는 방법을 찾아보게 한다. 여러 가지 방법 중에서 <그림 4-24>처럼 10개씩 자르면 쉽게 그 개수를 파악할 수 있다.

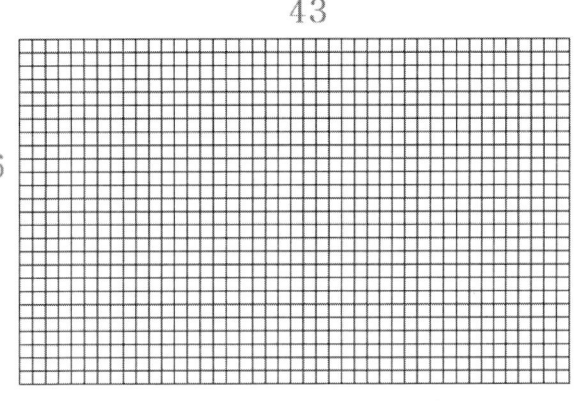

〈그림 4-23〉 43×26의 직사각형 배열(1)

가장 큰 조각은 백 묶음이고, 그 다음에는 십 묶음들이며, 마지막으로 낱개 무리들이 있다. 여기서 먼저 백 묶음을 세게 된다. 백 묶음은 가로로 4개, 세로로 2개, 즉 4×2=8개 있다. 십 묶음은 3×2=6(개)와 6×4=24(개)가 있다. 낱개는 3×6=18(개) 있다. 이것을 모두 더하면 된다.

이 과정을 형식화하면 <그림 4-25>

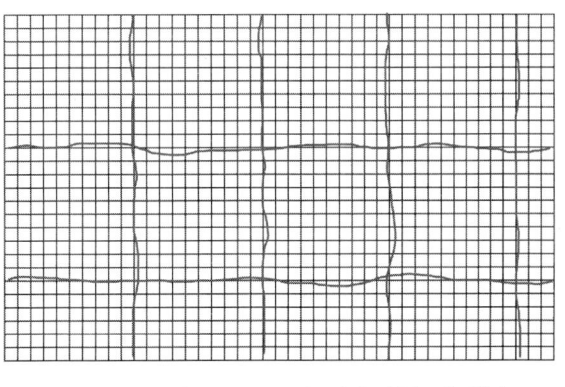

〈그림 4-24〉 43×26의 직사각형 배열(2)

와 같다.

```
     43
   ×26
    800  ← 백이 8   (40×20)
     60  ← 십이 6   (3×20)
    240  ← 십이 24  (40×6)
     18  ← 낱개가 18 (3×6)
```

〈그림 4-25〉

4) 세 자리 수 곱하기 두 자리 수

예를 들어 453×26은 453×(20+6)이므로 453×20과 453×6의 결과를 더하게 하여 알고리즘을 유도할 수 있을 것이다.

지금까지 곱셈 알고리즘을 개발하였다. 이러한 알고리즘은 표준 알고리즘과는 다르지만 알고리즘이 만들어지고 다듬어지는 과정에서 자연스럽게 나타난다. 이러한 알고리즘을 좀 더 다듬고 보완해서 표준 알고리즘을 완성하게 된다. 두 자리 수 곱셈의 표준 알고리즘은 일의 자리 수부터 곱하게 되는데 다음과 같다. 이때 받아올리는 수가 있으면 덧셈이나 뺄셈과 같이 위에 작게 쓰기보다는 밑에 작게 쓰는 것이 오류를 피하는 데 도움이 될 것이다.

```
        4 7
    ×   3 5
          3
      2 3 5
        2
    1 4 1
    1 6 4 5
```

바. 곱셈의 성질

곱셈에서는 교환법칙과 결합법칙, 그리고 덧셈에 대한 곱셈의 분배법칙이 성립한다. 이와 같은 곱셈의 성질은 명확하게 지도하지는 않으며 은연중에 사용할 뿐이다.

1) 곱셈의 교환법칙

$a \times b = b \times a$가 성립한다는 것이 곱셈의 교환법칙이다. 곱셈의 교환법칙은 곱셈구구를 암기하면서 이미 자연스럽게 인식하게 된다. 그러나 137×63과 63×137의 계산 결과가 같은지는 이 계산이 암산으로 얼른 구할 수 없기 때문에 쉽게 같다고 대답하지 못하는 경우가 있다. 이러한 현상은 곱셈의 교환법칙을 생각하는 것이 아니라 계산 결과를 보고 대답하기 때문이다.

곱셈의 교환법칙이 성립한다는 것을 이해하게 하려면 많은 계산을 통해 귀납적으로 파악하게 할 수도 있으나 <그림 4-26>에서와 같이 직사각형으로 배열된 대상이 모두 몇 개인지를 구하는 식을 써보게 함으로써 시각적으로 이해시킬 수 있다. 즉, 동일한 대상들을 가로로 묶어서 5×4로 나타내어 보고 세로로 묶어서 4×5로도 나타낼 수 있다는 것을 이해하면 교환법칙은 계산을 해보지 않고서도 이해 가능하게 된다.

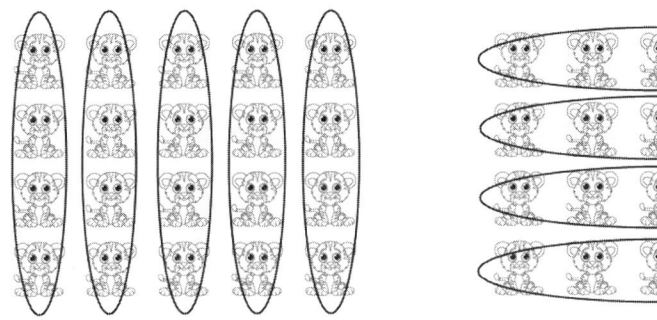

$4 \times 5 = 5 \times 4$

〈그림 4-26〉 곱셈의 교환법칙

2) 곱셈의 결합법칙

세 수를 곱하는 경우 어느 것을 먼저 곱하든지 그 결과는 같다. 이것을 곱셈의 결합법칙이라고 한다. 따라서 세 수를 곱할 때 굳이 괄호를 사용하지 않고 $a \times b \times c$와 같이 써도 무방하다.

곱셈의 결합법칙도 작은 수의 경우 자연스럽게 인식하게 되지만 여러 계산을 해 보면서 귀납적으로 이해하게 할 수 있다. 그러나 다음과 같이 시각적인 방법을 사용할 수 있다.

쌓기나무를 이용하여 가로, 세로, 높이가 각각 5, 4, 3인 직육면체를 만들어 보자. 이 직육면체를 구성하는 쌓기나무의 개수를 구해보자.

먼저 밑면에 있는 쌓기나무의 수를 구한 다음에 전체의 개수를 구한다면 (5×4)×3이 된다. 이번에는 5개의 열 각각에 있는 쌓기나무의 개수를 구해서 5개의 열에 곱한다면 5×(4×3)이다. 그러므로 (5×4)×3=5×(4×3)가 된다.

3) 덧셈에 대한 곱셈의 분배법칙

덧셈에 대한 곱셈의 분배법칙은 $a\times(b+c)=a\times b+a\times c$ 또는 $(b+c)\times a=b\times a+c\times a$를 말한다. 분배법칙은 곱셈을 하면서 여러 곳에서 암묵적으로 사용해 왔다. 예를 들어 곱셈구구를 만들면서 3×6의 값을 구할 때 3을

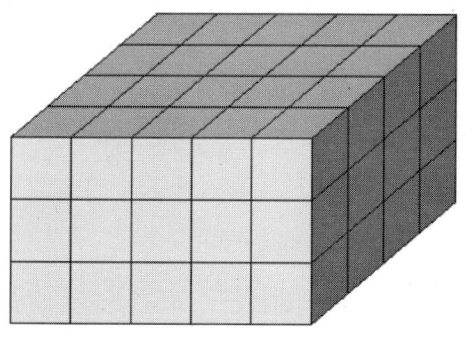

(5×4)×3 = 5×(4×3)
〈그림 4-27〉 곱셈의 결합법칙

여섯 번 더하는 대신 다섯 번 더한 값 15에 3을 더해서 구할 수 있다. 이것은 3×6=3×(5+1)=3×5+3×1에 해당한다. 또, 두 자리 수의 곱셈을 할 때 예를 들어 36×25를 계산할 때 36×(20+5)=36×20+36×5와 같이 처리하여 알고리즘을 만들어냈다. 그러나 분배법칙을 공식화하기는 쉽지 않다.

분배법칙 역시 교환법칙이나 결합법칙처럼 여러 계산을 통해 귀납적으로 이해하게 할 수 있지만 다음 〈그림 4-28〉과 같이 시각화할 수도 있다. 왼쪽 그림에서 작은 직사각형의 개수는 4×8이다. 오른쪽 그림에서 접혀진 부분을 기준으로 각각 구하면 4×5+4×3이다. 그러므로 4×(5+3)=4×5+4×3이다.

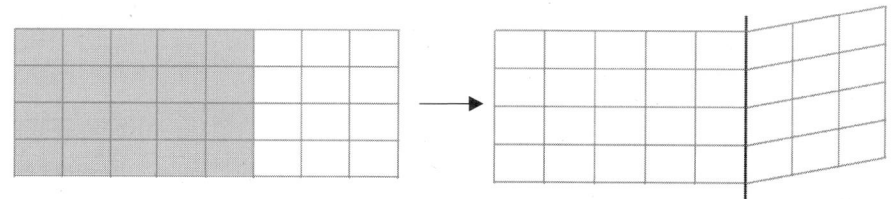

4×(5+3) = 4×5+4×3
〈그림 4-28〉 덧셈에 대한 곱셈의 분배법칙

사. 곱셈 기능의 숙달

덧셈과 뺄셈의 기능 숙달에서와 마찬가지 방법으로 반복 연습을 통해 곱셈 알고리즘

을 숙달시킨다. 특별히 주의할 오류 유형에는 <그림 4-29>에서와 같은 것들이 있다. 첫 번째 경우는 자릿값에 대한 오류이며 두 번째는 받아올림이 있는 덧셈 방식과의 혼동에서 온 것이다.

$$\begin{array}{r} 23 \\ \times\ 4 \\ \hline 812 \end{array} \qquad \begin{array}{r} 1 \\ 25 \\ \times\ 3 \\ \hline 95 \end{array}$$

〈그림 4-29〉 곱셈 오류

아. 여러 가지 곱셈 방법

지금까지 살펴본 곱셈 방법 외에 다른 흥미 있는 곱셈 방법들이 많이 있다.

1) 손가락 곱셈

<그림 4-30>은 곱셈구구의 9단을 보여주는 손가락 곱셈이다. 10개의 손가락을 모두 편 다음 그 중의 하나, 예를 들어 왼쪽에서 세 번째 손가락을 접으면 이것은 9×3을 의미한다. 이때 접은 손가락의 왼쪽에 있는 손가락의 수가 십의 자리의 수를, 오른쪽의 손가락 수는 일의 자리의 수를 나타낸다. 그러므로 9×3=27이다.

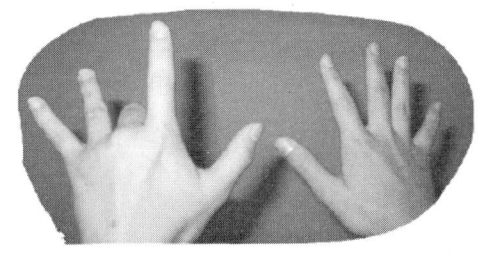   

〈그림 4-30〉 손가락 곱셈(1)   〈그림 4-31〉 손가락 곱셈(2)

<그림 4-31>은 9×8을 보여주는 손가락 곱셈이다. 피승수인 9의 보수는 1이므로 왼손에서는 손가락 하나만 편다. 승수인 8의 보수는 2이므로 오른손가락 2개를 편다. 접힌 손가락 모두의 수는 곱의 십의 자리 수를 나타내고 편 손가락 1과 2는 곱하여 일의 자리 수로 삼는다. 그러면 9×8=72가 된다. 만약 6×6은 두 손에서 각각 4개의 손가락을 펴게 된다. 그러면 접은 손가락 수는 2이므로 20과, 편 손가락 4와 4를 곱하면 16, 그

러므로 이 두 수의 합은 36이 되어 6×6=36이다.

이러한 손가락 곱셈은 구구단을 잘 외우지 못하는 경우에 곱해지는 수와 곱하는 수가 모두 5 이상인 한 자리 수의 곱셈을 구하는 데 유용하다.

2) 고대 이집트의 곱셈 방법

고대 이집트인들은 절대 기수법을 사용하였기 때문에 덧셈은 쉽게 할 수 있어도 곱셈은 쉽게 할 수 없었다. 그래서 2배 하는 방법을 이용하여 곱셈을 하였다. 예를 들어 24×14를 계산하기 위해서 다음과 같이 하였다.

$$
\begin{aligned}
24 \times 1 &= 24 \\
2 &= 48 \ * \\
4 &= 96 \ * \\
8 &= 192 \ *
\end{aligned}
$$

24를 2배, 4배, 8배와 같이 두 배를 하는 것은 같은 기호를 두 번 반복하여 기록하기만 하면 된다. 이제 별표(*)에 해당하는 것을 모두 더하면 24를 14번 더하는 것이 된다. 그러므로 24×14=48+96+192=336이 된다.

3) 러시아의 전통적인 방법

러시아의 농부들은 곱셈을 할 때 두 수 중 한쪽은 2배를 하고 다른 쪽은 반을 취하는 과정을 반복하여 계산하였다고 한다. 예를 들어,

$$24 \times 16 = 48 \times 8 = 96 \times 4 = 192 \times 2 = 384 \times 1 = 384$$

와 같이 계산한다. 만약 계속해서 반을 취하지 못할 때는 2로 나눈 몫의 정수만 취하여 이런 과정을 계속하고, 마지막에 반을 취하지 못한 수를 더하게 된다. 즉, 24×14의 경우 다음과 같이 진행한다.

24	48*	96*	192*
14	7	3	1

만약 계속해서 반으로 나누어 떨어진다면 위와 아래의 두 수의 곱은 항상 같게 되어 마지막 오른쪽에 있는 1 위의 수가 곱이 되겠지만 이런 경우에는 나누어 떨어지지 않은 경우였던 별표(*) 표시한 수들의 합이 곱이 된다. 즉, 48+96+192=336이 24×14를 계

산한 결과이다. 이렇게 계산하는 이유는 다음과 같은 계산 과정을 보면 이해될 것이다.

$$24 \times 14 = 48 \times 7 = 48 \times 6 + 48$$
$$= 96 \times 3 + 48$$
$$= 96 \times 2 + 96 + 48$$
$$= 192 \times 1 + 96 + 48$$
$$= 336$$

4) 격자 곱셈

트레비소(Treviso)의 산술책(1478)에는 <그림 4-32>와 같이 934×314를 계산하여 293276을 구하는 격자곱셈이 소개되어 있다. 각각의 자리의 수를 곱한 다음 대각선 방향에 있는 수들의 합을 구해 곱을 얻는 방법으로 다음 두 가지 방식이 있다. 합이 10 이상이 되면 윗자리로 받아올림을 한다. 대각선이 그어진 방향에 따라 곱하는 수인 314를 쓰는 위치와 계산한 결과를 읽는 방식이 약간 다르다.

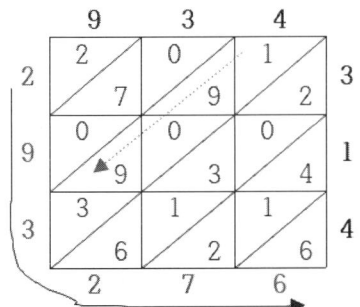 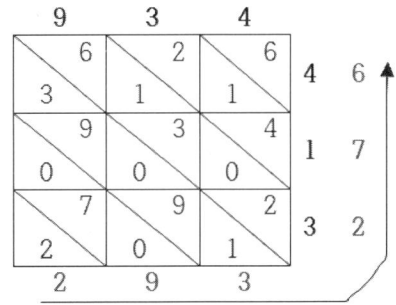

<그림 4-32> 격자곱셈(Smith, 1953)

4. 나눗셈의 지도

3-4학년군에서 나눗셈이 도입된다. 나눗셈의 의미를 알고, 나누는 수가 한 자리 수인 경우와 두 자리 수인 경우의 나눗셈의 계산 원리를 이해하고 계산도 할 수 있어야 한다. 나누어지는 수는 세 자리 수까지 다루며 나누는 수는 두 자리 수까지 다룬다. 이때 나누어 떨어지는 경우와 나머지가 있는 경우의 나눗셈을 다룬다. 곱셈과 나눗셈의 관계

를 이해하며 곱셈을 이용하여 나눗셈의 검산을 하고는 있으나 평가할 때는 검산의 목적과 필요성을 이해하는지에 초점을 두게 하고 있다. 또한, 나눗셈을 하기 전에 계산 결과를 어림해 보게 하고 있다. 5-6학년군에서는 자연수의 혼합계산을 지도하되 복잡한 계산보다는 계산 순서의 이해에 중점을 두고 있다.

〈표 4-3〉 자연수의 나눗셈 내용 체계(교육부, 2015d)

영역	핵심 개념	일반화된 지식	학년군별 내용 요소		
			1-2학년군	3-4학년군	5-6학년군
수와 연산	수의 체계				
	수의 연산	자연수에 대한 사칙계산이 정의되고, 이는 분수와 소수의 사칙계산으로 확장된다.		• 자연수의 곱셈과 나눗셈	• 자연수의 혼합계산

가. 나눗셈의 의미

자연수의 나눗셈은 등분제와 포함제의 의미를 가지고 있다. 또한 곱셈의 역연산 의미도 가지고 있다.

1) 등분제와 포함제
다음 두 문제를 살펴보자

1. 색종이 24장을 한 사람에게 4장씩 (나누어) 주려고 한다. 모두 몇 사람에게 (나누어) 줄 수 있는가?
2. 색종이 24장을 4사람에게 똑같이 나누어 주려고 한다. 한 사람에게 몇 장씩 (나누어) 줄 수 있는가?

첫 번째 문제는 한 사람에게 4장씩 여러 사람에게 나누어 주는 것이므로 계속해서 4를 빼는 것이다. 24에서 4를 계속해서 6번 빼면 0이 된다. 그래서 6사람에게 나누어줄 수 있다. 이것을 24÷4=6과 같이 나타낸다. 이러한 나눗셈을 24에 4가 몇 번 포함되었는가 하는 의미에서 포함 나눗셈 또는 포함제(包含除)라고 한다.

두 번째 문제는 정해진 4사람에게 한 장씩 나누어 주고 또다시 한 장씩 나누어주고 그렇게 색종이가 모두 없어질 때까지 나누어주는 것이다. 그렇게 하다 보면 4사람에게 6장씩 나누어줄 수 있다. 이것 역시 24÷4=6과 같이 나타낸다. 이러한 나눗셈을 똑같이 나눈다는 의미에서 등분 나눗셈 또는 등분제(等分除)라고 한다.

포함제와 등분제를 좀 더 자세히 살펴보자.

포함제인 1번 문제를 수직선으로 나타내면 다음 <그림 4-33>과 같다. 포함제는 같은 단위끼리 나누어서 수를 구하게 된다. 반면에 등분제인 2번 문제는 <그림 4-34>와 같이 그릴 수 있는데, 서로 다른 단위를 나누어서 나누어지는 수와 같은 단위를 얻게 된다.

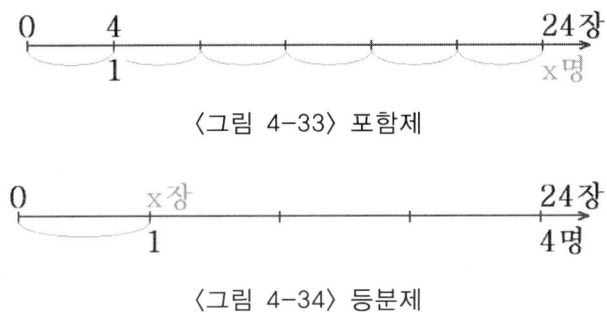

〈그림 4-33〉 포함제

〈그림 4-34〉 등분제

포함제는 명백히 같은 수를 계속해서 빼는(동수누감) 활동이며, 같은 수를 계속해서 더하는 곱셈의 역연산임을 쉽게 알아볼 수 있다. 등분제는 위의 문제에서처럼 계속해서 한 장씩 나누어 주는 것이므로 동수누감으로 이해하기 쉽지 않아 보인다. 그러나 등분제 역시 매번 같은 장수로 몇 번 나누어주는가 하는 관점에서 보면 동수누감에 해당된다(강문봉, 2011).

2) 곱셈의 역연산

3씩 5묶음은 15이므로 15를 3씩 묶으면 5묶음이 된다. 그러므로 3×5=15이며 15÷3=5이다. 이와 같이 나눗셈과 곱셈은 역연산 관계이다. 곱셈의 역연산으로서 나눗셈을 도입하는 외국의 교과서가 있으며, 우리나라 3차 교육과정의 교과서에서도 역연산 관계를 이용하여 형식적으로 나눗셈을 도입하기도 하였다. 즉, '3×□=12이므로 12÷3=□'와 같이 도입하였다(문교부, 1975a).

나눗셈식을 포함제나 등분제 상황에서 도입할 것인지, 혹은 곱셈의 역연산을 이용하여 도입할 것인지 하는 것은 여러 차례의 교육과정 개정 때마다 변화가 많았다. 2015 개정 교과서에서는 등분제와 포함제 상황 모두에서 나눗셈식을 도입하였고 이어서 곱셈과 나눗셈의 역연산 관계를 이용한다.

나. 기호화 및 읽기

나눗셈 상황을 다루고 나서 이를 기호화한다. 8을 2로 나누면 4가 되는데 이것을 기호로 8÷2=4로 나타낸다. 이것을 '8 나누기 2는 4와 같습니다.' 라고 읽는다. 이때 4는 8을 2로 나눈 몫, 8은 나누어지는 수(피제수), 2는 나누는 수(제수)라고 한다. 한자어로 된 피제수, 제수, 피승수, 승수와 같은 용어는 아동들에게 지도할 필요는 없다.

다. 기본 나눗셈

곱셈구구로 해결할 수 있는 범위의 나눗셈을 말한다. 곱셈의 역연산으로 나눗셈을 정의하면 곱셈을 이용하여 나눗셈을 해결하면 되지만 포함제나 등분제로 나눗셈을 정의하면 동수누감으로 나눗셈 문제를 해결하게 한다.

45÷9를 구하려면 45-9-9-9-9-9=0 또는 <그림 4-35>와 같이 하여 나눗셈의 몫 5를 구하게 된다. 이런 과정을 반복하다 보면 자연스럽게 귀납적으로 나눗셈은 곱셈의 역연산임을 파악하게 된다. 그 이후는 곱셈을 이용하여 나눗셈의 몫을 구하면 된다.

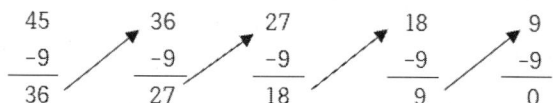

〈그림 4-35〉 45÷9를 동수누감으로 구하기

라. 나눗셈 알고리즘의 개발

1) (두 자리 수)÷(한 자리 수) (몫이 두 자리 수인 경우)

몫이 두 자리 수가 되는 나눗셈은 곱셈을 이용하여 해결하기가 불편하다. 그러므로 나눗셈 알고리즘을 개발할 필요가 있다. 예를 들어, 72÷3을 계산하는 방법을 알아보기 위해 이 식으로 해결할 수 있는 문장제를 만들어 보게 한다.

다음과 같은 두 가지 유형의 문제를 얻게 될 것이다.
(1) 색종이 72장을 세 사람에게 똑같이 나누어 주면 한 사람이 몇 장씩 갖게 되는가?(등분제)
(2) 색종이 72장을 한 사람에게 3장씩 나누어주면 몇 사람에게 나누어 줄 수 있는가?(포함제)

가) 등분제 이용

세 사람에게 똑같이 나누어 주려면 각각에게 한 장씩 반복해서 나누어 주면 된다. 그러나 이럴 경우 나누어줄 색종이가 많으므로 한 장씩이 아니라 여러 장, 즉 묶음으로 나누어 주는 것이 더 편리하다. 수모형을 이용하여 이 문제를 해결해 보자. 72장은 <그림 4-36>과 같이 나타낼 수 있다.

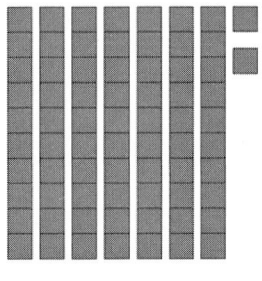
〈그림 4-36〉 72 모형

이것을 세 사람에게 나누어 줄 때는 십 모형 7개를 먼저 한 사람에게 2개씩 나누어 주게 된다. 그러면 십모형 1개와 낱개 2개가 남게 되므로 모두 12개가 남은 것이다. 12개를 세 사람에게 나누어 주면 한 사람에게 4개씩 줄 수 있다. 그리하여 세 사람에게 각각 24장의 색종이를 나누어 주게 됨을 알 수 있다. 이 과정을 식으로 형식화해 보면 <그림 4-37>과 같다(이와 다르게 나타낼 수도 있다).

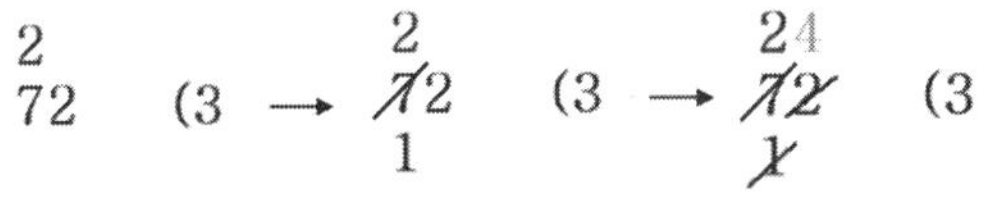

$$\begin{array}{r}2\\72\end{array}\ (3\quad\to\quad\begin{array}{r}2\\\not{7}2\\1\end{array}\ (3\quad\to\quad\begin{array}{r}24\\\not{7}\not{2}\\\not{X}\end{array}\ (3 \qquad\qquad 3\overline{)\begin{array}{r}24\\72\\\underline{6}\\12\\\underline{12}\\0\end{array}}$$

〈그림 4-37〉   〈그림 4-38〉

머릿속에서 처리하여 <그림 4-37>에서 누락된 과정을 드러내어 표준 알고리즘으로 나타내면 <그림 4-38>과 같다.

나) 포함제 이용

포함제 상황에서는 이와 다르게 전개된다. <그림 4-36>과 같은 수모형으로 나타낸다고 하더라도 한 사람에게 3장씩 나누어주려면 십 모형을 낱개로 해체시켜야 한다. 그러므로 등분제와 같은 방식으로 알고리즘을 만들어내기가 곤란하다.

72장에서 3장 묶음이 몇 번 포함되는가를 구해야 하므로 72장 혹은 70장에 3장 묶음이 몇 개 포함되었는지를 생각해 보고 그것을 빼야 한다. 즉 3장 묶음이 20개 포함되었다고 생각하면 3×20=60을 빼면 된다. 그러나 당장 그렇게 생각하기가 어려운 아동들이 있을 것이므로 일단 10개 포함되었다고 생각하고 3×10=30을 뺀다. 그래도 많이 남아 있으니 다시 10개 더 포함되었다고 생각하여 다시 30을 뺀다. 그러면 남는 것이 12이다. 12에는 3장 묶음이 4개 들어가 있다. 이 과정을 형식화하면 다음 <그림 4-39>와 같이 된다.

등분제와 포함제 각각의 경우에 나눗셈 알고리즘을 고안하고 형식화하는 방식은 다르지만 결과는 비슷하다. 세 자리 수 나누기 한 자리 수의 나눗셈에서도 이와 비슷한 방법으로 알고리즘을 만들어낼 수 있다.

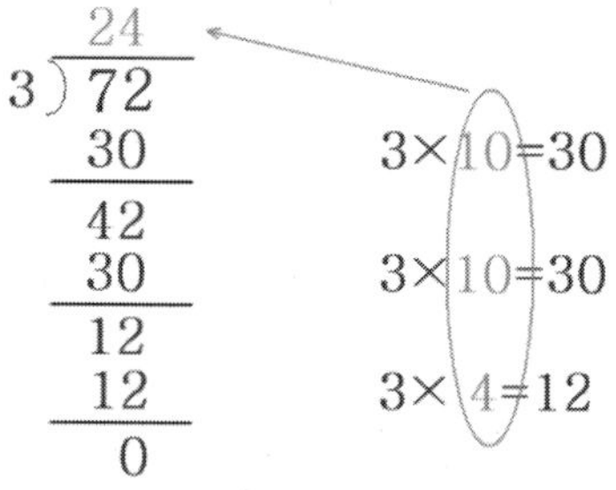

2) (두 자리 또는 세 자리의 수)÷(두 자리 수)
나누는 수가 두 자리 수일 경우에는 수가 커서 약간 복잡해진다. 741÷26을 예로 살펴보자.

$$\begin{array}{r} 24 \\ 3\overline{)72} \\ \underline{30} \quad 3\times 10 = 30 \\ 42 \\ \underline{30} \quad 3\times 10 = 30 \\ 12 \\ \underline{12} \quad 3\times 4 = 12 \\ 0 \end{array}$$

<그림 4-39>

먼저 등분제 상황이라고 하자. 사탕 741개를 26명에게 똑같이 나누어주자. 백 묶음 7개로 26명에게 나누어줄 수 없으니 백 묶음을 십 묶음으로 교환하여 십 묶음 74개를 26명에게 나누어 주어야 한다. 이때 십 묶음 2개씩 나누어줄 수 있다. 십 묶음 74개 중에서 52개를 나누어주었으므로 십 묶음이 22개 남았다. 이것을 낱개로 교환하면 남은 것은 낱개가 모두 221개가 된다. 26명에게 이것을 똑같이 나누어주려면 한 사람에게 8개씩 나누어주게 되므로 26명은 각자 십 묶음 2개와 낱개 8개를 받게 되는 것이고 사탕 13개가 남게 된다. 이 과정을 형식화하면 다음 <그림 4-40>과 같이 된다.

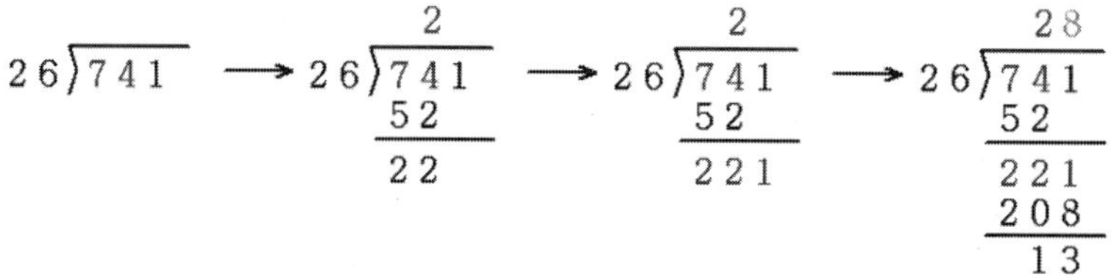

$$26\overline{)741} \rightarrow \begin{array}{r} 2 \\ 26\overline{)741} \\ \underline{52} \\ 22 \end{array} \rightarrow \begin{array}{r} 2 \\ 26\overline{)741} \\ \underline{52} \\ 221 \end{array} \rightarrow \begin{array}{r} 28 \\ 26\overline{)741} \\ \underline{52} \\ 221 \\ \underline{208} \\ 13 \end{array}$$

<그림 4-40> 741÷26(등분제)

이번에는 포함제로 생각해 보자. 741에 26개 묶음이 몇 개 포함되었는지를 생각한다. 묶음이 10개 포함되었다면 260이다. 묶음이 20개 포함되었다면 520이고, 30개 포함되었다고 하면 780이다. 780은 나누어지는 수인 741을 초과하므로 묶음이 20개 포함되었다고 하고 520을 빼야 한다. 그러면 221개가 남는다. 이제 221에 26개 묶음이 5개 들어

있는지 혹은 6개 들어 있는지와 같이 몇 번의 시행착오 끝에 221에는 26개 묶음이 8개 포함되었음을 알 수 있고 이때 나머지는 13이다. 그래서 포함된 횟수를 합하면 몫은 28이다.

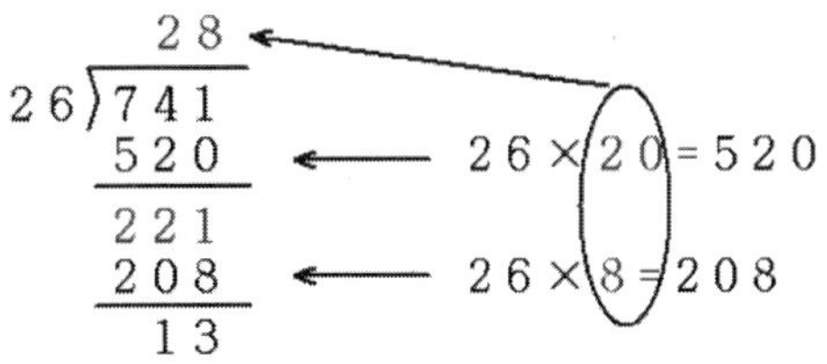

3) 나머지가 있는 나눗셈

〈그림 4-41〉 741÷26(포함제)

나눗셈에서의 나머지는 상당히 일찍 접할 수 있다. 교사나 교과서가 의도적으로 나머지가 있는 문제를 제시하지 않을 수는 있으나 일상적 상황에서는 자연스럽게 나머지가 등장할 수 있다. 그러므로 나눗셈을 정의한 다음에 곧바로 나머지를 지도하여도 무방할 것이다. 나머지가 있는 나눗셈의 경우에도 마찬가지 방식으로 알고리즘을 형식화할 수 있다. 다만, 나누어 주고 남는 부분을 나머지로 둘 것인지 몫을 분수나 소수로 처리할 것인지를 결정하는 것이 문제인데 이것은 문제 상황에 따라 결정될 수 있을 것이다.

가) 포함제의 경우

'색종이 74장을 한 사람에게 3장씩 나누어주면 몇 사람에게 줄 수 있는가?' 라는 포함제를 위와 같이 생각해 보면 3장 묶음이 24개이며 2장이 남는다는 것을 알 수 있다. 즉, 몫이 24명이고 나머지가 2장이다. 포함제의 경우 나머지가 생기면 나머지를 더 이상 달리 처분할 수 없게 된다.

나) 등분제의 경우

'색종이 74장을 세 사람에게 똑같이 나누어 주면 한 사람이 몇 장씩 갖게 되는가?' 라는 등분제의 경우에는 포함제와 약간 다른 상황이 벌어질 수 있다. 위에서와 마찬가지로 등분제로 해결하면 한 사람에게 24장씩 나누어 주고 2장이 남게 된다. 이 2장을 나머지로 처리할 수 있으나 경우에 따라서는 2장을 분할하여 각자에게 $\frac{2}{3}$장씩 더 나누어 줄 수도 있다. 즉, 등분제의 경우 구슬과 같이 더 이상 쪼갤 수 없는 경우에는 나머지로 처리해야 하나, 피자나 74m의 색종이 띠같이 더 작게 분할할 수 있는 경우에는 몫을 분수나 소수로 처리하고 나머지를 남기지 않을 수도 있다. 그러므로 나눗셈을 하는 문제 상황이나 문제의 의도에 따라 나머지를 남기든가 분할해서 나머지가 없게 하든가 할 수 있다.

마. 나눗셈에서의 오류 유형

나눗셈에서 흔히 나타나는 오류는 자릿값에 대한 것이다. 다음과 같은 오류가 나타나면 어림을 하게 해서 잘못을 인식하게 하고 자릿값에 대한 오개념을 해소해 주어야 한다. (2)와 (3)의 경우는 몫을 어림하여 곱셈으로 고치면 금방 잘못임을 알 수 있을 것이다. (1)의 경우는 (2)나 (3)의 경우처럼 큰 차이가 나는 것은 아니지만 어림해 보면 계산이 잘못되었음을 알 수 있다.

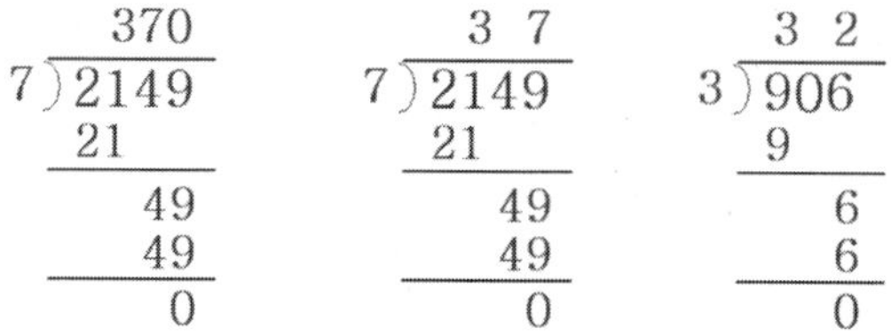

```
      370           3 7          3 2
   7)2149       7)2149        3)906
     21            21            9
     ─────         ─────         ─────
     49            49            6
     49            49            6
     ─────         ─────         ─────
      0             0             0
     (1)           (2)           (3)
```

〈그림 4-42〉 나눗셈 오류

바. 혼합계산

5-6학년군에서 자연수의 사칙계산이 혼합된 계산 문제를 해결할 수 있어야 한다. 앞서 부분적으로 혼합계산을 하는 순서를 지도하기는 하였으나 이제 종합해서 혼합계산 순서를 지도할 필요가 있다. 그러나 너무 복잡한 혼합계산을 지도할 필요는 없다.

가장 먼저 소괄호 안에서 계산이 이루어진다. 그 다음에는 중괄호({ }), 마지막으로 대괄호([ ]) 안에서 이루어진다. 그러나 괄호를 표시하는 것이 불편할 때는 괄호를 생략하기도 하는데 괄호를 생략할 때 또다시 계산 순서에 대해 약속을 해야 한다. 이 약속은 곱셈과 나눗셈을 먼저 하고 덧셈과 뺄셈을 나중에 하는 것이다. 이러한 약속을 정리하면 다음과 같다.

① 소괄호, 중괄호, 대괄호 순서로 먼저 계산한다.
② 괄호 안에서 또는 괄호가 없을 때는 곱셈과 나눗셈을 먼저 하고 덧셈과 뺄셈은 나중에 한다.
③ 곱셈과 나눗셈, 덧셈과 뺄셈은 앞(왼쪽)에서부터 차례대로 계산한다.

사. 사칙계산의 활용

사칙계산을 활용하는 몇 가지 사례를 살펴보자. 단순히 사칙계산 연습을 강화하는 것만이 아니라 이러한 활동을 하면서 연산과 계산 방법에 대한 이해를 심화하고 문제해결 능력도 기를 수 있다.

1) 계산기를 이용한 계산에서의 몫과 나머지

큰 수의 계산을 할 때는 암산이나 필산보다 어림셈을 하거나 혹은 계산기를 사용하게 한다. 2856÷35를 계산기를 이용하여 구하면 81.6이다. 이것은 무슨 뜻이며 몫과 나머지는 얼마일까?

몫이 81이고 나머지가 6이라고 대답하는 아동들도 있다. 혹은 몫은 81이지만 나머지를 구하지 못하는 경우도 있다. 나머지는 어떻게 구할 수 있는지를 생각해 보게 한다.

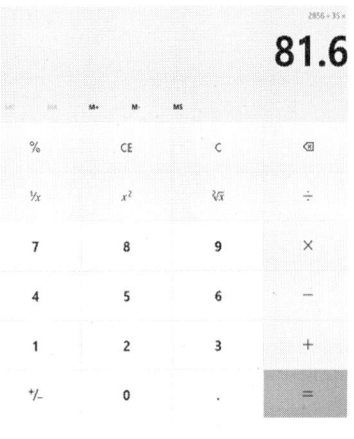

2) 나머지 게임

문제를 제시하는 아동과 질문하며 문제를 해결하는 아동, 이렇게 2명 또는 두 팀으로 게임을 진행한다. 진행 방식은 다음과 같지만(강문봉 외, 1999), 적절히 변경할 수도 있다.

〈그림 4-43〉

1. 〈그림 4-44〉와 같은 빈 나눗셈 문제 중에 하나를 제시한다. 빈 나눗셈 문제는 실제로 나눗셈을 해 보고 각 자리의 숫자에 마크를 하면 만들 수 있다.
2. □ 속에 들어갈 수에 대해 질문한다. 예를 들어, 2가 들어가는 □가 있는지 질문한다.
3. 그러한 곳이 있으면 문제를 제시한 아동은 해당하는 곳에 그 수를 써 넣는다.
4. 자신이 맞춰서 채운 □ 수가 자신의 점수가 된다.
5. 다 채워지기 전에 추측해서 문제를 맞추면 남아 있는 □ 수만큼 보너스 점수를 얻는다.

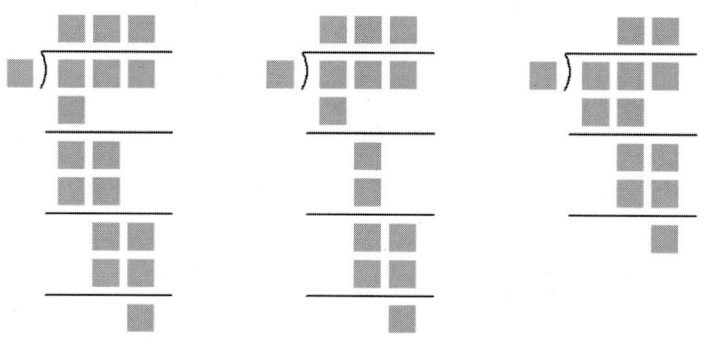

〈그림 4-44〉 빈 나눗셈

3) century 문제

century 문제는 다음과 같다.

다음 수들 사이에 적당한 기호를 넣어서 식이 성립하게 하시오.
$$1 \quad 2 \quad 3 \quad 4 \quad 5 \quad 6 \quad 7 \quad 8 \quad 9 = 100$$

9개의 수 사이에 +, -, ×, ÷ 기호를 넣어서 이 식이 성립하도록 하게 한다. 정답이 여러 개 있을 수 있으므로 가능한 많은 식을 찾아보게 한다.

경우에 따라서 조건을 변형할 수 있다. 예를 들어, 괄호를 사용할 수 있게 하거나, 아동들이 음수를 알고 있는 경우에는 예를 들어 (1-2)×3과 같은 식으로 음수가 나오는 계산도 허용할 수 있다. 수 사이에 아무런 기호도 넣지 않고 이 수들을 붙여서 두 자리 수 혹은 세 자리 수가 될 수 있도록 할 수도 있다. 1에서 10까지의 수로 100 또는 다른 수를 얻을 수 있는 식을 만들도록 변형할 수도 있다. 위 문제 또는 변형한 문제의 몇 가지 답은 다음과 같다.

$$1+2+3+4+5+6+7+8×9=100$$
$$1+2×3×4×5÷6+7+8×9=100$$
$$(1×2+3)×4-5+6+7+8×9=100$$
$$1×(2+3)×4×5×(6-7)×(8-9)=100$$
$$123-4-5-6-7+8-9=100$$
$$123+45-67+8-9=100$$

4) 24 만들기 퍼즐

준비물: 1에서 9까지의 숫자 카드

서로 다른 4개의 수가 주어지면, 이 수를 이용하여 24가 되는 식을 만들기

예를 들어 2, 3, 5, 8이 주어졌을 때 (5+3)×2+8=24와 같이 식을 만들 수 있다. 하나의 식으로 만들기 어려운 수준의 아동들에게는 다음과 같이 몇 단계로 식을 만들 수 있게 하면 된다.

    2×8=16

    3+5=8

    16+8=24

이 퍼즐 역시 조건을 변경하여 24가 아닌 다른 수를 만들게 할 수도 있다. 식이 여러 개 나올 수 있으므로 가급적 많은 식을 찾아보게 하고 그러한 식을 찾게 되는 아이디어도 공유하게 한다.

5) 크립토 퍼즐

준비물: 1에서 25까지의 숫자 카드 또는 매지믹서

5개의 수와 +, -, ×, ÷, 괄호를 이용하여 정해진 수를 만드는 게임

예를 들어 2, 3, 5, 8, 9로 47을 만드는 경우 (2+8)×5-9÷3=47과 같은 식을 만들 수 있다. 다음과 같이 단계적인 식을 제시하게 할 수도 있다.

    2+8=10

    10×5=50

    9÷3=3

    50-3=47

크립토 퍼즐 역시 식이 여러 개 나올 수 있으므로 가급적 많은 식을 찾아보게 하고 그러한 식을 찾게 되는 아이디어도 공유하게 한다.

5. 검산 방법

계산한 후에 그 결과가 맞았는지를 확인하기 위해 검산을 할 필요가 있다. 검산 방법

은 여러 가지가 있으며 필요에 맞게 적절한 방법을 사용한다.

가. 어림 이용

계산 결과가 맞았는지를 확인해 보는 가장 손쉬운 방법은 아마도 어림을 이용하는 것일 것이다. 그러나 어림은 계산이 정확한가를 확인하는 것이 아니라 계산이 확실히 틀렸다거나 혹은 어느 정도 범위 내에서 옳다는 확인일 뿐이다. 계산기를 사용해서 계산했을 때 어림은 특히 유용하다.

나. 역연산 이용

역연산을 이용한 검산 방법은 많이 이용되는 유용한 방법이다. 한 번 간 길을 다시 반복할 때 우리는 흔히 동일한 오류를 범하게 된다. 이러한 오류를 피하기 위해 역연산을 이용한다. 역연산을 이용하는 것은 가역적 사고를 하는 것이기 때문에 간 길을 다시 가면서 생기는 오류를 피할 수 있다. 역연산을 이용하는 방법은 번거롭고 시간이 많이 걸릴 수 있지만 가장 확실한 방법이다.

덧셈과 뺄셈이 서로를 검산하기 위해 사용되고, 곱셈과 나눗셈이 또 서로를 검산하기 위해 사용된다. 예를 들어 542÷15=36…2가 맞는지를 확인하기 위해서 이를 곱셈으로 고치면 다음과 같다.

$$15 \times 36 + 2 = 542$$

곱셈으로 고쳐서 계산한 결과가 맞으면 위의 나눗셈 결과는 옳은 것이 된다.

다. 구거법 이용

9가 되면 버리는 구거법도 유용한 검산 방법이다. 구거법은 9를 버리고 남은 수로 계산하는 방법이다.

예를 들어 4540135-1532458=3008677이 맞는지 검산해 보자. 4540135에서 9를 버리는 방법은 두 가지가 있다.

① 각 자리의 수를 합해서 9가 될 때마다 버린다. 즉 4+5=9이므로 4와 5를 쌍으로 해서 버리면 남는 수는 0, 1, 3이다. 이것을 더하면 4이다.

② 각 자리의 수를 합하여 9보다 크면 그 수에서 다시 각 자리의 수를 합하는 방식으로 하여 한 자리 수가 될 때까지 계속한다. 즉, 4+5+4+0+1+3+5=22, 2+2=4

어느 경우든 4가 나오며 이 4가 4540135의 검사 수이다. 1532458의 검사 수는 1, 3008677의 검사 수는 4이다. 4540135-1532458=3008677을 검사 수만 가지고 확인하면 4-1=4가 되므로 이 뺄셈은 틀렸다는 사실을 알 수 있다.

실제로 뺄셈에서 검사 수만 가지고 계산을 할 때 음수가 나오는 경우가 있고, 나눗셈의 경우 검사 수끼리 나누지 못하는 경우도 있다. 그러므로 뺄셈은 덧셈으로 고치고 나눗셈은 곱셈으로 고쳐서 구거법을 적용해 보는 것이 좋다. 나눗셈에서 나머지가 생기면 나머지를 빼서 나누어 떨어지는 경우로 고치는 것이 좋다. 예를 들어 8813÷367=24...5가 맞는지를 구거법으로 확인해 보려고 한다면 (8813-5)÷367=24가 맞는지를 확인하는 문제가 되고, 이것은 곱셈식 367×24=(8813-5)가 맞는지를 확인하는 문제로 생각하면 된다.

구거법에 의해 검사할 경우 틀린 결과가 나오면 그 계산은 확실히 틀린 것이다. 그러나 구거법에 의한 결과가 맞다고 해서 계산 결과가 항상 맞다고 할 수는 없다. 구거법에 의한 검산 방법은 학생들의 흥미를 유발하거나 심화 과정에서 다룰 수 있는 소재이기는 하지만 이를 필수적으로 다룰 내용은 아니라고 생각한다.

라. 배수 판정법

늘 유용한 방법은 아니지만 가끔 쉽게 사용할 수 있는 방법으로 배수 여부를 확인하는 방법도 있다. (짝수)±(짝수)=(짝수), (홀수)±(홀수)=(짝수), 짝수의 곱은 짝수 등과 같이 어떤 수의 배수와 배수의 합 또는 차는 그 수의 배수가 된다는 사실을 이용하거나 배수 관계를 점검해 보면 계산이 틀렸는지를 비교적 쉽게 확인해 볼 수도 있다. 구거법도 배수 판정법의 하나이다. 그런 점에서 어떤 수의 배수인지를 판정하는 방법을 알면 유용하다

2의 배수(짝수): 일의 자리의 수가 0, 2, 4, 6, 8이면 그 수는 짝수이다.
4의 배수: 마지막 두 자리의 수가 00이거나 4의 배수이면 그 수는 4의 배수이다.
8의 배수: 마지막 세 자리 수가 000이거나 8의 배수이면 그 수는 8의 배수이다.
5의 배수: 일의 자리의 수가 0 또는 5이면 그 수는 5의 배수이다.
3의 배수: 각 자리 수의 합이 3의 배수이면 그 수는 3의 배수이다.
9의 배수: 각 자리 수의 합이 9의 배수이면 그 수는 9의 배수이다.
6의 배수: 2의 배수이고 3의 배수이면 그 수는 6의 배수이다.

제5장
분수와 그 연산

제 5 장
생각할 문제

이 단원을 학습하기 전에 다음 문제를 생각해 봅시다.

01 분수는 언제, 왜 필요할까?

02 아동들은 왜 분수를 어려워할까?

03 영호는 피자를 2판 사서 각각 8조각으로 나누었다. 그중에서 동생이 2조각을 먹었고 친구들이 7조각을 먹었다. 남은 피자를 분수로 나타내면 $\frac{7}{8}$인가 아니면 $\frac{7}{16}$인가?

04 어제 귤 10개 중에서 4개를 먹었고 오늘은 귤 8개 중에서 3개를 먹었다. 어제와 오늘 내가 먹은 귤의 양을 나타내면 다음과 같다.

$$\frac{4}{10}+\frac{3}{8}=\frac{7}{18}$$

이 계산에서 무엇이 잘못일까?

05 분수를 곱할 때는 분자끼리 곱하고 분모끼리 곱한다. 분수의 나눗셈에서도 분자끼리 나누고 분모끼리 나누면 안될까?

5장 분수와 그 연산

Q 1. 관련 이론

가. 분수의 의미

분수는 여러 가지 의미를 가지고 있다.

1) 전체 중의 부분(등분할 분수)

부분-전체의 의미라고 말하는데, 전체 중의 부분을 나타내는 의미로서의 분수는 전체를 몇 등분하고 그중에서 몇 개를 고려한다는 의미이다. 이를 위해서는 전체를 등분할해야 한다. 전체를 a 등분한 후 부분으로 b개를 고려했을 때 이를 분수 $\frac{b}{a}$로 나타낸다. 이때 a를 분모, b를 분자라고 한다. 이를 영역 모형으로 살펴보면 다음 <그림 5-1>과 같다. 피자 한 판을 8조각으로 등분할하고 그중 3 조각을 취한다면 $\frac{3}{8}$ 판이다.

<그림 5-1> 피자

2) 나눗셈의 몫(몫 분수)

$2 \div 3$을 분수로 $\frac{2}{3}$로 나타내기도 한다. 이와 같이 나눗셈의 몫을 분수로 나타내는데 이런 분수를 몫 분수라고 한다. 몫 분수 역시 분할 상황에서 발생한다. 그러나 등분할과는 조금 다르다. 등분할은 전체를 등분할하여 그중 몇 개를 취하는 것이지만 몫 분수는 예를 들어 $2 \div 3$에서는 2개를 3명이 나누어 가지는 몫을 나타낸다. 이를 그림으로 나타내면 전체 중의 부분으로서의 $\frac{2}{3}$은 다음 <그림 5-2a>와 같지만 몫분수로서의 $\frac{2}{3}$은 <그림 5-2b>와 같다.

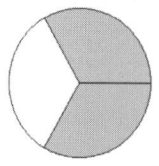
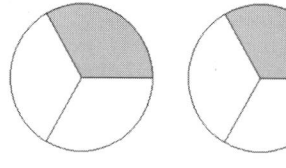

〈그림 5-2a〉　　　　　　　　〈그림 5-2b〉

3) 비율(비율 분수)

분수 $\frac{2}{3}$는 2:3을 나타내기도 한다. 이러한 비율은 앞의 두 의미와는 완전히 개념적으로 다르다. 앞의 두 분수는 전체 또는 단위가 주어지면 그에 따라 일정한 크기를 가진다. 그러나 비율 분수는 정해진 크기를 가지는 것이 아니라 둘 사이의 관계를 나타낸다. 예를 들어 3등분한 사과의 2조각, 6등분한 사과의 4조각, 9등분한 사과의 6조각 등에 비율 분수가 적용된다. 즉, 비율 분수에서는 변화하는 외적 상황과 두 양의 값에도 불구하고 본질적으로 내재되어 있는 변화하는 두 양 사이의 변하지 않는 관계를 주목해야 한다.

4) 연산자(작용소)

분수의 개념은 곱셈의 연산자로 이해될 수 있다. 즉 분수 $\frac{b}{a}$를 유리수의 집합 Q에서 정의되는 함수 $x \to x \times \frac{b}{a}$로 이해하는 것이다. 연산자로서의 분수는 어떤 정해진 크기를 가리키지 않는다. x라는 어떤 투입량이 있을 때 비로소 이를 확대 또는 축소하면서 그 크기가 정해진다. 교과서에서는 '…의 $\frac{2}{3}$'와 같은 표현으로 사용되며 이 경우에 곱셈으로 처리된다.

5) 양의 측정값(양 분수)

측정 과정에서 분수가 발생하였다는 관점에서 이러한 분수를 양 분수라고 한다. 양 분수에는 측정 단위가 수반된다.

예를 들어 길이를 측정하려면 단위가 있어야 한다. 1m 단위로 측정하다가 정확히 주어진 단위의 자연수 배가 아닌 자투리가 생기게 되면 그 자투리를 측정하기 위해서 단위를 등분할하여 더 작은 단위를 만들게 된다. 단위를 5등분하여 보조단위를 만들었고 자투리가 보조단위를 3번 사용해서 측정할 수 있다면 자투리는 $\frac{3}{5}$단위가 된다.

나. 분수 표기법의 발달

기원전 2000년 경에 이미 고대 바빌로니아인들이 분모가 60의 거듭제곱인 분수를 사용하였다고 한다. 그러나 이것은 자릿값 원리에 따라 사용되었기 때문에 소수 개념과 유사한 면이 있다.

분수가 문헌에 등장한 최초의 기록은 아마도 아메스가 기록한 린드 파피루스(기원전 1650년경)일 것이다. 고대 이집트인들은 단위분수만 사용하였다($\frac{2}{3}$는 예외적으로 허용함). 이집트인들이 단위분수만 사용한 것은 그들이 사용한 절대 기수법으로는 분자와 분모를 나타내기 힘들다는 점도 이유 중의 하나였을 것이다. 이집트인들은 그들이 사용한 숫자 위에 ⌒와 같은 기호를 표시하여 단위분수로 나타내었다. 우리가 사용하는 일반적인 분수와 같은 값을 나타내기 위해서는 몇 개의 단위분수를 나열하여 나타내었는데 이때 같은 단위분수는 사용하지 않았다는 점이 특이하다. 예를 들어 $\frac{19}{30}$는 $\frac{1}{3}+\frac{1}{5}+\frac{1}{10}$로 나타낼 수 있으므로 고대 이집트인들은 <그림 5-3>과 같이 나타내었다. $\frac{2}{3}$는 ⌓와 같이 나타내었다.

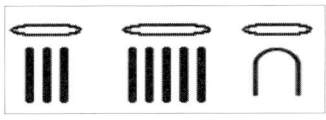

<그림 5-3> $\frac{1}{3}+\frac{1}{5}+\frac{1}{10}$

고대 그리스인들도 단위분수를 많이 사용하였다. 그러나 그들은 더 나아가서 그들이 사용하는 알파벳을 숫자로 사용하였는데, $\beta'\epsilon''$와 같이 분자에는 ′을, 분모에는 ″을 붙여서 일반적인 분수를 나타내었다. 헤론(Heron)과 디오판투스(Diophantus)는 현재 우리가 사용하는 것과는 다르게 분자와 분모를 바꿔서 표시했다고 한다.

오늘날 우리가 사용하는 분수 표기법은 인도에서 비롯되었다. 당시에는 분자와 분모를 구분하는 가로선을 사용하지 않았다. 예를 들어 브라마굽타(Brahmagupta, 628)와 바스카라(Bhāskara, 1150)는 $\frac{2}{3}$를 $\genfrac{}{}{0pt}{}{2}{3}$와 같이 가로선 없이 사용하였다(Smith, 1953).

12세기 경 아라비아 수학자 알 하사르(al-Hassar)가 가로선을 처음 사용한 것으로 보이나 항상 사용한 것은 아니며 유럽으로 전파되었어도 인쇄상의 어려움 등을 이유로 가로선은 종종 생략되었다. 14세기 어느 필사본에서는 $\frac{3}{5}$을 3 $\bar{5}$와 같이 나타내기도 했다. 가로선 대신에 2/3과 같이 사용하는 것은 분수를 쓰거나 인쇄하는 것을 편하게 하고자 바람의 결과이다.

다. 분수와 관련한 여러 가지 용어

분수와 관련한 용어들이 많이 있다. 그중에서 초등수학과 관련한 용어들을 살펴보자.

① 진분수, 가분수, 대분수

분자가 분모보다 작은 분수를 진분수라고 하고, 분자가 분모와 같거나 큰 경우를 가분수라고 한다. 대분수(帶分數, mixed fraction)는 자연수와 진분수가 합해진 것을 말한다.

② 단위분수

분자가 1인 분수를 단위분수라고 말한다. $\frac{1}{2}$, $\frac{1}{3}$, $\frac{1}{4}$ 등이 모두 단위분수이다.

③ 동치분수

크기가 같은 분수를 동치분수라고 한다. 분수의 계산에서 주어진 분수를 크기가 같은 다른 분수로 나타내는 경우가 많기 때문에 동치분수를 만드는 방법에 익숙해야 한다. 분수를 약분 또는 배분하여 동치분수를 만들 수 있다.

<그림 5-4>와 같이 등분할하거나 종이를 접는 활동을 통해서 같은 양을 다른 분수로 만들어 보게 함으로써 분자와 분모에 0이 아닌 같은 수를 곱하거나 0이 아닌 같은 수로 나누어서 동치분수를 만들 수 있다는 것을 알게 한다.

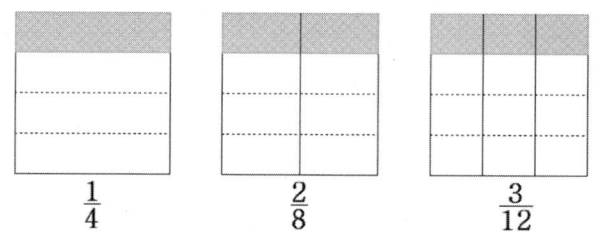

〈그림 5-4〉 동치분수

④ 약분과 배분

분자와 분모를 0이 아닌 같은 수로 나누는 것을 약분이라고 하고, 분자와 분모에 0이 아닌 수를 곱하는 것을 배분이라고 한다. 즉, 약분이나 배분은 동치분수를 만드는 활동이다. 약분이라는 용어는 자주 사용하지만 배분은 교육과정에서 사용하지 않는 용어이다.

⑤ 통분

두 개 이상의 분수가 있을 때 이 분수들의 분모를 같게 만드는 것을 통분이라고 하며, 통분한 분수의 분모를 공통분모라고 한다. 통분하려면 먼저 공통분모를 구해서 약분 또는 배분하면 된다. 두 분수의 공통분모를 구하기 위해서 과거에는 최소공배수를 구할 것을 강조하였는데 최근에는 이런 요구가 많이 약해졌다. 예를 들어 $\frac{3}{8}$과 $\frac{5}{12}$를 통분하려면 8과 12의 최소공배수인 24를 공통분모로 정하게 하였으나 최근에는 8×12=96을 공통분모로 잡아도 무방하다.

⑥ 기약분수

기약분수는 이미 약분을 마쳤다는 의미로서, 분자와 분모의 공약수가 1뿐인 분수를 말한다. 기약분수를 만들기 위해서 과거에는 최대공약수로 분자와 분모를 나누도록 하였으나 최근에는 최대공약수를 구하지 않고 쉽게 찾을 수 있는 공약수로 분자 분모를 여러 차례 약분하면서 기약분수로 고쳐도 무방하다.

라. 분수가 어려운 이유

일반적으로 초등학교 3학년에서 분수가 지도되기 시작한다. 그리고 이때부터 아동들은 수학을 어려워하게 되고 경우에 따라서는 이때부터 수학을 포기하게 된다(김태은 외, 2018)고 한다. 왜 분수를 어려워할까? 그 이유는 매우 다양하다.

첫째, 단위가 모호하기 때문이다. 전체가 무엇인지 명확하지 않는 경우가 많이 있으며 상황에 따라서 단위가 달라지는 것을 이해하지 못하는 경우가 많다. 예를 들어 패턴블록에서 정육각형을 1로 볼 때 정삼각형의 크기를 분수로 나타내라고 하면 $\frac{1}{6}$이라고 답한 아동이 사다리꼴을 1로 볼 때도 정삼각형의 크기를 똑같이 $\frac{1}{6}$로 답하는 경우가 있었다.

〈그림 5-5〉 패턴블록 조각 일부

둘째, 분수가 다양한 의미를 가지고 있기 때문이다. 등분할 분수, 몫 분수, 양 분수, 비율 분수, 연산자 등 다양한 의미를 가지고 있으며, 이 중에는 일정한 크기를 가지는 분수 개념도 있고 크기가 정해지지 않은 개념도 있고, 관계를 나타내는 개념도 있다.

셋째, 자연수에서 형성된 개념이나 절차가 분수 학습에 방해되는 경우가 있기 때문이다. 자연수에서는 곱하면 더 커지고 나누면 더 작아진다. 그러나 분수에서는 1보다 작은 분수를 곱하면 곱이 작아지고 1보다 작은 분수로 나누면 몫이 더 커진다. 그렇지만 자연수에서와 마찬가지로 여전히 곱하면 커지고 나누면 작아진다고 생각하는 아동들이 있는데, 이러한 인식론적 장애는 분수 학습에서 겪게 되는 현상이다.

넷째, 분수의 표기법이 복잡하기 때문이다. 분수는 분자와 분모, 분자와 분모를 구분하는 가로선, 그리고 대분수의 경우에는 자연수 부분 등, 서너 가지 부분으로 이루어져 있어서 기억의 부담도 있고 기록하고 다루는 데도 어려움이 있다.

다섯째, 분수를 다루려면 두 수 이상을 포함하는 절차의 수행에 능숙해야 하기 때문이다. 자연수의 계산에서는 두 수와 그 연산 방법에만 주의하면 된다. 그러나 분수는 분자와 분모, 그리고 심한 경우에는 대분수의 자연수까지 생각하면 여섯 개의 수와 연산을 주목해야 한다. 이것은 엄청난 인지적 어려움일 수 있다.

여섯째, 분수의 크기를 인식하기 어렵기 때문이다. 자연수의 경우에는 크기를 파악하기 쉽지만 분수의 경우에는 분모가 다를 때 그 크기를 파악하기가 쉽지 않다.

일곱째, 분수에 관한 규칙이 많기 때문이다. 약분하고 통분하는 규칙, 분수를 더하거나 빼는 방법과 곱하는 방법, 나누는 방법, 크기 비교하는 방법 등 많은 규칙을 알아야 하는 어려움이 있다.

여덟째, 분수의 절차적 기능과 계산 알고리즘을 강조하는 수업도 분수를 어렵게 하는 요인이 될 수 있다.

2. 분수 개념의 지도

3-4학년군에서는 양의 등분할을 통하여 분수를 이해하고 읽고 쓸 수 있도록 지도해야 하고, 분수와 관련한 용어를 이해해야 한다. 또한 분모가 같은 분수의 크기 비교와 단위분수끼리의 크기를 비교할 수 있어야 한다. 5-6학년군에서는 분모가 다른 분수의 덧셈과 뺄셈을 다루는데, 이를 위해 분수를 통분하고 약분하는 것을 다루고 분모가 다른 분수의

크기 비교를 한다.

〈표 5-1〉 분수 내용 체계(교육부, 2015d)

영역	핵심 개념	일반화된 지식	학년군별 내용 요소		
			1-2학년군	3-4학년군	5-6학년군
수와 연산	수의 체계	수는 사물의 개수와 양을 나타내기 위해 발생했으며, 자연수, 분수, 소수가 사용된다.		• 분수	• 약분과 통분 • 분수와 소수의 관계
	수의 연산				

가. 등분할 활동

연속량의 등분할을 지도하고 나서 이산량의 등분할을 지도한다. 전체 중에 몇 개인가를 파악하여 이를 기호로 나타냄으로써 분수가 도입되는데, 등분할을 이해하지 못하면 분수에 대한 오개념이 발생하기 때문에 등분할에 대한 지도가 충실해야 한다. 다음과 같이 여러 등분할을 살펴보자.

1) 원의 등분할

원을 2등분하게 한다. 다양하게 2등분하게 하고 2등분했을 때 어떤 공통점이 있는지를 살펴보게 한다.

2등분한 경우 이등분한 선은 원의 중심을 지나게 된다. 이때 선은 직선이 아니어도 상관없다. 다만 원의 중심을 기준으로 하여 정반대로 회전(180° 회전)한 모양이면 된다.

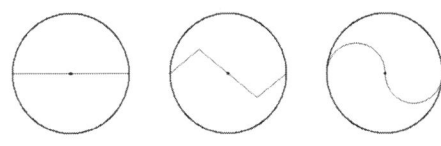

〈그림 5-6〉 원의 이등분

이를 발전시켜 원을 3등분해 보게 한다. 3등분했을 때도 등분할하는 선은 모두 원의 중심을 지나게 되며 각각의 선은 120° 회전한 모양이 됨을 알 수 있다. 이와 같이 하면 4등분, 5등분 등의 등분할 방법도 발견하게 된다.

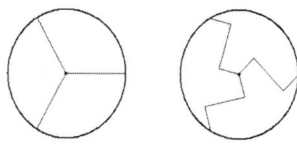

〈그림 5-7〉 원의 삼등분

2) 정사각형의 등분할

정사각형을 4등분해 보자. <그림 5-8>과 같이 여러 가지 모양으로 4등분할 수 있다. 모두 다른 모양처럼 보이지만 (1), (3), (5), (6)은 정사각형의 중심에서 정사각형의 변까지 선을 그은 후 이 선을 90°씩 회전한 모양이다. 이때 선은 직선이든 곡선이든 상관없다. (2), (4), (7)은 이와는 다른 등분할이며 특히 (7)의 경우는 쉽게 발견하기 어려운 등분할이다. (8)의 경우는 모양이 달라서 등분할이 아니라고 할 수는 있으나 넓이로 보면 등분할이다. 이와 같이 다양한 등분할 활동을 할 필요가 있다.

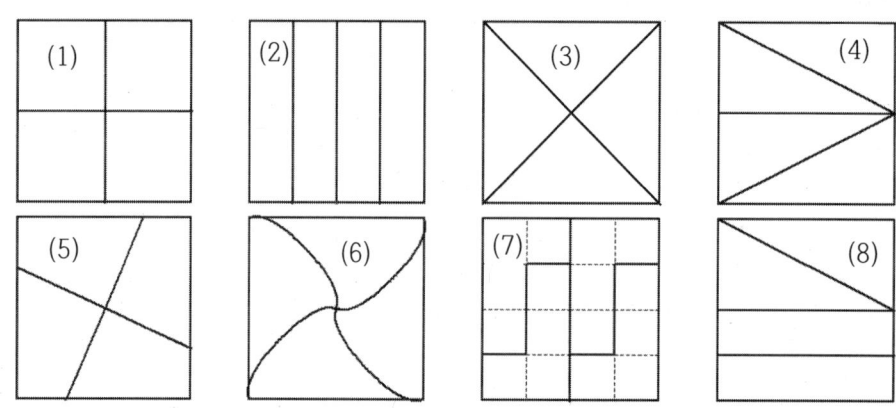

〈그림 5-8〉 정사각형의 사등분

3) 정삼각형의 등분할

정삼각형도 등분할이 가능하다. 이등분, 삼등분, 사등분, 육등분 등을 하면 <그림 5-9>와 같다.

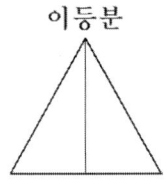 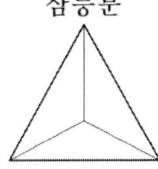 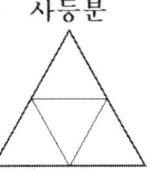 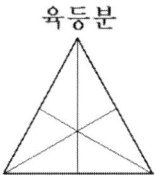

〈그림 5-9〉 정삼각형의 등분할

4) 퀴즈네어 막대를 활용한 등분할

퀴즈네어 막대를 이용하여 등분할 활동을 할 수 있다. 예를 들어 9에 해당하는 파란색 막대를 여러 가지 방법으로 등분할하게 한다. 실제로 막대를 분할할 수는 없지만 작은 조각들을 이용하여 등분할되는 경우를 찾아보게 한다. 등분할되는 막대가 있고 되지 않는 경우도 있다. 어떤 막대로 몇 등분할 수 있는지를 살펴본다.

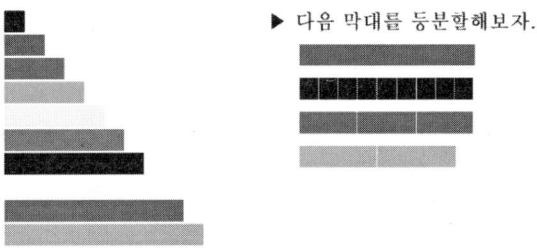

〈그림 5-10〉 퀴즈네어 막대 등분할

5) 이산량의 등분할

'사과 15개의 $\frac{2}{3}$'와 같이 이산량을 등분할하는 상황도 종종 나타난다. 이산량의 등분할은 사물의 한 집합을 전체(한 단위)로 보고 등분할한 부분을 낱개인 사물의 개수로 인식하지 않고 전체에 대한 부분으로 생각해야 하기 때문에 아동들에게 어려울 수 있다.

사과 15개를 3등분하면 한 묶음에는 사과가 5개 들어간다. 그러므로 사과 10개는 2묶음이 되며 사과 15개의 $\frac{2}{3}$는 사과 10개이다.

〈그림 5-11〉 15개의 3등분

나. 기호화 및 읽기

연속량이든 이산량이든 a개로 등분할한 것 중에서 b개를 취하는 활동을 하고 이것을 분수 $\frac{b}{a}$로 나타내고 'a분의 b'라고 읽는다는 것을 지도한다. 분자와 분모를 구분하는 가로선 위에는 부분의 개수를 쓰는데 이것을 분자라고 한다. 가로선 밑에는 등분할한 개수를 쓰며 이것을 분모라고 한다. 분자와 분모를 쓰는 위치를 혼동하는 경우가 있는

데 이를 주의시킨다.

2개하고 $\frac{1}{4}$을 한꺼번에 말할 때는 $2\frac{1}{4}$로 쓰고 '2와 4분의 1'이라고 읽는다.

다. 분수의 크기 비교

분수의 크기를 비교하는 상황은 다양하다.

1) 분모가 같은 분수의 크기 비교

분수 $\frac{b}{a}$는 단위분수 $\frac{1}{a}$이 b개 있음을 의미한다. 그러므로 단위분수의 개수를 이용하여 분모가 같은 분수의 크기를 비교할 수 있다. 즉, 분모가 같은 분수에서는 분자가 크면 같은 크기의 단위분수가 더 많으므로 그 분수가 더 크다.

다만, 크기를 비교할 때 그 분수가 고려하고 있는 전체가 무엇인지를 살펴보아야 한다. 큰 피자 $\frac{1}{2}$과 작은 피자 $\frac{2}{3}$의 양을 비교할 때 단순히 $\frac{1}{2}$과 $\frac{2}{3}$만 비교하면 오류가 생길 수 있다. 물론 많은 경우 동일한 전체를 전제하기 때문에 문제가 발생하지는 않지만 실생활에서는 주의할 필요가 있다.

2) 분모가 다른 분수의 크기 비교

분모가 다른 분수의 크기를 비교할 때는 분자끼리만 비교해서는 아니 된다는 사실을 깨닫고 그 해결 방법을 찾아보게 한다. 그림을 그리거나 분수 띠를 이용할 수도 있지만 정확하게 크기를 파악할 수가 없다.

이미 학습한 '분모가 같은 분수의 크기 비교 방법'을 생각해 보고, 분모를 같게 만들려는 생각을 가지게 한다. 분모를 통분하기만 하면 이제 분자끼리의 크기를 비교하여 해결할 수 있다.

3) 단위분수의 크기 비교

단위분수의 크기를 비교하는 것은 분모가 다른 분수의 크기를 비교하는 것으로 생각하여 분모를 통분하여 비교할 수 있다. 그러나 단위분수는 전체를 몇 등분한 것 중의 하나이므로 등분의 수가 많을수록, 즉 분모가 클수록 그중 하나는 작기 때문에 분모가 클수록 그 단위분수는 더 작다는 사실을 이용하면 쉽게 비교할 수 있다.

① 분자가 같은 분수의 크기 비교

이러한 사실들을 활용하면 분자가 같은 분수의 크기도 쉽게 비교할 수 있다. 예를 들어

$\frac{3}{5}$와 $\frac{3}{7}$을 생각해 보자. $\frac{3}{5}$은 $\frac{1}{5}$이 3개이고 $\frac{3}{7}$은 $\frac{1}{7}$이 3개이다. 단위분수 $\frac{1}{5}$이 단위분수 $\frac{1}{7}$보다 크므로 각각의 3배인 $\frac{3}{5}$이 $\frac{3}{7}$보다 크다. 이 경우 분모를 통분해서 비교할 수도 있으나 이와 같이 비교하면 더욱 간편하게 비교할 수 있다.

② 단위분수의 크기 활용 비교

$\frac{7}{9}$과 $\frac{3}{5}$의 크기를 비교하면 어떻게 될까? 분모도 다르고 분자도 다르므로 통분하여 구하면 된다. 그러나 $1-\frac{7}{9}=\frac{2}{9}$이고 $1-\frac{3}{5}=\frac{2}{5}$이므로 이런 사실을 이용하여 비교할 수도 있다. 즉, $\frac{2}{5}$가 $\frac{2}{7}$보다 크므로 $\frac{3}{5}$이 $\frac{7}{9}$보다 작다.

물론 이러한 비교를 매우 어려워하는 아동도 있으므로 여러 가지 비교 방법을 강요할 필요는 없다.

라. 분수를 변형하기

주어진 분수를 분모가 다른 분수로 약분하거나 배분할 수 있으며, 가분수를 대분수로, 대분수를 가분수로 고칠 수 있도록 지도한다. 특히, 자연수를 분모를 다양하게 가분수로 고칠 수 있어야 한다. 예를 들어, $1=\frac{1}{1}=\frac{2}{2}=\frac{3}{3}=\ldots$과 같이 고칠 수 있어야 분수의 덧셈과 뺄셈에서 오류가 생기지 않는다. 예를 들어, 분모가 다른 분수의 뺄셈을 능숙하게 하면서도 $1-\frac{2}{5}$와 같은 뺄셈을 이상한 문제라고 생각하거나 $4\frac{5}{7}+1\frac{6}{7}=6\frac{1}{7}$과 같이 잘못 계산하는 아동들이 있다. 이런 아동들은 자연수를 가분수로 고치지 못하거나 혹은 자연수의 덧셈과 뺄셈에서는 받아올림이나 받아내림이 10진법에 기반하고 있는데, 분수의 경우에서도 분모와 상관없이 분자가 10이 되어야 자연수로 변환하는 오개념을 가지고 있다.

🔍 3. 분수의 덧셈과 뺄셈 지도

3-4학년군에서는 분모가 같은 분수의 덧셈과 뺄셈을 다루고 5-6학년군에서는 분모가 다른 분수의 덧셈과 뺄셈을 다룬다. 덧셈과 뺄셈의 계산 원리를 이해하게 하고 계산할 수 있게 하여야 한다.

<표 5-2> 분수의 덧셈과 뺄셈 내용 체계(교육부, 2015d)

영역	핵심 개념	일반화된 지식	학년군별 내용 요소		
			1-2학년군	3-4학년군	5-6학년군
수와 연산	수의 체계				
	수의 연산	자연수에 대한 사칙계산이 정의되고, 이는 분수와 소수의 사칙계산으로 확장된다.		• 분모가 같은 분수의 덧셈과 뺄셈	• 분모가 다른 분수의 덧셈과 뺄셈

가. 분모가 같은 분수의 덧셈과 뺄셈

분모가 같은 분수의 덧셈과 뺄셈은 등분할 분수 상황에서 시작한다. $\frac{3}{8} + \frac{4}{8}$를 어떻게 계산하는지 알아보자. 피자를 8등분한 그림을 사용할 수도 있고 <그림 5-12>와 같이 수직선을 이용할 수도 있다.

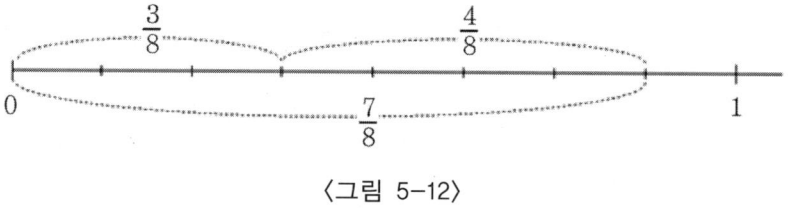

<그림 5-12>

그림을 그리거나 수직선을 이용하더라도 결국은 $\frac{3}{8}$과 $\frac{4}{8}$는 $\frac{1}{8}$이 각각 몇 개인지를 따져서 더하거나 빼게 된다. 그러므로 단위분수의 개수에 대한 자연수의 덧셈이나 뺄셈과 비슷하게 이루어진다. 즉, $\frac{1}{8}$이 각각 3개와 4개이므로 모두 7개이고, 이것은 $\frac{7}{8}$이다. 그러므로 분모가 같은 분수의 덧셈 또는 뺄셈은 분자끼리의 덧셈 또는 뺄셈과 같다.

나. 분모가 다른 분수의 덧셈과 뺄셈

분모가 다른 분수의 덧셈이나 뺄셈을 하려면 그 분수의 분모를 같게 만들어야 한다. 그러나 처음부터 통분하도록 지도하는 것보다는 통분의 필요성을 인식시키는 것이 좋다. 그러기 위해서는 예를 들어 $\frac{2}{3} + \frac{3}{4}$을 계산할 때 <그림 5-13>과 같은 분수 띠를 이용하여 해결해 보게 하고 이러한 활동에서 불편함을 느끼거나 답이 정확하지 않음을 인식하고 새로운 방법을 찾아보려는 마음을 가지게 할 수 있다.

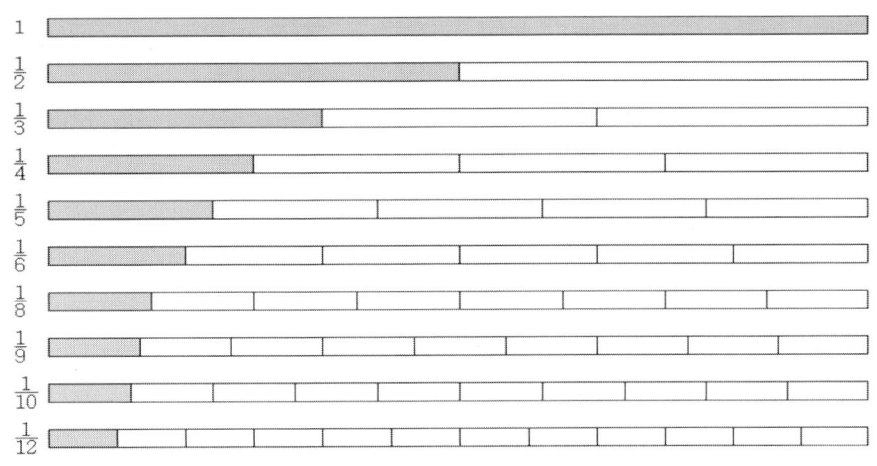

〈그림 5-13〉 분수 띠

경우에 따라서는 $\frac{2}{3}+\frac{3}{4}=\frac{5}{7}$와 같이 잘못 계산하는 아동도 있다. 이 경우 이와 같이 계산한 이유를 발표하게 하고 어림을 통해 이러한 계산 결과가 잘못되었음을 확인하게 하는 것도 중요하다. 또한 이미 학습한 분모가 같은 분수의 덧셈인 $\frac{1}{4}+\frac{3}{4}$을 계산하게 하고 $\frac{2}{3}+\frac{3}{4}=\frac{5}{7}$의 계산과 비교하게 하여 분수의 덧셈(또는 뺄셈)은 분모가 같은 경우에 분자끼리만 더한다(또는 뺀다)는 사실을 상기하게 한다. 그렇게 되면 분모가 다른 분수의 덧셈이나 뺄셈에서 분모를 같게 해야겠다는 마음이 생기게 되고 통분 방법을 찾게 될 것이다.

다. 가분수나 대분수의 덧셈과 뺄셈

가분수나 대분수의 덧셈과 뺄셈은 진분수의 덧셈과 뺄셈을 학습하고 나면 어려움 없이 이해할 수 있다.

가분수의 덧셈과 뺄셈은 다음 순서로 계산한다.

① 먼저 분모를 통분한다.
② 통분하여 분모가 같은 분수의 덧셈 또는 뺄셈을 수행한다.
③ 반드시 약분해야 하는 것은 아니지만 약분할 수 있으면 가급적 약분하는 것이 좋다. 계산 결과가 가분수일 경우에는 특별한 요구가 없으면 굳이 대분수로 고칠 필요는 없다.

대분수의 덧셈과 뺄셈은 다음과 같이 한다.
① 먼저 분모를 통분한다.
② 자연수끼리 계산하고 진분수끼리 계산한다. 이 경우 받아올림이나 받아내림이 있을 수 있으므로 주의해야 한다.
③ 가급적 약분을 하고 분수 부분이 가분수가 될 경우에는 이를 대분수로 고친다.

이러한 과정이 복잡하다고 느껴지면 대분수를 가분수로 고쳐서 더하거나 뺀 다음 다시 대분수로 고쳐서 계산해도 되고, 분모를 통분하기 전에 자연수끼리 먼저 더하고나서 진분수를 통분하여 계산해도 된다.

4. 분수의 곱셈과 나눗셈 지도

분수의 곱셈은 5-6학년군에서 지도된다. 교육과정에서는 분수 곱셈의 계산 원리를 이해하고 계산을 할 수 있도록 하고 있다.

분수의 나눗셈 역시 5-6학년군에서 다룬다. (자연수)÷(자연수)에서 몫을 분수로 나타낼 수 있으며, 분수 나눗셈의 계산 원리를 이해하고 계산을 할 수 있어야 한다. 분수 나눗셈은 (분수)÷(자연수), (분수)÷(분수), (자연수)÷(분수)를 다루도록 명시하고 있다. 그러나 (분수)÷(분수)의 계산 원리를 이해한다면 (자연수)÷(분수)는 동일한 원리와 방법에 의해 처리되므로 굳이 (자연수)÷(분수)에서 원리를 이해하도록 할 필요는 없다.

〈표 5-3〉 분수의 곱셈과 나눗셈 내용 체계(교육부, 2015d)

영역	핵심 개념	일반화된 지식	학년군별 내용 요소		
			1-2학년군	3-4학년군	5-6학년군
수와 연산	수의 체계				
	수의 연산	자연수에 대한 사칙계산이 정의되고, 이는 분수와 소수의 사칙계산으로 확장된다.			• 분수의 곱셈과 나눗셈

가. 분수의 곱셈

자연수의 곱셈은 동수누가 또는 배 개념으로 지도되었다. 그러나 자연수에서 분수로 수가 확장되면서 동수누가는 더 이상 기능하기 어려워진다. 그러므로 분수의 곱셈 원리는 배 개념 또는 직사각형의 넓이 공식을 이용하여 이해하게 된다.

1) (진분수)×(자연수)

(진분수)×(자연수)의 계산이 가능한 문제 상황을 살펴보자. '피자가 $\frac{3}{8}$판씩 들어 있는 상자가 4개 있다. 피자는 모두 몇 판인가?'와 같은 문제는 $\frac{3}{8}+\frac{3}{8}+\frac{3}{8}+\frac{3}{8}$과 같은 덧셈식으로 해결할 수 있다. 그런데 같은 수를 계속 더하고 있으므로 이 덧셈식을 $\frac{3}{8}\times 4$와 같이 곱셈식으로 나타낼 수 있다. 즉 $\frac{3}{8}\times 4$는 $\frac{3}{8}+\frac{3}{8}+\frac{3}{8}+\frac{3}{8}=\frac{12}{8}$와 같이 해결할 수 있고 여기서 $\frac{3}{8}\times 4=\frac{3\times 4}{8}$와 같이 '곱하는 수인 자연수를 곱해지는 분수의 분자에 곱한다'는 알고리즘을 얻을 수 있다.

2) (자연수)×(진분수)

(자연수)×(진분수)나 (진분수)×(진분수)는 둘 다 동일한 방법으로 설명된다. 다만 아동들이 분수의 곱셈에 두려움을 느낄 수 있으므로 이를 구분하여 반복적으로 다루는 것도 의미가 있을 수는 있다. 그러나 굳이 이를 구분할 필요는 없으며 (진분수)×(진분수)의 계산 방법을 학습하고 나서 가분수의 곱셈에서처럼 자연수를 $\frac{\text{자연수}}{1}$와 같이 해석하여 적용할 수도 있다. 우리나라 교과서는 전통적으로 이와 같이 세분하고 있으므로 여기서도 세분하여 살펴보자.

(자연수)×(진분수)를 얻을 수 있는 문제 상황으로 '18m의 $\frac{2}{3}$(배)'를 생각해 보자. 18의 $\frac{2}{3}$를 $18\times\frac{2}{3}$로 나타낼 수 있다. 이제 18의 $\frac{2}{3}$가 얼마인지 구해보자.

18의 $\frac{2}{3}$는 <그림 5-14>와 같이 먼저 18을 3등분하고 등분할된 셋 중에서 둘을 취하면 된다. 이 과정을 식으로 나타내면 $(18\div 3)\times 2=\frac{18}{3}\times 2$이다. 그러므로

$$18\times\frac{2}{3}=(18\div 3)\times 2=\frac{18}{3}\times 2=\frac{18\times 2}{3}$$

와 같이 되어 결국 (자연수)×(진분수)나 (진분수)×(자연수)나 모두 자연수를 분수의 분자에 곱하는 것과 같다는 사실을 알 수 있다.

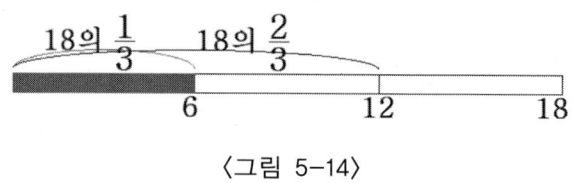

〈그림 5-14〉

3) (진분수)×(진분수)

(진분수)×(진분수)를 지도할 때 (단위분수)×(단위분수)를 먼저 지도하는 경우가 있는데 (단위분수)×(단위분수)의 계산 알고리즘을 이끌어내는 방법이나 (진분수)×(진분수)의 알고리즘을 이끌어내는 방법이 같다는 점에서 굳이 구분하여 지도할 필요는 없을 것이다. (단위분수)×(단위분수)의 알고리즘이 (진분수)×(진분수) 알고리즘을 이끌어내는 데 사용된다면 이를 구분하여 지도하는 것도 의미가 있을 수 있지만 단위분수의 곱셈 방법을 사용하지 않고도 진분수의 곱셈 방법을 찾을 수 있다. 여기서는 곧바로 (진분수)×(진분수)를 생각해 보자.

$\frac{4}{5} \times \frac{2}{3}$의 계산 방법을 이끌어내기 위해 이 식으로 해결할 수 있는 상황을 찾아 보도록 한다. 다음 세 가지 상황이 있을 것이다.

(a) '한 시간에 $\frac{4}{5}$km를 간다면 $\frac{2}{3}$시간 동안에 간 거리는 얼마인가'와 같은 두 양 사이의 상황.

(b) '전체 보자기의 $\frac{4}{5}$ 중에서 $\frac{2}{3}$를 사용했다'와 같은 $\frac{4}{5}$의 $\frac{2}{3}$(배) 상황

(c) 가로가 $\frac{4}{5}$m이고 세로가 $\frac{2}{3}$m인 직사각형의 넓이를 구하는 상황.

(1) 첫 번째 경우는 거리와 시간과 같이 서로 다른 두 양의 관계이지만 결국 $\frac{4}{5}$km의 $\frac{2}{3}$배를 구하는 것으로서 이런 경우에는 이중수직선을 이용하여 해결할 수 있다. <그림 5-15>의 (1)에서처럼 수직선에서 $\frac{4}{5}$를 1로 보고 그 $\frac{2}{3}$를 구해야 하는데 그 값이 얼마인지를 아는 것이 쉽지는 않다. 이 값을 알기 위해서 <그림 5-15>의 (2)와 같이 각각의 $\frac{1}{5}$을 3등분하자. 그러면 작은 칸은 $\frac{4}{5}$에 12개 있게 된다. 그러므로 12개의 $\frac{2}{3}$인 8개를 취하면 된다. 그런데 그 작은 칸은 하나(1)를 15등분한 것과 같으므로 작은 칸 8개는

$\frac{8}{15}$이다. 따라서

$$\frac{4}{5} \times \frac{2}{3} = \frac{8}{15} = \frac{4 \times 2}{5 \times 3}$$

가 되어 분수의 곱셈은 분자는 분자끼리 분모는 분모끼리 곱한 것과 같다는 사실을 알게 된다.

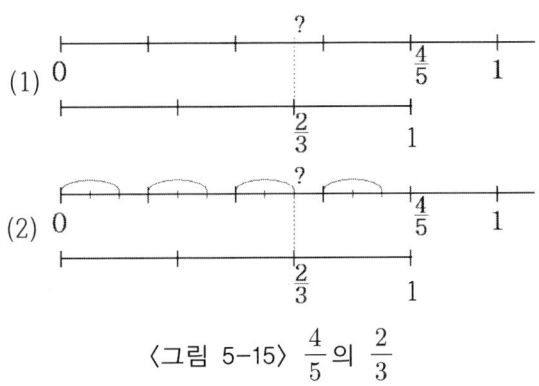

〈그림 5-15〉 $\frac{4}{5}$의 $\frac{2}{3}$

(2) 두 번째 경우도 $\frac{4}{5}$의 $\frac{2}{3}$배를 구하는 상황으로 (1)과 같다. 그러나 이 경우에는 직사각형의 영역을 이용하여 해결하는 것이 편리할 것이다. <그림 5-16>에서 전체 보자기를 등분하여 $\frac{4}{5}$를 취한다. 이어서 그 $\frac{2}{3}$를 구하려면 이것을 3등분하여 그중 2개를 취한다. 그 결과 보자기를 15등분한 8개임을 알게 된다. 즉,

$$\frac{4}{5} \times \frac{2}{3} = \frac{8}{15} = \frac{4 \times 2}{5 \times 3}$$

임을 알 수 있다.

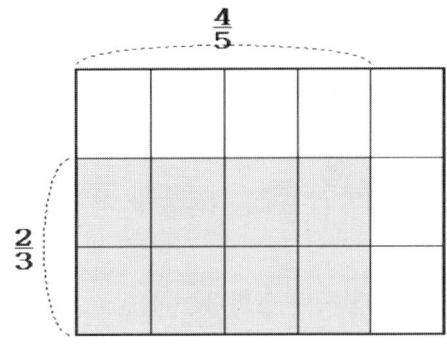

〈그림 5-16〉 직사각형 영역 이용

(3) 직사각형의 넓이를 구하는 상황을 보자.

먼저 가로가 $\frac{4}{5}$m이고 세로가 $\frac{2}{3}$m인 직사각형을 그려보자. 이 직사각형의 넓이를 구하려면 가로와 세로를 곱하면 되지만 분수의 곱셈 방법을 모르는 상태이므로 한 변이 1m인 정사각형을 그린 후 넓이를 비교해 보아야 한다. <그림 5-17>과 같이 이 직사각형의 가로와 세로를 늘여서 단위 정사각형을 만들면 처음의 직사각형은 단위 정사각형

을 15등분하여 8개를 취한 것과 같음을 알 수 있다. 그러므로

$$\frac{4}{5} \times \frac{2}{3} = \frac{8}{15} = \frac{4 \times 2}{5 \times 3}$$

임을 알 수 있다.

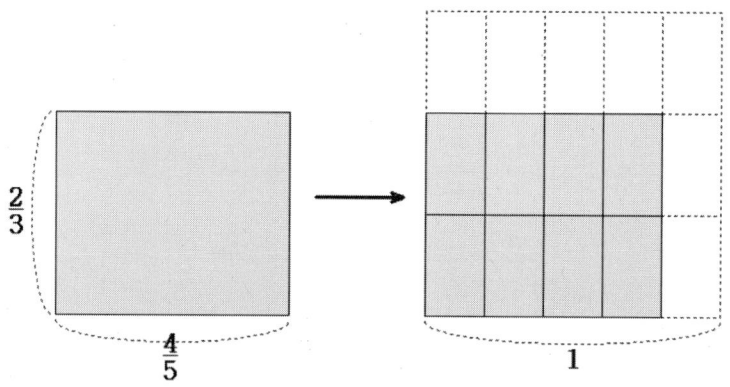

〈그림 5-17〉 직사각형의 넓이 이용

이러한 과정은 (2)의 경우와 매우 유사해 보이지만 큰 차이가 있다. (2)의 경우는 넓이의 몇 배로서 $a \times b = c$에서 b는 '몇 배'를 의미하고 a와 c는 넓이로서 같은 단위이다. 그러나 (3)의 경우에는 a와 b는 길이를 의미하고 c는 넓이로서 b가 '배'를 뜻하는 것이 아니다. 초등학생에게는 이런 차이를 드러낼 필요는 없으며 아동들이 이해하기 쉬운 방법으로 그러면서도 다양한 방법으로 분수의 곱셈 방법을 끌어내야 할 것이다.

4) 대분수 또는 가분수의 곱셈

지금까지의 방법을 그대로 적용하여 가분수의 곱셈 역시 분자는 분자끼리 곱하고 분모는 분모끼리 곱한다는 사실을 이끌어낼 수 있다. 그러나 굳이 그런 과정을 거치지 않고 진분수의 곱셈 알고리즘을 적용해도 무방하다.

대분수의 곱셈에서 $2\frac{2}{3} \times 4\frac{3}{5} = (2 \times 4)\frac{2 \times 3}{3 \times 5}$와 같은 오류를 범하는 아동도 있기 때문에 가분수로 고쳐서 곱셈을 하고 그 결과를 다시 대분수로 고치게 하는 것이 지도하기가 더 편리할 것이다.

나. 분수의 나눗셈

분수의 나눗셈을 계산할 때는 나누는 수의 분자와 분모를 바꾸어서 나누어지는 수에

곱하면 된다. 나누는 수의 역수를 나누어지는 수에 곱한다고 지도할 수 있으나 우리나라 교육과정에서는 초등학교에서 역수를 지도하지 않으므로 역수의 개념 없이 역수를 곱한다고 설명하기는 무리가 있다. 혹은 분자와 분모를 바꾼 수를 역수라고 지도하는 경우도 있으나, 이는 결과적으로는 같지만 역수의 올바른 의미는 아니다. 역수는 곱해서 1이 되는 두 수를 말하는 것인데 이와 같이 계산 과정에서 곱해서 1을 만드는 활동이 포함되지 않는다면 역수라는 표현 대신 분자와 분모를 바꾼 분수라고 하는 것이 더 적절하다.

분수의 나눗셈이 적용되는 상황은 매우 다양하며 각각의 상황에서 알고리즘을 이끌어 내는 방법 또한 다양하다. 나누는 수가 자연수일 경우에는 등분제 상황이 적절하다. 나누는 수가 분수일 경우에는 등분제로 생각할 수 없다. 분수로 나누는 상황은 매우 다양하여, 포함제, 단위비율 결정 맥락, 직사각형 넓이 맥락 등이 있다. 각각에 대해서 나눗셈 알고리즘이 얻어지는 과정이 다르다(임재훈 외, 2005; 김정하, 2020)

1) (자연수)÷(자연수)

(자연수)÷(자연수)의 몫을 분수로 나타내는 것을 분수 영역에서 지도할 수 있지만 우리나라 교과서에서는 분수의 나눗셈 단원에서 지도한다. 예를 들어 2÷3은 원 2개를 똑같이 3으로 나누는 등분제 상황으로 처리한다. 이렇게 해서 $2 \div 3 = \frac{2}{3}$임을 지도한다. 경우에 따라서 2÷3이 $2 \times \frac{1}{3}$과 같음을 지도하기도 하는데, 이것은 자연수의 나눗셈을 분수 나눗셈 알고리즘과 통합하려는 의도인 것 같아 보인다. 그러나 굳이 이것까지 지도할 필요는 없을 것이다.

2) (분수)÷(자연수)

(분수)÷(자연수) 역시 $\frac{3}{8}$m를 3등분하는 것과 같은 등분제 상황에서 지도한다. 분수를 자연수로 나누는 계산은 다음과 같이 다양한 방법으로 행해질 수 있다.

① 분자를 자연수로 나누는 방법

예를 들어, $\frac{6}{8} \div 3$은 $\frac{1}{8}$이라는 단위분수 6개를 3명이 나누어 가지는 것을 의미한다. 이것은 $\frac{1}{8}$이라는 단위분수를 한 사람이 2개씩 가지는 것과 같다. 그러므로

$$\frac{6}{8} \div 3 = \frac{6 \div 3}{8} = \frac{2}{8}$$

② 분자가 자연수로 나누어 떨어지지 않을 경우에는 분수를 배분하여 얻은 동치분수의 분자를 자연수로 나누면 된다. 예를 들어, 다음과 같이 계산한다.

$$\frac{2}{5} \div 3 = \frac{6}{15} \div 3 = \frac{6 \div 3}{15} = \frac{2}{15}$$

③ 분모에 자연수를 곱하는 방법

예를 들어 $\frac{2}{5} \div 3$은 $\frac{2}{5}$를 3등분하는 것과 같다. <그림 5-18>과 같이 $\frac{2}{5}$를 3등분하면 전체를 15등분한 것 중에서 2개와 같다. 그러므로 다음과 같이 계산할 수 있다.

$$\frac{2}{5} \div 3 = \frac{2}{15} = \frac{2}{5 \times 3}$$

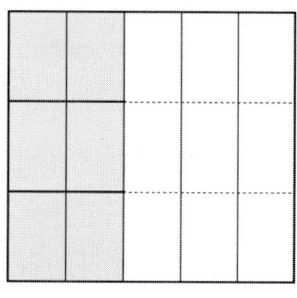

〈그림 5-18〉 $\frac{2}{5}$의 3등분

④ 자연수를 $\frac{1}{\text{자연수}}$로 고쳐서 분수에 곱하는 방법

$$\frac{2}{5} \div 3 = \frac{2}{5} \times \frac{1}{3} = \frac{2}{15}$$

마지막 방법은 분수의 나눗셈을 학습한 다음 자연수를 $\frac{\text{자연수}}{1}$과 같은 가분수로 고쳐서 분수 나눗셈 알고리즘을 적용하여 얻어진 방법이다. 혹은 $\frac{2}{5} \div 3 = \frac{2}{15}$임을 어떤 방법으로든 알고 있을 때 이 값이 $\frac{2}{5} \times \frac{1}{3}$의 계산 결과와 같다는 것을 비교하여 얻어진다.

3) (진분수)÷(진분수)

가) 포함제 맥락

"소금 $\frac{5}{7}$kg을 소금 $\frac{2}{7}$kg이 가득 차는 컵에 나누어 담으려고 한다. 몇 개의 컵에 채울 수 있을까?" 라는 문제에서 $\frac{5}{7} \div \frac{2}{7}$라는 나눗셈식이 얻어진다. 그런데 이 문제는 "$\frac{5}{7}$에서 $\frac{2}{7}$를 몇 번 뺄 수 있는가?" 하는 문제이며 답은 2컵이고 소금 $\frac{1}{7}$kg이 남게 된다. 이것은 $\frac{5}{7} \div \frac{2}{7}$와 같은 결과가 아니다. 그렇지만 $\frac{5}{7}$는 $\frac{1}{7}$이 5개이고 $\frac{2}{7}$은 $\frac{1}{7}$이 2개이므로 $\frac{5}{7} \div \frac{2}{7}$는 5÷2로 계산할 수 있다고 단정짓는다. 여기서 '분모가 같은 분수의 나눗셈은 분자끼리의 나눗셈과 같다'는 사실을 유도해 낸다.

이미 (자연수)÷(자연수)의 몫을 분수로 나타내는 것을 배웠으므로 $5 \div 2 = \frac{5}{2}$로 나타낼 수 있다. 따라서 다음과 같이 계산된다.

$$\frac{5}{7} \div \frac{2}{7} = 5 \div 2 = \frac{5}{2}$$

이러한 원리가 이해되면 분모가 다른 분수의 나눗셈 원리는 어려움이 없다. 분모가 다른 분수를 통분하여 분모를 같게 만들면 되기 때문이다. 다음과 같은 분수 나눗셈을 보자.

$$\frac{3}{4} \div \frac{2}{5} = \frac{3 \times 5}{4 \times 5} \div \frac{2 \times 4}{5 \times 4} = (3 \times 5) \div (2 \times 4) = \frac{3 \times 5}{2 \times 4} = \frac{3}{4} \times \frac{5}{2}$$

이러한 과정을 통해서 분수의 나눗셈은 '나누는 수의 분자와 분모를 바꿔서 나누어지는 수에 곱하는 것과 같다'는 알고리즘을 얻게 된다.

그러나 여기에는 약간의 억지스러움이 감추어져 있다. $\frac{5}{7} \div \frac{2}{7}$는 포함제 상황이며 $5 \div 2 = \frac{5}{2}$가 되는 상황은 등분제 상황이었다. 서로 다른 상황에서 얻어진 결과를 접목하였기 때문에 포함제를 이용하여 분수의 나눗셈 알고리즘을 얻어내는 방법은 어색하고 이해하기 어려운 부분이 있다.

나) 배의 맥락

배의 개념으로 접근하면 포함제가 가지는 이러한 억지스러움은 다소 사라질 수 있다. 배의 개념으로 접근할 때도 분모가 같은 분수의 나눗셈 상황에서 시작하여 분모가 다른 분수의 나눗셈으로 이행하면 보다 쉽게 이해할 수 있다. 예를 들어, '소금 $\frac{5}{7}$kg은 소금 $\frac{2}{7}$kg의 몇 배인가'와 같은 문제는 두 양을 똑같이 확대하면 쉽게 '5kg은 2kg의 몇 배인가'와 답이 같을 것이라는 것을 알 수 있다. 이어서 '소금 $\frac{5}{7}$kg은 소금 $\frac{3}{10}$kg의 몇 배인가'와 같은 문제를 다루어보자. 통분하면 $\frac{5 \times 10}{7 \times 10}$kg은 $\frac{3 \times 7}{10 \times 7}$kg의 몇 배인가와 같은 문제이므로 5×10이 3×7의 몇 배인가와 같은 문제가 되어 분수 나눗셈 알고리즘을 얻을 수 있다.

다) 단위비율 결정 맥락

단위비율 결정 맥락은 나누는 수가 1, 즉 단위에 대한 양을 구하는 것이다. 형식적으로 처리한다면 다음과 같다.

① $\frac{2}{3} \div \frac{3}{4} = \frac{\frac{2}{3}}{\frac{3}{4}} = \frac{\frac{2}{3} \times \frac{4}{3}}{\frac{3}{4} \times \frac{4}{3}} = \frac{\frac{2}{3} \times \frac{4}{3}}{1} = \frac{2}{3} \times \frac{4}{3}$

② $\frac{2}{3} \div \frac{3}{4} = (\frac{2}{3} \times \frac{4}{3}) \div (\frac{3}{4} \times \frac{4}{3}) = (\frac{2}{3} \times \frac{4}{3}) \div 1 = \frac{2}{3} \times \frac{4}{3}$

이 경우 나누는 수를 1로 만들기 위해 나누는 수에 그 역수를 곱한 것이므로 나누는 수의 역수를 곱한다는 알고리즘을 얻게 된다. 즉, 이런 상황에서는 '역수'라는 용어를 사용할 수 있다.

문제 상황을 고려하여 분수의 나눗셈을 다룬다면 '철근 $\frac{3}{4}$m의 무게가 $\frac{2}{3}$kg이라면 철근 1m의 무게는 얼마인가?' 하는 문제를 생각할 수 있다. 이 문제를 해결하려면 철근 $\frac{3}{4}$m를 철근 1m로 변환하는 과정을 거쳐야 한다. 그 과정을 이중수직선으로 시각화하면서 살펴보자. 먼저 문제 상황을 시각화하면 다음과 같다.

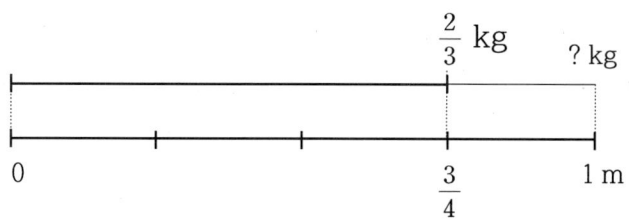

① $\frac{3}{4}$m의 철근을 $\frac{1}{4}$m로 그 길이를 줄이면 그 무게는 $(\frac{2}{3} \div 3)$kg이 된다.

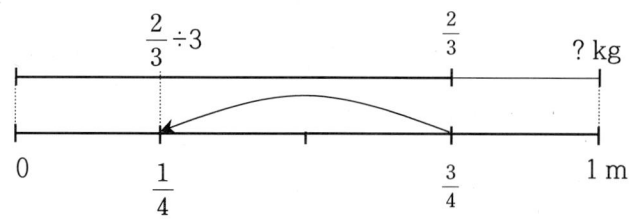

② $\frac{1}{4}$m의 철근을 1m의 철근으로 늘이면 그 무게는 $(\frac{2}{3} \div 3 \times 4)$kg이 된다.

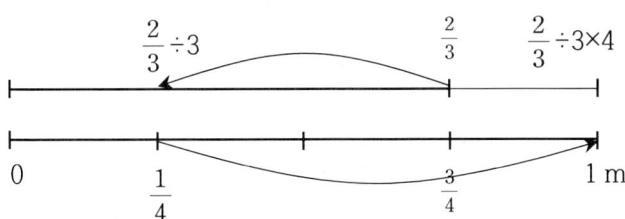

즉, 길이를 줄이고 늘이는 과정을 통해 다음과 같이 분수 나눗셈 알고리즘이 도출된다.

$$\frac{2}{3} \div \frac{3}{4} = \frac{2}{3} \div 3 \times 4 = \frac{2}{3} \times \frac{4}{3}$$

이 과정에서도 역수라는 용어를 사용할 수 있으나 처음의 문제 상황을 나눗셈으로 인식하고 올바른 나눗셈식을 만들어내기가 쉽지 않은 단점이 있다. 6학년 2학기 교과서에서는 이러한 상황이 나눗셈으로 나타낼 수 있다는 것을 인식하도록 <그림 5-19>와 같이 문제를 단순화하여 제시하는 장치를 제공하고 있다.

〈그림 5-19〉 단위비율 결정 맥락(교육부, 2019e)

라) 직사각형 넓이 맥락

가로와 세로를 곱하여 직사각형의 넓이를 구하는 방법을 이용하여 분수의 곱셈 알고리즘을 이끌어낸 적이 있다. 이와 반대로 직사각형의 넓이와 가로가 주어졌을 때 세로를 구하는 문제가 분수의 나눗셈 문제가 된다.

$\frac{2}{5} \div \frac{3}{4}$을 생각해 보자. 직사각형의 넓이를 이용하여 이 나눗셈을 해결하려면 넓이가 $\frac{2}{5}$ ㎡이고 가로가 $\frac{3}{4}$ m인 직사각형의 세로($\frac{2}{5} \div \frac{3}{4}$)를 구하면 된다. 세로를 구하기 위하여 직사각형을 변형하는데, 넓이가 1㎡인 정사각형으로 변형하는 방법이 있다(이용률, 2010). 그러나 이 방법은 매우 복잡하고 이해하기가 쉽지 않다. 가로를 고정하고 넓이가 1㎡인 직사각형으로 변형하는 방법도 있다(김정하, 2020). 이 방법은 정사각형으로 변형하는 것보다 쉽지만 표준 알고리즘이 아닌 '나누는 수의 역수에 나누어지는 수를 곱한다'는 알고리즘을 얻게 되는 단점이 있다. 여기서는 가로를 1m로 변형해 보자.

① <그림 5-20>처럼 넓이가 $\frac{2}{5}$ ㎡이고 가로가 $\frac{3}{4}$ m인 직사각형을 그린 다음 이 직사각형의 가로를 길게 변형하여 가로를 1m로 만들어보자.

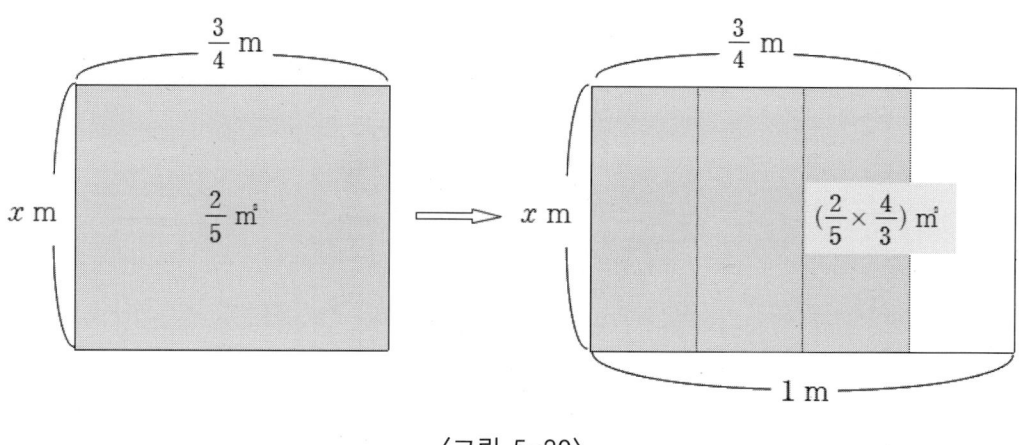

〈그림 5-20〉

② 가로가 $\frac{4}{3}$ 배가 되었으므로 이 직사각형의 넓이는 $(\frac{2}{5} \times \frac{4}{3})$ ㎡가 된다. 그런데 가로가 1m이므로 이 직사각형의 세로는 $(\frac{2}{5} \times \frac{4}{3})$ m이다.

③ 변형된 직사각형의 세로와 처음 직사각형의 세로는 같으므로 $\frac{2}{5} \div \frac{3}{4} = \frac{2}{5} \times \frac{4}{3}$ 임을 알 수 있다.

이때 $\frac{3}{4}$ m인 가로를 1 m가 되도록 가로를 $\frac{4}{3}$ 배로 확대한 셈이므로 $\frac{4}{3}$ 는 $\frac{3}{4}$ 의 역수이다. 그러나 초등학교에서는 역수 개념을 지도하지 않기 때문에 여기서 굳이 역수라는 용어를 사용할 필요는 없다.

마) 역연산 맥락

직사각형의 넓이 맥락은 곱셈과 나눗셈의 역연산 관계를 이용한 것이다. 곱셈과 나눗셈의 역연산 관계를 이용하여 형식적인 방법으로 알고리즘을 얻을 수도 있다. 여기에도 역시 다양한 방법이 있는데 그중 쉬운 방법은 다음과 같다.

$$\frac{b}{a} \times \frac{d}{c} = \frac{b \times d}{a \times c} \leftrightarrow \frac{b \times d}{a \times c} \div \frac{d}{c} = \frac{b}{a} = \frac{b \times d \div d}{a \times c \div c}$$

즉, 분수의 곱셈에서는 분자끼리 곱하고 분모끼리 곱하는 것처럼 분수의 나눗셈은 분자끼리 나누고 분모끼리 나누면 된다는 사실을 알 수 있다. 예를 들어 $\frac{8}{15} \div \frac{4}{5} = \frac{8 \div 4}{15 \div 5} = \frac{2}{3}$ 이다. 만약 분자끼리 또는 분모끼리 나눌 수 없는 경우에는 나누어지는 분수를 배분하여 계산하면 된다. 예를 들어 $\frac{3}{5} \div \frac{2}{7}$ 을 계산하기 위해 나누어지는 수의 분자와 분모에 각각 2×7을 곱하여 배분하면 다음과 같이 분자끼리 그리고 분모끼리 나눌 수 있다.

$$\frac{3}{5} \div \frac{2}{7} = \frac{3 \times 2 \times 7}{5 \times 2 \times 7} \div \frac{2}{7} = \frac{3 \times 7}{5 \times 2} = \frac{3}{5} \times \frac{7}{2}$$

이 과정을 통해 나누는 수의 분자와 분모를 바꾸어서 나누어지는 수에 곱하면 된다는 나눗셈 알고리즘을 얻게 된다.

이와 같이 다양한 방법을 제시하는 이유는 분수 나눗셈이 사용되는 문제 상황이 매우 다양하기 때문이다. 2009 개정 교과서까지는 포함제 맥락을 이용하여 분수 나눗셈 알고리즘을 도출하였다. 그리고 포함제 문제만 교과서에서 다루었다. 2015 개정 교과서에서는 포함제 맥락과 단위비율 결정 맥락을 이용하여 분수 나눗셈 알고리즘을 도출한다. 그 결과 교과서에서 포함제 문제와 단위비율 결정 문제를 모두 다룰 수 있게 된다. 이와 같이 일상생활에서 사용되는 여러 문제 상황들을 다룰 수 있도록 알고리즘의 유도 과정도 다양화해질 필요가 있는 것이다.

4) 대분수 또는 가분수의 나눗셈

대분수나 가분수의 나눗셈 혹은 자연수를 분수로 나누는 나눗셈은 지금까지의 방법을 적용해서 지도할 수 있다. 다만 이 경우는 곱셈에서와 마찬가지로 대분수를 가분수로 고쳐서 해결해야 하기 때문에 계산 과정이 조금 더 복잡해지게 되므로 어느 정도 충분한 연습의 기회를 제공하여야 할 것이다.

5) 분수 나눗셈의 몫의 의미

등분제나 배의 상황에서는 분수 나눗셈의 결과가 분수가 된다. 일반적으로 분수의 나눗셈은 분수이다. 그러나 포함제의 경우는 몫이 0 또는 자연수가 되고 나머지가 있을 수 있다. 그러므로 포함제의 경우 동수누감으로 문제를 해결하지 않고 분수 나눗셈 계산을 했을 때 나온 몫에 대해서 오개념을 가질 수 있다.

2009 개정 6학년 1학기 교과서에 수록된 다음 문제를 살펴보자.

보미는 어머니께서 만드신 $6\frac{1}{4}$L만큼의 과일주스를 $1\frac{1}{2}$L씩 1L 용기에 나누어 담아서 이웃에게 선물하려고 합니다. 1L 용기는 모두 몇 통 필요합니까?

교사용 지도서에는 다음과 같이 설명하고 있다.

$$6\frac{1}{4} \div 1\frac{1}{2} = \frac{25}{4} \div \frac{3}{2} = \frac{25}{4} \times \frac{2}{3} = \frac{25}{6} = 4\frac{1}{6}$$

한 사람에게 2통씩 4명에게 줄 8통과 남은 $\frac{1}{6}$을 담을 1통이 더 필요하여 모두 9통이 필요합니다.

여기서 '남은 $\frac{1}{6}$'이 무엇을 의미하는지가 문제이다. '남은'을 나머지로 이해하면 그것은 잘못이다. 그리고 나머지가 아니라면 '남은 $\frac{1}{6}$'을 담을 통이 1개라는 것을 어떻게 알 수 있는가 하는 문제가 생긴다.

나눗셈의 몫 $4\frac{1}{6}$에서 자연수인 4는 $1\frac{1}{2}$L씩 4번 뺀다는 것, 즉 4명에게 줄 수 있다는 것을 의미한다. 그러나 $\frac{1}{6}$은 나머지가 아니며 $\frac{1}{6}$L를 의미하는 것이 아니다. 나머지는 4명에게 나누어 준 양, 즉 $1\frac{1}{2} \times 4 = 6$(L)를 제외한 $\frac{1}{4}$L이다. 그러므로 남은 $\frac{1}{4}$L를 담을 통이 하나 더 필요한 것이다.

만약 $6\frac{1}{4}$L가 아니라 $7\frac{1}{4}$L의 과일주스를 나누어주는 문제라고 생각하자. 이때는 나눗셈을 하면 다음과 같다.

$$7\frac{1}{4} \div 1\frac{1}{2} = \frac{29}{4} \div \frac{3}{2} = \frac{29}{4} \times \frac{2}{3} = \frac{29}{6} = 4\frac{5}{6}$$

그러므로 2통씩 4명에게 줄 통 8개가 필요하고, 남은 부분을 담을 통이 필요하다. 이때 $\frac{5}{6}$의 의미가 문제가 된다. 일반적으로 나눗셈에서 몫은 나누는 수의 '배'이다. 그러므로 $\frac{5}{6}$는 $1\frac{1}{2} \times \frac{5}{6} = \frac{3}{2} \times \frac{5}{6} = \frac{5}{4}$(L)가 남았다는 뜻이다. 그러므로 1L 용기 2통이 더 필요하게 된다. 실제로 몫의 자연수 부분인 4명에게 $1\frac{1}{2}$L씩 나누어 주면 $1\frac{1}{4}$L가 남는다.

분수의 나눗셈이 단순히 계산만 하는 문제라면 몫을 구하는 것은 그리 어렵지 않다. 그러나 어떤 맥락이 있는 문제라면 특히 포함제라면 나눗셈의 몫을 잘 해석해 낼 필요가 있다. 나눗셈에서 몫은 나누는 수의 몇 배, 즉 나누는 수를 1로 볼 때의 값에 해당한다.

제6장
소수와 그 연산

제 6 장
생 각 할 문 제

이 단원을 학습하기 전에 다음 문제를 생각해 봅시다.

01 소수는 언제 필요할까?

02 소수는 어떻게 만들어졌을까?

03 자연수인 345는 '삼백사십오'와 같이 읽는데, 소수인 0.234는 왜 '영점이삼사'와 같이 자리의 이름을 사용하지 않고 읽을까?

04 소수의 나눗셈을 할 때 다음 그림과 같이 제수와 피제수의 소수점의 위치를 똑같이 오른쪽으로 옮겨서 계산한다. 그 이유는 무엇일까?

$$2.5 \overline{)6.2\,5} \quad \Rightarrow \quad 2\underset{\curvearrowright}{.}5 \overline{)6\underset{\curvearrowright}{2}\underset{\curvearrowright}{.}5} \quad \Rightarrow \quad 25 \overline{)62.5}$$

$$\begin{array}{r} 2.5 \\ 25{\overline{\smash{\big)}\,62.5}} \\ \underline{50} \\ 125 \\ \underline{125} \\ 0 \end{array}$$

6장 소수와 그 연산

1. 관련 이론

가. 소수 개념의 발달

고대 바빌로니아 사람들은 60진법에 기반한 위치적 기수법을 사용하면서 1보다 작은 자리도 분모가 60의 거듭제곱인 수로 나타내었는데 이것은 현재의 소수와 비슷한 개념이라고 할 수 있다. 우리가 사용하는 도(°), 분(′), 초(″)는 60진법으로 표현하였을 때 1보다 작은 자리의 자릿값 이름이다. 이러한 기호는 현대에 만들어진 기호이며 르네상스 시대에는 이런 기호가 아닌 다른 기호로 사용되었는데, 중세 시대 과학자들은 $2+\frac{10}{60}+\frac{30}{60^2}+\frac{45}{60^3}+\frac{5}{60^4}+\frac{7}{60^5}$을 의미하는 것으로 현대적 표현을 사용하면 $2\ 10'\ 30''\ 45'''\ 5^{iv}\ 7^{v}$와 같이 나타내었다.

십진분수에 대한 관념은 제곱근의 근삿값을 구할 필요를 느끼면서 서서히 발생하였다. 예를 들어 $\sqrt{3}=\frac{\sqrt{30000}}{100}=\frac{\sqrt{3000000}}{1000}$과 같이, 어떤 수의 제곱근은 그 수의 뒤에 $2n$개의 0을 덧붙여서 그 제곱근의 근삿값을 분자로 하고, 1 뒤에 0이 n개 붙은 수를 분모로 하는 분수와 같다는 사실을 알게 되면서, 제곱근을 소수점 이하로 십진법적 전개를 시작하게 되었다. Adam Riese의 1522년 저서에 등장

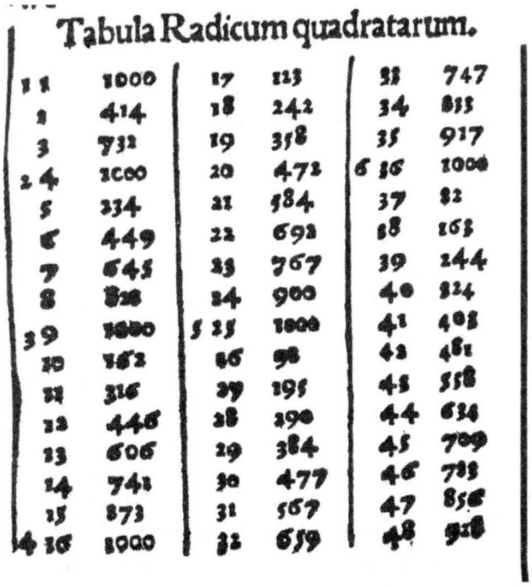
Tabula Radicum quadratarum.

1 1	1000	17	123	33	747
2	414	18	242	34	833
3	732	19	358	35	917
2 4	2000	20	472	6 36	1000
5	234	21	584	37	82
6	449	22	692	38	163
7	645	23	767	39	244
8	828	24	900	40	324
3 9	1000	5 25	1000	41	403
10	162	26	98	42	481
11	316	27	195	43	558
12	446	28	290	44	634
13	606	29	384	45	709
14	741	30	477	46	783
15	873	31	567	47	856
4 16	1000	32	659	48	928

〈그림 6-1〉 소수로 가는 초기 단계(1522)

하는 <그림 6-1>은 그런 과정을 거쳐서 구한 제곱근의 근삿값이다(Smith, 1953).

이미 이 이전에 아라비아 수학자 알카시(Al-Kashi, 1424?)는 원주율을 소수점 이하 14자리까지 구하였는데 이를 다음과 같이 나타내었다.

정수	
3	1415926535898732

루돌프(Rudolff)가 1530년에 <그림 6-2>에서와 같이 우리가 사용하는 소수점의 기호 대신 세로 막대를 사용하였으며, 이러한 표현을 사용하여 계산까지 하였지만, 소수의 발명은 스테빈(Stevin)에게로 돌아간다. 스테빈은 1585년 논문에서 $27\frac{847}{1000}$을 27⓪8①4②7③로, $37\frac{675}{1000}$을 37⓪6①7②5③로 표시하고 <그림 6-3>과 같이 소수의 계산을 하고 있다. 그 후 네이피어(Napier, 1617)가 소수점을 도입하였다고 한다. 그 후에도 12|345와 같은 기호가 사용되기도 하였으며, 뵈클러(Böckler, 1661)는 소수점 대신 콤마를 사용하기도 하였다. 지금도 우리나라 미국, 영국 등에서는 점(.)을 사용하지만 프랑스나 독일, 남미에서는 소수점의 기호로 콤마(,)를 사용하고 있다.

〈그림 6-2〉 Smith(1953) 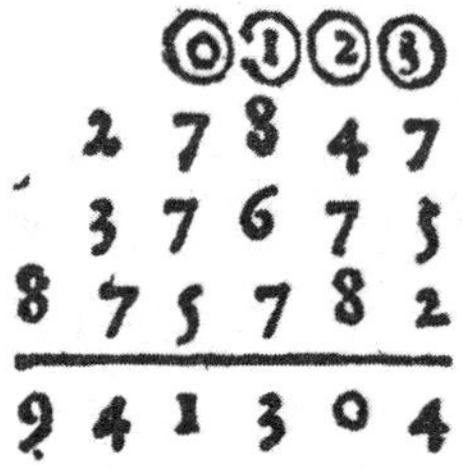 〈그림 6-3〉

이와 같이 서양에서 발달한 소수는 십진분수를 달리 표현한 것임을 알 수 있다. 그러나 동양에서는 이와 달리 1보다 작은 수라는 의미에서 발생하였다. 즉, 일이 열 개 모이면 십이고 십이 열이면 백인 것처럼 열 개 모여서 하나가 되는 수를 생각한 것이다. 이러한 생각은 십진 위치적 기수법의 원리를 1보다 작은 수로 확장하여 적용한 것이라고 할 수 있다. 정대위는 산법통종(1593)에서 소수의 이름을 <그림 6-4>와 같이 정리하였다.

10^{-1}	분(分)	10^{-2}	리(理)	10^{-3}	모(毛)	10^{-4}	사(絲)
10^{-5}	홀(忽)	10^{-6}	미(微)	10^{-7}	섬(纖)	10^{-8}	사(沙)
10^{-9}	진(塵)	10^{-10}	애(埃)	10^{-11}	묘(渺)	10^{-12}	막(漠)
10^{-13}	모호(模糊)	10^{-14}	준순(浚巡)	10^{-15}	수유(須臾)	10^{-16}	순식(瞬息)
10^{-17}	탄지(彈指)	10^{-18}	찰나(刹那)	10^{-19}	육덕(六德)	10^{-20}	허(虛)
10^{-21}	공(空)	10^{-22}	청(淸)	10^{-23}	정(淨)		

〈그림 6-4〉 소수의 이름

우리나라에서는 한때 일제 식민지 시대의 영향을 받아 0.1을 할, 0.01을 푼, 0.001을 리라고 하였으며, 야구선수들의 타율을 나타내거나 돈을 빌려줄 때의 이율로 할푼리를 사용했었다. 할푼리는 소수의 자리 이름이라기보다는 비율을 의미하는 것이지만 전통적인 소수의 자리 이름과 혼동을 초래하여 이제는 더 이상 할푼리라는 이름을 사용하지 않는다. 심지어는 소수의 자리 이름도 사용하지 않는다. 그러나 조선시대 산학서(장혜원, 2006)의 기록을 보거나, 우리가 '충분히 이해했다'는 뜻으로 '십분(十分) 이해했다'고 한다거나 운칠기삼(운이 7푼 기가 3푼)이라고 말하고 있는 것을 봐서 분(分)이 $\frac{1}{10}$ 을 나타내는 용어임은 분명하다.

나. 소수의 의미

분수와 마찬가지로 소수도 여러 가지 의미를 가지고 있다.

첫째, 소수는 자연수의 표기 원리인 십진기수법을 소수점 아래까지 확장한 기호 체계이다(우정호, 변희연, 2005). 소수는 십진분수를 달리 표현한 것이기는 하지만 위치적 기수법을 적용시킨 것이라는 특징을 가지고 있다. 그래서 자연수와 마찬가지로 왼쪽으로 한 자리 이동하면 자릿값은 10배로 커지고 오른쪽으로 한 자리 이동하면 자릿값은 $\frac{1}{10}$ 로 작아진다.

둘째, 단위(1)보다 작은 양을 측정하는 측정수이다. 분수가 측정 활동에서 발생하였으며 자투리를 측정하기 위해 단위를 등분할하여 나온 개념과 마찬가지로, 단위를 10등분하고 필요하면 다시 또 10등분하곤 하면서 생성된 보조단위로 측정하는 과정에서 나온

수이다. 이와 같이 보조단위가 생성되면서 무한소수도 만들어지게 된다.

이외에도 소수는 분수가 가지고 있는 전체에 대한 부분의 의미, 몫, 비율, 연산자(작용소) 등의 의미를 동시에 가지고 있다.

다. 수체계와 소수

소수는 일차적으로 십진분수를 다르게 표현한 것이므로 분수와 소수를 동일한 것으로 생각할 수 있다. 그래서 소수를 분수로 고치게 되지만 모든 소수를 분수로 고칠 수 있는 것은 아니며 분수를 소수로 고치는 경우에도 무한소수가 나타나서 초등학교 아동들은 당황하게 되는 경우도 있다.

유한소수는 0.5, 0.37과 같이 어느 자리 이하에서 수가 나타나지 않는 소수이다. 분수를 기약분수로 고친 후에 분모의 소인수가 2 또는 5뿐인 경우 이 분수를 소수로 고치면 유한소수가 된다.

분수를 기약분수로 고친 후 분모에 2나 5 이외의 다른 소인수가 있으면 그 분수를 소수로 고쳤을 때 일정 자리 이후부터 같은 수 또는 같은 마디가 계속 반복되는 무한소수가 된다. 예를 들어 $\frac{1}{3}=0.3333...$, $\frac{5}{3\times 7}=0.238095238095...$와 같이 무한소수가 된다. 이와 같이 소수점 이하의 모든 수가 반복되는 경우 순순환소수라고 하고 반복되지 않는 수가 있을 경우 이를 혼순환소수라고 한다. 예를 들어 $\frac{5}{2\times 3}=0.83333...$에서는 8은 반복되지 않고 3은 반복되므로 이는 혼순환소수이다.

모든 분수는 소수로 고치면 유한소수거나 순환소수이다. 그러나 유한소수도 아니며 순환소수도 아닌 소수가 존재한다. 예를 들어 원주율 π는 3.141592653589793...과 같이 무한소수이지만 순환하는 마디를 찾을 수 없다. 우리가 알고 있는 $\sqrt{2}$, $\sqrt{3}$, e, $\log 2$ 등은 모두 순환하지 않는 비순환소수인데, 비순환 무한소수는 분수로 나타낼 수 없다.

분수는 분자와 분모의 비율로 해석되기도 한다. 그러므로 분수로 나타낼 수 있는 수를 비로 나타낼 수 있다는 의미에서 유리수라고 하고, 분수로 나타낼 수 없는 수를 무리수라고 한다.

그러므로 수의 체계를 다음 <그림 6-5>와 같이 나타낼 수 있다.

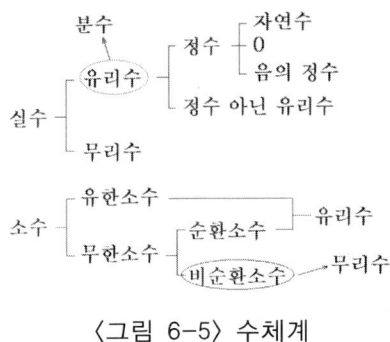

〈그림 6-5〉 수체계

2. 소수와 그 연산의 지도

3-4학년군에서 분모가 10인 진분수를 통하여 소수 한 자리 수를 도입하고, 자릿값의 원리를 바탕으로 소수 두 자리 수와 소수 세 자리 수를 도입한다. 소수를 읽고 쓸 수 있으며 소수의 크기 비교도 가능해야 한다. 5-6학년군에서는 분수와 소수의 관계를 이해하고 크기를 비교할 수 있어야 한다.

소수의 연산과 관련해서는, 3-4학년군에서 소수 두 자리 수 범위에서 소수의 덧셈과 뺄셈의 계산을 다루는데, 계산 원리를 이해하는 수준에서 간단히 다루도록 하고 있다. 5-6학년군에서는 소수의 곱셈 원리와 나누는 수가 소수인 나눗셈의 계산 원리를 이해하고 곱셈과 나눗셈의 결과를 어림하도록 하고 있다. 또한 (자연수)÷(자연수)와 (소수)÷(자연수)에서 몫을 소수로 나타내도록 하고 있다. 복잡한 계산은 계산기 사용을 허용한다.

〈표 6-1〉 소수와 그 연산 내용 체계(교육부, 2015d)

영역	핵심 개념	일반화된 지식	학년군별 내용 요소		
			1-2학년군	3-4학년군	5-6학년군
수와 연산	수의 체계	수는 사물의 개수와 양을 나타내기 위해 발생했으며, 자연수, 분수, 소수가 사용된다.		• 소수	• 분수와 소수의 관계
	수의 연산	자연수에 대한 사칙계산이 정의되고, 이는 분수와 소수의 사칙계산으로 확장된다.		• 소수의 덧셈과 뺄셈	• 소수의 곱셈과 나눗셈

가. 소수의 정의

2015 개정 교과서에서 소수를 다음 <그림 6-6>과 같이 정의하고 있다. 3학년 1학기에서 키를 cm 단위로 측정하면서 생긴 자투리를 좀 더 정확하게 측정하기 위해 1cm를 10등분한다. 그리고 $\frac{1}{10}$을 0.1로 나타내고, 0.1, 0.2, 0.3 등을 소수라고 정의한다. 이어서 7.3과 같은 대소수를 정의한다. 4학년 2학기에서는 '1cm=$\frac{1}{100}$m인데, $\frac{1}{100}$을 0.01로 나타낸다'와 같이 소수 두 자리 수를 정의한다. 이어서 $\frac{85}{100}$은 $\frac{1}{100}$이 85개이므로 0.85로 나타낼 수 있다고 기술하고 있다.

<그림 6-6> 소수의 정의(교육부, 2018b; 2018e)

이와 같은 전개 방식은 우리나라 교과서에서 소수를 지도하는 전통적인 방식이다. 이러한 정의는 소수를 0.1, 0.01 등이 몇 개인가 하는 것과 같이 자연수처럼 인식하게 하여 소수에 쉽게 접근하게 할 수는 있으나 자연수에 대한 이해가 소수 개념을 형성하는 데 장애 요인으로 작용하기도 한다. 예를 들어 다음과 같은 오개념이나 문제를 형성하기 쉽다.

첫째, 5와 6 사이에 자연수가 존재하지 않듯이 0.5와 0.6 사이에는 수가 없다고 생각한다.

둘째, 0.9 다음의 소수를 0.10이라고 생각할 수 있다. 혹은 0.1이 13개이면 0.13이라고 생각한다.

셋째, 0.3=0.30과 같은 소수의 이중 표기를 이해하기 어렵다.

넷째, 0.37=0.3+0.07을 이해하기 어렵다.

다섯째, 2.5보다 2.45가 더 크다고 생각할 수 있다.

소수를 다음과 같이 측정 과정에서 발생하는 것으로 정의하기도 한다. <그림 6-7>과 같이 연필의 길이를 재어보자. 단위를 가지고 측정을 했더니 단위가 2개이고 자투리가 생겼다. 여기서 대략적으로 '연필은 단위가 둘 반'이라고 말할 수 있으나 좀 더 정확히 측정하기 위해서는 단위를 세분하여 더 작은 단위를 만들어야 한다. 세분하는 방법은 2등분, 3등분 등과 같이 다양하다. 그러나 십진기수법을 사용하고 있는 상황에서는 10등분이 자연스럽다. 그렇게 해서 10등분한 작은 단위로 측정하게 되고 이 10등분한 하나를 0.1이라고 정의한다. 이제 연필의 길이는 '2 단위'에서 좀더 정확하게 측정되어 '2.4 단위'가 된다.

이제 소수 0.01, 0.001 등을 정의하자. 교과서에서는 $\frac{1}{100}$을 0.01, $\frac{1}{1000}$을 0.001과 같이 정의한다. 그러나 100등분이나 1000등분 하는 것은 그리 자연스러운 상황은 아니다. 측정 단위를 만드는 과정에서 0.1이라는 단위로 측정할 때 자투리가 다시 생기면 이를 측정하기 위해서 0.1을 다시 10등분하여 더 작은 단위를 만들게 된다. 그것을 0.01이라고 정의한다. 다시 이것을 10등분한 하나를 0.001이라고 정의한다. 이렇게 필요한 만큼 계속해서 새로운 작은 단위를 만들어낼 수 있다.

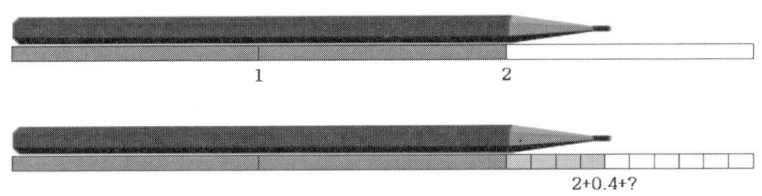

〈그림 6-7〉 측정을 통한 소수의 정의

이렇게 소수를 정의하면 백, 십, 일, 0.1, 0.01 등의 자릿값의 변화가 $\frac{1}{10}$배 혹은 10배임을 쉽게 이해하게 된다. 뿐만 아니라 0.23은 $\frac{23}{100}$ 또는 0.01이 23개 있는 것이 아니라 일차적으로는 0.23을 0.1이 2개이고 0.01이 3개(즉, 0.2+0.03)인 것으로 이해하게 된다. 또한 0.2와 0.3 사이에 0.1이라는 단위보다 더 작은 단위로 측정할 수 있는 어떤 양이 존재함을 알게 된다. 무엇보다도 왜 100등분, 1000등분을 해야 하는지와 같은 의심보다 더 자연스럽게 소수를 도입하게 되며, 무한소수로까지 확장할 수 있게 된다.

한 검정 교과서에서는 조심스럽게 이러한 시도를 하는 것처럼 보인다. 다음 <그림 6-8>, <그림 6-9>와 같이 0.01을 정의할 때 0.1을 똑같이 10칸으로 나누고, 0.001을 정의할 때는 0.01을 똑같이 10칸으로 나누는 생각을 하고 있다.

* 색칠한 부분(━)의 길이를 수직선에 분수로 나타내어 보세요.

* 색칠한 부분(━)의 길이를 분수가 아닌 다른 방법으로 어떻게 나타낼 수 있을지 이야기해 보세요.

〈그림 6-8〉 0.1의 10등분(정영옥 외, 발간예정)

* 색칠한 부분(━)의 길이를 분수로 수직선에 나타내어 보세요.

* 색칠한 부분(━)의 길이를 분수가 아닌 다른 방법으로 어떻게 나타낼 수 있을지 이야기해 보세요.

〈그림 6-9〉 0.1의 10등분(정영옥 외, 발간예정)

나. 소수의 크기 비교

소수의 크기 비교는 소수를 분수로 고쳐서 할 수 있다. 그러나 소수가 위치적 기수법을 따르고 있으므로 이를 이용하는 것이 훨씬 편리하다. 소수의 크기를 비교하려면 먼저 자연수 부분을 비교하고, 이어서 소수 첫째 자리의 수를 비교하고, 다음에는 소수 둘째 자리의 수를 비교하는 식으로 진행한다.

소수의 크기를 비교할 때 실수하기 쉬운 경우는 0.4와 0.25의 크기를 비교하는 것과 같은 경우이다. 이때 0.1 또는 0.01이 몇 개인지를 살펴보지 않고 4와 25를 비교하는 오류를 범할 수 있으므로 이에 대한 지도가 필요하다.

다. 소수의 덧셈과 뺄셈

소수는 십진분수를 다른 형태로 나타낸 것이기 때문에 분수로 고쳐서 생각하면 된다. 그러나 보다 빨리 편하게 계산하기 위해서는 소수의 계산 방법을 알아두면 좋다. 소수의 덧셈과 뺄셈 방법을 지도하는 것은 어렵지 않다. 예를 들어 0.3+0.4를 계산해 보자.

〈방법 1〉

소수가 없는 문제로 변형해 보는 방법이 있다. 즉 '0.3cm와 0.4cm를 합하면 몇 cm인가?'와 같은 문제를 소수가 없는 문제로 단위 변환을 한다. 그러면 '3mm와 4mm를 합하면 몇 mm인가?' 하는 문제가 되고 이 경우 자연수의 덧셈으로 환원된다. 3mm+4mm=7mm이므로 이것을 cm 단위로 다시 고치면 0.3+0.4=0.7이 된다.

소수 두 자리 수의 덧셈이나 뺄셈도 마찬가지 방법으로 해결된다. 그러나 0.3+0.27과 같은 계산은 약간 복잡해진다. 이 경우 '0.3m와 0.27m의 노끈을 합하면 몇 m인가?'와 같은 문제를 생각할 수 있다. 이것을 cm 단위로 변환하면 '30cm와 27cm의 노끈을 합하면 몇 cm인가?' 하는 문제가 된다. 이 계산 결과를 m 단위로 환원하면 0.3+0.27=0.30+0.27=0.57과 같이 된다.

이런 계산 결과를 바탕으로 하여 소수의 덧셈 또는 뺄셈은 소수점의 자리를 맞춰서 계산을 하면 된다는 알고리즘을 얻게 된다.

〈방법 2〉

단위소수의 개수로 덧셈과 뺄셈을 할 수 있다.

0.3은 0.1이 3개, 0.4는 0.1이 4개 있으므로 0.3+0.4는 0.1이 7개이다. 즉 0.7이다. 그러므로 0.3+0.4=0.7이다.

이번에는 0.3+0.27을 계산해 보자.

0.3은 0.1이 3개이고 0.27은 0.1이 2개이고 0.01이 7개이다. 그러므로 이것을 합하면 0.1이 5개이고 0.01이 7개가 된다. 즉, 0.57이다. 이것을 덧셈식으로 나타내면 0.3+0.27=0.57.

단위소수를 달리 생각하면 0.3은 0.1이 3개이고 0.27은 0.01이 27개이다. 이 경우 단위가 다르므로 계산할 수 없다. 단위를 같게 하기 위해서는 0.3은 0.30으로 생각하여 0.01이 30개인 것으로 이해해야 한다. 그러면 0.01이 30+27=57(개)가 되어 0.3+0.27=0.57이다.

어느 경우든 소수점의 자리를 맞춰서 계산해야 함을 알 수 있다.

⟨방법 3⟩

가장 원론적인 방법으로 소수를 분수로 고쳐서 계산할 수 있다. 즉

$$0.3 + 0.4 = \frac{3}{10} + \frac{4}{10} = \frac{7}{10} = 0.7$$

$$0.4 - 0.13 = \frac{4}{10} - \frac{13}{100} = \frac{40}{100} - \frac{13}{100} = \frac{40-13}{100} = \frac{27}{100} = 0.27$$

이러한 과정을 거쳐서 소수의 덧셈이나 뺄셈은 소수점의 자리를 맞춰서 계산한다는 사실을 알 수 있다.

라. 소수의 곱셈

소수의 곱셈 중에서 (소수)×(자연수)는 동수누가로 해결하면 계산 방법을 쉽게 찾을 수 있다. 그러나 자연수에 소수를 또는 소수에 소수를 곱하는 경우에는 동수누가가 적용되지 않기 때문에 분수의 곱셈에서처럼 배의 개념을 이용하여 설명할 수 있다. 그러나 소수를 분수로 고쳐서 소수의 곱셈 원리를 찾는 것이 가장 확실하다.

$$0.5 \times 0.3 = \frac{5}{10} \times \frac{3}{10} = \frac{5 \times 3}{100} = \frac{15}{100} = 0.15$$

$$0.14 \times 0.36 = \frac{14}{100} \times \frac{36}{100} = \frac{14 \times 36}{10000} = \frac{504}{10000} = 0.0504$$

이러한 과정을 거쳐서 소수의 곱셈은 소수점을 무시하여 자연수처럼 곱셈을 한 다음 곱하는 수와 곱해지는 수의 소수점 아래 자리의 수를 합한 것만큼의 위치에 소수점을 찍는다는 사실을 알게 한다.

마. 소수의 나눗셈

소수의 나눗셈은 몇 가지 경우로 구분하여 지도하는 것이 좋다.

1) (소수)÷(자연수)

(소수)÷(자연수) 상황은 보통 등분제이다. 0.65kg의 블루베리를 5명이 똑같이 나누어

가진다는 상황이 그런 예이다. 이런 문제를 해결하는 방법은 여러 가지이다.

〈방법 1〉

소수가 없는 문제로 단위를 바꾸어서 자연수의 나눗셈 문제를 해결하고 나서 다시 단위를 원래대로 환원하는 방법이다.

〈방법 2〉

단위소수의 개수를 생각하여 자연수의 나눗셈으로 변환한다. 0.65를 단위소수 0.01이 65개인 것으로 생각하자. 그러면 $65 \div 5 = 13$이므로 $0.65 \div 5$의 계산 결과는 0.01이 13개라는 의미가 된다. 그러므로 $0.65 \div 5 = 0.13$이다. 만약 $0.57 \div 5$와 같은 나눗셈이라면 0.01이 57개로 생각할 때 57은 5로 나누어 떨어지지 않는다. 이럴 때는 $0.570 \div 5$로 고쳐서 0.001이 570개인 것으로 생각하여 해결한다.

〈방법 3〉

자연수의 나눗셈을 할 때처럼 자릿값을 고려한다. 즉 $0.65 \div 5$의 경우 0.1 6개를 5명에게 나누어주고(이 경우에는 1개씩 주고 1개 남는다), 남은 1개와 0.01 5개, 즉 0.01 15개를 5명에게 나누어주면 각자에게 0.01 3개씩 줄 수 있다. 그러므로 이 나눗셈 결과는 0.13이다.

〈방법 4〉

소수를 분수로 고쳐서 해결한다. 이때 분자가 나누는 수인 자연수의 배수가 될 수 있도록 분모를 적절히 10, 100, 1000 등으로 정한다.

이 문제에서는 $0.65 \div 5 = \frac{65}{100} \div 5 = \frac{65 \div 5}{100} = \frac{13}{100} = 0.13$이다. 그러나 만약 $0.57 \div 5$라면 약간의 기교가 필요하다. 즉, 다음과 같이 분모가 1000인 분수로 고쳐야 한다.

$0.57 \div 5 = \frac{57}{100} \div 5 = \frac{570}{1000} \div 5 = \frac{570 \div 5}{1000} = \frac{114}{1000} = 0.114$

2) (소수)÷(소수)

(소수)÷(소수)는 분수로 나누는 경우처럼 등분제로 해결하지는 못한다. 포함제 상황에서는 몫이 자연수가 되고 나머지가 있을 수 있다. 교과서에서는 "페트병에 색 모래를 0.3kg씩 나누어 담아 무대 장식으로 사용하려고 합니다. 4.8kg인 색 모래 한 봉지를 페트병 몇 개에 나누어 담을 수 있는지 알아봅시다."와 같이 포함제 상황을 이용하여 소

수의 나눗셈을 지도한다. 이러한 포함제는 몫이 자연수인 경우에는 유용하지만 몫이 소수점 이하 자리까지 나오는 경우에는 적절하지 않다. 그러므로 소수의 나눗셈은 배 상황이나 단위비율 결정 맥락에서 살펴보는 것이 좋다.

〈방법 1〉

소수가 없는 문제로 단위를 바꾸는 것이다. 예를 들어 "2.5cm 길이를 확대했더니 6.25cm가 되었다. 몇 배로 확대한 것인가?"와 같은 문제를 해결하려면 6.25÷2.5를 계산해야 한다. 이것은 cm를 mm로 바꿔서 생각하면 자연수의 나눗셈이 된다. 실제로 6.25가 2.5의 몇 배인가 하는 문제는 각각을 확대하여 625가 250의 몇 배인가 하는 문제와 동일하다.

〈방법 2〉

소수를 분수로 고쳐서 분수의 나눗셈으로 해결한다. 이때 두 소수를 모두 분모가 같은 분수로 고치면 분자끼리 나누는 것과 같게 된다. 예를 들어 $1.8 \div 0.23$의 경우 $\frac{18}{10} \div \frac{23}{100}$ 보다는 $\frac{180}{100} \div \frac{23}{100} = 180 \div 23$과 같이 해결하는 것이 좋다. 이렇게 함으로써 소수의 나눗셈은 〈그림 6-10〉과 같이 나누는 수와 나누어지는 수의 소수점을 똑같이 오른쪽으로 옮기되, 나누는 수를 자연수가 되게 만들어서 나누는 알고리즘을 얻게 된다.

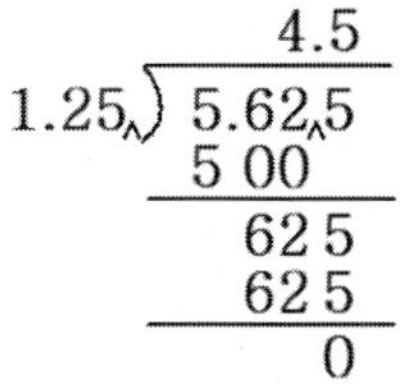

〈그림 6-10〉

3) 소수 나눗셈에서 몫과 나머지

자연수로 나누든 소수로 나누든 나누어 떨어지지 않는 경우가 있다. 자연수의 나눗셈에서는 몫이 자연수이므로 나머지가 생겨도 나머지는 자연수로 끝나게 된다. 그러나 소수의 나눗셈의 경우 몫이 소수가 될 수 있으며 심지어는 순환하는 무한소수가 될 수도 있다. 또한, '몫을 소수 둘째 자리까지 구하여 반올림하여라'와 같이 특정한 자리까지 구하는 경우도 있다. 그런데 소수의 나눗셈은 나누어지는 수와 나누는 수의 소수점의 위치를 똑같이 옮겨서 자연수의 나눗셈인 것처럼 계산하기도 한다. 이런 과정에서 몫과 나머지에 대해서 오류가 생길 수 있다.

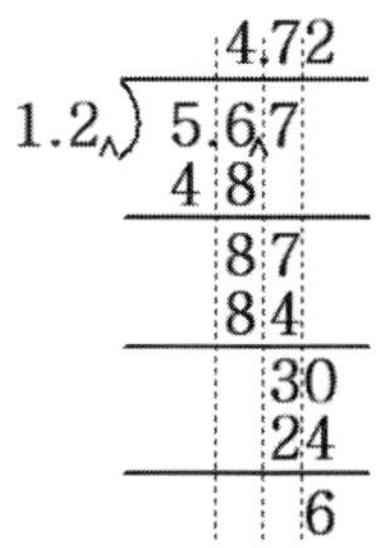

〈그림 6-11〉을 보자. 5.67÷1.2나 56.7÷12나 몫은 똑같다. 그러나 소수 둘째 자리까지만 몫을 구하고 나머지를 고려할 때는 약간 다르다. 5.67÷1.2를 소수점을 ∧ 표시가 있는 곳으로 한 자리씩 옮겼어도(이는 나누는 수

〈그림 6-11〉

와 나누어지는 수에 각각 10을 곱한 것과 같다) 나머지의 소수점의 위치는 처음 위치와 동일하므로 나머지는 0.006이다.

4) 분수를 소수로 고치기

(자연수)÷(자연수)는 분수로 쓸 수 있고, 분수는 소수로 고칠 수 있다. 예를 들어 $\frac{3}{4}$을 소수로 고치려면 다음과 같이 하면 된다.

$$\frac{3}{4} = \frac{3 \times 25}{4 \times 25} = \frac{75}{100} = 0.75$$

이와 같이 분자와 분모에 적당한 같은 수를 곱하여 분모를 10, 100, 1000 등으로 배분하면 소수의 정의에 의해 쉽게 소수로 고칠 수 있다.

그러나 기약분수의 분모에 2나 5가 아닌 다른 인수가 있으면 분모를 10의 거듭제곱으로 고칠 수 없다. 예를 들어 $\frac{5}{6}$의 경우 분모에 적당한 수를 곱해서 분모를 10의 거듭제곱으로 고칠 수 없다.

이럴 경우 $\frac{5}{6} = \frac{50}{6} \div 10 = \frac{500}{6} \div 100 = \frac{5000}{6} \div 1000$과 같이 고칠 수 있다. 이 분수를 대분수로 고쳐서 자연수 부분만 10, 100, 1000 등으로 나누면 필요한 소수점 이하 자리만큼 소수로 나타낼 수 있다. 이러한 아이디어가 포함된 계산 방법이 <그림 6-12>이다.

```
       0.833
   6 ) 5.000
       4 8
         20
         18
          20
          18
           2
```
〈그림 6-12〉

바. 혼합계산

분수와 소수가 함께 사용된 혼합계산은 2015 개정 교과서에서 다루지 않고 있다. 만약 이런 혼합계산을 해야 한다면 모두 분수로 고치든가 모두 소수로 고쳐서 해결하는 것이 편리하다.

덧셈이나 뺄셈의 경우에는 소수로 고치는 것이 분수를 통분하여 계산하는 것보다 편리할 수 있다. 곱셈이나 나눗셈의 경우에는 분수로 통일하는 것이 편하다.

그러나 분수를 소수로 고치는 과정에서 무한소수가 나오게 되면 곱셈이나 나눗셈은 물론 덧셈과 뺄셈의 경우에도 매우 곤란해질 수 있다. 그러므로 소수로 통일하기보다는 소수를 분수로 고쳐서 계산하는 것이 더 편리할 수 있다.

제7장
도형과 그 지도

제 7 장
생각할 문제

이 단원을 학습하기 전에 다음 문제를 생각해 봅시다.

01 도형에 대한 학습은 아동들에게 어떤 도움이 될까?

02 공간감각이 없다면 어떤 문제가 생길까?

03 도형의 여러 개념을 어떻게 형성하게 할 것인가?

04 도형에 관한 성질을 탐구하기 적합한 교구나 소프트웨어에는 어떤 것들이 있을까?

05 도형의 성질을 어떻게 발견하고 연역적 논증 없이 이를 정당화할 것인가?

7장 도형과 그 지도

🔍 1. 관련 이론

가. 기하교육의 목적

학교 수학에서 기하를 가르치는 목적은 다음과 같다.

첫째, 기본도형과 변환에 관한 기초적인 사실에 대한 이해이다. 삼각형과 사각형, 원에 대한 여러 가지 기초적인 지식, 이동과 확대 및 축소 등의 변환에 대한 기초적 이해는 보다 높은 수준에서의 수학 학습은 물론 일상생활에서도 필요하다.

둘째, 연역적 방법에 대한 이해이다. 연역적 사고는 언어교육에서도 지도하지만 수학에서 효과적으로 지도할 수 있다. 그중에서도 증명은 대수 영역보다는 기하 영역에서 가장 효과적으로 지도할 수 있다.

셋째, 기하는 공간 상상력이나 창의력을 신장시키기 위한 입문이다. 대수 문제는 그 해결 방법이 유일한 경우가 많다. 그러나 기하 문제는 예를 들어 보조선을 긋는 방법이나 관점의 변화에 따라서 다양한 해결 방법이 나타나고 그에 따른 난이도가 매우 다를 수 있다.

넷째, 기하학적 개념과 수학의 다른 분야의 개념과의 결합이다. 기하학적 개념이 결합될 때 문제의 이해나 해결에 용이하다. 예를 들어 곱셈 공식 $(a+b)(c+d)=ac+ad+bc+bd$는 매우 중요하고 기본적인 공식이다. 이 공식을 기억할 수는 있으나 왜 이런 공식이 성립하는지의

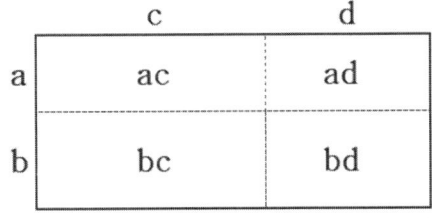

$(a+b)(c+d)=ac+ad+bc+bd$

〈그림 7-1〉 곱셈공식

이유를 이해하기가 쉽지 않다. 오히려 $(a+b)(c+d)=ac+bd$와 같은 오류를 범하기 쉽다. 이것을 〈그림 7-1〉과 같이 직사각형 넓이를 이용하여 설명하면 이해하기가 매우 쉽다.

나. 기하학의 발달

기하학의 발생은 고대 이집트의 측량이라고 보는 것이 전통적인 설명이다. 실제로 geometry(기하학)라는 말은 그리스어의 geometrein(geo: 땅, metrein: 측정하다)으로부터 유래된 것이다.

모스크바 파피루스와 린드 파피루스에는 112개의 문제가 수록되어 있는데, 그중 26개가 기하 문제이다. 이 문제의 대부분은 땅 넓이와 곡물 창고의 부피를 계산하는 데 필요한 측정 공식으로부터 유래된 것이다. 고대 이집트인들은 세 변의 길이가 3, 4, 5인 삼각형은 직각삼각형이라는 사실도 알고 있었다. 고대 인도와 중국에서도 비슷한 기하학적 지식이 있었겠지만 쉽게 썩는 나무껍질이나 대나무에 기록하여 그 자료가 보존되지 않았기 때문에 고대 인도와 중국에 대한 정보는 찾기 힘들다.

그리스인들은 기하학적 사실은 경험적 절차에 의해서가 아니라 연역적 추리에 의해 확증되어야 한다고 생각하여 고대 이집트와 바빌로니아의 경험적 기하를 논증적 기하학으로 변형시켰다. 논증 기하학의 창시자로 알려진 탈레스(Thales, 기원전 624?-546?)는 다음과 같은 정리를 비롯하여 많은 정리를 증명하였다.

1) 두 직선이 만날 때 그 맞꼭지각의 크기는 같다.
2) 이등변삼각형의 두 밑각의 크기는 같다.
3) 두 개의 삼각형에서 대응하는 두 변의 길이와 그 끼인각의 크기가 각각 같으면 그 두 삼각형은 서로 합동이다.
4) 두 개의 삼각형에서 대응하는 두 각의 길이와 그 두 각 사이의 변의 길이가 각각 같으면 그 두 삼각형은 서로 합동이다.
5) 반원에 내접하는 각은 직각이다.
6) 삼각형의 세 각의 크기의 합은 180°이다.

탈레스, 피타고라스 등을 거쳐 유클리드(Euclid, 기원전 3세기 경)가 당시의 수학을 집대성하여 원론(Elements)을 집필하였다. 원론 1권에는 23개의 정의, 5개의 공준, 5개의 공리가 있는데 이는 공리적 접근 방법의 시작이다.

대수학이 발달하면서 데카르트(1596-1650)가 평면의 점의 위치를 좌표로 나타내어 기하학의 문제를 대수적으로 해결하는 해석기하학을 창시하였다. 이 무렵 좌표를 사용하지 않고 도형을 다루는 사영기하학도 등장하였다. 사영기하학은 파스칼과 데자르그 등이 고안한 방법인데, 이는 한 평면 위의 도형을 다른 평면으로 한 점에서 사영하였을 때 변하지 않는 성질을 연구하는 분야이다.

한편, 유클리드의 제5 공준으로 유명한 "한 평면 위의 한 직선이 그 평면 위의 두 직선과 만날 때 같은 쪽의 내각의 합이 2 직각보다 작으면, 이 두 직선은 그쪽에서 만난다."라는 공준에 대해서 많은 의문이 제기되었다. 이것은 공준이 아니라 공리, 공준, 또는 다른 정리로부터 유도될 수 있지 않을까? 혹은 이 공준을 좀 더 적절한 다른 것으로 대체할 수 없을까? 하는 것이 의문의 핵심이었다. 많은 시도와 실패 끝에 비유클리드기하학이 탄생되었다. 유클리드의 제5 공준은 "직선 밖의 한 점을 지나 그 직선에 평행한 직선은 하나뿐이다."라는 평행선 공준과 동치인데, 비유클리드 기하학은 이를 부정하고 다른 공준으로 대체한다.

보야이(Bolyai, 1802-1860)와 로바체프스키(Lobachevsky, 1793-1856)가 창시한 쌍곡기하학은 "한 직선 밖의 한 점을 지나 그 직선에 평행인 직선이 적어도 두 개 존재하는 어떤 직선과 점이 존재한다."를 공리로 채택하며 이 경우 삼각형의 세 내각의 크기의 합은 2 직각보다 작게 된다. 리만(Riemann, 1826-1866)이 창시한 타원기하학은 "직선 밖의 한 점을 지나 그 직선에 평행인 직선은 하나도 없다."를 공리로 채택한다. 이 경우 삼각형의 세 내각의 크기의 합은 2 직각보다 크게 된다.

한편에서는 위상수학이 점점 발전해 왔다. 위상수학에서는 늘이거나 줄이거나 해서 서로 겹칠 수 있는 것은 '같다'고 본다. 그래서 위상수학을 흔히 '고무판 위의 기하학'이라고 부른다. 17세기 말에 라이프니츠가 위치기하학이라는 용어를 사용하였으며, 오일러(Euler)가 한붓 그리기에 관한 정리를 발견하고, 다면체의 꼭짓점, 변, 면의 수 사이에 $v - e + f = 2$라는 관계가 성립한다는 사실을 증명하였다.

이와 같이, 19세기 중엽까지 유클리드기하학, 비유클리드기하학, 사영기하학, 위상기하학, 아핀기하학 등 여러 가지 기하학이 나타났다. 클라인(F. Klein, 1849-1925)은 변환군이라는 개념을 사용하여 이러한 여러 기하학을 통일하고 분류하려 하였다. 19세기 말에 힐베르트(David Hilbert, 1862-1943) 등은 형식적 공리학의 개념을 만들어내고 수학의 각 분야를 공준 집합으로부터 연역해 낸 추상적인 정리 체계로 발전시켰다. 각 기하학은 이 관점에 따라 수학의 특별한 분야가 되었다. 힐베르트는 '기하학의 기초'(1889)라는 책에서 공리적 방법에 의하여 기하학을 구성해가고 있는데, 여기서 그는 결합의 공리(8개), 순서의 공리(4개), 합동의 공리(5개), 평행선의 공리, 연속의 공리(2개) 등 다섯 가지 공리군을 사용하고 있다.

다. van Hieles의 기하 학습 수준 이론

판 힐러(van Hiele) 부부는 1955년에 기하 학습 수준 이론을 발표하였다. 그들은 중등 수학교사로 재직하면서 학생들이 기하 학습에서 부딪히는 어려움을 해소해 줄 수 있는 방법을 연구하다가 기하 학습 수준 이론을 만들게 되었다. 그들은 사고는 상대적인 수준이 있는 불연속적인 활동이며 더 높은 수준에서는 더 낮은 수준에서의 행동이 분석의 대상이 된다는 것을 인식하고 이들 수준을 0수준에서 4수준으로 구분하였다. 후에 0수준보다 더 낮은 바닥 수준이 있음을 인지하고 1수준에서 5수준으로 이를 조정하였다.

판 힐러의 수준에 대한 명칭은 학자에 따라 다양하므로 명칭에 주의해야 한다.

제1수준: 시각적 수준, 시각적 인식 수준

주변 대상을 모양이란 인식 수단에 의해 파악하는 단계이다. 학생들은 도형을 그 구성 요소에 대한 명확한 고려 없이 시각적 외관에 의해 전체적으로 판별한다. 이 수준에서는 직사각형과 정사각형이 다르다는 것을 인식하지만 도형의 성질을 명확히 기술할 수는 없다.

제2수준: 기술적 수준, 분석적 수준

도형의 여러 성질이 도형을 정리하는 수단이 된다. 주변 대상을 정리하는 수단이던 도형이 연구 대상이 되어 도형의 구성 요소와 성질에 대한 비형식적인 분석을 통해 도형을 파악한다. 이 수준에서는 직사각형은 네 개의 직각을 가지고 있으며, 대각선의 길이가 같고, 마주 보는 변의 길이가 같다는 것을 알지만, 이런 성질 사이의 관계를 파악하지 못한다.

제3수준: 이론적 수준, 관계적 수준, 비형식적 추론 수준

도형의 성질과 도형 사이의 관계가 연구 대상이 되고 명제가 정리 수단이 된다. 도형의 여러 가지 성질이 파악되고 하나의 성질이 다른 성질에서 연역되며, 합동, 닮음과 같은 도형 사이의 관계를 파악하고 도형을 정의하는 활동이 이루어진다. 이 수준에서 '모든 정사각형은 직사각형이다'와 같은 관계가 이해된다.

제4수준: 형식적 논리 수준, 연역적 추론 수준

명제가 연구의 대상이 되며, 명제 사이의 논리적 관계가 정리 수단으로 등장하여, 공리, 정의, 정리, 증명의 의미와 역할을 이해하고 전체 기하의 연역 체계를 파악한다. 하나의 명제로부터 다른 명제로의 연역을 위해 일련의 명제 체제인 기하학을 구성한다.

제5수준: 논리적 법칙의 본질 수준, 기하학의 엄밀화 수준

기하학 체계 그 자체가 연구의 대상이 되어 여러 가지 공리 체계를 비교할 수 있고, 힐베르트의 기하의 형식적 엄밀성을 파악한다. 학생들은 힐베르트의 기하학과 대등한 비유클리드기하학을 이해할 수 있고 다양한 연역 체계를 엄밀하게 분석할 수 있다.

각 수준에서의 연구 대상과 정리 수단을 요약하면 다음 <표 7-1>과 같다.

〈표 7-1〉 수준에 따른 연구 대상과 정리 수단

	1 수준	2 수준	3 수준	4 수준	5 수준
대상	주변 대상	모양	성질	명제	이론
수단	모양	성질	명제	이론	적용

각각의 사고 수준은 고유한 특성을 갖는다. 첫 번째, 학생들은 $n-1$ 수준을 통과하지 않고는 n 수준에 도달할 수 없다. 두 번째, 사고의 각 수준에서는 이전 수준에서 본질적이었던 것이 비본질적인 것이 된다. 예를 들어, 제1수준에서의 모양이라는 정리 수단이 제2수준에서는 비본질적인 것이 되고 분석의 대상이 되는 것을 의미한다. 세 번째, 각 수준은 그 수준에 고유한 언어적 상징과 이를 연결하는 고유의 관계망을 갖는다. 네 번째, 서로 다른 수준에서 추론하는 두 사람은 서로를 이해할 수 없다. 다섯 번째, 모든 학생들이 같은 속도로 각 수준을 통과하지 않으며, 수준의 이행은 적절한 지도에 의해 촉진될 수도 있고, 부적절한 지도 때문에 지연될 수도 있다(강문봉 외, 2013).

라. 구성 활동

1) 직관기하와 논증기하

기하학을 논증기하와 직관기하로 구분하기도 한다. 논증기하는 명제의 진위 판정을 논증에 근거하지만 직관기하는 직관에 근거하여 명제의 진위를 판정한다. 직관적 판단

은 도형의 관찰, 실험, 실측, 조작, 작도 등에 근거한다. 삼각형의 세 각의 크기의 합이 180°임을 평행선의 성질을 이용하여 증명하는 것은 논증기하이지만 각의 크기를 재어서 더해 보거나 종이를 접어서 주장하는 것은 직관기하이다.

직관기하는 논리적 계통성을 따르지 않기 때문에 직관적으로 정당화할 수만 있다면 필요한 명제를 언제든지 도입할 수 있다. 그러나 직관적 방법은 정확하지 않기 때문에 문제가 발생할 수도 있다. 예를 들어 어떤 아동이 삼각형의 세 각의 크기를 재어서 더했는데 178°가 나오게 되면 이 아동은 '삼각형의 세 내각의 크기의 합은 178°이다.'라고 주장할 수도 있게 된다.

2) 구성 활동의 장점과 단점

초등학교에서 지도하는 도형은 직관기하의 영역에 속한다. 직관기하에서는 구성 활동이 매우 중요하다. 구성 활동으로는 모양 만들기, 모양의 합성과 분해, 절단과 회전, 작도 등이 있다.

구성 활동은 아동의 관심과 흥미를 일으켜서 수업에 적극적으로 참여하며 아동의 창의력 신장에도 기여할 수 있다. 또한 도형의 개념이나 성질을 체험적이고 사실적으로 이해할 수 있다는 장점이 있다. 반면에 교재 준비가 어렵고 수업이 단순한 놀이에 빠질 우려가 있다. 수업의 효율성을 위해 지나치게 통제하면 아동의 흥미를 상실하게 된다. 또한 교육목표를 분명하게 제시하기 어렵고 평가가 어려운 문제도 있다.

3) 종이접기 활동

종이접기는 매우 흥미로운 구성 활동이다. 아동들의 흥미를 유발하는 데 도움이 되며 창의적 활동을 하는 데도 기여한다. 종이접기는 아동들에게 기본도형이 가지고 있는 성질을 무의식적으로 경험하고 익숙하게 해 주는 양질의 비정형적인 학습 환경을 제공한다. 종이를 접는 과정에서 아동들은 기본도형의 성질과 같은 개념적 지식은 물론 종이를 접는 순서와 단계에 개재되어 있는 과정적 지식을 얻을 수 있다(백석윤, 1996).

종이접기를 할 때는 요구한 도형을 만들어 보게 하고, 더 나아가 만든 과정을 설명하고 만들어진 도형이 왜 그런 도형이 되는지를 설명하게 한다. 초등학교 수준에서 수학 학습과 관련하여 가능한 종이접기에는 직각 만들기, 정삼각형, 정육각형, 정팔각형, 정오각형 만들기, 삼각자 만들기, 삼각형을 접어서 직사각형 만들기 등이 있다.

가) 직각 만들기

교과서에서는 원을 두 번 접어서 직각을 만드는 활동을 제시하고 있다. 이와는 달리 아무렇게나 찢겨진 종이를 접어서 직각을 만들어 보게 한다. 한 번 접어서 직선을 만들고 나서 다시 접어서 직각을 만들게 되는데 이때 직각을 만드는 방법은 한 가지만 있는 것이 아니다. 만들어진 각이 왜 직각인지를 설명하게 한다.

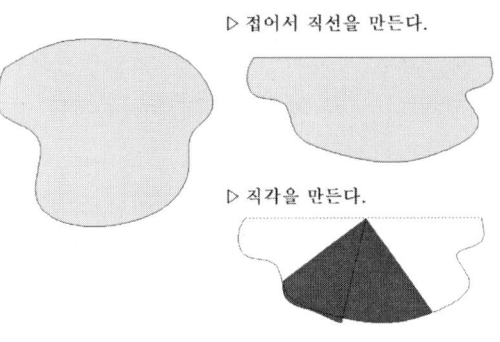

〈그림 7-2〉 종이접기로 직각 만들기

나) 정삼각형 만들기

정사각형 색종이를 접어서 정삼각형을 만들게 한다. 정삼각형을 만들기 위해 정삼각형의 결정 요소인 세 변의 길이를 같게 하거나 세 각의 크기를 같게(특히 60°를 만들어야 한다) 하려고 할 것이다.

60°는 정사각형 색종이의 직각을 3등분하거나 평각을 3등분(3겹으로 접는 것)하여 만들 수 있다.

세 변의 길이가 같은 삼각형을 만들기 위해서는 〈그림 7-3〉과 같이 진행하면 된다. 먼저 정사각형을 반으로 접어 가운데 접힌 선 자국을 남긴다. 다음에는 정사각형의 한 변의 꼭짓점이 가운데 선 자국 위에 오도록 〈그림 7-3〉의 (2)와 같이 접는다. 반대쪽에서도 마찬가지로 접는다. 이제 남은 부분을 적절히 잘 접어서 감추면 (3)과 같이 정삼각형이 만들어진다. 이것이 왜 정삼각형인지를 아동들에게 설명하게 한다.

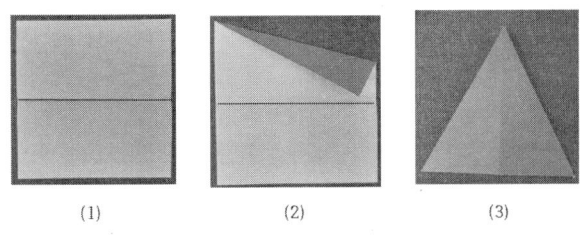

(1)　　　(2)　　　(3)

〈그림 7-3〉 정삼각형 접기

다) 정육각형 만들기

정사각형 색종이를 접어서 정육각형을 만들려면 〈그림 7-4〉와 같은 순서대로 진행한다.
① 색종이를 반으로 접고 또 접어서 작은 정사각형을 만든다.

② 직사각형 모양으로 펼친 다음 가운데 접힌 곳에서 평각이 3등분되도록 접어 60°를 만든다.
③ 3등분된 왼쪽과 오른쪽 부분을 다시 반으로 접는다.
④ 밑의 고리 부분을 그림의 (4)처럼 접는다. 양쪽 모두 접는다.
⑤ 접힌 색종이를 펼치면 그림처럼 접힌 선이 나타난다.
⑥ 정사각형의 아랫부분과 윗부분에서 각각 생긴 두 교점을 지나는 직선으로 접는다.
⑦ 그림의 (7)처럼 4군데를 접는다.
⑧ 접힌 모양을 뒤집으면 그림의 (8)처럼 정육각형이 나타난다.
아동들에게 이 모양이 왜 정육각형인지 설명하게 한다.

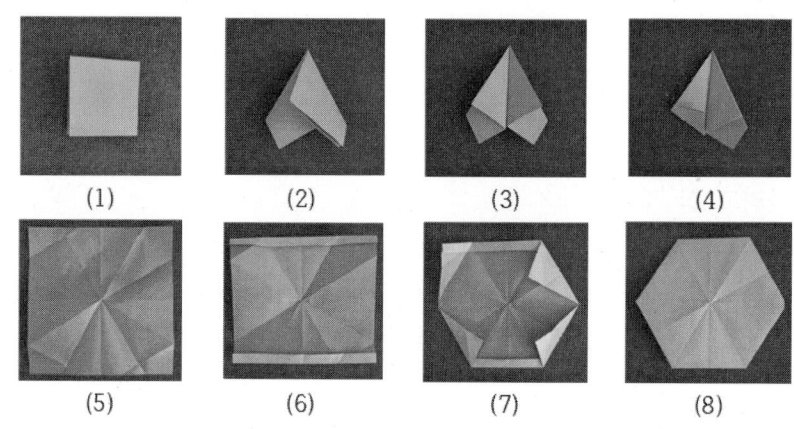

〈그림 7-4〉 정육각형 접기

라) 삼각자 만들기

삼각자에는 직각이등변삼각형인 것과 30°, 60°, 90°로 이루어진 것 두 가지가 있다. 직각이등변삼각형인 것은 정사각형을 대각선으로 접으면 쉽게 만들 수 있다. 다른 삼각자는 정삼각형을 만들어서 반으로 접으면 된다.

마) 삼각형을 접어서 직사각형 만들기

삼각형을 접어서 직사각형을 만드는 것은 여러 번 접다 보면 만들 수 있다. 그러나 넓이가 가장 큰 직사각형을 만드는 일은 쉽지 않다. 즉, 삼각형을 접되 두 겹이 되도록 (반적변형) 접는 일은 쉽지 않다.

먼저 밑변과 마주 보는 꼭짓점을 밑변에 놓이도록 평행하게 접는다. 그 다음에는 왼쪽에서 꼭짓점이 일치하도록 접고 마지막으로 오른쪽에서 마찬가지 방법으로 접으면 된다. 이렇게 접은 것을 이용하면, 삼각형의 세 내각이 한 점에 모이면 평각이 됨을 알수 있고, 또 삼각형의 넓이는 직사각형 넓이의 두 배가 되므로 (밑변의 길이의 반)×(높이의 반)×2가 됨을 알 수 있다.

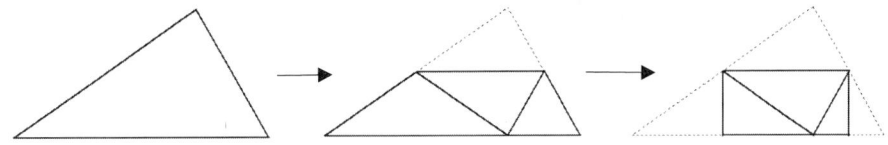

〈그림 7-5〉 삼각형을 직사각형으로 반적변형하기

높이가 삼각형의 외부에 있는 경우에는 종이접기 방법이 다소 어려워진다. 그러나 접는 순서는 마찬가지이다. <그림 7-6>과 같이 접어서 직사각형을 만들게 되면 높이가 외부에 있는 삼각형의 넓이 공식을 얻을 수 있다.

4) 테셀레이션

테셀레이션은 어떤 틈이나 포개짐이 없이 평면이나 공간을 완벽하게 덮는 것을 말한다. 쪽매맞춤이라고 번역하여 과거 교과서에서는 다루어진 적도 있으나 2015 개정 교과서에서는 다루지 않는다.

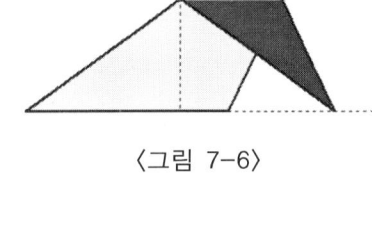

〈그림 7-6〉

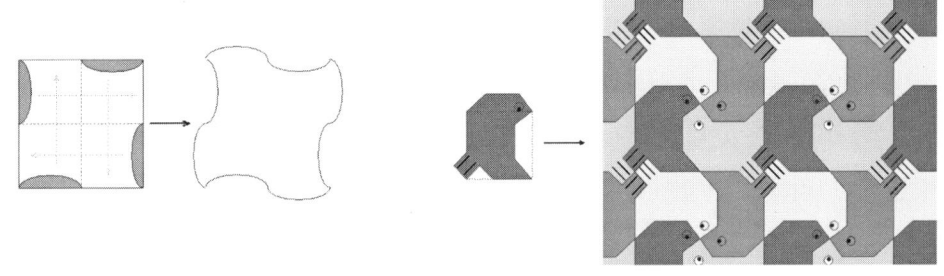

〈그림 7-7〉 테셀레이션(1)   〈그림 7-8〉 테셀레이션(2)

예를 들어 <그림 7-7>을 보자. 왼쪽 정사각형에서 4 군데를 오려서 왼쪽 것은 오른쪽에, 오른쪽 것은 왼쪽에, 아래의 것은 위에, 위의 것은 아래에 붙인 것이 오른쪽 그림이다. 이 모양은 이상하게 생겼지만, 이와 똑같은 모양을 여러 장 만들어서 이어 붙이면 빈틈없이 중복되지도 않게 평면을 덮을 수 있다.

<그림 7-8> 역시 정사각형을 이용하여 만든 테셀레이션이다. 이 경우는 오린 부분을

반대편으로 이동하지 않고 회전하여 붙인 것이다.

　이 분야에서 많은 작품을 남긴 사람은 네덜란드 화가인 에셔(Escher)이다. 테셀레이션을 하기 위한 기본도형으로는 정삼각형, 정사각형, 평행사변형, 정육각형 등이 있으며 오각형으로 이루어진 것도 있다.

　테셀레이션은 합동과 이동, 각의 크기 등의 내용과 관련되며 창의적인 미술 작품을 만들 수도 있어서 다른 교과와의 융합 소재가 되기도 한다.

　5) 삼각형의 작도

　작도는 눈금 없는 자와 컴퍼스를 유한 번 이용하여 도형을 그리는 것을 말한다. 그러나 초등학교 수준에서는 눈금 있는 자와 컴퍼스, 각도기를 이용하여 도형을 작도한다. 삼각형의 작도는 2009 개정 교과서에서까지 다루어지다가 2015 개정 교과서에서는 삭제되었다. 그러나 초등학교에서 각도기를 사용하고 컴퍼스를 사용하는 기능을 훈련할 수 있는 내용이기도 하며 각기둥이나 각뿔의 전개도를 그리기 위해서도 삼각형의 작도는 필요하다. 물론 2015 교육과정에서 각기둥이나 각뿔의 정확한 전개도를 그리는 내용도 학습부담 경감 차원에서 삭제되었다.

　삼각형을 작도하기 위한 조건은 다음과 같다.

　① 세 변의 길이가 주어질 때
　② 두 변의 길이와 끼인 각의 크기가 주어질 때
　③ 한 변의 길이와 양 끝각의 크기가 주어질 때

　전통적으로 이러한 순서로 작도를 지도해 왔다. 그러나 세 변의 길이가 주어질 때 삼각형을 작도하는 것이 다른 두 경우보다 더 어렵고 아동들이 그리는 방법을 발견하기도 쉽지 않다. 그러므로 나중에 이런 내용을 지도해야 한다면 이 순서를 변경할 필요가 있다.

　작도와 관련하여 관심 가질 수 있는 내용은 3대 작도 불가 문제이다.

　첫째, 주어진 원과 넓이가 같은 정사각형을 작도하는 문제이다. 이것은 $\sqrt{\pi}$를 작도하는 문제가 된다. 이 문제가 해결되면 원의 넓이를 구하는 공식을 찾을 수 있게 된다. 이집트의 아메스는 이러한 정사각형을 찾으려고 노력하여 원의 지름의 $\frac{8}{9}$을 한 변으로 하는 정사각형의 넓이가 원의 넓이와 매우 비슷하다는 것을 발견하였다. 그러나 이는 정확한 값이 아니다.

　둘째, 주어진 정육면체보다 부피가 2배가 되는 정육면체를 작도하는 문제이다. 기원전

5세기경 그리스 델로스 섬에 발생한 유행병과 이 문제가 관련된 전설이 있다.

셋째, 임의의 각을 3등분하는 문제이다. 모든 각을 2등분할 수 있으나 모든 각을 3등분할 수는 없다. 90°, 108° 등 특수한 몇 개의 각은 3등분할 수 있다.

기원전 5세기경 소피스트들이 제기한 이 작도 문제를 해결하려고 많은 수학자들과 일반인들이 시도하였으나 성공하지 못하다가 두 번째와 세 번째 문제는 1837년에 완첼(Wantzel)이, 첫 번째 문제는 1882년에 린데만(Lindemann)이 작도 불가능하다고 증명하였다.

마. 공간 감각

공간 감각(spatial sense)은 자신의 주변과 주변에 있는 대상에 대한 직관적인 느낌이다. 공간 감각을 발달시키기 위해서는 공간에서의 대상들의 방향과 방위와 원근감, 도형과 대상의 상대적인 모양과 크기, 모양의 변화가 크기의 변화에 어떻게 관련되는지 등과 같은 기하학적 관계에 초점을 둔 경험을 많이 해야 한다(NCTM, 1989).

NCTM(1995)은 공간 감각에 대하여 다음 7가지 능력을 열거하고 있다.

① 눈 운동 조정(eye-motor coordination) 능력은 다양한 활동에서 눈을 신체의 다른 부분과 조정하는 능력이다.
② 형태와 배경 지각(figure-ground perception)은 복잡한 배경에서 형태를 식별하는 시각적 행위이다.
③ 지각의 일관성은 공간에서 형태나 대상을 크기나 위치, 방향에 관계 없이 인지하는 능력이다.
④ 공간에서의 위치 지각은 공간에서 대상을 자신과 관련시키는 능력이다.
⑤ 공간 관계의 지각은 둘 또는 그 이상의 대상을 하나 또는 서로와 관련하여 보는 능력이다.
⑥ 시각적 식별은 대상들 사이에서 유사점과 차이점을 구별하는 능력이다.
⑦ 시각적 기억은 보지 않고 대상을 회상하는 능력이다.

공간 감각은 공간 시각화와 공간 방향으로 구분하기도 한다. 공간 시각화 능력은 관찰자가 물체의 전부 또는 일부를 정신적으로 회전하거나 변환하고, 복잡한 배경 속에서 특정한 도형을 지각하는 등 정신적 표상을 구성하고 이를 조작하는 능력으로, 공간 시각화 능력의 하위 요인에는 정신적 회전, 정신적 변환, 도형 배경 지각이 있다. 공간 방향 능력은 공간에서 어디에 위치하고 있음을 알고 공간에서 이동해 가는 방법을 아는 능력으로, 공간 방향 능력의 하위 요인에는 방향 감각, 거리 감각, 위치 감각이 있다(조영선, 정영옥, 2012).

2. 교구를 이용한 도형 지도

1-2학년군에서는 쌓기나무를 이용하여 모양을 만들고 칠교판으로 모양을 채우거나 꾸미면서 공간 감각을 기르도록 하고 있으며, 5-6학년군에서는 점판을 이용하여 대칭 도형을 쉽게 그릴 수 있게 하고 쌓기나무로 입체도형을 만들게 하고 있다. 이와 같이 교육과정에서는 교구가 구체적으로 언급되는 경우가 적고 사용되는 곳도 한정되어 있다. 그러나 도형 지도에 유용한 교구가 많이 있으며, 적극적으로 교구가 활용되어야 한다.

가. 지오보드(기하판, 점판)

지오보드(점판, geoboard)는 나무 판에 못을 박고 고무줄로 여러 가지 도형을 만들 수 있도록 한 것으로 가테뇨(Gattegno)가 고안하였다. 못이 정사각형으로 배열된 정사각형 지오보드와 정삼각형으로 배열된 정삼각형 지오보드, 원으로 배열된 원형 지오보드 등이 있다. 저학년은 5×5 지오보드, 고학년은 9×9 지오보드를 사용하는 것이 좋지만 항상 그런 것은 아니다.

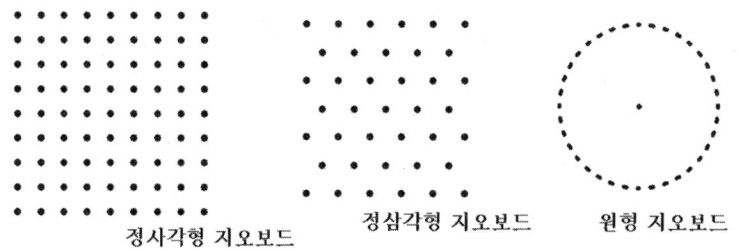

〈그림 7-9〉 지오보드

지오보드를 사용할 때는 여러 색의 고무줄을 함께 사용하는 것이 좋다. 지오보드는 도형을 쉽게 만들고 쉽게 변형할 수 있는 장점이 있다. 그러나 많은 도형을 만들고 변형하다 보면 완성된 도형을 확인하기 어려울 수도 있다. 그러므로 지오보드와 유사한 점종이를 함께 사용하는 것이 좋으며 지오보드가 없을 때는 점종이로 대신할 수도 있다.

지오보드는 우리나라 교과서에서 가장 많이 사용되는 교구 중의 하나이다. 지오보드를 활용하는 활동을 살펴보자.

1) 활동 1

지오보드를 이용하여 도형을 만들게 하고 도형을 관찰한다. 예를 들어 <그림 7-10>과 같이 삼각형을 만들게 하고 만들어진 삼각형의 각의 크기나 변의 길이를 관찰하게 할 수 있다. 경우에 따라서는 변에 있는 못의 수, 도형의 내부에 있는 못의 수를 조사하게 할 수 있다.

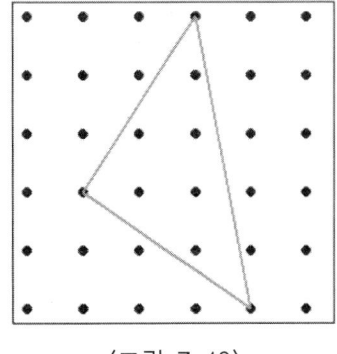

〈그림 7-10〉

다소 어렵게 조건을 추가한다면, 내부에 못이 2개 있는 삼각형, 내부에 못이 3개 있고 변에 못이 4개 있는 삼각형 등과 같은 조건을 충족하는 도형을 만들게 할 수도 있다.

2) 활동 2

직각이 없는 사각형, 직각이 한 개 있는 사각형, 직각이 두 개 있는 사각형, 직각이 세 개 있는 사각형, 직각이 네 개 있는 사각형을 각각 만들어 보게 한다.

사각형의 네 각의 크기의 합이 360°임을 아는 아동은 직각이 3개인 사각형을 만들 수 없음을 안다. 경우에 따라서는 그러한 사실을 알고 있어도 직각이 3개인 사각형을 만들어 보려고 시도하는 아동도 있다. 특히 사각형의 각의 크기에 대해서 알지 못하는 아동의 경우는 여러 번 그런 사각형을 만들어 보려고 시도할 것이고 결국 만들지 못하게 됨에 의아해할 수도 있다.

왜 직각이 3개인 사각형을 만들 수 없는 것일까? 이런 의문에 대해서 생각해 보게 한다. 이와 같이 답이 없는, 만들 수 없는 도형을 만들어 보게 하는 것도 의미가 있다. 자신이 능력이 없어서 만들지 못할 수도 있지만 '불가능한 문제'일 수도 있다는 생각을 가지게 하는 것, 그런 경험을 가지게 하는 것 자체가 교육적 가치가 있기 때문이다.

3) 활동 3

넓이가 1인 정사각형, 넓이가 2인 정사각형, 넓이가 3인 정사각형, 넓이가 4인 정사각형, 넓이가 5인 정사각형 등등을 만들어 보게 한다.

여러 정사각형을 만들면서 가로로 평행하게 만들 수 있는 정사각형의 넓이는 제곱수인 경우임을 발견하게 된다. 또한, 넓이가 2나 5인 정사각형같이 지오보드의 가로와 평행하지 않은 정사각형이 존재함을 알 수 있다. 넓이가 2나 5인 정사각형의 넓이가 왜 그렇게 되는지를 설명하게 함으로써 도형의 분할과 합성에 대해서도 경험할 것이다.

넓이가 3인 정사각형은 만들 수 없다. 정사각형을 만들 수 없는 넓이에는 어떤 것들이 있는지 살펴보고 그 이유가 무엇인지도 생각해 보게 한다.

4) Pick의 정리

<그림 7-11>과 같이 넓이가 5인 도형을 여러 개 만들어 보게 한다. 가급적 모양이 이상한 도형을 만들어 보게 하는 것이 좋다. 만든 도형의 넓이가 5임을 확인해 보게 하고 넓이가 5가 아닌 도형은 다시 수정하게 한다.

넓이가 5인 도형을 여러 개 만들었으면 도형의 내부에 있는 못의 수와 변에 있는 못의 수를 조사하게 한다. 조사한 자료를 정리하면 다음 <표 7-2>와 같이 될 수 있다. 자료를 정리할 때 내부의 못의 수나 변의 못의 수를

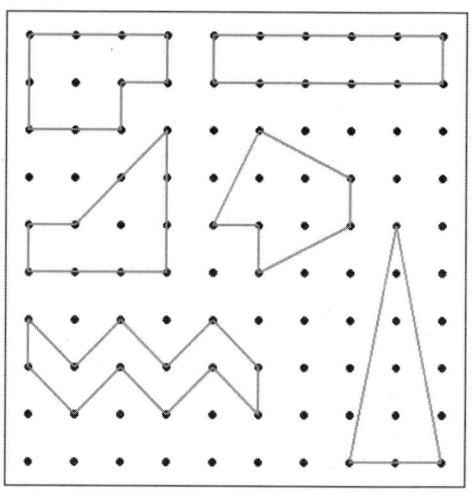

〈그림 7-11〉 넓이가 5인 도형

기준으로 하여 순서대로 기록하게 하는 것이 규칙을 찾는 데 도움이 된다. 예를 들어 내부의 못을 기준으로 하여 작은 값부터 기록해 보자.

표에서처럼 만약 내부의 못이 2나 4인 도형을 만든 아동이 없을 수도 있다. 이런 경우에는 그런 도형을 만들어 보도록 요구할 수도 있다.

이어서 내부의 못과 변의 못의 수 사이에는 어떤 관계가 있는지, 규칙을 조사하게 한다. 이 자료에서 나올 수 있는 관계는 다음과 같을 수 있다.

〈표 7-2〉 못의 수

내부의 못	변의 못
0	12
1	10
3	6

① 내부의 못의 수는 0 또는 자연수이다.
② 변의 못의 수는 짝수이다.
③ 내부의 못이 한 개 늘어날 때마다 변의 못은 2개 줄어든다.
④ (내부의 못의 수)×2+(변의 못의 수)=12

이제 넓이가 6인 도형을 여러 개 만들어서 같은 방식으로 조사를 하게 한다. 이 경우 동일한 관계를 찾을 수 있으며 넓이가 5인 경우와의 차이점은

　　(내부의 못의 수)×2+(변의 못의 수)=14

이다.

12, 14와 같은 수가 어디서 비롯되었는지를 생각해 보게 하여, 이 값이 (넓이+1)×2임을 알게 한다. 이런 관계를 정리하면 다음과 같은 피크(Pick)의 정리를 얻게 된다.

> **Pick의 정리**
> 다각형의 경계선 위의 격자점의 개수가 m, 다각형의 내부에 있는 격자점의 개수가 n일 때 다각형의 넓이는 다음과 같다.
>
> $$(\text{다각형의 넓이}) = \frac{m}{2} + n - 1$$

여기서 더 나아가서 왜 변의 못의 수는 짝수인가 하는 의문도 가질 수 있다. 그것은 넓이가 자연수이기 때문이다. 만약 넓이가 5.5인 도형을 그리면 변의 못의 수는 홀수가 됨을 알 수 있다.

초등학교 아동들을 대상으로 피크의 정리까지 얻게 하는 것은 너무 무리한 일이다. 그러나 넓이가 5나 6인 여러 모양의 도형을 만들어 보고 그 도형들이 왜 넓이가 그렇게 되는지를 설명하게 할 수 있으며 변의 못의 수가 내부의 못의 수에 따라 2씩 커지거나 작아지는 규칙은 찾을 수 있다.

나. 패턴블록

패턴블록은 1960년대 초에 미국의 초등과학연구회에서 만든 교구로, 평면의 패턴을 탐구하거나 테셀레이션, 분수 등을 지도하는 데 효과적으로 사용할 수 있다.

패턴블록은 <그림 7-12>와 같이 6개의 조각으로 구성되어 있는데, 조각마다 색이 다르다. 정육각형을 반으로 쪼개면 사다리꼴이 되고, 3등분하여 평행사변형, 6등분하여 정삼각형을 얻을 수 있다. 보통 정사각형과 마름모라 불리는 다른 두 도형의 한 변의 길이는 정육각형의 한 변의 길이와 같다. 특히 마름모의 두 각은 30°와 120°이다. 패턴블록을 활용하는 활동을 살펴보자.

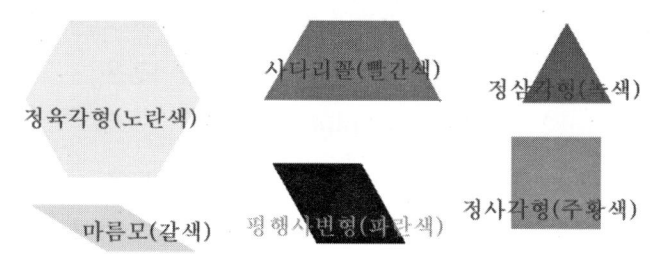

〈그림 7-12〉 패턴블록 조각

1) 활동 1

다음 <그림 7-13>과 같이 동일한 패턴블록 조각을 한 꼭짓점에 모아보게 한다. 각각의 조각 몇 개를 모을 수 있는지를 살펴본다. 이 활동을 통해서 패턴블록 조각에 친숙해지게 하고 각의 크기에 관해서 살펴볼 수 있다. 각도를 배우지 않아서 조각의 각의 크기가 몇 도(°)인가를 알지 못한다 하더라도 한 바퀴 도는 데 어떤 조각의 어느 각으로는 몇 개가 필요하다는 사실에서 조각의 각 사이에 어떤 관계가 있는지는 파악할 수 있다.

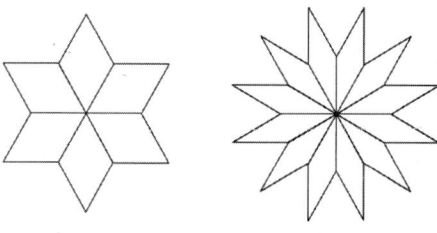

〈그림 7-13〉 조각 모으기

2) 활동 2

패턴블록 여러 조각으로 <그림 7-14>와 같이 사다리꼴을 만들어 보게 한다.

이 활동은 사다리꼴의 다양성을 인식하고 조각 모양 사이의 관계를 인식하며 공간 구상화 기술을 개발하게 한다.

사다리꼴뿐만 아니라 삼각형이나 평행사변형 등을 만들게 할 수도 있다.

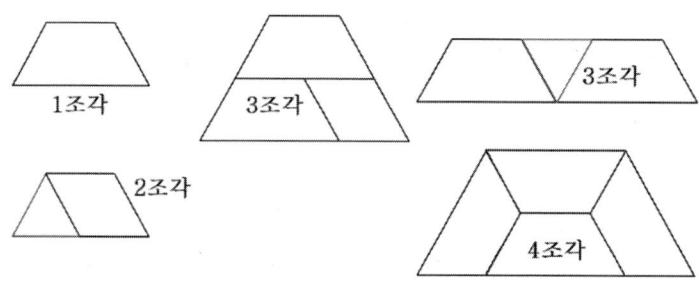

〈그림 7-14〉 사다리꼴 만들기

3) 활동 3

둘러싸인 도형의 개수 또는 둘레의 길이 등에서 규칙을 찾아보게 한다. 최초의 삼각형을 다른 삼각형으로 완전히 둘러싸고 그렇게 나온 도형을 다시 둘러싸고, 또다시 둘러싸고, 이런 식으로 여러 번 반복했을 때 필요한 삼각형의 개수 사이의 규칙을 찾아본다. 이 경우에는 처음에는 3개, 두 번째는 6개, 세 번째는 9개가 필요하다. 여기서 규칙을 찾아보게 한다.

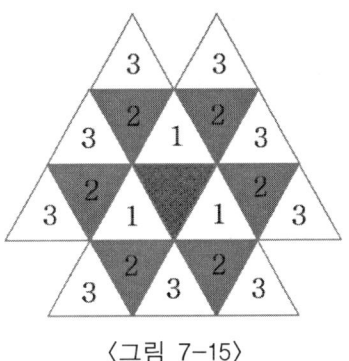

〈그림 7-15〉

4) 활동 4

큰 정삼각형(다) 속에 정삼각형 패턴블록 조각(가)이 몇 개 들어가는지를 조사해 보게 한다. 이때 규칙을 찾으려는 마음을 가지게 해야 하므로 처음에는 적은 수의 패턴블록 조각이 들어가는 작은 정삼각형(나)을 제시하여 직접 정삼각형 조각을 놓으면서 그 개수를 찾을 수 있게 한 다음, 아동이 가지고 있는 정삼각형 조각 수로는 채울 수 없는 큰 정삼각형(다)을 제공한다.

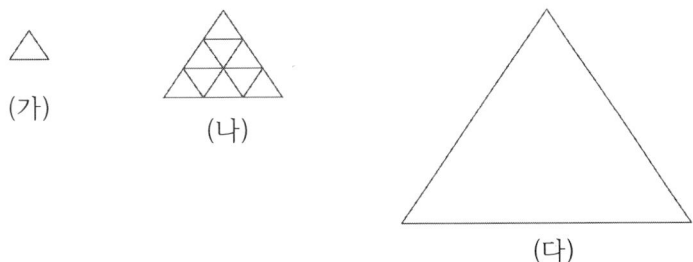

〈그림 7-16〉 삼각형의 개수 세기

아동은 자신이 가지고 있는 조각으로는 큰 삼각형을 전부 채우지 못하게 되어 난관에 봉착하게 되고, 이를 해결하려는 다른 방법을 찾아보게 된다. 아동들의 활동 후에 그런 아이디어를 서로 공유한다. 이 문제를 해결할 수 있는 방법은 여러 가지가 있다.

① 우선 다른 아동과 합심하여 가지고 있는 조각들을 모아서 해결한다. 이런 경우에는 더 큰 정삼각형이 주어지면 똑같은 문제가 발생한다.

② 자신이 가지고 있는 조각으로 채우고 그 부분을 표시한 다음 다시 그 조각으로 다른 곳을 채운다. 이렇게 표시를 계속해 나간 다음에 각각에서의 조각의 개수를 더해서 해결한다. 이 방법은 혼자서도 할 수 있지만 도형이 크면 클수록 불편해지

는 문제가 있다.
③ 정육각형 등 큰 조각으로 먼저 채우고 빈 자리에 사다리꼴이나 평행사변형, 정삼각형 조각을 채운다. 정육각형은 정삼각형 조각이 6개, 사다리꼴은 정삼각형 조각이 3개, 평행사변형은 정삼각형 조각이 2개이므로 이를 이용하여 계산한다. 이런 아이디어도 아주 훌륭한 생각이다.
④ 큰 정삼각형을 몇 개로 등분하여 작은 정삼각형으로 만들어서 해결한다. 이런 방법 역시 훌륭하지만 작은 정삼각형으로 짝수 층으로 채워지지 않을 경우 등분된 작은 정삼각형에 패턴블록 조각을 채우지 못하는 경우도 생긴다.

이와 같은 여러 가지 방법들의 좋은 점과 불편한 점을 논의해 보고 다른 방법을 생각해 보게 하면서 자연스럽게 규칙을 찾으려는 마음을 가지게 한다.
⑤ 어느 정도 조각을 채우게 되면 여기서 규칙을 찾아본다. <그림 7-17>에서 첫째 줄에는 조각이 몇 개인가? 두 번째 줄에는 몇 개인가? 그렇게 해서 조각은 줄의 순서대로 1, 3, 5, 7, 9와 같이 홀수개가 들어가며 조각 수의 합은 줄에 따라 1, 4, 9, 16, 25와 같이 제곱수가 됨을 알 수 있다. 이와 같이 규칙을 찾게 되면 앞으로는 많은 조각이 없어도 '몇 줄로 놓여지는가'만 확인하면 정삼각형 조각 수가 몇 개가 필요한지를 알게 된다. 이러한 활동을 통해서 '규칙 찾기의 좋은 점'을 인식하게 된다.

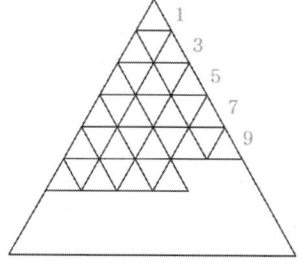

〈그림 7-17〉 규칙 찾기

5) 활동 5

패턴블록을 이용하여 분수를 지도하는 것은 그리 권장할 만하지는 않다. 모든 조각의 크기를 분수로 나타내기가 쉽지 않기 때문이다. 그렇기는 하지만 어느 정도 유용하게 사용할 수는 있다. 정육각형의 크기를 1이라고 하면 사다리꼴이나 평행사변형, 정삼각형 조각은 얼마인지, 사다리꼴 크기를 1이라고 하면 정삼각형 조각은 얼마인지를 살펴보게 한다. 단위를 잘 이해하지 못하면 어느 경우든 정삼각형 조각을 $\frac{1}{6}$이라고 답할 수 있으며 이를 통해 단위에 대한 오개념을 파악할 수 있다.

다. 칠교판

탱그램 또는 칠교판은 정사각형을 7조각 낸 것을 말한다. <그림 7-18>과 같이 정사각형을 몇 조각 내느냐에 따라 여러 종류의 모양판을 생각할 수 있다. 칠교판에도 여러 종류가 있지만 표준으로 삼은 칠교판이 있고 그것을 탱그램 또는 칠교판이라고 한다. 칠교판으로 여러 가지 모양을 만드는 칠교놀이가 오래전부터 행

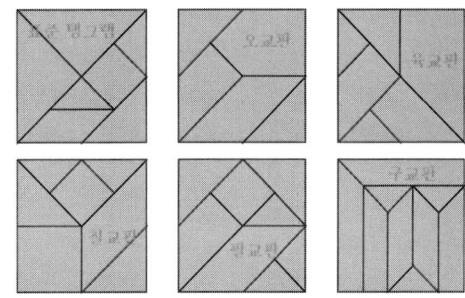

<그림 7-18> 여러 가지 조각판

해왔다. 칠교판은 크고 작은 직각삼각형, 정사각형, 평행사변형으로 이루어져 있어서 도형의 구성 활동을 하는 데 도움이 된다.

칠교판을 활용하는 활동을 살펴보자.

1) 활동 1: 분수 지도

정사각형의 크기를 1이라고 할 때 각 조각의 크기를 분수로 나타내 보게 한다. 그리고 그렇게 생각한 이유를 설명하게 한다. 가와 나는 $\frac{1}{4}$이고 라, 바, 사는 $\frac{1}{8}$, 다와 마는 $\frac{1}{16}$이다. 더 나아가서, 칠교 조각으로 사다리꼴과 같은 어떤 도형을 만들고 그 넓이를 구해보게 한다.

2) 활동 2: 둔각삼각형 만들기

칠교 조각을 이용하여 둔각삼각형을 만들어 보게 한다. 그러나 실제로 둔각삼각형을 만들 수는 없다. 왜 그런지 이유를 설명하게 한다.

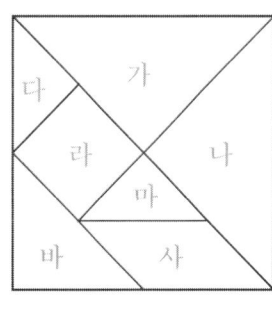

<그림 7-19> 칠교판

3) 활동 3: 정사각형 만들기

칠교 조각 1개, 2개, 3개 등으로 정사각형을 만들어 보게 한다. <그림 7-20>과 같이 여러 가지 방법으로 만들 수 있다.

그런데 6조각으로는 정사각형을 만들 수 없다. 왜 만들지 못하는지 생각해 본다.

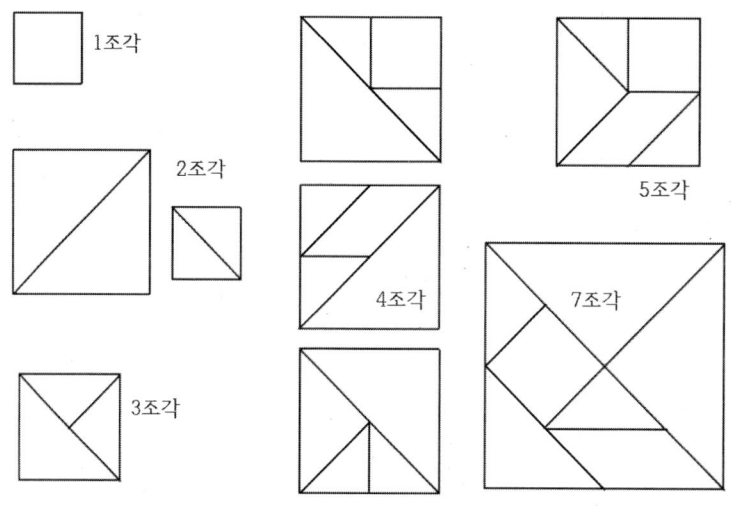

〈그림 7-20〉 칠교 조각으로 정사각형 만들기

4) 활동 4: 볼록다각형 만들기

칠교 조각 일부로 볼록다각형을 만들어 보게 하고, 특별히 7개 조각 모두 사용하여 볼록다각형을 만들어 보게 한다. 7개의 조각을 모두 사용하여 만들 수 있는 볼록다각형이 몇 개가 있는지 확인해 본다. 그리고 볼록다각형을 삼각형, 사각형, 오각형 등으로 분류하여 다각형의 개념을 확실히 이해하게 한다. 칠교 조각 7개를 모두 사용하면 다음 <그림 7-21>과 같이 삼각형 1개, 사각형 6개, 오각형 2개, 육각형 4개, 모두 13개의 볼록다각형을 만들 수 있다.

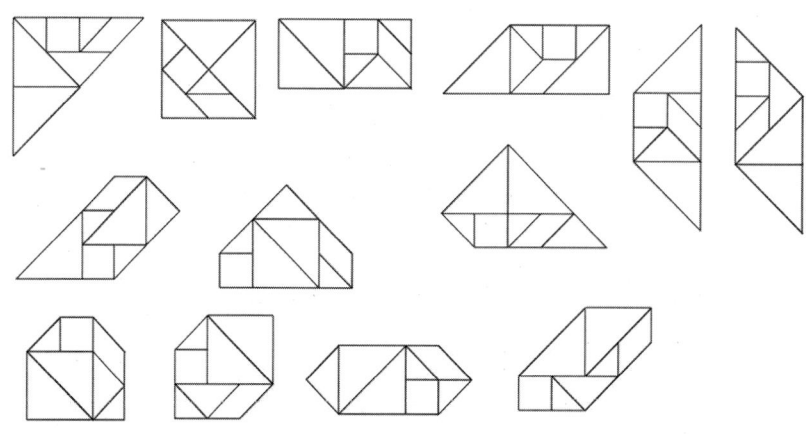

〈그림 7-21〉 칠교 조각으로 만들 수 있는 볼록다각형

라. 쌓기나무

쌓기나무는 한 변이 1cm 정도 되는 정육면체를 말한다. 쌓기나무로 여러 입체 모양을 만들고 관찰하면서 공간 감각을 기르게 된다. 2학년에서는 다른 아동이 만든 모양을 쌓기나무로 똑같이 만들고, 자신이 만든 모양을 설명하게 하면서 공간 감각과 의사소통 능력을 기른다. 6학년에서는 <그림 7-22>와 같이 쌓기나무로 쌓은 대상이 방향에 따라 보이는 모양이 다름을 알고 그 모양을 평면에 표현하는 능력과 또 그 역으로 평면에 나타낸 모양을 보고 쌓은 모양을 추측하는 능력을 기르고 있다.

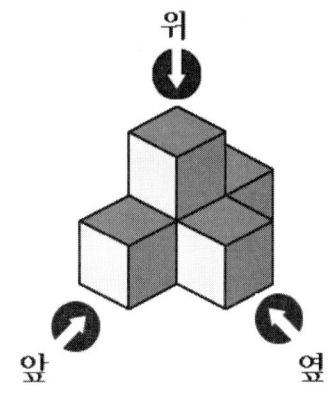

<그림 7-22>

쌓기나무는 입체도형의 부피를 지도하는 데도 사용된다.

마. 기타 여러 교구

이외에도 여러 교구들이 사용될 수 있다. <그림 7-23>과 같이 5개의 정사각형으로 이루어진 펜토미노는 모두 12조각으로 구성되어 있다. 펜토미노 조각을 이용하여 여러 가지 모양을 만들거나 정사각형 또는 직사각형을 만들 수 있고, 펜토미노를 이용한 여러 가지 놀이도 있다.

<그림 7-23> 펜토미노 조각

크기가 같은 정사각형 2개를 변끼리 붙여서 만든 것을 도미노(domino), 정사각형 3개로 만든 도형을 트로미노(tromino), 정사각형 4개로 만든 도형을 테트라미노(tetramino), 정사각형 5개로 만든 도형을 펜토미노(pentomino)라고 한다.

<그림 7-24>와 같이 정육면체가 3개 또는 4개로 된 조각 7개로 구성된 소마큐브도 입체물을 만들고 입체의 공간 감각을 기르는 데 유용한 교구이다. 소마큐브는 작은 정육면체가 모두 27개로 구성되어 있어서 이를 잘 조합하면 큰 정육면체를 만들 수 있다.

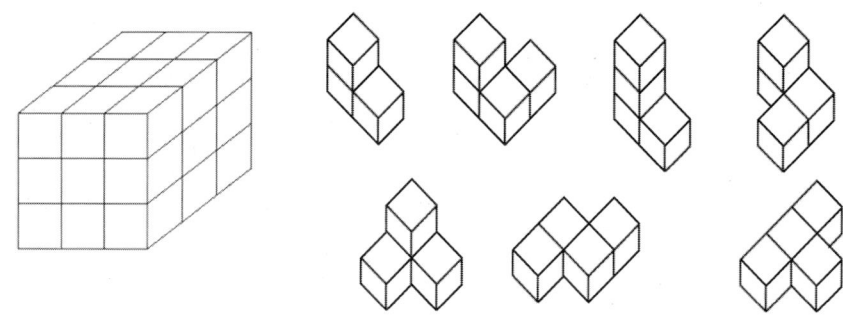

〈그림 7-24〉 소마큐브

폴리드론은 <그림 7-25>와 같이 면을 결합하여 입체도형을 쉽게 만들고 쉽게 분해하면서 입체도형을 관찰할 수 있도록 한 교구이다. 로꼬도 <그림 7-26>과 같이 폴리드론과 비슷하다. 다만 폴리드론은 면의 내부가 비어 있고 로꼬는 내부가 채워져 있다는 차이가 있다. 이러한 교구를 사용하면 입체도형의 면을 펼쳐서 전개도를 확인하는 데 효과적이다.

〈그림 7-25〉 폴리드론

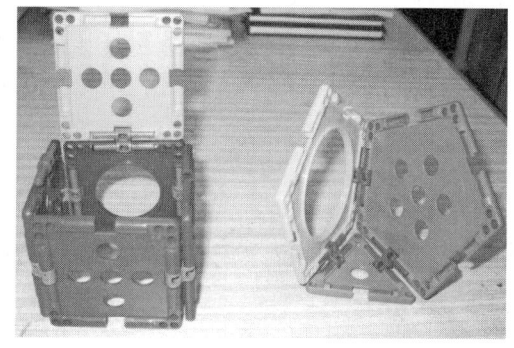
〈그림 7-26〉 로꼬

3. 소프트웨어를 이용한 도형 지도

교육과정에서는 교수학습 방법으로 학생의 능력과 수준 등을 고려하여 여러 가지 방법을 적절히 선택하여 적용하도록 하고 있으며, 그러한 방법의 하나로 매체 및 도구 활용 학습을 제시하고 있다. 그러한 도구 중 하나로 교육용 소프트웨어를 이용하도록 하고 있으나 구체적인 소프트웨어는 언급하지 않는다.

도형 지도에 유용한 소프트웨어에는 여러 가지가 있다. 입체도형을 관찰하고 단면을 조사하고 회전체를 만드는 소프트웨어들도 있지만 최근에는 교육과정에서 입체도형에 대한 내용이 많이 삭제되어, 평면도형의 내용을 지도하는 데 도움이 되는 로고(LOGO)와 엔트리, Geometer's SketchPad에 대해서만 소개한다.

가. LOGO 유형의 프로그램

LOGO는 1960년대 후반에 미국의 Papert가 개발한 프로그래밍 언어이다. 거북기하라고도 하는데 주어진 명령에 따라 거북이가 움직이며 도형을 작도한다. 한때 우리나라 수학 교과서에서도 다루어졌고 임용고사 문제에서도 출제되었던 MAL은 LOGO를 모방한 것이다. 최근 코딩 교육으로 다루어지고 있는 스크래치나 엔트리도 LOGO와 유사하다. 여기서는 LOGO와 엔트리를 이용하여 도형을 작도하는 사례를 소개한다.

1) 도형n 그리기

도형1, 도형2, 도형3 등을 다음과 같이 정의하자.

도형1: 한 점에서 앞으로 단위길이 1만큼 전진한 후 오른쪽으로 90° 회전한 도형

도형2: 한 점에서 앞으로 단위길이 1만큼 전진한 후 오른쪽으로 90° 회전한 후 앞으로 단위길이 2만큼 전진한 후 오른쪽으로 90° 회전한 도형

도형3: 한 점에서 앞으로 단위길이 1만큼 전진한 후 오른쪽으로 90° 회전한 후 앞으로 단위길이 2만큼 전진한 후 오른쪽으로 90° 회전하고 앞으로 단위길이 3만큼 전진한 후 오른쪽으로 90° 회전한 도형.

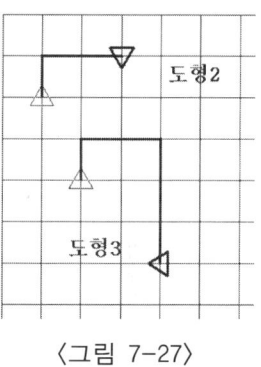

〈그림 7-27〉

도형1, 도형2, 도형3 등은 방향을 가지는 평면도형이다. 이제 격자 종이 위에 도형3을 그리고 그 끝점에서 다시 도형3을 이어서 그리고, 그 끝점에서 도형3을 다시 그려보자. 이런 식으로 계속해서 도형3을 그리면 어떻게 되겠는가? 도형3을 이와 같이 계속 반복해서 그리면 〈그림 7-28〉에서 보는 것처럼 4번 반복할 때 제 자리로 돌아오게 됨을 알 수 있다. 도형1, 도형2, 도형4, 도형5 등에 대해서도 같은 식으로 그려보자. 무엇을 알 수 있을까? 그리고 그렇게 되는 이유는 무엇일까?

이번에는 도형n의 정의를 변형해보자. '변형된 도형2'는 <그림 7-28>에서와 같이 '한 점에서 앞으로 단위길이 1만큼 전진한 후 오른쪽으로 45° 회전한 후 앞으로 단위길이 2만큼 전진한 후 오른쪽으로 45° 회전한 도형'이라고 하자. 이 도형을 도형2_45라고 하자. 회전하는 각도를 변형하면 얼마든지 다양하게 변형된 도형을 생각할 수 있다. 이런 도형에서

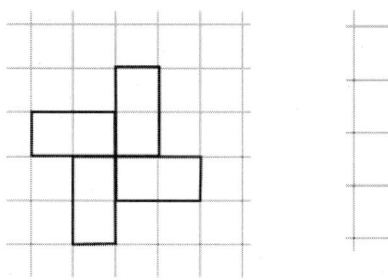 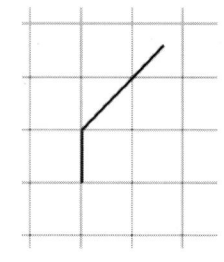

〈그림 7-28〉 도형3의 반복과 도형2_45

는 어떤 성질이 있는지를 격자 종이 위에 그려서 탐구할 수가 없다. 이럴 때 LOGO나 엔트리 같은 컴퓨터 소프트웨어가 도움이 된다.

2) LOGO

LOGO를 설치한 다음 실행하면 다음 <그림 7-29>와 같은 화면이 나온다. 가장 위의 화면은 명령이 수행되어 거북이(실제로는 삼각형 모양)가 도형을 그리는 화면이다. 두 번째 Commander 화면에는 지시한 명령들이 순서대로 기록된다. 여기에 표시된 명령을 찾아 클릭해도 명령을 입력한 것과 같은 효과가 발생한다. 가장 밑에는 한 줄 정도의 여백이 있는 화면이 있는데, 여기에 거북이가 수행할 명령을 입력한다.

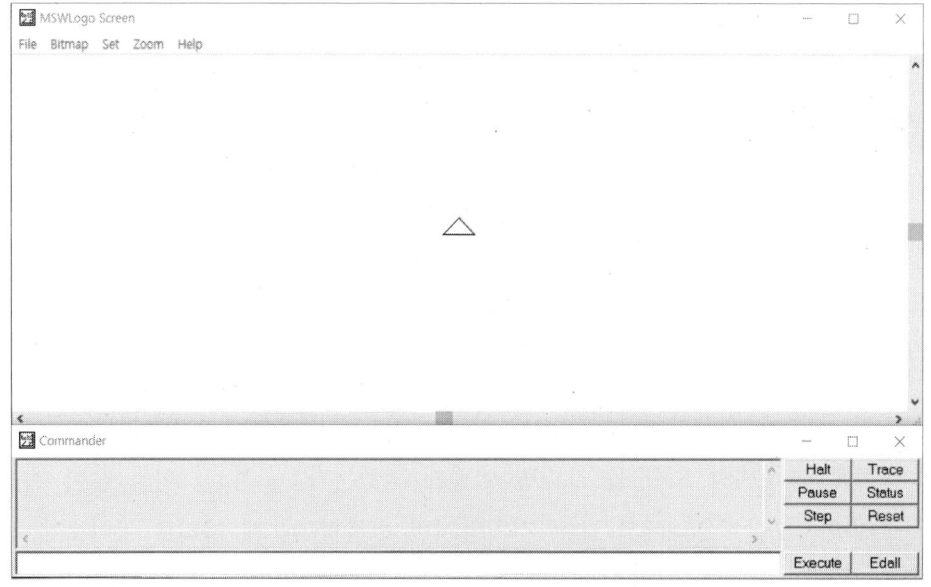

〈그림 7-29〉 LOGO 실행 화면

LOGO에서 사용되는 기본 명령어는 다음과 같다.

  FD(앞으로 이동), BK(뒤로 이동),
  RT(오른쪽으로 회전), LT(왼쪽으로 회전)

이 명령어는 FD 50, RT 60과 같이 길이나 각도를 값으로 취한다.

다음 명령어는 어떤 값이 필요 없이 명령어로만 작동한다. 예를 들어 PU를 입력하면 펜을 들어 올린 상태가 되므로 그 이후 PD를 입력하기 전까지 화면에 어떠한 그림도 그려지지 않고 거북이의 위치만 바뀌게 된다.

  ST(거북 모양 보임), HT(거북 모양 숨김),
  PD(펜을 내림), PU(펜을 올림)

이런 명령어를 반복할 수 있는 반복 명령도 있다. 반복 명령은 반복할 명령을 대괄호 ([ ]) 안에 넣고 그 앞에 반복할 횟수를 다음과 같이 적는다.

  REPEAT 4 [FD 50 RT 90]

이 명령은 앞으로 50 이동하고 오른쪽으로 90° 도는 행위를 4번 반복하라는 뜻이며, 이 결과 정사각형이 그려진다.

이외에 특별한 명령어를 기억하고 수행하게 할 수도 있다. 예를 들어 위와 같은 정사각형을 작도하는 명령어로 다음과 같이 SQUARE를 지정하면 그 이후에는 SQUARE를 입력할 때마다 정사각형을 작도한다.

  TO SQUARE
    REPEAT 4 [FD 50 RT 90]
  END

변수를 가지는 명령어도 만들 수 있다. 다음과 같이 명령어를 지정하면 변의 수를 변수로 하는 정다각형을 그릴 수 있다. 이때 :SIDES가 변수가 된다. 이제 POLYGON 6을 입력하면 변의 길이가 50인 정육각형을, POLYGON 10을 입력하면 변의 길이가 50인 정십각형을 작도한다. :LENGTH :SIDES와 같이 변수를 둘 이상 지정할 수도 있다.

    TO POLYGON :SIDES
      REPEAT :SIDES [FD 50 RT 360/:SIDES]
    END

도형n도 이와 같이 명령어를 만들어두면 도형n 그리기 활동을 LOGO를 이용해서 확인해 볼 수 있다.

LOGO에서 거북이는 직선 방향으로만 움직이며 곡선으로는 움직일 수 없다. 그러므로 원을 그릴 수는 없다. 원을 그리려면 n의 값이 꽤 큰 정n각형을 작도하면 시각적으로 원처럼 보이게 된다.

LOGO는 굉장히 오래된 프로그램이며 명령어를 영어로 직접 입력해야 하는 불편함이 있지만, 명령을 단계적으로 입력할 수도 있고 To-End 구문에 일괄적으로 입력할 수 있는 장점이 있다. 또한 입력한 명령에 따라서 거북이가 단계적 또는 일괄적으로 직접 움직이면서 도형을 그리기 때문에 움직이는 행동을 반성하며 도형의 성질을 탐구할 수 있는 장점이 있으며 무료 프로그램이다.

3) 엔트리

엔트리는 명령을 입력해서 수행하게 하는 로고와 달리 프로그램에서 제공하는 블록을 조립해서 오브젝트에 명령을 내릴 수 있는 블록형 프로그램으로 아동의 흥미를 이끌 수 있는 요소들이 많이 있다.

엔트리를 실행하면 다음과 같은 초기 화면이 나온다.

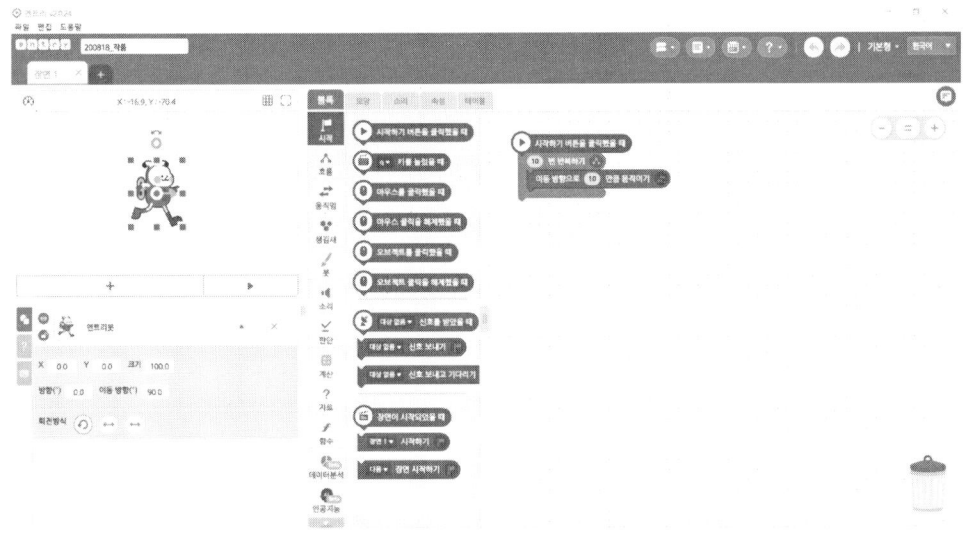

〈그림 7-30〉 엔트리 실행 화면

가운데에 있는 블록꾸러미에서 블록을 오른쪽 블록조립소로 끌어와서 조립을 마친 다음 왼쪽 중간에 있는 시작하기(▶)를 클릭하면 그 위의 실행 화면에서 도형이 그려진다. 실행 화면을 확대하여 모니터 전체를 실행 화면으로 사용할 수도 있다. 블록꾸러미에는 몇 개의 카테고리에 비슷한 블록들을 모아 두었다. 블록에서 길이나 각도, 시간과 같이 원 안에 있는 수치는 수정이 가능하다.

정육각형을 그리는 코드를 만들어 보자. LOGO에서는 기본적으로 pen down이 되어 있어서 객체가 움직이면서 선을 그리게 되지만 엔트리에서는 '그리기 시작하기' 블록을 가지고 와야 한다. 정육각형을 그리려면 선분을 그리고 오른쪽으로 60° 회전하는 일을 6회 반복해야 한다. '1초 기다리기'나 '모양숨기기' 블록은 없어도 되지만 그리는 과정을 관찰하려면 '기다리기' 블록을 가져올 필요가 있다. <그림 7-31>은 정육각형을 그리는 코드이다. 이 코드를 실행하면 정육각형이 그려진다.

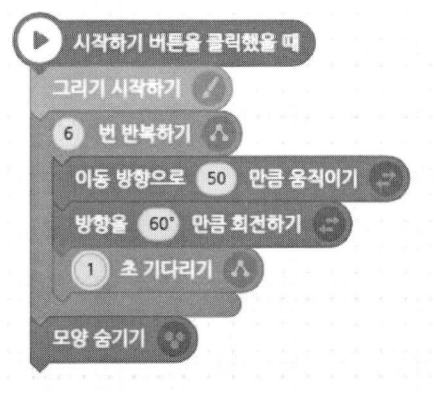

〈그림 7-31〉 정육각형 그리는 코드

엔트리에서도 원을 그릴 수는 없으며 LOGO에서처럼 정다각형을 그려서 시각적으로 원처럼 보이게 해야 한다.

나. Geometer's SketchPad

LOGO가 프로그래밍 언어인데 반해 GSP는 작도 프로그램이다. 초등학교에서 고등학교 기하까지 광범위하게 사용할 수 있는 프로그램이지만 초등학교 학생들이 GSP의 많은 기능을 사용하기는 어려울 수 있다. 그러나 도형을 지도하는 교사들에게는 아주 유용할 수 있으며, 유료 프로그램이다.

디에네스(Dienes)의 수학적 다양성의 원리에 의하면, 수학적 개념을 제시할 때 변화시킬 수 있는 것은 가능한 다양하게 변화시켜 제시하여야 한다. 그러나 교실에서 도형을 다양하게 변화시켜서 제시하기는 어렵다. GSP는 이것을 가능하게 해 준다. 예를 들어 삼각형의 세 각의 크기의 합을 알아볼 때 다양하고 많은 삼각형에서 세 각의 크기의 합을 구하지 않고 두어 개의 삼각형에서 각의 크기의 합을 구하고서 금방 '모든' 삼각형으로 일반화해 버린다. 평행사변형도 특수한 평행사변형만 제시할 뿐 다양한 평행사변형을 일일이 제시해주기 어렵다. GSP는 이런 문제를 쉽게 해결해준다.

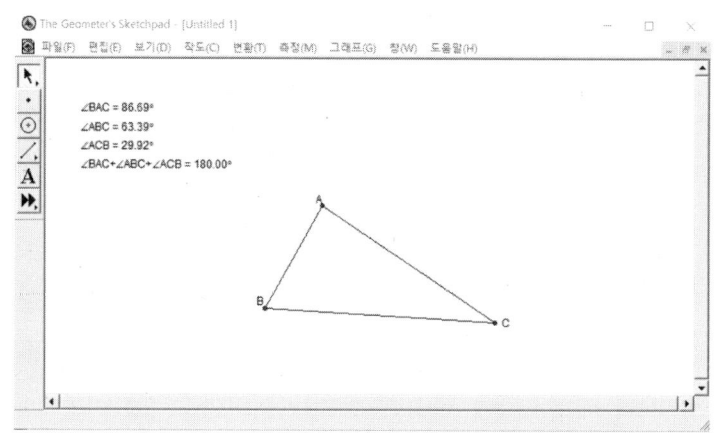

〈그림 7-32〉 삼각형의 세 각의 크기의 합(GSP)

GSP를 실행하면 상단에 메뉴, 왼쪽에 도형을 그리기 위한 몇 가지 아이콘, 그리고 도형을 작도하는 화면이 나타난다.

GSP를 이용해서 삼각형의 세 각의 크기의 합을 알아보자. <그림 7-32>에서처럼 삼각형을 작도하고 세 각의 크기를 측정한 다음 세 각의 크기의 합을 구한다. 세 각의 크기의 합은 180°이며 경우에 따라서 측정의 오차로 인해 180°보다 약간 크거나 작은 각도가 나올 수도 있다. 이제 꼭짓점 A를 잡아끌어서 움직이면 삼각형은 선분 BC를 고정한 상태에서 다양하게 변하게 되고, 이때 세 각의 크기도 제각각 달라진다. 그러나 세 각의 크기의 합인 180°는 변함이 없다. 이를 통해 "'모든' 삼각형에서 세 각의 크기의 합은 180°이다."라고 일반화할 수 있게 된다.

초등학교에서 GSP를 이용하여 지도할 수 있는 도형의 내용은 이외에도 많이 있다.

삼각형에서 밑변의 길이가 같고 높이가 같으면 넓이가 같다는 삼각형의 등적변형, 여러 가지 평행사변형, 사각형의 대각선의 길이나 변의 길이와 각의 크기에 관한 성질, 선대칭도형과 점대칭도형을 그리거나 그 성질, 2015 교육과정에서 삭제된 내용이지만 평행이동과 회전이동, 도형의 확대와 축소 등 평면도형의 많은 내용을 지도하는 데 적절히 활용할 수 있다.

4. 모양의 인식 지도

도형 지도는 먼저 입체도형의 모양을 인식하고, 다음에는 평면도형을 인식한 후, 평면도형의 성질과 입체도형의 성질을 지도하는 순으로 진행된다. 세상에 존재하는 모든 물건은 평면이 아니라 입체이므로 입체도형의 모양을 평면도형의 모양보다 먼저 인식시키는 것이 타당하며, 입체도형의 성질보다는 평면도형의 성질이 보다 이해하기 쉽고 기본이 되기 때문에 이런 순서로 지도하는 것이 적절하다.

모양의 인식은 1-2학년군에서 다룬다. 교실 및 생활 주변에서 여러 가지 물건을 관찰하여 직육면체, 원기둥, 구의 모양을 찾고, 그것을 이용하여 여러 가지 모양을 만들도록 하고 있다. 이어서 교실 및 생활 주변에서 여러 가지 물건을 관찰하여 삼각형, 사각형, 원의 모양을 찾고, 그것을 이용하여 여러 가지 모양을 만들도록 하고 있다. 입체도형이나 평면도형의 모양을 분류하고, 이를 지칭하기 위해 일상용어를 사용하도록 하고 있다.

〈표 7-3〉 모양의 인식 내용 체계(교육부, 2015d)

영역	핵심 개념	일반화된 지식	학년군별 내용 요소		
			1-2학년군	3-4학년군	5-6학년군
도형	평면도형	주변의 모양은 여러 가지 평면도형으로 범주화 되고, 각각의 평면도형은 고유한 성질을 갖는다.	• 평면도형의 모양		
	입체도형	주변의 양은 여러 가지 입체도형으로 범주화 되고, 각각의 입체도형은 고유한 성질을 갖는다.	• 입체도형의 모양		

가. 입체도형의 모양 인식

1학년 1학기에서는 주변의 여러 사물을 관찰하고 분류하여 직관적으로 입체도형의 모양을 인식한다. 분류한 물건에 일상용어를 사용하여 이름을 붙인다.

2009 개정 교육과정 이전까지는 교과서에서 상자 모양, 둥근 기둥 모양, 공 모양이라는 단어를 사용했으나 2009 개정 교육과정부터 이런 단어를 사용하지 않고 있다. 이런 단어를 사용하지 말라는 의미는 아니며 교과서에서 공식적으로 이런 용어를 사용하기보다는 아동들이 제안한 이름을 사용하는 것이 바람직하다는 취지이다. 아동들이 다른 이름을 제안할 수도 있고 상자 모양, 둥근 기둥 모양, 공 모양 등의 이름을 제안할 수도 있다. 만약 아동들이 서로 다양한 이름을 사용한다면 학급 내에서 어떤 이름으로 통일할 것인지를 서로 의논하고 합의하는 과정을 거치는 것도 좋을 것이다. 수학적인 용어를 일찍 접한 아동이 직육면체나 구와 같은 용어를 제안할 수 있으나 이 단계에서는 굳이 그런 용어로까지 진행할 필요는 없다.

나. 평면도형의 모양 인식

1학년 2학기에서는 평면도형의 모양을 인식하게 한다. 평면도형의 모양 역시 주변을 관찰하고 분류하여 직관적으로 인식한다. 분류한 모양에 일상 용어를 사용하여 이름을 붙인다. 문제는 입체도형의 일부분으로서 어떻게 평면의 모양을 인식하게 할 것인가 하는 점이다. 모양으로 인식하기 위해서는 입체도형의 일부인 면의 색이나 재질, 크기 등을 무시하고 모양에만 집중할 수 있어야 한다. 그러기 위해서는 모양 본뜨기나 입체도형의 해당하는 면에 잉크를 묻혀 찍거나 모래 위에 도장을 찍어 면을 관찰하게 하는 방법이 있다. 이러한 활동을 통해 입체도형의 일부분으로서의 면의 모양에 초점을 맞출 수 있다.

이와 같은 방법으로 평면도형의 모양을 인식하게 되면 평면도형은 내부가 포함된 것으로 오해할 수도 있다. 초등 수준에서 면은 내부를 포함하는지 혹은 내부를 제외하는지에 대한 구체적인 언급은 하지 않는다. 그러나 보다 엄밀하게 말하면 면은 변으로 이루어진 다각형, 혹은 원으로서 내부를 포함하지 않는다. 그러므로 내부가 비어 있는 평면도형의 모양을 인식하는 활동도 필요하다. 그런 활동으로는 빨대나 고무줄로 면을 만들게 하거나 손가락을 이용해서 모양을 만들어 보게 하는 활동 등이 있다.

🔍 5. 평면도형의 성질 지도

1-2학년군에서는 삼각형, 사각형, 원을 분류 활동을 통해 직관적으로 이해하고 이를 일반화하여 오각형과 육각형을 알게 한다. 3-4학년군에서는 직선, 선분, 반직선, 각과 직각, 원과 삼각형, 사각형, 다각형을 다룬다. 분류 활동을 통해서 여러 가지 삼각형과 여러 가지 사각형을 알고 그 성질을 알게 한다. 도형의 성질은 다루되 여러 가지 사각형 사이의 관계는 다루지 않는다. 또한 밀기, 뒤집기, 돌리기 활동을 통해 이동을 다루고 이동을 이용하여 규칙적인 무늬를 만들게 한다. 5-6학년군에서는 합동과 대칭도형을 지도한다.

〈표 7-4〉 평면도형의 내용 체계(교육부, 2015d)

영역	핵심 개념	일반화된 지식	학년군별 내용 요소		
			1-2학년군	3-4학년군	5-6학년군
수와 연산	평면 도형	주변의 모양은 여러 가지 평면도형으로 범주화 되고, 각각의 평면도형은 고유한 성질을 갖는다.	• 평면도형과 그 구성 요소	• 도형의 기초 • 원의 구성 요소 • 여러 가지 삼각형 • 여러 가지 사각형 • 다각형	• 합동 • 대칭
	입체 도형				

가. 용어의 정의 방법

용어를 정의하는 방법은 다양하다. 수학화의 관점에서 보면 정의를 지도하는 것이 아니라 정의하기를 지도해야 하기 때문에 정의하는 방법에 대해서 살펴볼 필요가 있다.

1) 내포적 방법

개념이 적용되는 대상들의 공통된 성질을 이용하여 정의하는 방법이다. 논리적 정의, 발생적 정의, 공리적 정의 등이 여기에 해당한다.

가) 논리적 정의(명명적 정의)

'평행사변형은 두 쌍의 대변이 평행한 사각형이다.'라는 정의를 보자. 여기에는 '평행사변형'이라는 정의해야 할 용어가 있고 '두 쌍의 대변이 평행한'이라는 종차(種差)와 '사각형'이라는 최근류(最近類)가 있다. 이와 같이 한 유개념 속의 어떤 종개념이 다른 종개념과 구별되는 요소인 종차와 그 개념의 최근류로 정의하는 방식이 논리적 정의이다. 그러나 '삼각형은 세 변으로 둘러싸인 도형'이라고 정의하면 '도형'은 '삼각형'의 최근류가 아니기 때문에 이를 논리적 정의라고 할 수는 없다. 그렇지만 학교 교육에서 이와 같이 엄밀하게 최근류를 따지는 것은 적절치 않을 수 있으므로 최근류가 아니더라도 크게 문제 삼을 필요는 없을 것이다.

나) 발생적 정의

정의될 대상의 형성 과정을 나타내어서 정의하는 방법이다. 예를 들어 '구는 반원을 지름을 축으로 하여 한 회전하여 얻어진 도형이다'와 같이 정의하는 것이다. 구를 논리적으로 정의하면 공간에서 한 점으로부터 같은 거리에 있는 점들의 집합이라고 정의하게 되는데 이러한 정의보다 발생적으로 정의하는 것이 훨씬 이해하기 쉽다.

다) 공리적 정의

정의하려는 대상을 직접 정의하지 않고 그 대상이 갖추어야 할 조건을 제시하여 정의하는 것으로, 대표적인 공리적 정의로 콜모고로프(Kolmogorov)의 확률에 대한 정의가 있다. 학교수학에서는 공리적 정의를 사용하지 않는다.

2) 외연적 정의(예시적 정의)

외연적 정의는 개념에 속하는 대상들을 사용하여 정의하는 방법이다. '0.1, 0.2, 0.3, …과 같은 수를 소수라고 한다.'와 같이 대상을 열거하거나 다음

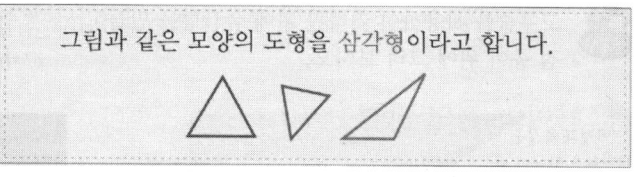

〈그림 7-33〉 삼각형의 정의(교육부, 2017g)

<그림 7-33>에서처럼 대상을 지시하여 정의하기도 하고, '유리수와 무리수를 합하여 실수라고 한다.'와 같이 그 부분집합을 열거하여 정의할 수도 한다.

개념의 대상을 완전하게 규정하기 힘들기 때문에 외연적 정의는 논리적으로 불완전하며 제시된 예에서 정의하려는 개념의 요소 외의 다른 요소가 부각되어 오개념이 형성될 수 있는 위험이 있다. 그러나 직관적으로 설명하거나 이해하기 쉽기 때문에 초등학교 수준에서는 외연적 정의를 적극적으로 사용할 필요가 있다. 외연적 정의에서 출발하여

적절한 단계에서 논리적 정의로 전환하는 것이 개념을 이해하는 데 효과적일 것이다.

나. 직선, 반직선, 선분

점은 공간에서 위치는 있으나 크기가 없는 것이며, 직선은 무한히 길고 곧은 선으로 폭이 없는 것이다. 점과 직선은 무정의용어로 사용된다.

직선 위의 한 점은 직선을 두 부분으로 분해한다. 그 점을 포함한 각각의 부분을 반직선이라고 한다. 다음 <그림 7-34>에서 직선 AB를 $\overleftrightarrow{AB}$ 또는 $\overleftrightarrow{BA}$로 나타내고, 점 A에서 시작하여 B쪽으로 한없이 뻗어나가는 반직선 AB를 $\overrightarrow{AB}$로, 점 B에서 시작하여 A쪽으로 한없이 뻗어나가는 반직선 BA를 $\overrightarrow{BA}$로 나타내지만, 초등학교에서는 이런 기호를 사용하지 않는다. 한 점에서 또 다른 한 점까지의 직선의 일부분을 선분이라고 한다.

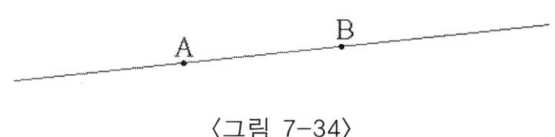

<그림 7-34>

선분은 직선의 일부이고 반직선은 직선의 반이라는 의미를 가지고 있으므로 직선, 반직선, 선분의 순서로 도입하는 것이 타당하지만 2015 개정 교육과정에서는 3학년 1학기 교과서에서 곡선과 비교하여 선분을 먼저 정의하고 이어서 반직선과 직선의 순으로 정의하고 있다. 양쪽 방향으로 한없이 뻗어나가는 직선을 그림으로 나타내기가 적절치 않을 뿐만 아니라 '두 점을 곧게 이은 선을 선분이라고 한다'와 같이 선분을 정의하는 것이 더 이해하기 쉽기 때문일 것이다. 선분을 이와 같이 정의한 다음 반직선은 '한 점에서 시작하여 한쪽으로 끝없이 늘인 곧은 선'으로, 직선은 '선분을 양쪽으로 끝없이 늘인 곧은 선'으로 정의하고 있다.

다. 각

반직선을 학습한 후에 3학년 1학기에서 각을 정의한다. 각은 <그림 7-35>처럼 평면 위의 한 점에서 시작하는 두 반직선으로 이루어진 도형을 말한다. 두 반직선으로 이루

> 한 점에서 그은 두 반직선으로 이루어진 도형을 각이라고 합니다.
> 그림의 각을 각 ㄱㄴㄷ 또는 각 ㄷㄴㄱ이라 하고, 이때 점 ㄴ을 각의 꼭짓점이라고 합니다.
> 반직선 ㄴㄱ과 반직선 ㄴㄷ을 각의 변이라 하고, 이 변을 변 ㄴㄱ과 변 ㄴㄷ이라고 합니다.

<그림 7-35> 각의 정의(교육부, 2018b)

어진 도형은 평면을 두 부분으로 나누기 때문에 2개의 각이 만들어진다. 이때 작은 쪽 각을 열각(劣角), 큰 쪽의 각을 우각(優角)이라 하는데 초등학교에서는 열각만 다룬다.

두 반직선이 시작하는 점을 각의 꼭짓점이라 하고 두 반직선을 각의 변이라고 한다. 많은 사람들이 각은 도형이 아닌 것으로 착각한다. 도형은 다각형이나 원처럼 닫혀 있다는 오개념을 가지고 있기 때문에 생기는 오류이다. 그러나 각과 같이 열려 있는 것도 도형이다.

각을 두 반직선으로 이루어진 도형으로 정의하면 다각형에서는 각이 존재하지 않는 문제가 생긴다. 다각형에서는 반직선이 없기 때문이다. 그러나 각을 반직선을 이용하여 정의하지 않으면 벌어진 정도는 같지만 변의 길이가 다른 경우에 이를 다른 각으로 인정해야 하는 문제가 생긴다. 그러므로 각은 두 반직선으로 정의했음에도 불구하고 다각형에서는 두 변(이때 변은 선분이다)으로 이루어진 도형도 각으로 적당히 인정하고 넘어가고 있다. 3차 교육과정의 3학년 1학기 교과서에서는 각을 끝점이 같은 두 사선(현재는 반직선을 말함)으로 이루어진 도형으로 정의하면서 3학년 2학기 교과서에서는 <그림 7-36>처럼 삼각형의 각을 별도로 정의해 주고 있다.

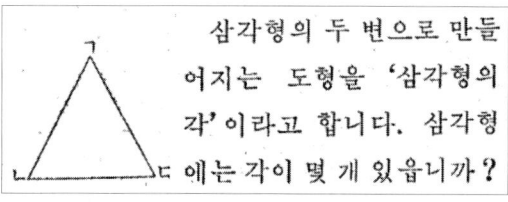

〈그림 7-36〉 삼각형의 각(문교부, 1975b)

각을 정의하고 나면 직각을 다루게 된다. 직각은 종이를 반듯하게 두 번 접었을 때 생기는 각이라고 정의된다. 정확히는 평각부터 정의해야 한다. 평각은 각의 두 변이 일직선을 이룰 때 생기는 각을 말하며, 직각은 평각 크기의 절반에 해당하는 각을 말한다. 교육과정에서는 평각이라는 용어를 사용하지 않고 있다.

직각은 주변에서 쉽게 볼 수 있으며 각의 크기를 생각할 때 기준이 되는 각이다. 직각을 학습하게 되면 직각과 관련하여 직각삼각형, 직사각형, 정사각형으로 이어지게 된다.

직각은 특수한 각을 지칭한다. 즉, 도형이다. 그러나 경우에 따라서 직각은 각의 크기인 90°를 의미하기도 한다. 문맥에 따라서 직각이 도형으로 사용되는지 각의 크기로 사용되는지를 판단해야 할 경우도 있다.

예각은 직각보다 작은 각(또는 90°보다 작은 각), 둔각은 직각보다 크고 평각보다 작은 각(또는 90°보다 크고 180°보다 작은 각)을 말하는데, 뾰족하고 예리한 모양의 각이어서 예각, 둔한 모양의 각이어서 둔각이라고 이름이 붙었다. 예각과 둔각은 예각삼각형과 둔각삼각형을 다룰 때 함께 지도되어도 무방하다.

라. 수직과 평행

수직과 평행은 4학년 2학기에서 다룬다.

1) 수직과 수선

평면에서 두 직선은 만나거나 만나지 않는다. 두 직선이 만나는 경우 중에서 특별히 관심을 가지는 경우가 수직으로 만나는 경우이다. 즉, 두 직선이 만나서 이루는 각이 직각일 때 두 직선은 서로 수직이라고 하고, 이때 한 직선을 다른 직선에 대한 수선이라고 한다. 수직인 상태를 <그림 7-37>과 같이 나타내며, 기호로는 두 직선 l, m이 서로 수직일 때 $l \perp m$으로 나타낸다.

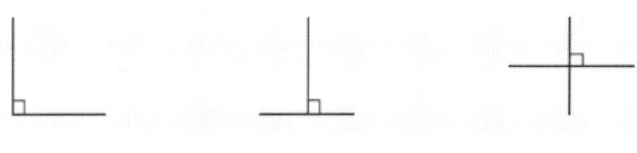

〈그림 7-37〉 수직(교육부, 2018e)

일반적으로 점과 직선을 나타낼 때 점은 대문자로 직선은 소문자로 나타낸다.

수직과 수선에 대한 개념을 학습한 후에는 삼각자를 이용하여 수선을 그리고 각도기를 이용하여 수선을 그리는 기능을 기른다.

한 점에서 직선까지의 거리는 <그림 7-38>에서처럼 그 점에서 직선 위의 임의의 점을 연결한 선분 중 길이가 가장 짧은 선분의 길이로 정의한다. 이러한 선분은 그 직선에 수직임을 알게 한다.

〈그림 7-38〉

2) 평행

평면에서 두 직선이 만나지 않을 때 두 직선을 평행하다고 하며 평행한 두 직선을 평행선이라고 한다. 평행선은 아무리 연장해도 만나지 않는다.

주변에서 평행선을 찾아보면서 평행선 개념에 익숙해지게 한다. 이어서 평행선을 긋는 방법을 설명한다. 교과서에서는 <그림 7-39>처럼 삼각자를 이용하여 평행선을 그리게 하고 있다. 이런 방법은 동위각이 직각인 경우에 해당한다. 초등학교에서는 평행선에서 동위각의 크기와

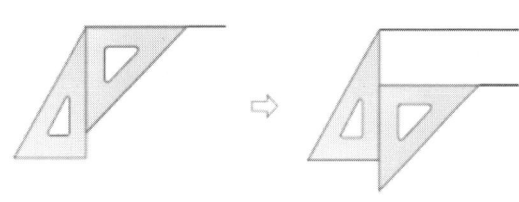

〈그림 7-39〉 평행선 그리기(교육부, 2018e)

엇각의 크기가 각각 같다는 사실을 지도하지 않지만 그런 사실을 은연중에 이용하여 평행선을 그리고 있는 것이다. 수직인 직선을 그리기 쉽기 때문에 이런 방법으로 평행선을 도입할 수는 있으나 가급적 다양한 방법을 사용하고, 다양한 방법을 찾아보게 하는 것이 바람직하다.

<그림 7-40>과 같은 방식으로도 평행선을 그릴 수 있다. 오른쪽 삼각자를 밑으로 내리면서 비스듬하게 선을 그으면 이 선은 평행하게 된다. 혹은 보통 사용하는 30cm 자를 이용하여 <그림 7-41>과 같이 그릴 수도 있다. 이렇게 평행선을 그리게 되면 두 평행선 사이의 간격은 항상 같고, 평행선을 계속 연장하여 그려도 만나지 않는다는 사실을 직관적으로 파악할 수 있다.

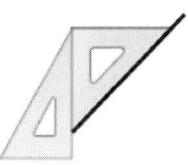

〈그림 7-40〉

평행선 사이의 거리를 정의한다. 평행선의 한 직선 위의 임의의 한 점에서 다른 직선에 수선을 그었을 때 두 평행선 사이의 선분의 길이를 평행선 사이의 거리라고 한다. 교과서에서는 평행선의 한 직선에서 다른 직선에 수선을 그었을 때 이 수선의 길이를 평행선 사이의 거리라고 정의하고 있는데 수선은 직선이기 때문에 수선의 길이를 말할 수는 없다. 정확한 표현이 아니라서 아동들이 오해할 수 있다는 점을 유의할 필요가 있다.

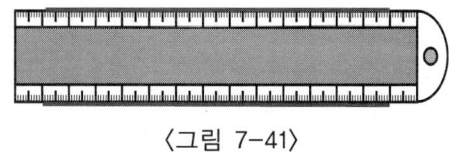

〈그림 7-41〉

마. 삼각형

삼각형의 종류에 대해서는 4학년 2학기에서 다룬다. 분류 활동을 통해 여러 가지 삼각형을 알아본다. 분류의 기준은 변의 길이와 각의 크기이다.

1) 이등변삼각형과 정삼각형

가) 정의

먼저 변의 길이를 기준으로 하여 분류 활동을 한다. 두 변의 길이가 같은 삼각형을 이등변삼각형이라고 하고 세 변의 길이가 같은 삼각형을 정삼각형이라고 한다. 이등변삼각형에서 길이가 같은 두 변이 만나는 점을 이등변삼각형의 꼭짓점이라고 하고 그 대변을 이등변삼각형의 밑변이라고 한다.

그런데 이러한 분류와 정의는 상당히 곤란한 문제를 야기한다. 정삼각형은 이등변삼각형이다. 그런데 정삼각형은 세 변의 길이가 같은 삼각형이고 이등변삼각형은 두 변의 길이가 같다. 우리는 일반적으로 둘이면 둘이고 셋이면 셋이지 둘이 셋을 포함한다고 생각하지 않는다. 그런데 어떻게 세 변의 길이가 같은 삼각형을 이등변삼각형이라고 할 수 있을까? 만약 길이가 같은 변이 있다는 의미에서 등변삼각형이라고 하면 정삼각형도 포함할 수 있다. 그러나 오랜 관습으로 사용해 온 '이등변삼각형'이란 용어를 바꾸는 것도 쉽지 않은 일인 만큼 이 부분에서 특별한 지도를 해야 할 것이다.

변의 길이를 기준으로 분류할 때 두 변의 길이가 같은 삼각형과 세 변의 길이가 같은 삼각형으로 분류할 것이 아니라, 길이가 같은 변이 있는지 없는지를 기준으로 삼각형을 분류하여 길이가 같은 변이 있는 삼각형을 일시적으로 등변삼각형으로 부르다가, 등변삼각형을 다시 세 변의 길이가 같은지 어떤지를 기준으로 분류하여 세 변의 길이가 같은 삼각형을 정삼각형이라 부르면서, 길이가 같은 변이 있는 삼각형을 최소 두 변의 길이가 같으므로 이등변삼각형이라고 부르는 식으로 진행하는 것도 한 가지 수업 방식이 될 것이다.

나) 성질

이등변삼각형을 그리거나 색종이로 오려서 이등변삼각형에 어떤 성질이 있는지를 탐색해 본다. 그 결과 확인할 수 있는 이등변삼각형의 성질은 다음과 같다.

- 두 변의 길이가 같다. (이것은 이등변삼각형의 정의로 사용된다.)
- 두 밑각의 크기는 같다.
- 이등변삼각형의 꼭지각의 이등분선은 밑변을 수직이등분한다.
- 이등변삼각형은 선대칭도형이다.

정삼각형은 이등변삼각형의 특수한 경우이므로 이등변삼각형의 성질을 그대로 가지고 있다. 특히 정삼각형의 세 각의 크기는 모두 같고 60°이다.

2015 개정 교과서에서는 도형의 포함 관계를 강조하지 않기 때문에 '정삼각형은 이등변삼각형이다.'와 같은 포함 관계를 지도하지는 않지만 구체적인 도형에 대하여 이등변삼각형과 정삼각형을 고르는 활동에서 자연스럽게 이런 포함 관계가 다루어지게 마련이다.

2) 직각삼각형, 예각삼각형, 둔각삼각형

각을 기준으로 하여 삼각형을 분류할 수도 있다. 크기가 같은 각이 있느냐 없느냐가 기준이 될 수도 있지만 이런 기준으로 삼각형을 분류하면 변을 기준으로 하여 분류한 것과 같은 결과를 얻게 된다. (물론 이 경우 각이 같다는 관점에서 이등변삼각형이라는 용어보다 이등각삼각형이라는 용어가 더 적절할 수도 있다). 한편, 직각을 기준으로 하여 분류할 수도 있다.

먼저 직각삼각형에 대해서 살펴보자. 3학년 1학기에서 직각을 학습한 다음 '한 각이 직각인 삼각형' 또는 '직각이 있는 삼각형'을 직각삼각형이라고 하였다.

이제 예각과 둔각을 학습한 다음, 4학년 2학기에서 세 각이 모두 직각보다 작은지 혹은 직각보다 큰 각이 있는지에 따라서 삼각형을 분류한 다음 예각삼각형과 둔각삼각형을 정의한다. 세 각이 모두 예각인 삼각형을 예각삼각형, 둔각이 있는 삼각형을 둔각삼각형이라고 정의한다. 마지막으로 각의 크기와 변의 길이 두 가지 기준을 혼합하여 직각이등변삼각형, 둔각이등변삼각형 등도 생각해 보게 한다.

예각삼각형과 둔각삼각형은 그리 활용 빈도가 많은 개념은 아니다. 그러므로 예각삼각형과 둔각삼각형은 분류하고 개념화하는 활동으로서 다루고 그 이상 비중 있게 다룰 필요는 없을 것이다.

3) 삼각형의 세 각의 크기의 합

삼각형의 중요한 성질 중의 하나가 세 내각의 크기의 합이 180° 또는 2직각이라는 사실이다. 이 내용은 4학년 1학기에서 각의 크기를 학습한 다음 지도된다. 이러한 사실을 발견하기 위해서는 먼저 '세 각의 크기를 더해야 하겠다.'라는 생각, 그리고 '그 합이 일정한 것 같다.'라는 생각을 가지게 하는 것이 좋다. "삼각형의 세 각의 크기의 합을 알 수 있어요"와 같이 교과서에서 차시 주제를 제시해 버리면 각의 크기를 재어서 더해야겠다는 생각을 벌써 노출해 버린 것과 같으며, 왜 각의 크기의 합을 구해야 하지? 하는 궁금증이 생길 수 있다.

2009 개정 교과서에서는 차시 주제를 위와 같이 제시하면서 <그림 7-42>와 같은 활동을 제시하였다. 교과서 집필진이 의도하였는지는 모르겠지만, 이 활동을 통해서, 삼각형을 변형하면 어떤 각은 커지고 어떤 각은 작아지며 결국 전체적으로는 일정하겠다는 생각을 관찰을 통해 인식할 수 있는 단서를 제공하였다고 할 수 있다.

기하 판에 고무줄을 걸어 삼각형을 만들었습니다. 한 꼭짓점에 걸린 고무줄을 움직여서 삼각형의 세 각의 크기가 어떻게 변하는지 살펴봅시다.

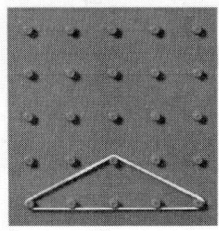 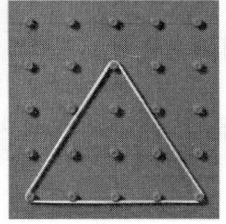 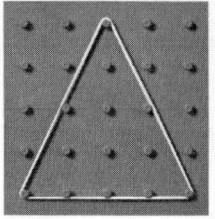

〈그림 7-42〉 지오보드에서 삼각형의 변형(교육부, 2014)

전체적으로 그 합이 일정하다는 생각이 들면 거의 자연스럽게 그 합이 얼마인지를 확인해 보려고 할 것이다. 교과서에서는 그 합을 구하는 방법으로 각도기로 재어서 합을 구해보는 활동, 각을 오려서 한 군데로 모아 보는 활동의 두 가지를 통해 삼각형의 세 각의 크기의 합이 180°임을 발견하게 하고 있다.

가) 세 각의 크기를 재어서 더하는 방법

몇 개의 삼각형을 그리고 각각의 삼각형에 대하여 각의 크기를 재어 더하는 방법이다. 이 경우 "삼각형의 세 각의 크기의 합은 180°이다."라는 사실을 귀납할 수 있다. 그러나 몇 개의 삼각형에 대해서 조사하여 귀납한 것이므로 '모든' 삼각형으로 일반화할 수 있는가 하는 의심을 가질 수 있다. 또한 아동들이 각의 크기를 측정하였기 때문에 경우에 따라서는 180°가 아닌 다른 값이 나올 수 있다. 이런 경우 일반적인 규칙을 귀납하기 어려울 수도 있다.

성급한 일반화의 문제를 해소하기 위하여 GSP를 이용하여 모든 삼각형에 대해 조사한다. GSP를 이용하여 삼각형의 세 각의 크기의 합을 구하고, 삼각형을 임의로 변형하면서 그 합을 살펴보게 되면 성급한 일반화의 문제를 해소할 수 있다.

나) 각을 오려서 모으는 방법

〈그림 7-43〉과 같이 삼각형을 그려서 오린 다음 세 각을 잘라서 한 군데 모으면 일직선이 된다. 이렇게 해서 '삼각형의 세 각의 합은 2 직각이다'와 같은 사실을 발견하게 된다.

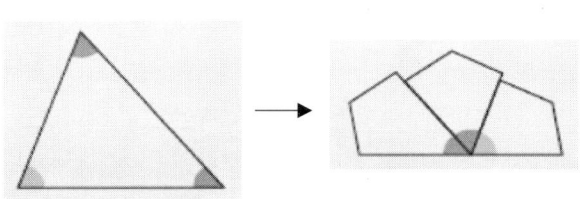

〈그림 7-43〉 삼각형의 각을 한 점에 모으기

그러나 이 역시 각을 재어서 더하는 경우와 마찬가지로 성급한 일반화의 오류가 발생하며, 세 각을 모으면 정확히 일직선이 된다고 장담할 수 없는 문제가 있다.

다) 삼각형을 접어서 세 각을 한 곳에 모으는 방법

앞서 살펴본 <그림 7-5>와 같이 삼각형을 접어서 직사각형으로 반적변형을 하면 세 각이 한 곳에 모여서 2 직각이 된다. 이것은 어떤 한 삼각형을 접은 것이기는 하지만 이렇게 접는 방법은 모든 삼각형에 적용될 수 있기 때문에 하나의 삼각형으로 이러한 사실을 발견하였지만 모든 삼각형으로 쉽게 일반화할 수 있다.

라) 삼각형을 따라 이동하며 회전각을 살펴보는 방법(1)

삼각형의 변을 따라 움직여보자. <그림 7-44>에서처럼, 먼저 점 A에서 B를 향해 걸어간다. B에서 C를 향해 방향을 돌리면 B의 외각만큼 회전한 것이다. B에서 C로 움직인 다음 C에서 A를 향해 방향을 돌린다. 그러면 C의 외각만큼 회전한 것이다. C에서 A로 이동한 후 다시 B 방향으로 회전하면 A의 외각만큼 회전한 것이고 총 회전각은 한 바퀴, 즉 360°이다. 각 꼭짓점에서 외각과 내각의 크기의 합은 180°이므로 모든 외각과 내각의 크기의 합은 180×3=540°인데, 여기서 총 회전각 360°를 빼면 내각의 크기의 합 180°를 얻는다.

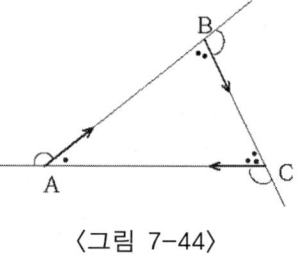

〈그림 7-44〉

이 방법은 모든 삼각형에 일반화할 수 있기는 하나 한 바퀴 회전하면 360°가 된다는 사실을 이해해야 가능하므로 조금 어려울 수도 있다.

마) 삼각형을 따라 이동하며 회전각을 살펴보는 방법(2)

이 방법은 2015학년도 초등임용고사에 출제되었던 문제에 포함된 방법이다. <그림 7-45>와 같이 점 A에서 점 C 방향으로 놓여진 연필을 각 A의 내각만큼 왼쪽으로 회전한다. 이어서 연필을 변을 따라 곧바로 전진시켜서 점 B에 이른다. 점 B에서 내각의 크기만큼 왼쪽으로 회전시킨다. 이 연필을 변을 따라 후진하여 점 C에 이르게 한다. 여기서 내각만큼 왼쪽으로 회전시키면 최초의 연필과 정반대가 된다. 그 상태로 점 A까지 이동한다. 연필은 처음 상태에서 180° 회전한 상태가 되는데,

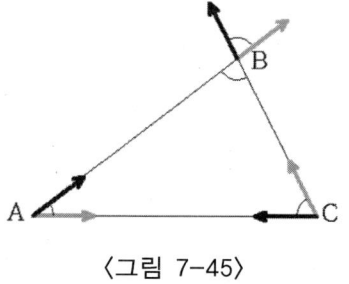

〈그림 7-45〉

이 값이 삼각형의 세 각의 크기의 합이다.

이와 같이 삼각형의 세 각의 크기의 합이 180°가 된다는 사실을 발견하는 방법(물론 이 방법은 이 사실을 정당화하는 방법이 되기도 한다.)은 여러 가지가 있다. 초등학교에서는 평행선에서 동위각과 엇각의 크기가 같다는 성질을 이용하여 논증적으로 이를 정당화할 수 없지만 이와 같은 다양한 방법으로 삼각형의 세 각의 크기의 합을 설명할 수 있다.

바. 사각형

여러 가지 사각형을 분류하여 사다리꼴, 평행사변형, 직사각형, 정사각형, 마름모의 개념을 알게 한다. 여러 가지 사각형은 일반적인 사각형에서부터 시작하여 특수한 사각형의 순으로 지도하는 것이 일반적이다.

1) 사각형의 네 각의 크기의 합

삼각형의 세 각의 크기의 합이 180°로 일정하듯이, 사각형의 네 각의 크기의 합은 360°로 일정하다. 사각형의 네 각의 크기의 합을 알아보기 위하여 삼각형에서처럼 각의 크기를 재어서 더해보거나 각을 오려서 한 곳에 모아볼 수 있다. 그러나 이런 직관적인 방법보다는 연역적 방법을 사용하는 것이 바람직하다. 즉 이미 알고 있는 사실을 이용하는 것이다.

우리는 삼각형의 세 각의 크기의 합이 180°임을 알고 있다. 그러므로 사각형을 삼각형으로 잘라서 이를 이용한다. 사각형을 자르는 방법은 다음 <그림 7-46>과 같이 두 가지가 있다.

〈그림 7-46〉 사각형을 삼각형으로 분할하기

(1)과 같이 대각선을 그어서 두 개의 삼각형으로 만들면 사각형의 네 각의 크기의 합은 두 삼각형의 세 각의 크기의 합의 합과 같다. 그러므로 360°이다. (2)와 같이 사각형의 내부에 한 점을 찍고 그 점과 사각형의 네 꼭짓점을 이으면 4개의 삼각형이 만들어

진다. 이 4개의 삼각형의 각을 모두 합하면 180°×4=720°가 된다. 그러나 이 경우에는 사각형의 네 각의 크기 외에 그 내부에 있는 360°가 더해진 값이다. 그러므로 이 값을 빼면 사각형의 네 각의 크기의 합이 360°임을 알 수 있다.

직관적 방법보다 이러한 연역적 방법을 권하는 이유는 나중에 다각형이나 오목사각형 등의 각의 크기의 합을 구할 때 이런 연역적 방법이 편리하게 적용될 수 있기 때문이다.

2) 사다리꼴

3학년 1학기에서 직사각형과 정사각형을 학습하고, 4학년 2학기에서 사다리꼴과 평행사변형, 마름모를 학습한다.

한 쌍의 대변이 평행한 사각형을 사다리꼴이라고 한다. 평행한 두 변을 밑변이라고 하고 두 밑변 사이의 거리를 높이라고 한다. 밑변 중 하나를 윗변, 다른 변을 아랫변이라고 한다. 아랫변의 양 끝각이 같은 사다리꼴을 등변사다리꼴이라고 한다. 각이 같다는 조건에 비추어 볼 때 등변사다리꼴이라는 용어가 적절치 않을 수 있다. 그러나 밑변이 아닌 다른 두 변의 길이가 같다고 하면 이는 평행사변형도 포함할 수 있게 되므로 각의 크기로 정의하는 것이 적절하다.

평행한 변이 있는지를 기준으로 하여 사각형을 분류하고, 평행한 변이 있는 사각형을 사다리꼴이라고 정의한다. 이등변삼각형을 정의할 때와 마찬가지로 '한 쌍의 대변'이 '두 쌍의 대변'도 포함하는가 하는 문제가 생긴다. 서양의 일부 지역에서는 사다리꼴(trapezoid)을 오직 한 쌍의 대변만이 평행한 사각형으로 정의하기도 한다. 이런 경우 밑변이 아닌 다른 두 변의 길이가 같은 사다리꼴을 등변사다리꼴이라고 정의하는 것은 적절하다. 우리나라에서는 사다리꼴에 두 쌍의 대변이 평행한 경우도 포함하는 것이 관례이다. 그래서인지 2015 개정 교과서에서는 2009 개정 교과서에서와는 달리 사다리꼴을 '평행한 두 변이 한 쌍이라도 있는 사각형'으로 정의하고 있다.

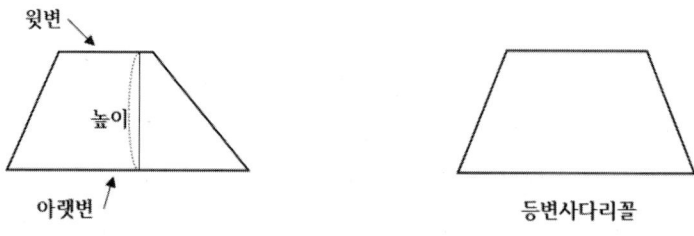

〈그림 7-47〉 사다리꼴

3) 평행사변형

두 쌍의 대변이 각각 평행한 사각형을 평행사변형이라고 한다. 그러므로 평행사변형은 사다리꼴의 특수한 경우이다. 평행사변형에서도 평행한 두 변을 밑변이라고 하고 두 밑변 사이의 거리를 평행사변형의 높이라고 한다. 그러므로 평행사변형에는 밑변이 두 쌍 있다.

평행사변형을 그려서 그 성질을 탐색하면 다음과 같은 성질을 찾을 수 있다.

- 마주 보는 변은 평행하다.
- 마주 보는 변의 길이가 같다.
- 마주 보는 각의 크기가 같다.
- 이웃한 두 각의 합은 180°이다.
- 두 대각선의 교점은 각각의 대각선을 이등분한다.
- 점대칭도형이다.

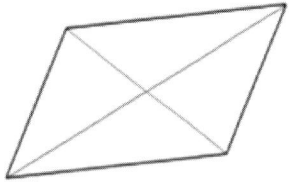

〈그림 7-48〉

4) 직사각형과 정사각형

직사각형과 정사각형은 직각을 학습한 후에 직각이 사용되는 사례로서 이미 3학년 1학기에서 학습된다. 그러나 여러 가지 사각형의 관점, 특히 2015 개정 교육과정에서는 강조하지 않고 있지만, 사각형의 포함 관계를 고려하면 사다리꼴, 평행사변형, 직사각형, 정사각형, 마름모라는 일련의 포함 관계 속에서 지도되는 것이 바람직하다.

직사각형은 평행사변형의 특수한 경우이므로 평행사변형의 성질을 모두 가지고 있다. 특히 다음과 같은 성질을 더 가지고 있다.

- 두 대각선의 길이가 같다.
- 각은 모두 직각이다.
- 점대칭도형이며 동시에 선대칭도형이다.

한편 정사각형은 직사각형의 특수한 경우이다. 그러므로 직사각형의 성질을 모두 가지고 있으며 여기에 더해서 '두 대각선은 수직으로 만난다.'라는 성질을 가지고 있다.

여러 사각형 중에서 직사각형과 정사각형을 찾을 때 직사각형과 정사각형을 서로 다른 것으로 생각하는 아동들이 꽤 있다. 정사각형도 직사각형임을 인식하게 해야 한다.

5) 마름모

마름모는 네 변의 길이가 같은 사각형이다. 마름모는 평행사변형의 특수한 경우이며, 정사각형은 직사각형의 특수한 경우일 뿐만 아니라 마름모의 특수한 경우이다. 그러므로 평행사변형을 학습하고 나서 직사각형보다 마름모가 먼저 지도될 수도 있다.

마름모는 평행사변형이 가지는 성질 외에 다음과 같은 성질도 가지고 있다.

- 두 대각선은 수직으로 만난다.
- 점대칭도형이고 선대칭도형이다.

6) 사각형의 포함 관계

모든 개념에는 외연과 내포가 있다. 외연은 개념이 적용될 수 있는 사물의 범위나 개체들의 집합이며, 내포는 개념이 지니는 성질이나 속성이다. 그러므로 개념을 지도할 때 그 개념의 외연과 내포를 모두 이해하게 해야 한다. 특히 사각형을 지도할 때는 더욱 그렇다.

여러 가지 사각형의 외연과 내포는 다음 <표 7-5>와 같다.

〈표 7-5〉 사각형의 외연과 내포

	사다리꼴	평행사변형	직사각형	정사각형
외연				
내포	· 한 쌍의 대변이 평행 등	· 두 쌍의 대변이 평행 · 대변의 길이가 같다. · 대각의 크기가 같다. 등	· 두 쌍의 대변이 평행 · 대변의 길이가 같다. · 모든 각의 크기가 같다. · 대각선의 길이가 같다. 등	· 두 쌍의 대변이 평행 · 모든 변의 길이가 같다. · 모든 각의 크기가 같다. · 대각선의 길이가 같다. · 대각선은 서로 수직이등분한다. 등

사각형의 포함 관계는 다음과 같다.

{정사각형} $\subset$ {직사각형}
{정사각형} $\subset$ {마름모} $\subset$ {평행사변형} $\subset$ {사다리꼴} $\subset$ {사각형}

이와 같이 포함 관계에 있으면 외연이 많아질수록 내포는 점점 적어지고 내포가 많아지면 외연은 적어지는 반비례 관계가 성립한다.

사. 다각형

선분으로만 둘러싸인 도형을 다각형이라고 한다. 다각형의 각 선분을 다각형의 변, 선분의 끝점을 다각형의 꼭짓점이라고 한다. 변의 개수에 따라 다각형을 삼각형, 사각형, 오각형 등으로 부른다.

초등학교에서 다루는 도형은 볼록다각형이다. 다각형 내부의 임의의 두 점을 연결한 선분이 다각형의 내부에 있으면 볼록다각형이라 하고 그렇지 않으면 오목다각형이라고 한다.

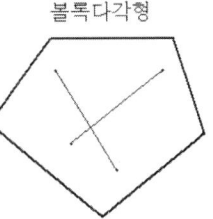
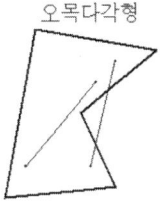

〈그림 7-49〉 볼록다각형과 오목다각형

1) 대각선

다각형에서 이웃하지 않은 두 꼭짓점을 이은 선분을 대각선이라고 한다.

삼각형에는 대각선이 없다. 4 이상의 n각형에서는 한 꼭짓점에서 그을 수 있는 대각선의 수가 (n-3)개이다. 그러므로 n각형에서는 n개의 꼭짓점에서 모두 (n-3)개의 대각선을 그을 수 있으며, 서로 다른 두 점에서 그은 대각선은 중복되므로 전체 대각선의 개수는 $\frac{n \times (n-3)}{2}$개이다.

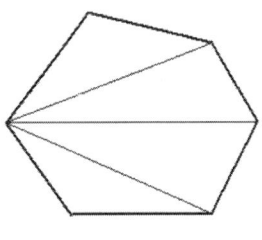

〈그림 7-50〉

2) 각의 크기의 합

삼각형의 세 각의 크기의 합은 180°이고, 사각형의 네 각의 크기의 합은 360°이다. <그림 7-51>에서처럼 5각형은 한 꼭짓점에서 대각선을 그어 3개의 삼각형을 만들 수 있고 6각형은 4개의 삼각형을 만들 수 있다. 그러므로 5각형의 각의 크기의 합은 180°×3=540°, 6각형의 각의 크기의 합은 180°×4=720°이다. 즉, n각형의 각의 크기의 합은 180°×(n-2)이다.

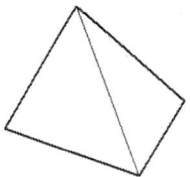 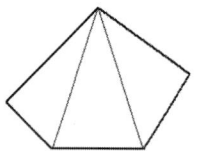 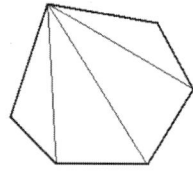

〈그림 7-51〉 다각형을 삼각형으로 분할하기(1)

<그림 7-52>와 같은 방법으로도 구할 수 있다. 다각형의 내부에 한 점을 찍고 그 점에서 다각형의 모든 꼭짓점까지 선분을 그으면 4각형은 4개의 삼각형, 5각형은 5개의 삼각형, 6각형은 6개의 삼각형으로 분할된다. 이때 다각형의 내각이 아닌 각이 생성되어 내부에 360°가 추가된다.

그러므로 n각형의 내각의 크기의 합은 180°×n-360°=180°×(n-2)이다.

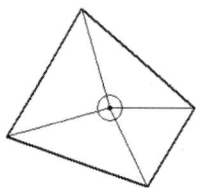 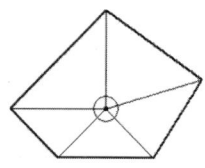 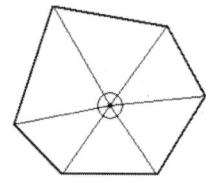

〈그림 7-52〉 다각형을 삼각형으로 분할하기(2)

3) 정다각형

변의 길이가 모두 같고 각의 크기가 모두 같은 다각형을 정다각형이라고 한다. 정삼각형의 경우 변의 길이가 같으면 동시에 각의 크기도 같지만, 사각형부터는 변의 길이가 같다고 해서 각의 크기도 같은 것은 아니다. 그러므로 변과 각 두 가지 조건을 모두 만족해야 정다각형이 된다.

 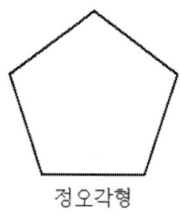 

정삼각형　　　정사각형　　　정오각형　　　정육각형

〈그림 7-53〉 정다각형

정다각형은 원에 내접 및 외접하므로 원에서 정다각형을 그리거나 탐색하는 것이 좋다. 초등학교 수준에서는 원의 중심각을 이용하면 정다각형을 쉽게 그릴 수 있다. LOGO나 엔트리를 이용하여 정다각형을 그리면 각의 크기에 대해서도 이해가 깊어질 것이다.

다각형의 내각의 크기의 합이 180°×(n-2)이므로 정다각형의 한 내각의 크기는 $\frac{180° \times (n-2)}{n}$ 이다.

아. 원

1학년 2학기에서 평면도형의 모양으로 인식된 둥근 모양은 2학년 1학기에서 <그림 7-54>처럼 예시적으로 정의된다. 이와 같이 일상생활에서 보게 되는 원에서는 원의 중심이나 반지름이 추상화되지 않는다. 원의 중심이 표시된 물건을 관찰하게 되더라도 그 점이 원에서 어떤 의미가 있는지를 파악하기 쉽지 않다.

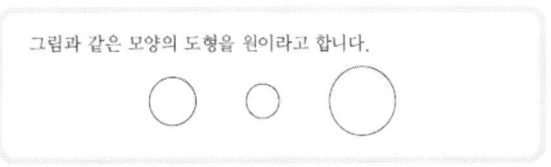

<그림 7-54> 원의 정의(교육부, 2017g)

3학년 2학기에서는 원의 구성 요소인 원의 중심과 반지름을 지도한다. 원의 중심과 반지름의 의미를 학습하기 위해서는 원을 다양한 방법으로 그려보아야 한다. 우선 원 모양의 물건을 본떠서 그리는 방법이 있다. 그러나 이렇게 그리면 원의 중심과 반지름이 드러나지 않기 때문에 본을 뜨지 않고 그리는 방법을 생각해 보게 한다. 교과서에서는 다음 세 가지 방법이 소개되어 있다.

① 연필을 실로 묶어서 그린다.
② 자로 일정한 거리에 점을 찍는다.
③ 누름못과 띠 종이를 이용하여 그린다.

원의 중심과 반지름이 원의 중요한 구성 요소임을 이해하기 위해서, 어느 특정 지점에서 몇 m 거리에 보물을 감춰두었는데 그 방향을 적은 부분이 훼손된 보물지도를 발견하고 보물을 찾는 활동을 생각해 보자. 이것은 ②의 방법과 같은 활동이다. 특정 지점에서 일정한 거리의 여기저기를 파보는 결과는 <그림 7-55>와 같다. 그 흔적은 원이다. 이런 과정에서 원을 그리는 가장 중요한 요소는 중심이 되는 장소와 일정한 거

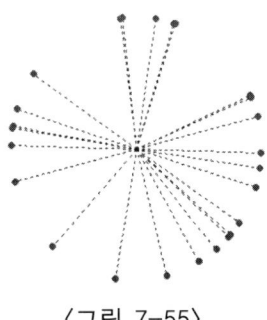

<그림 7-55>

리임을 알게 한다. 중심이 되는 곳을 원의 중심이라고 하고 일정한 거리를 가지는 선분을 반지름이라고 한다. 그리고 원 위의 두 점을 양 끝점으로 하고 원의 중심을 지나는 선분을 원의 지름이라고 한다.

원의 구성 요소로서의 중심과 반지름을 이해하면 원의 성질을 탐구한다. 원의 성질은 다음과 같다.

- 지름은 무수히 많다.
- 지름은 반지름의 두 배이다.
- 지름은 원 위의 두 점을 이은 선분 중에서 가장 긴 선분이다.
- 원은 지름에 의해서 이등분된다.
- 반지름의 길이는 같다.
- 원은 점대칭도형이고 선대칭도형이다.

지름과 반지름이라는 용어에서 알 수 있듯이 반지름은 지름의 반이다. 그러므로 당연히 지름이 먼저 등장하고 그 절반으로 반지름이 정의되어야 할 것처럼 보인다. 우리 말로 번역된 의미상 그렇게 된다. 그러나 원을 구성하는 핵심 요소는 지름보다는 반지름이다. 영어로는 지름을 diameter, 반지름을 radius이라고 한다. 그러므로 영어에서는 그런 문제가 생기지 않는다. 대신 diameter는 radius의 두 배라는 사실을 기억하는 데 어려움이 생긴다.

원의 성질을 이해한 다음 원을 그리는 연습을 한다. 원을 쉽게 그릴 수 있는 도구는 컴퍼스인데 컴퍼스를 이용하여 원을 그리는 일은 생각처럼 쉽지는 않다. 컴퍼스를 이용하여 다양한 원을 그리고 여러 가지 모양을 만드는 활동을 하면서 컴퍼스를 사용하는 법을 익힌다.

자. 합동과 이동

1) 합동

모양과 크기가 같은 도형을 합동(合同)이라고 한다. 합동인 두 도형을 포개었을 때 완전히 겹치는 점을 대응점, 겹치는 변을 대응변, 겹치는 각을 대응각이라고 한다. 합동은 아동들에게는 매우 생소한 용어라 상당히 어려울 수 있다.

합동인 도형에서 중심적인 내용은 합동인 삼각형을 그리는 것과 대칭도형, 합동 변환이다. 초등학교에서 합동인 삼각형을 그리는 내용은 2009 개정 교육과정에서 삭제되었으나 교과서에서 다루어지다가 2015 개정시 교과서에서도 삭제되었다. 선대칭 위치에 있는 도형과 점대칭 위치에 있는 도형도 지도 내용에서 삭제되었다.

2) 대칭도형

가) 선대칭도형

우리 주변에는 좌우 또는 상하가 똑같은 것들이 많이 있다. 이와 같이 한 직선을 따라 접었을 때 완전히 겹치는 도형을 선대칭도형이라고 한다. 그 직선을 대칭축이라고 하고 대칭축을 따라 접었을 때 겹치는 점, 변, 각을 각각 대응점, 대응변, 대응각이라고 한다.

선대칭도형에서 대칭축은 한 개 또는 여러 개 있을 수 있다. 선대칭도형의 두 대응점을 이은 선분은 대칭축에 의해 수직 이등분된다.

교과서에서는 선대칭도형의 여러 성질과 대칭축을 기준으로 하여 일부만 그려진 도형의 나머지 부분을 그려서 선대칭도형을 완성시키는 내용을 다룬다. 대칭도형을 완성시킬 때 교육과정에서는 점판을 이용하도록 권하고 있는데 거울을 이용하여 완성될 모습을 미리 확인해 보게 하는 것도 방법이 될 수 있다.

이어서, 주변에서 선대칭인 도형이나 동물, 식물 등을 찾아보면서 선대칭도형에 대한 이해와 미적 감각을 동시에 길러보도록 한다.

나) 점대칭도형

한 점을 중심으로 180° 회전하였을 때 처음 도형과 완전히 겹치는 도형을 점대칭도형이라고 한다. 이때 그 점을 대칭의 중심이라고 하고, 180° 회전하였을 때 겹치는 점, 변, 각을 각각 대응점, 대응변, 대응각이라고 한다.

교과서에서는 점대칭도형의 여러 성질과 대칭의 중심을 기준으로 하여 일부만 그려진 도형의 나머지 부분을 그려서 점대칭도형을 완성시키는 내용을 다룬다. 이어서, 주변에서 점대칭인 도형이나 동물, 식물 등을 찾아보면서 점대칭도형에 대한 이해와 미적 감각을 동시에 길러보도록 한다.

3) 이동

모양과 크기가 같게 변환하는 것을 합동변환이라고 하며 합동변환에는 평행이동, 회전이동, 선대칭이동이 있다. 합동변환을 하면 모양과 크기는 변하지 않고 위치와 방향은 변할 수 있다.

이동은 2015 개정 4학년 1학기 교과서에서 지도한다. 학문적 용어를 사용하지 않고 생활 용어를 사용한다. 즉, 평행이동 대신 밀기, 선대칭이동 대신 뒤집기, 회전이동 대신 돌리기라는 말을 사용한다. 또한, 이동에 따른 변화를 추론하고 설명하게 하며, 규칙적인 무늬를 만들어 보게 하고 있다.

이동을 지도하는 이유로 교사용 지도서는 공간에서의 위치 지각 능력, 공간 관계에 대한 지각 능력, 시각적 기억 능력을 기르기 위해서라고 기술하고 있다(교육부, 2018a).

가) 평행이동

도형을 일정한 방향으로 일정한 거리만큼 이동하는 변환을 평행이동이라고 한다. 평행이동은 도형 위의 모든 점을 일정한 방향으로 일정한 거리만큼 이동시키기 때문에 모양이나 방향은 변하지 않고 위치만 변하게 된다.

나) 선대칭이동

선대칭이동은 어떤 직선을 대칭축으로 하여 반사시키는 이동이다. 선대칭이동을 하면 모양은 변하지 않고 대칭축을 기준으로 하여 좌우가 바뀌게 된다. 대칭축이 가로로 놓여 있을 때는 상하가 바뀐다고 말할 수도 있으나 이 경우에도 애매하기는 하지만 대칭축을 기준으로 하여 좌우가 바뀐다고 할 수 있다.

다) 회전이동과 점대칭이동

회전이동은 평면에서 한 점을 기준으로 하여 회전시키는 이동이다. 특히 180° 회전하였을 때 점대칭이동이라고 한다. 4학년 1학기 교과서에서 돌리기를 할 때는 90°, 180°, 270°, 360° 회전만을 다루고 있다.

🔍 6. 입체도형의 성질 지도

입체도형은 5-6학년군에서 다룬다. 직육면체와 정육면체, 각기둥, 각뿔, 원기둥, 원뿔, 구의 구성 요소와 성질을 알며, 직육면체와 정육면체의 겨냥도와 전개도, 각기둥과 원기둥의 전개도를 다룬다. 또한 공간 감각을 기르기 위해 쌓기나무로 입체도형을 만들고 위, 앞, 옆에서 본 모양을 표현하고, 역으로 이러한 표현으로부터 입체도형의 모양을 추측하게 하고 있다. 각뿔과 원뿔의 전개도는 다루지 않는다.

교육과정에서는 평면도형을 이해할 때 분류 활동을 하도록 명시하고 있지만 입체도형에서는 분류 활동을 명시하지 않고 있다. 그러나 입체도형에서도 분류 활동을 통해 그 개념을 형성하는 것이 좋다. 또한 회전체라는 용어를 사용하지 않지만 직사각형, 직각삼각형, 반원을 돌리는 활동을 통해 원기둥, 원뿔, 구를 만들어 보게 하고 있다.

〈표 7-6〉 입체도형의 내용 체계(교육부, 2015d)

영역	핵심 개념	일반화된 지식	학년군별 내용 요소		
			1-2학년군	3-4학년군	5-6학년군
도형	평면 도형				
	입체 도형	주변의 양은 여러 가지 입체도형으로 범주화 되고, 각각의 입체도형은 고유한 성질을 갖는다.			• 직육면체, 정육면체 • 각기둥, 각뿔 • 원기둥, 원뿔, 구 • 입체도형의 공간감각

가. 직육면체와 정육면체

6개의 평면으로 둘러싸인 입체를 육면체라고 하고 모든 면이 직사각형인 육면체를 직육면체라고 한다. 이때 면이 모두 정사각형이면 이를 정육면체라고 한다. 그러므로 정육면체는 직육면체의 특수한 경우이다. 면과 면이 만나는 선을 모서리, 세 모서리가 만나는 점을 꼭짓점이라고 한다.

직육면체에서 평행한 두 면을 밑면이라고 한다. 그리고 밑면과 수직인 면을 옆면이라고 한다. 직육면체에서는 평행한 면이 3쌍 있으므로 밑면이 될 수 있는 것은 3쌍이다.

1) 직육면체와 정육면체의 구성 요소

직육면체와 정육면체의 구성 요소를 살펴보고 구성 요소 사이의 관계를 파악한다.
• 직육면체의 모든 면은 직사각형이다.
• 직육면체의 마주 보는 면은 서로 합동이고 평행하다.

- 직육면체에서 이웃한 면은 수직이다.
- 꼭짓점에서 만나는 세 모서리는 서로 수직이다.
- 꼭짓점이 8개, 모서리가 12개, 면이 6개 있다.
- 정육면체의 모든 면은 합동인 정사각형이다.

2) 직육면체의 겨냥도

입체도형은 보는 위치에 따라 모양이 다르고 보이지 않는 면도 있다. 직육면체는 정면에서 바라볼 때는 직사각형 한 면만 보이고 정면 바로 위나 아래에서 보면 두 개의 직사각형 면만 보인다. 그러나 어떤 경우에도 3면을 초과해서 보이지는 않는다. 겨냥도는 입체도형의 전체 모양을 알 수 있도록 평면 위에 그린 그림이다. 그러므로 겨냥도를 그릴 때는 '보이는 모서리는 실선으로, 보이지 않는 모서리는 점선으로 나타낸다.' 교과서에서는 이 조건만 언급되어 있다. 그러나 '평행한 모서리는 평행하게 그린다'는 조건도 추가할 필요가 있다. 다만 입체 모양을 알 수 있게 그리기 위해서는 각의 크기는 고려하지 않는다. 직육면체는 모든 각이 직각이지만 겨냥도에서는 직각이 나타나지 않는 곳도 있다. 모서리의 길이는 필요할 경우에는 정확하게 그 수치를 나타낼 수도 있다.

다음 <그림 7-56>에서 (1), (2), (4)는 직육면체의 겨냥도이지만 (3)은 직육면체의 겨냥도가 아니다. 여기서 알 수 있는 것처럼 직육면체의 겨냥도는 3개의 면이 눈에 보이며 3개의 모서리가 눈에 보이지 않아서 점선으로 나타내는 공통점이 있다.

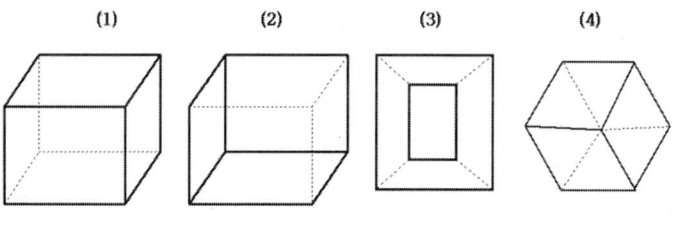

〈그림 7-56〉 직육면체의 겨냥도 찾기

3) 직육면체와 정육면체의 전개도

입체도형을 2차원 평면에 펼쳐서 그린 그림을 전개도라고 한다. 입체도형의 모서리를 따라서 잘라내어 평면에 펼치는데 잘린 모서리는 실선으로, 잘리지 않은 모서리는 점선으로 나타낸다. 전개도를 그릴 때는 면이 떨어져 나가지 않도록 해야 하며 면과 면은 모서리로 만나야 한다. 다만 원기둥이나 원뿔에서처럼 면이 원이 될 경우에는 한 점에서 만나도록 그려야 한다.

전개도에서 수직인 면과 평행한 면을 찾게 하여 직접 직육면체를 만들지 않더라도 전개도로부터 입체도형을 추측할 수 있어야 한다. 그러므로 <그림 7-57>과 같은 전개도를 보고 다음과 같은 질문에 답할 수 있어야 한다.

- 어느 꼭짓점과 어느 꼭짓점이 일치하는가?
- 어느 모서리와 어느 모서리가 수직 또는 평행한가?
- 어느 면과 어느 면이 수직 또는 평행한가?

전개도를 그릴 때 직육면체의 어느 모서리를 잘라야 하는지, 몇 군데를 잘라야 하는지 등도 조사할 필요가 있다. 자르는 모서리에 따라 전개도의 모양도 달라진다. 직육면체의 경우 일곱 군데의 모서리를 잘라야 평면에 펼칠 수 있다는 사실도 이해시킨다. 12개의 모서리 중에서 어느 7개

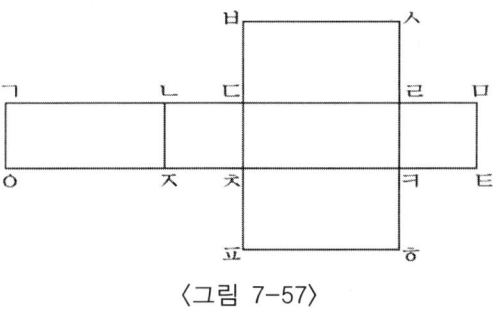

<그림 7-57>

의 모서리를 자르느냐에 따라 다양한 전개도가 나올 수 있다는 것을 인식시킨다.

정육면체의 전개도는 다음 <그림 7-58>과 같이 모두 11개 있다. 직육면체는 정육면체를 기본으로 하여 생각할 때 가로, 세로, 높이에 따라 6가지의 다른 직사각형 모양의 면을 생각할 수 있다. 따라서 직육면체의 전개도는 66가지가 있다. 직육면체나 정육면체의 전개도를 지도하면서 단 하나의 전개도만 다루기보다는 다양한 전개도를 다루는 것이 바람직하지만 정육면체나 직육면체의 전개도가 모두 몇 개 있는지를 지도할 필요는 없다.

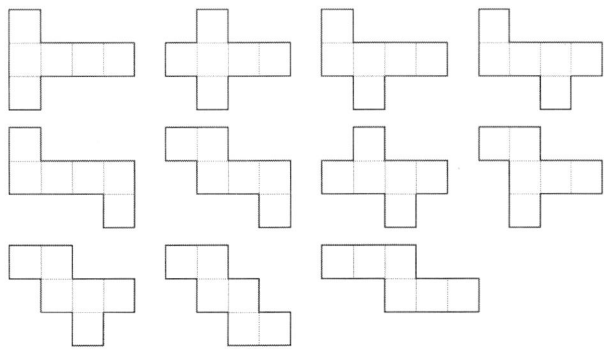

<그림 7-58> 정육면체의 전개도

나. 각기둥과 각뿔

각기둥과 각뿔은 6학년 1학기에서 지도한다.

1) 각기둥과 각뿔의 정의

여러 가지 입체 모형을 관찰하여 기둥과 뿔로 분류하고 각각을 다시 밑면의 모양에 따라 분류하여 이름을 정한다.

가) 각기둥

여러 가지 기둥 역시 밑면을 기준으로 하여 분류한 후 밑면의 모양에 따라 삼각기둥, 사각기둥, 오각기둥 등으로 이름을 붙인다.

각기둥을 발생적으로 정의하려면 다음과 같다. 평면 위의 다각형을 동일 평면이 아닌 방향으로 평행이동하여 만들어지는 입체도형을 각기둥이라고 하고 평면 위의 다각형의 모양에 따라 삼각기둥, 사각기둥 등의 이름을 붙인다. 평면에 수직으로 이동하여 생긴 각기둥을 직각기둥, 비스듬히 이동하여 생긴 각기둥을 빗각기둥이라고 하는데 초등학교에서는 직각기둥만 다루는 것을 원칙으로 한다. 이때 평면 위에 있던 최초의 다각형 및 그와 평행한 면을 밑면이라고 하고, 이동하면서 생긴 면을 옆면이라고 한다.

교과서에서는 각기둥을 발생적으로 정의하지 않고 여러 가지 사물을 관찰하여 <그림 7-59>와 같이 각기둥을 예시적으로 정의하고, 이어서 <그림 7-60>과 같이 서로 평행하고 합동인 두 면을 밑면으로 정의하고 있다.

<그림 7-59> 각기둥의 정의(교육부, 2019d)

그러나 평행성만이 밑면의 조건이 되면 오개념이 생길 수 있다. 예를 들어 사각기둥인 직육면체에서는 평행한 면이 3쌍이 있고 3쌍 모두 밑면이 될 수 있지만, <그림 7-59>의 정육각기둥

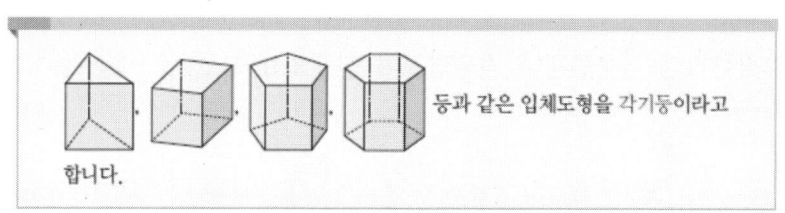

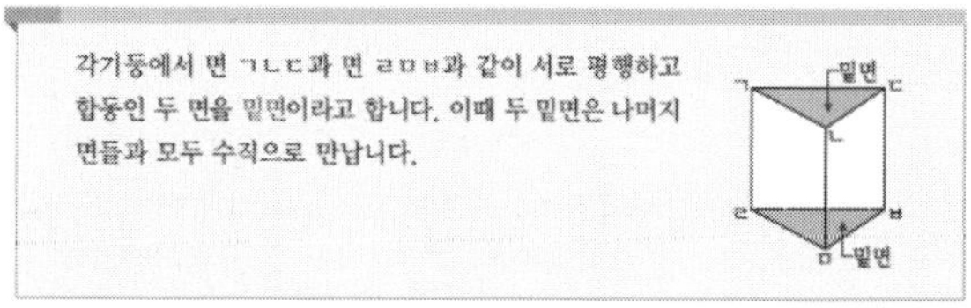

<그림 7-60> 각기둥의 밑면 정의(교육부, 2019d)

에서는 평행한 면이 4쌍 있어도 실제로 밑면은 단 한 쌍뿐이다. 그러므로 밑면이 될 수 있는 조건을 더 추가해야 한다. <그림 7-60>의 정의에서 두 밑면은 나머지 면(즉, 옆면)과 모두 수직으로 만난다고 하였는데, 이것은 밑면의 정의에 따른 성질로 해석된다. 그러나 이것을 성질이 아니라 밑면의 조건으로 추가해야 육각기둥이나 팔각기둥에서 밑면에 대한 오개념을 예방할 수 있다. 즉 '서로 평행하고 합동이면서 나머지 면들과 수직인 두 면'을 밑면이라고 정의해야 한다.

두 밑면 사이의 거리를 높이라고 한다.

나) 각뿔

평면 위에 있는 다각형 내부의 모든 점과 평면이 아닌 곳에 놓여 있는 한 점을 이어서 생긴 입체도형을 각뿔이라고 한다. 다각형의 모양에 따라 삼각뿔, 사각뿔, 오각뿔 등과 같이 부른다. 평면 위의 다각형을 각뿔의 밑면, 평면이 아닌 곳에 위치한 점을 각뿔의 꼭짓점, 이 꼭짓점에서 밑면과의 거리를 각뿔의 높이라고 한다.

교과서에서는 각기둥과 마찬가지 방법으로 여러 가지 사물을 관찰하여 예시적으로 각뿔을 정의하고 있다.

2) 각기둥과 각뿔의 구성 요소

각기둥과 각뿔의 구성 요소와 그 관계를 살펴보게 한다. 밑면의 모양, 옆면의 모양, 면의 수, 모서리의 수, 꼭짓점의 수를 살펴보고 면과 면 또는 면과 모서리의 관계 등을 살펴본다.

가) 각기둥의 구성 요소

- 밑면이 n각형이면 꼭짓점은 2×n개이고, 모서리는 3×n개, 면은 (n+2)개이다.
- 두 밑면은 평행하고 합동이다.
- 각기둥의 옆면은 직사각형이다.
- 밑면과 옆면은 수직이다.
- 밑면이 정다각형이면 옆면은 모두 합동인 직사각형이다.

나) 각뿔의 구성 요소

- 밑면이 n각형이면 꼭짓점은 (n+1)개이고, 모서리는 2×n개, 면은 (n+1)개이다.
- 옆면은 삼각형이다.

- 밑면이 정다각형이고 꼭짓점이 중앙에 위치한 정각뿔이면 옆면은 모두 합동인 이등변삼각형이다.

3) 겨냥도

각기둥이나 각뿔의 겨냥도를 그릴 때에도 입체의 모양이 잘 드러나도록 그려야 하며 특히 보이는 모서리는 실선으로 보이지 않는 모서리는 점선으로 나타낸다. 평행한 선은 평행하게 그리되, 각의 크기는 달라도 된다.

4) 전개도

각기둥의 전개도는 간단한 형태만 다루고 각뿔의 전개도는 다루지 않고 있다. 각기둥이나 각뿔의 전개도를 그리려고 하면 기본적으로 합동인 삼각형을 자와 컴퍼스를 이용하여 그릴 수 있어야 한다. 2015 개정 교육과정과 교과서에서 삼각형의 작도가 삭제되었기 때문에 원칙적으로 각기둥이나 각뿔의 전개도를 정확하게 그리는 것은 불가능하다. 그러므로 2015 개정 교과서에서는 <그림 7-61>과 같이 어떤 그림이 각기둥의 전개도가 될 수 있는지 아닌지 정도만 다루고 있다.

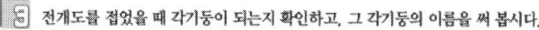
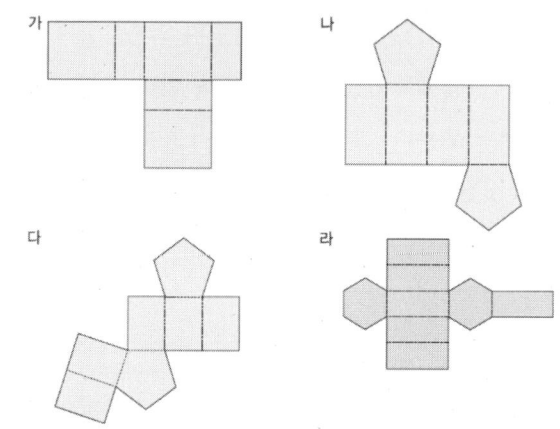

〈그림 7-61〉 각기둥의 전개도(교육부, 2019d)

각기둥의 전개도를 그리도록 하는 경우가 있기는 하지만, 이 경우는 삼각기둥에서 밑면인 삼각형이 직각삼각형인 경우에 한하고 있다. 직각삼각형은 빗변이 아닌 두 변의 길이를 알면 전개도를 어렵지 않게 그릴 수 있기 때문이다.

이런 정도라면 각뿔의 전개도를 지도하는 것도 불가능하지는 않다. 어떤 그림이 삼각뿔의 전개도가 될 수 있는지 여부를 살펴보는 것은 충분히 가능할 것이다.

다. 정다면체

각기둥과 각뿔은 다면체이다. 전체적인 모양에 따라 기둥과 뿔로 구분하고, 밑면의 모양에 따라 이름을 정하지만, 면의 수에 따라서 이름을 정하기도 한다. 즉 면의 수가 4,

5, 6개인 경우 각각 사면체, 오면체, 육면체라고 한다. 그러므로 삼각뿔은 사면체이며 삼각기둥은 5면체이기도 하다.

정다면체는 면이 모두 합동인 정다각형이고 한 꼭짓점에 모이는 면의 수가 같은 다면체로서, 정사면체, 정육면체, 정팔면체, 정십이면체, 정이십면체의 다섯 가지 종류가 있다.

정다면체는 초등학교 지도 내용은 아니다. 그러나 정다면체가 매우 아름답고 의미가 있는 도형이므로 관찰할 기회를 제공할 필요는 있다. 교실에 정다면체 모형을 비치해 두고 아동들이 오고 가면서 살펴볼 수 있게 한다. 정육면체 주사위뿐만 아니라 10면체 주사위도 있고 정다면체 주사위도 수학 수업에서 사용할 기회가 있을 수 있기 때문에 정다면체 주사위를 사용하는 것도 한 가지 방법이다.

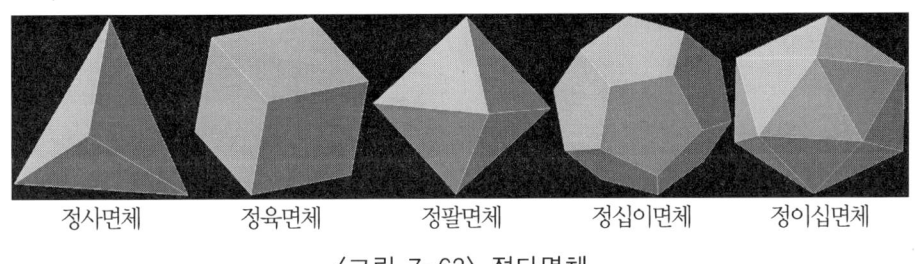

정사면체   정육면체   정팔면체   정십이면체   정이십면체

〈그림 7-62〉 정다면체

라. 다면체에서 규칙성 탐구

다면체에서 여러 가지 규칙을 찾을 수 있다. 오일러의 공식은 매우 유명한 규칙으로 다음과 같다.

다면체의 꼭짓점의 수를 v, 모서리의 수를 e, 면의 수를 f라고 하면 $v-e+f=2$이다.

오일러의 공식은 위상수학의 내용이기도 하다. 오일러의 공식을 초등학교에서 다룰 필요는 없다. 그러나 각기둥에서 혹은 각뿔에서 면의 수나 모서리의 수, 꼭짓점의 수에 대한 규칙을 찾을 수도 있고, 전개도를 만들기 위해서 각기둥의 경우 모서리 몇 개를 잘라야 하는지 혹은 각뿔에서 모서리 몇 개를 잘라야 하는지 등의 규칙을 탐구할 수는 있다.

마. 회전체

평면도형을 한 직선을 축으로 하여 1회전시킬 때 생기는 입체도형을 회전체라고 한다. 초등학교에서 지도되는 회전체로는 원기둥, 원뿔, 구가 있다. 그러나 2015 개정 교과서에서는 회전체라는 용어를 사용하지 않으며 회전체의 정의로부터 연역적으로 원기둥, 원뿔 등을 이끌어내지도 않는다. 구체물의 관찰을 통해 예시적으로 원기둥, 원뿔, 구를 정의하고 난 후 평면도형을 회전하여 나오는 입체도형이 원기둥, 원뿔, 구가 됨을 살피는 정도이다.

원기둥의 전개도를 다루지만 원뿔의 전개도는 다루지 않으며 원기둥과 원뿔의 부피도 다루지 않는다.

1) 원기둥

원기둥을 발생적으로 정의하면 직사각형의 한 변을 축으로 하여 1회전하여 생긴 입체도형이다. 2015 개정 6학년 2학기 교과서에서는 원기둥을 다음과 같이 예시적으로 정의하고 있다.

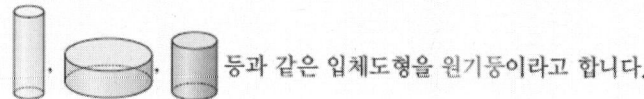

〈그림 7-63〉 원기둥의 정의(교육부, 2019e)

평면 위의 원을 평면 밖으로 평행이동하여 만들어지는 도형을 원기둥이라고 정의할 수도 있다. 이때 평면에 수직으로 이동하여 만들어진 원기둥을 직원기둥이라고 하며, 이것은 회전하여 얻어진 도형과 일치한다. 평면에 수직이 아닌 방향으로 이동할 경우에는 빗원기둥이 얻어지며 이것은 회전체가 아니다. 초등학교에서는 직원기둥, 즉 회전체만 다룬다.

원기둥에서 평행하고 합동인 두 면을 밑면이라고 하고 두 밑면과 만나는 면을 옆면이라고 한다. 옆면은 굽은 곡면이다. 두 밑면에 수직인 선분의 길이를 높이라고 한다. 직사각형을 1회전할 때 회전축이 아닌 반대쪽 변을 모선이라고 한다. 그러나 원기둥에서는 모선이란 용어는 거의 쓰지 않는다.

교과서에서는 원기둥을 예시적으로 정의한 다음 직사각형을 한 변을 기준으로 하여 회전하였을 때 나오는 입체도형을 살짝 다룸으로써 원기둥을 회전체와 연관시키고 있다.

원기둥은 다음과 같은 성질을 가진다.
- 두 밑면은 합동인 원이다.
- 두 밑면은 평행하다.

- 옆면은 곡면이다.
- 꼭짓점이 없다.
- 두 면이 만나는 경계선은 원이다.

원기둥의 전개도를 그려보자.
① 원기둥의 옆면을 모선을 따라 자른다.
② 밑면인 두 원의 원주를 따라 자른다.
③ 옆면의 전개도인 직사각형의 양쪽에 밑면인 원을 하나씩 접하게 둔다.

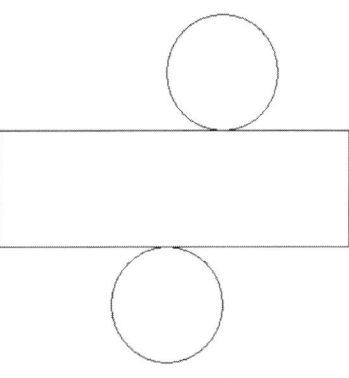

〈그림 7-64〉 원기둥의 전개도

원기둥의 전개도를 보면 <그림 7-64>와 같이 옆면은 직사각형임을 알 수 있다. 모선이 아닌 다른 선으로 자르면 옆면이 평행사변형이 될 수도 있지만, 일반적으로 원기둥의 전개도를 생각할 때 옆면을 직사각형으로 만든다. 옆면인 직사각형의 가로는 밑면인 원의 원주가 되고 세로는 원기둥의 높이에 해당한다.

2015 개정 교과서에서는 옆면의 전개도인 직사각형의 가로와 세로를 구하는 문제를 다루고 있으나 원기둥의 겉넓이까지는 구하지 않는다.

2) 원뿔

원뿔을 발생적으로 정의하면 직각삼각형의 높이를 축으로 하여 1회전하여 생긴 입체도형이다. 2015 개정 교과서에서는 원뿔을 다음과 같이 예시적으로 정의하고 있다.

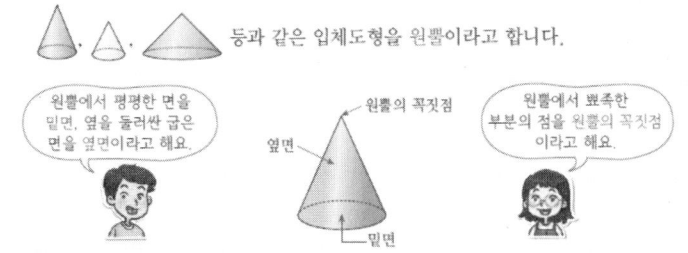

〈그림 7-65〉 원뿔의 정의(교육부, 2019e)

평면 위의 원의 점과 이 평면 밖의 한 점을 직선으로 연결한 도형을 원뿔이라고 정의하기도 한다. 평면 밖의 한 점이 평면 위의 원의 중심을 지나고 평면에 수직인 직선 위에 있다면 이 원뿔은 직원뿔이며 회전체와 동일하다. 그러나 그렇지 아니하면 그것을 빗원뿔이라고 한다. 초등학교에서는 직원뿔만 다룬다.

원뿔에서 평평한 면, 즉 원인 면을 밑면, 옆을 둘러싼 굽은 면을 옆면이라고 한다. 원뿔의 뾰족한 부분을 원뿔의 꼭짓점이라고 한다. 꼭짓점에서 밑면까지의 거리를 원뿔의 높이라고 하며, 회전하기 전의 직각삼각형의 빗변에 해당하는 선분, 즉 원뿔의 꼭짓점에서 밑면인 원의 둘레의 한 점을 이은 선분을 모선이라고 한다. '모선(母線)'은 곡면을 만드는 직선이라는 뜻이다. 모선의 의미를 제대로 살리려면 교과서에서처럼 원뿔을 예시적으로 정의하지 않고 회전체로 정의해야 한다.

교과서에서는 원기둥에서와 마찬가지로 원뿔을 예시적으로 정의한 다음 직각삼각형을 직각을 낀 한 변을 기준으로 하여 회전하였을 때 나오는 입체도형을 살짝 다룸으로써 원뿔을 회전체와 연관시키고 있다.

원뿔은 다음과 같은 성질을 가진다.
- 꼭짓점이 1개 있다.
- 모선이 무수히 많다.
- 옆에서 보면 이등변삼각형이고 위에서 보면 원이다.

원뿔의 전개도는 초등학교에서 다루지 않는다. 원뿔의 전개도를 만들려면 모선을 따라 옆면을 자르고 밑면을 원주를 따라 자른 다음 밑면인 원을 옆면인 부채꼴에 접하도록 두면 된다. 옆면은 부채꼴이고 부채꼴의 호의 길이는 밑면인 원의 원주의 길이와 같다.

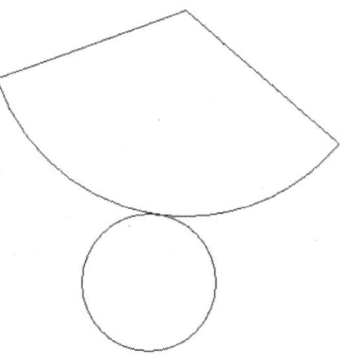

〈그림 7-66〉 원뿔의 전개도

3) 구

구는 3차원 공간의 한 정점에서 같은 거리에 있는 점들의 집합이다. 발생적으로 정의하면 반원을 지름을 축으로 하여 1회전할 때 생기는 입체도형이다. 정점 또는 반원의 중심이 이 구의 중심이고 일정한 거리 혹은 반원의 반지름이 구의 반지름이다. 2015 개정 교과서에서는 수박, 축구공 등을 예로 들며 예시적으로 정의하면서 회전체와 연관시키고 있다.

구는 곡면이고 꼭짓점도 모서리도 없다. 어느 쪽에서 보더라도 그 모양은 원이다.

과거에는 회전체의 단면을 지도했으나 최근에는 단면과 겉넓이, 부피를 다루지 않는다.

제8장
측정과 그 지도

제 8 장
생 각 할 문 제

이 단원을 학습하기 전에 다음 문제를 생각해 봅시다.

01 측정은 언제 하게 되는가?

02 측정을 위해 필요한 도구는 무엇일까?

03 측정 단위인 m, kg, L 등은 어떻게 만들어졌을까?

04 직사각형의 넓이를 왜 (가로)×(세로)로 구할 수 있을까?

05 각의 크기 단위인 1°를 정의하기 위해 직각을 왜 90등분 하였을까?

8장 측정과 그 지도

1. 관련 이론

가. 측정 지도의 목적

측정을 지도하는 목적은 다음과 같다.

첫째, 일상생활에서 많이 이용되기 때문이다. 우리는 일상생활에서 키를 재고 멀고 가까운 거리를 따지며, 목적지까지 가는 시간도 계산한다. 아이스크림 한 개에 포함된 칼로리를 따지며 먹을지 말지 고민하기도 한다, 하루에 마신 우유의 양, 하루에 섭취하는 소금의 양, 미세먼지의 농도 등등 일상생활에서 측정은 빠질 수 없는 내용이다. 그러므로 측정은 일상생활에서 수학의 유용성을 쉽게 알 수 있게 해주는 영역이다.

둘째, 다른 수학 내용을 학습하는 데 도움이 되기 때문이다. 자연수나 분수, 소수는 측정 활동을 통해 발생하며, 측정하기 위해서 단위를 세어야 하고, 직사각형의 넓이를 구하려면 가로와 세로를 곱해야 한다. 단위 환산을 하기 위해 곱하거나 나누어야 한다. 이와 같이 측정은 수와 연산, 도형, 통계 등 수학의 다른 내용과 밀접하게 관련되어 다른 내용을 학습하고 활용하는 데 기여한다.

셋째, 학교 교육과정의 다른 영역과 관련지을 수 있기 때문이다. 측정은 문학과 과학과 음악과 미술 등 학교 교육과정의 거의 모든 교과 영역과 융합하는 훌륭한 수단이 될 수 있다.

넷째, 학습 동기유발에 효과적이기 때문이다. 식물을 재배하거나 동물을 키우고, 예쁜 장식을 하고 싶거나 어떤 물건을 사고 싶은 아동들의 관심을 측정과 연결하여 학습 동기를 유발할 수 있다.

다섯째, 학생들의 수준이 어떠하든 다양한 수준에서 다양한 방법으로 문제를 해결하는 경험을 제공할 수 있기 때문이다. 측정에서는 실제로 재어볼 수도 있고 공식을 이용할 수도 있고, 도형을 여러 가지 형태로 변형해 보기도 하면서 각자 자신의 수준에서 다양한 방법으로 능동적으로 문제에 접근할 수 있다.

나. 양의 개념

측정이란 어떤 양을 그와 같은 종류의 한 양을 기준으로 하여 기준량의 몇 배에 해당하는가를 파악하는, 즉 수치화하는 조작 활동이다. 이때 기준이 되는 양의 크기를 단위라고 하며 단위의 몇 배가 되는지를 나타내는 수를 그 단위에 대한 측도라고 한다. 3차 교육과정에서는 영역 구분으로 측도라고 하였으나 그 후에는 측정으로 영역 명을 사용하고 있다.

양은 비교 용어가 쓰이는 대상의 속성이다. 더 크거나 작다, 더 길거나 짧다, 더 넓거나 좁다, 더 많이 들어가거나 덜 들어간다, 더 무겁거나 가볍다, 더 빠르거나 느리다 등을 나타내는 속성이 양이다.

양은 외연량(extensive quantity)과 내포량(intensive quantity)으로 구분한다. 외연량은 같은 종류의 작은 양을 더하여 큰 양을 만들어낼 수 있는 양으로, 길이, 넓이, 들이, 부피, 무게, 시간, 각도 등이 해당한다. 내포량은 속력, 밀도, 농도 등과 같이 더할 수 없는 양이다. 내포량은 대부분 두 외연량의 몫으로 표현된다.

외연량은 연속량과 분리량(이산량)으로 구분된다. 연속량은 길이, 넓이, 무게, 들이, 부피, 시간, 각도 등과 같이 얼마든지 분할이 가능한 양이다. 예를 들어 2cm인 길이를 분할하여 1cm가 되고 1cm를 분할하여 0.3cm가 되고 0.3cm를 분할하여 0.01cm가 되는 등 계속해서 분할할 수 있다. 분리량(이산량)은 사과의 개수처럼 일반적으로 자연수로 나타내는 양으로 그 이상의 분할이 되지 않는다.

다. 측정 지도 순서

여러 가지 양에서 그 단위가 다르고 역사적인 발생 시기도 다르다. 그러나 어떤 양이든 그 양의 발달 단계는 비슷하다. 단순히 측정 능력을 지도하고자 한다면 우리가 사용하고 있는 표준단위의 사용법만을 지도하여도 무방하다. 그러나 측정 지도를 통하여 수학의 발달 과정을 경험하고 선조들이 경험했던 어떤 불편함과 새로운 단위의 필요성 등을 이해하여 수학의 가치를 인식하게 하려면 측정 지도는 다음 순서를 따르는 것이 바람직하다.

1) 비교

비교 활동을 하면서 양 개념을 형성한다. 길이, 넓이, 부피, 무게 등의 개념을 직접 정의하고 지도하기는 쉽지 않다. 아동들에게 '어느 것이 더 긴지', '어느 것이 더 무거운지' 등을 비교하는 활동을 통해 어떤 대상이 가진 여러 속성 중에서 길이 혹은 무게 등에 관심을 가지게 한다.

연필이나 사인펜은 각각 여러 속성을 가지고 있다. 얼마나 긴지, 두꺼운지, 무거운지, 오래 쓸 수 있는지, 얼마나 비싼지 등등. 그런데 연필과 사인펜 중에서 어느 것이 더 긴지를 비교하게 하면 아동들은 연필과 사인펜을 마주 대어서 어느 것이 더 긴지를 비교한다. 그러면서 '길이'라는 양을 인식하고 형성해 나간다. 반면에 어느 것이 더 무거운가를 비교하게 하면 길이를 비교할 때처럼 두 물건을 마주 대지 않고 양쪽 손에 하나씩 들고 무거운 정도를 가늠하게 된다. 이와 같이 비교 활동을 통해 특정한 양을 형성해 나가게 된다.

비교에는 직관적 비교, 직접 비교, 간접 비교가 있다. 직관적 비교는 직접적인 비교 없이 직관적으로 한눈에 길이나 넓이 등을 비교하는 것을 말한다. 직접 비교는 비교하고자 하는 두 대상을 직접적으로 비교한다. 간접 비교는 직접 비교가 어렵거나 불가능할 때 매개물을 개입하여 비교하는 방법이다. 예를 들어, 학교에 있는 물건과 집에 있는 물건 두 개의 길이나 무게 등을 비교하려고 할 때 두 물건을 한 장소에 옮겨와서 비교하기 어려울 수 있다. 이 경우 집에 있는 물건과 길이 혹은 무게가 같은 물건을 학교로 가지고 와서 그 물건과 학교에 있는 물건을 직접 비교할 수 있다. 이때 집에서 가지고 온 물건은 매개물이다. 이와 같이 매개물을 이용한 비교를 간접 비교라고 한다. A와 B를 간접 비교를 할 때는 매개물 C에 따라 다음과 같이 비교할 수 있다.

A=C일 때 C=B이면 A=B, C>B이면 A>B, C<B이면 A<B
A>C일 때 C=B이면 A>B, C>B이면 A>B, C<B이면 A와 B의 비교는 곤란
A<C일 때 C=B이면 A<B, C<B이면 A<B, C>B이면 A와 B의 비교는 곤란

2) 직접측정

간접 비교를 하려고 하는데 적절한 매개물이 없을 수도 있다. 이럴 때는 작은 물건을 가지고 이 물건의 몇 배가 되는지를 알아보게 되는데 이것이 측정의 시작이다. 측정에서 사용되는 작은 물건이 단위이다. 단위는 개인이 임의적으로 사용하는 임의단위가 있

고 어떤 집단(크든 작든)이 합의하여 사용하는 표준단위가 있다.

가) 임의단위를 이용한 직접측정

학교에 있는 물건과 집에 있는 두 물건의 길이를 간접 비교하려고 하였다. 그런데 집에 있는 물건의 길이와 같거나 비슷한 매개물이 없다. 어쩔 수 없이 조그만 막대기 혹은 뼘을 단위로 이용하여 그 단위의 몇 배가 되는지를 수치화하였다. 그리고 학교에 가서 조그만 막대기 혹은 뼘으로 학교의 물건을 측정하여 어느 것이 더 긴지를 확인하였다. 이것은 막대기 또는 뼘을 단위로 하여 직접측정한 것이다. 이와 같이 적절한 매개물이 없을 때 자연스럽게 임의단위가 등장하고 임의단위를 이용하여 측정하게 되고 측정한 단위의 수로 비교하게 된다. 혹은 적절한 매개물이 있다 하더라도 얼마나 더 긴지 얼마나 더 무거운지를 좀 더 정확하게 알아보려는 마음이 있을 때도 임의단위가 등장하게 된다.

단위를 사용할 때는 다음과 같은 점에 유의해야 한다.

첫째, 측정 결과는 그 단위와 함께 써야 한다.

둘째, 같은 단위를 사용하면 두 측정값을 쉽게 비교할 수 있다.

셋째, 측정할 때 어떤 단위가 다른 단위보다 더 적절할 수 있다.

넷째, 단위의 수와 단위의 크기 사이에는 역관계가 있다.

다섯째, 임의단위 사용의 문제점이 인식되어야 한다.

여섯째, 효율적인 의사소통을 위해서는 단위를 약속할 필요가 있다.

임의단위로는 주변에서 쉽게 구할 수 있는 물건 혹은 신체의 일부가 이용된다. 임의단의에는 연필의 길이나 공책의 넓이와 같이 크기가 일정한 것도 있지만 뼘과 같이 사람마다 혹은 동일한 사람에게서조차 사용하는 시기에 따라서 그 크기가 변하는 경우가 있어서 정확하지 않고 다른 사람들과 의사소통하는 데도 어려움을 준다.

나) 표준단위를 이용한 직접측정

임의단위의 불편함은 주로 의사소통의 문제에서 비롯된다. 뼘과 같은 임의단위의 부정확함은 길이가 변하지 않는 다른 단위로 대체하면 해결된다. 그러나 그런 단위를 다른 사람도 같이 사용해야 의사소통이 되는데 '같이 사용하자'고 합의되면 그것이 표준단위가 된다.

우리나라에서는 과거에 길이로는 척, 무게로는 근, 넓이로는 평과 같은 전통적인 표준단위가 있었고 서양에서는 길이 단위로 피트나 야드 등이 있었다. 그러나 이제는 전세계가 국제적으로 통일된 단위를 사용하고 있는데 이것이 국제단위계이다. 국제단위계는 길이의 기본단위로 미터(m), 질량에는 킬로그램(kg), 시간에는 초(s)와 같이 7개의 기본단위를 정하고, 여기서부터 몇 가지 유도단위를 만들었다. 유도단위에는 넓이에 제곱미터(m^2), 부피에 세제곱미터(m^3) 등이 있다. 미터는 측정을 뜻하는 그리스어 metron에서 따온 말이며, 적도에서 파리를 경유하여 북극에 이르는 자오선 길이의 1천만분의 1을 1m로 정하였다.

기본단위가 측정할 대상과 비교하여 너무 크거나 작아서 측정하기에 적절하지 않을 수 있다. 이와 같이 새로운 크기의 단위를 사용할 필요성을 인식하게 되면 여러 가지 보조단위를 만들게 된다.

보조단위를 만드는 방법은 두 가지가 있다. 한 가지는 기본단위와 무관하게 새로운 단위를 만들어 사용하는 방법이다. 이 경우에는 기본단위와의 환산 방법을 생각해야 하는데 환산 공식이 매우 복잡할 수 있다. 두 번째는 기본단위를 적절히 분할하거나 합하는 방법이다. 이 경우에는 환산 공식이 매우 간편하다. 십진법을 사용하는 현대에는 주로 10등분, 100등분, 1000등분 또는 10배, 100배, 1000배 하는 것이 자연스럽다.

보조단위는 기본단위에 적절한 접두사를 첨가하여 사용하는데, 다음과 같다.

〈표 8-1〉 보조단위의 접두사

배율	접두사	기호	배율	접두사	기호
10^{24}	요타(yotta)	Y	10^{-1}	데시(deci)	d
10^{21}	제타(zetta)	Z	10^{-2}	센티(centi)	c
10^{18}	엑사(exa)	E	10^{-3}	밀리(milli)	m
10^{15}	페타(peta)	P	10^{-6}	마이크로(micro)	μ
10^{12}	테라(tera)	T	10^{-9}	나노(nano)	n
10^{9}	기가(giga)	G	10^{-12}	피코(pico)	p
10^{6}	메가(mega)	M	10^{-15}	펨토(femto)	f
10^{3}	킬로(kilo)	k	10^{-18}	아토(atto)	a
10^{2}	헥토(hecto)	h	10^{-21}	젭토(zepto)	z
10	데카(deca)	da	10^{-24}	욕토(yocto)	y

우리나라에서는 2007년 7월부터 국제단위 사용을 의무화하면서 전통적인 단위는 사용하지 않고 있다. 그러므로 임의단위 측정 이후 곧바로 국제단위를 지도하면 된다.

3) 간접측정

직접측정은 단위를 이용하여 어떤 대상을 직접적으로 측정하는 것을 말한다. 그러나 직접측정이 매우 불편하거나 불가능한 경우도 많이 있다. 산의 높이를 직접 측정할 수도 없고 중간에 강이 있으면 그 거리를 직접 재기도 어렵다. 이런 경우에는 공식을 이용하여 간접적으로 측정하기도 한다.

간접측정이라고 해서 전혀 직접측정을 하지 않는 것은 아니다. 예를 들어 원의 둘레를 구하는 공식은 $2\pi r$이다. 원주의 길이를 직접 재는 것은 쉽지 않다. 그러나 반지름의 길이를 알면, 즉 반지름의 길이를 직접측정하면 이 공식을 이용하여 원주의 길이를 계산할 수 있다. 이와 같이 간접측정을 하려면 직접 측정할 것이 무엇인지를 알아야 하고 직접 측정해야 하는 것과 간접 측정할 것 사이에 어떤 관계가 있는지를 알아야 한다. 그러기 위해서는 함수적 사고가 작동해야 한다. 예를 들어, 원주를 간접측정하려고 할 때 원주와 관련 있는 것, 원주가 달라질 때 따라서 변하는 것이 무엇인지를 생각해야 하는데 이것이 반지름이다. 이제 반지름과 원주가 어떤 관계가 있는지를 살펴보고 공식을 만들어야 한다.

4) 개측(어림 측정)

마지막으로 측정 도구의 도움을 받지 않고 대략적으로 얼마가 될 것인지를 어림하는 측정 지도가 필요하다. 어림한다고 해서 아무렇게나 말하는 것이 아니라 체계적인 어림 측정 전략을 사용해야 한다.

이상을 정리하면 측정 지도 순서는 ① 비교, ② 임의단위를 이용한 직접측정, ③ 표준단위를 이용한 직접측정, ④ 간접측정, ⑤ 개측의 순서이다. 이하에서는 여러 가지 양의 지도를 비교에서 간접측정까지 살펴보고, 마지막으로 개측 전략에 대해서 살펴본다.

🔍 2. 길이 지도

길이는 모든 양 중에서 가장 기본이 되는 개념이다. 넓이나 들이, 부피 개념은 길이 개념에서 유도된다. 그러므로 길이 개념은 가장 먼저 가장 확실하게 지도되어야 할 개념이다.

1-2학년군에서는 구체물의 길이를 비교할 때 '길다, 짧다'를 구분하여 말할 수 있으며, 직관적 비교, 직접 비교, 간접 비교를 하도록 하고 있다. 또한 표준단위의 필요성을 인식하게 하고, 1cm와 1m의 단위를 이해하고 1m=100cm임을 알며, 단명수와 복명수 표현을 할 수 있게 한다. 길이를 어림하고 측정값을 '약'으로 표현할 수 있게 한다.

3-4학년군에서는 새로운 단위의 필요성을 인식하게 하여 1mm와 1km 단위를 도입한 다음 1cm와 1mm, 1km와 1m의 관계를 이해하고 단명수와 복명수로 나타내게 한다. 이때 지나친 단위 환산은 다루지 않는다. 또한 길이를 어림하는 활동을 통해 길이에 대한 양감을 기른다.

5-6학년군에서는 평면도형의 둘레를 구하고, 원주율을 이해하여 원주를 구할 수 있어야 한다. 원주율로는 3, 3.1, 3.14 등을 적절히 상황에 맞게 사용할 수 있게 하며 복잡한 계산은 다루지 않거나 계산기를 사용하게 한다.

〈표 8-2〉 길이의 내용 체계(교육부, 2015d)

영역	핵심 개념	일반화된 지식	학년군별 내용 요소		
			1-2학년군	3-4학년군	5-6학년군
측정	양의 측정	생활 주변에는 시간, 길이, 들이, 무게, 각도, 넓이, 부피 등 다양한 속성이 존재하며, 측정은 속성에 따른 단위를 이용하여 양을 수치화하는 것이다.	• 양의 비교 • 길이(cm, m)	• 길이 (mm, km)	• 원주율 • 평면도형의 둘레
	어림하기				

가. 비교

직관적 비교와 직접비교를 하면서 물체가 가진 길이라는 속성에 주목하게 한다. 직접비교를 할 때는 어느 한 물건의 길이 안에 다른 물건의 길이가 완전히 포함되는 경우도 있지만 보통은 한쪽 끝을 맞추어 나란히 놓거나 세워서 길이나 높이, 거리를 비교한다. 비교한 결과를 '더 길다(짧다)', '더 높다(낮다)', '더 멀다(가깝다)'라는 말을 사용하여 표현하게 하고, 셋 이상의 비교에서 '가장 길다(짧다)'와 같은 표현도 사용한다.

1학년 교과서에서는 직접비교의 예만 제시하고 있지만, 직접비교가 어렵거나 불가능한 상황을 제시하고 매개물을 이용하여 간접비교를 하게 할 수도 있다. 아동들은 매개물 대신 곧바로 임의단위를 사용할 수도 있다. 간접비교가 직접비교보다 편리할 수도 있으나 간접비교 역시 불편한 점이 있으며 이런 불편함을 인식하기 위해서는 간접비교의 경험도 필요하다.

나. 임의단위를 이용한 직접측정

매개물이 단순히 길이의 비교에 그치지 않고 '매개물의 몇 배'인가와 같이 수치화하게 되면 매개물은 이제 임의단위의 역할을 하게 된다. 길이의 임의단위로는 주변에서 쉽게 구할 수 있는 물건, 예를 들어 연필, 풀, 클립, 필통, 교과서의 한쪽 길이 등을 사용하거나 우리 몸의 일부로서 뼘, 발의 길이, 한 걸음, 양팔 사이의 거리 등을 사용할 수 있다. 뼘은 엄지손가락에서부터 집게손가락, 가운뎃손가락, 약손가락, 새끼손가락까지 사람마다 사용하는 방식이 다를 수 있으므로 한 가지로 고집할 필요는 없다.

임의단위를 이용한 측정은 측정 그 자체보다 단위가 발생하는 과정과 임의단위 사용의 불편함을 드러내어 표준단위를 만들 필요성을 부각하는 데에 그 의미가 있으므로 임의단위를 이용하여 측정하는 그 자체를 강조할 필요는 없다.

다. 표준단위를 이용한 직접측정

임의단위 사용의 불편함을 드러내어 단위를 합의할 필요성을 부각한다. 이러한 과정에서 가장 문제가 되는 점은 이미 어린 아동들이 cm 등 표준단위에 익숙해져 있어서 임의단위를 사용할 필요가 없다는 점이다. 이런 문제를 해소하기 위해서 역할극이나 연극이 유용할 수 있다. 표준단위가 만들어지기 전 과거 선조들의 생활을 극화하거나 자신만의 단위를 사용하며 살아가던 원시인들이 서로 다른 원시인을 만나 물물교환을 하면서 단위의 차이로 인해 겪게 되는 상황을 연극으로 꾸며보는 활동이 표준단위의 필요성을 인식하게 하는 데 도움을 줄 수 있다.

　임의단위의 불편함이 드러나고 표준단위를 도입할 때 2학년 1학기 교과서에서는 <그림 8-1>과 같이 "많은 나라에서 길이의 단위로 센티미터를 사용한다고 합니다."와 같이 다른 나라에서 사용하는 단위를 가지고 오고 있다. 그러나 중요한 것은 이러한 단위를 '어떻게' 만들고 이 단위를 '어떤 과정'으로 합의하여 표준단위로 정하는가 하는 과정을 드러내는 것이다. 그러므로 표준단위로서 cm를 만들고 합의하는 과정이 드러나도록 지도해야 할 것이다.

〈그림 8-1〉 cm 도입(교육부, 2017g)

　1m는 적도에서 북극까지의 프랑스 파리를 경유하는 자오선의 길이의 천만분의 1로 약속하였다. 왜 천만 등분을 하였는지의 이유는 기록되지 않았지만, 십진법적 체계를 따르면서 아마도 당시 사용되던 야드(약 91.44cm)에 가장 근접하도록 만들려고 했던 것이 아닌가 하는 생각이다.

　길이의 기본단위는 1m이며 보조단위로 1cm와 1mm, 1km 등이 있다. 기본단위를 먼저 지도하는 것이 역사적 순서에 맞지만 학교 교육에서는 단위를 도입하는 상황에 가장 적합하게 이 순서를 변경하는 것이 바람직하다. 예를 들어 운동장에서 거리를 측정한다면 1m를 먼저 도입하고 교실에 와서 보조단위로 1cm를 지도한다. 그러나 먼저 교실에서 책상의 폭이나 수학 교과서의 가로의 길이를 잰다고 하면 1m는 너무 커서 불편하다. 이 경우에는 1cm를 먼저 도입하고 그 후 1m를 도입하는 것이 바람직하다.

　주의할 점은 주변에서 쉽게 구할 수 있는 30cm 자의 사용을 뒤로 미루어야 한다는 점이다. 표준단위로 처음 1cm 길이를 약속하면 아직 1m나 1mm는 등장하지 않은 상황이다. 그러므로 이 시기에는 mm 눈금이 없이 1cm 크기의 단위만 존재하고 있는 것이다. 1cm 단위를 여러 번 반복하여 측정하는 것은 매우 불편하다. 그러므로 1cm 단위를 여러 개 이어붙여서 길이를 쉽게 측정하도록 한 것이 '자'이다. 1mm가 도입되기 전에는 <그림 8-2>와 같이 mm 눈금이 없는 자를 사용해야 한다.

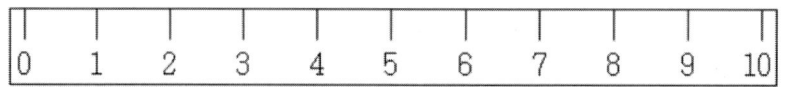

<그림 8-2> cm 자

2015 개정 교과서에서처럼 표준단위로 1cm를 먼저 도입하였다고 하자. 1cm 크기의 단위로 측정하다가 자투리가 남든가 1cm보다 작은 크기의 물건을 측정하는 상황을 생각해 보자. 이런 경우 '약 몇 cm'로 개측할 수도 있으나 좀 더 정확하게 측정하려면 새로운 단위가 필요하다. 새로운 단위를 만들기 위해서 기존 단위를 10등분하고 10등분한 하나를 1mm로 정의한다.

한편 큰 길이를 측정하려면 1cm를 여러 번 반복하는 것은 매우 불편하다. 운동장에서 어느 지점의 길이를 재려고 할 때 1cm 단위를 가지고 재는 상황을 생각해 보라. 그래서 보다 더 큰 단위가 필요해진다. 이제 1cm의 10배 혹은 100배가 되는 새로운 단위를 만들게 된다. 1cm의 10배인 1dm는 교과서에서 다루지 않기 때문에 곧바로 100배인 100cm를 1m로 정한다. 이와 같이 기존 단위로 측정하기 불편하거나 정확하지 못할 때 새로운 보조단위를 만들게 된다는 것을 경험시키자.

한편, 서울특별시청에서 부산광역시청까지의 거리를 측정하니 440000m이다. 이와 같이 먼 거리를 기록하는 것은 큰 수가 나와서 불편할 수 있다. 이러한 불편을 해소하기 위해 1000m=1km와 같이 새로운 기호를 사용하여 간단하게 나타내기도 한다.

이제 여러 보조단위가 만들어지면 단위 환산을 해야 한다. 이럴 때 단위의 접두사를 알아두면 매우 편하다. 교과서에서는 이러한 접두사에 대해서 지도하지는 않는다. 그러나 몇 가지 중요한 접두사인 k(킬로, 1000배), c(센티, $\frac{1}{100}$ 배), m(밀리, $\frac{1}{1000}$ 배)는 지도할 필요가 있다. d(데시, $\frac{1}{10}$ 배)는 교육과정에서는 다루지 않지만 실생활에서 사용되고 유용하기 때문에 지도할 필요가 있다고 생각한다.

이러한 여러 단위를 함께 사용하여 2m 30cm, 2km 500m와 같이 나타내는 것을 복명수 표현, 230cm, 2500m와 같이 하나의 단위로 나타내는 것을 단명수 표현이라고 한다. 단명수를 복명수로 복명수를 단명수로 나타낼 수 있게 지도하고, 단위의 합과 차를 지도한다.

라. 간접측정

초등학교에서 길이의 간접측정의 예는 다각형의 둘레와 원주를 구하는 경우이다.

1) 원주

원의 둘레를 원주라고 한다. 원의 둘레의 길이를 말할 때도 원주라고 한다.

아동들에게 주변의 둥근 물건을 가지고 와서 그 원주를 재어보게 한다. 원기둥의 경우에는 줄자를 이용하면 길이를 구할 수 있다. 굴렁쇠 같은 경우는 <그림 8-3>처럼 한 바퀴 회전시키고 이동한 거리를 측정하면 된다.

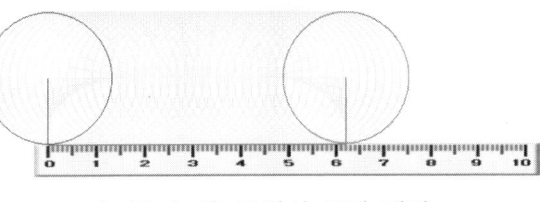

〈그림 8-3〉 굴렁쇠 둘레 재기

그러나 칠판이나 종이에 그려진 원의 둘레의 길이는 실을 이용하기도 줄자를 이용하기도 쉽지 않다. 이와 같이 원주는 직접측정하기가 쉽지 않다는 것을 인식시키고 다른 방법을 생각하게 한다.

원의 둘레는 무엇과 관계가 있는지를 생각해 보자. 원의 크기가 변할 때 무엇이 변하는지를 생각해 보면 원주와 지름(또는 반지름)이 따라서 변하는 것을 알 수 있다. 이제 원주와 지름 사이에는 어떤 관계가 있을까를 알아야 한다. 그러기 위해서 다음 <표 8-3>을 만들고 여기서 관계를 생각하게 한다.

〈표 8-3〉 원주와 지름의 길이

물건	원주	지름	

원주나 지름의 길이를 재는 것이 쉽지는 않다. 원의 중심을 정확하게 찾지 못하면 지름의 길이가 달라지고 원주를 재는 것도 쉽지 않다. 그러나 가급적 정확하게 측정하도록 할 필요가 있다.

<표 8-3>을 완성해서 살펴보면 원주가 길어질수록 지름도 커지고 있음을 알 수 있다. 그러므로 (원주)-(지름) 또는 (원주)÷(지름)을 구해본다. 이럴 때는 계산기를 사용해도 된다. 이 계산을 통해서 (원주)÷(지름)은 약 3.14임을 알게 된다. 측정 또는 계산이 정확하

지 않아서 이 값이 나오지 않을 수도 있다. 그러나 설명을 통해서 이해시킬 수 있다. (원주)÷(지름)을 원주율이라고 하고 이 값이 3.14159...임을 지도한다.

이 공식을 이용하면 원주나 지름의 길이를 구할 수 있다. 원주를 직접 측정하는 것이 어렵고 대신 지름의 측정이 쉽다면 지름을 직접측정하고 그 결과를 이용하여 원주를 구하면 되고, 통나무처럼 원주를 측정하는 것이 지름을 측정하는 것보다 수월하면 원주를 직접측정하고 공식을 이용하여 지름을 구하면 된다.

이와 같이 어떤 양을 직접 측정하고 이 값과 공식을 이용하여 다른 값을 계산하는 것을 간접측정이라고 한다.

참고사항)

기원전 3세기 경 아르키메데스가 원에 접하는 정다각형의 둘레를 이용하여 원주율을 구한 이후 17세기 중엽부터 해석학의 공식을 이용하여 원주율 값을 구하다가 이제는 컴퓨터를 이용하여 원주율 값을 구하고 있다. 일본의 가네다는 2005년에 컴퓨터를 이용하여 1조 2411억 자리에 달하는 값을 계산하였다.

영국의 수학자 오트레드(Oughtred)가 1647년에 π라는 기호를 처음 사용하였으나 원주의 길이라는 의미로 사용하였으며, 원주율의 의미로는 영국의 작가 존스(Jones)가 1706년에 처음 사용하였다.(정동권, 2018).

2) 다각형의 둘레

다각형의 둘레란 다각형의 변을 따라 한 바퀴 돈 길이이다. 다각형에서 길이가 같은 변이 있을 때 이를 이용하여 간단히 둘레를 구할 수 있다.

직사각형의 마주 보는 변의 길이는 같으므로 가로와 세로를 알면 {(가로)+(세로)}×2와 같이 둘레를 구할 수 있다. 정사각형의 경우는 네 변의 길이가 모두 같으므로 (한 변의 길이)×4이다.

정다각형은 모든 변의 길이가 같다. 그러므로 정n각형의 둘레는 (한 변의 길이)×n이다.

3. 넓이 지도

넓이는 길이로부터 유도되는 개념이다. 넓이를 넓이 단위를 이용하여 직접 측정하는 경우는 그리 많지 않고 특정한 부분의 길이를 재어 공식을 이용하여 구하는 경우가 많다. 그러므로 측정 지도 순서에 따라 비교, 임의단위를 이용한 직접측정, 표준단위를 이용한 직접측정, 간접측정의 순으로 지도하되, 특히 간접측정에서 아동들이 넓이 공식을 만들어낼 수 있도록 지도해야 한다.

1-2학년군에서는 구체물의 넓이를 비교할 때 '넓다, 좁다'를 구분하여 말할 수 있으며, 직관적 비교, 직접 비교, 간접 비교를 하도록 하고 있다. 3-4학년군에서는 넓이를 지도하지 않는다. 5-6학년군에서는 넓이를 나타내는 표준단위의 필요성을 인식하여 1㎠, 1㎡, 1㎢의 단위를 알며 그 관계를 이해하게 하고, 직사각형과 정사각형의 넓이를 구하게 하며, 평행사변형, 삼각형, 사다리꼴, 마름모의 넓이를 구하는 방법을 다양하게 추론하게 하고 있다. 또한 원의 넓이를 구하는 방법을 이해하고 직육면체의 겉넓이를 구하게 하고 있다. 삼각형의 넓이는 높이가 삼각형의 외부에 있는 경우도 다루도록 하고, ㎠와 ㎢ 사이의 단위 환산은 다루지 않도록 한다. 원의 넓이나 입체도형의 겉넓이를 구할 때 복잡한 계산은 계산기를 사용하도록 허용한다.

〈표 8-4〉 넓이의 내용 체계(교육부, 2015d)

영역	핵심 개념	일반화된 지식	학년군별 내용 요소		
			1-2학년군	3-4학년군	5-6학년군
측정	양의 측정	생활 주변에는 시간, 길이, 들이, 무게, 각도, 넓이, 부피 등 다양한 속성이 존재하며, 측정은 속성에 따른 단위를 이용하여 양을 수치화하는 것이다.	• 양의 비교		• 평면도형의 넓이 • 입체도형의 겉넓이
	어림하기				

가. 넓이의 비교

길이에서와 마찬가지로 넓이를 직관적으로 비교하고, 직접비교와 간접비교를 경험하게 한다. 어느 것이 더 넓은가 혹은 더 좁은가와 같은 질문을 통해 넓이 개념을 형성하게 한다.

길이는 1차원 도형의 속성인 데 반해 넓이는 2차원 도형의 속성이기 때문에 넓이 비교는 길이 비교보다 힘들다. 특히 선분이 아닌 곡면으로 이루어진 도형의 경우는 더욱 힘들다. 그러므로 비교 방법을 말하게 하고 이를 공유하는 것도 바람직하다.

<그림 8-4>를 보자. (1)의 경우는 직관적 비교가 가능하다. 굳이 겹쳐볼 필요가 없다.

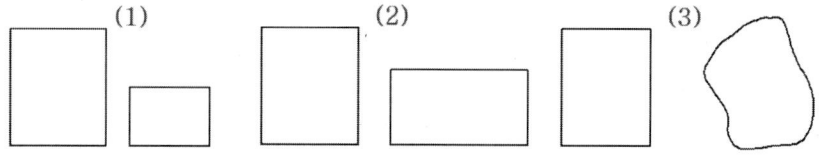

〈그림 8-4〉 넓이의 비교(1)

(2)와 (3)의 경우는 직관적 비교가 어려우므로 겹쳐볼 필요가 있다. 겹쳤을 때 <그림 8-5>에서처럼 공통 부분이 생긴다. (2)의 경우는 공통 부분을 제외한 나머지 부분만 비교하면 된다. 그러나 (3)의 경우는 남은 부분조차 비교하기가 어렵다. 이러한 도형의 넓이를 구하는 것은 초등 수준의 목표가 아니므로 비교 활동을 통해서 넓이의 비교가 쉽지 않다는 것을 인식하는 정도로 그친다.

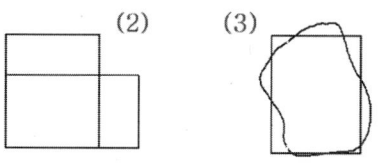

〈그림 8-5〉 넓이의 비교(2)

나. 임의단위를 이용한 직접측정

교육과정에서는 넓이를 측정하기 위한 임의단위에 대해서 언급이 없다. 그러나 표준단위의 필요성을 인식하게 하려면 임의단위를 다루어야 한다. 임의단위를 이용한 넓이의 측정은 임의단위의 불편함과 단위로 사용하기 좋은 도형이 무엇인지를 인식하는 정도면 된다. 임의단위로는 손바닥도 가능하다. 그러나 손바닥을 사용할 때의 문제점이 무엇인지를 토론하는 것도 의미가 있다. 손바닥을 임의단위로 사용하면 비어 있는 부분, 겹쳐지는 부분들이 생기게 된다. 원, 직각삼각형, 직사각형, 정사각형 등이 임의단위로 사용될 수 있다. 특히, 원을 사용할 때는 <그림 8-6>처럼 측정하는 방식에 따라 단위의 수가 달라질 수 있다는 것을 인식하는 것도 의미가 있을 수 있다.

임의단위로 넓이를 측정하면 손바닥 5개(또는 다섯 손바닥), 원 20개, 12■ 등과 같이 임의 단위도 함께 나타내게 한다.

여러 가지 단위 중에서 빈틈이 생기지도 않고 겹쳐지지도

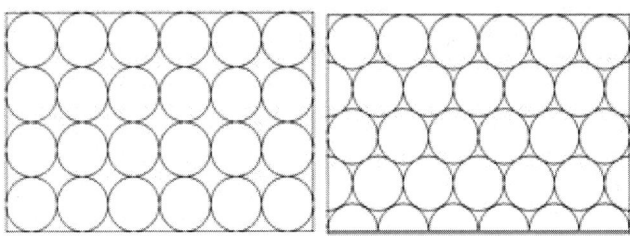

〈그림 8-6〉 원 모양을 임의단위로 넓이 측정

않으며 어느 방향으로든 일정하게 측정할 수 있는 단위는 정삼각형이나 직각삼각형, 직사각형, 정사각형 등의 모양으로 된 것이다.

다. 표준단위를 이용한 직접측정

한 변이 1cm인 정사각형을 넓이의 표준단위로 정하고 그런 정사각형 1개에 해당하는 넓이를 1cm²라고 한다. 길이를 측정하는 자가 있듯이 넓이를 측정하기 위해서는 단위 정사각형을 여러 개 붙인 넓이 자를 생각할 수 있다. 즉, 모눈종이가 일종의 넓이를 측정하는 자가 된다.

이것보다 작은 넓이를 측정하기 위해서는 한 변이 1mm인 정사각형의 넓이를 보조단위로 생각할 수 있다. 이 경우는 1mm²이다. 1cm²=100mm²이다. 교육과정에서는 mm² 단위는 다루지 않고 있다. 더 넓은 도형을 측정하기 위해서는 한 변이 1m인 정사각형의 넓이를 보조단위로 도입한다. 이 정사각형의 넓이는 1m²이다. 그러므로 1m²=10000cm²이다. 이러한 보조단위를 도입하기 위해서는 기존단위의 불편함을 인식하게 해야 한다. 기존단위로 측정하는 활동의 불편함 또는 측정 결과를 기록하는 불편함 등이 드러나고 새로운 단위를 만들 필요성을 인식시켜야 한다.

논밭이나 산림의 넓이는 매우 크다. 그러므로 이보다 더 큰 단위도 필요하다. 한 변이 10m인 정사각형의 넓이는 100m²인데 이것을 간단히 $1a$(아르)로 나타낸다. 한 변이 100m인 정사각형의 넓이는 10000m²=100m²이며 이것을 간단히 $1ha$(헥타르)라고 한다. 한 변이 1000m인 정사각형의 경우는 한 변이 1km가 되므로 이 정사각형의 넓이는 1km²이다. 즉, 1km²=1000000m²이다. 아르와 헥타르는 지금도 산림의 넓이를 이야기할 때 자주 사용되고 있지만 2015 교육과정에서는 다루지 않는다.

길이에서와 마찬가지로 이러한 보조단위들이 사용되면서 단위 사이의 환산과 넓이의 복명수 계산 및 단명수 계산을 지도한다.

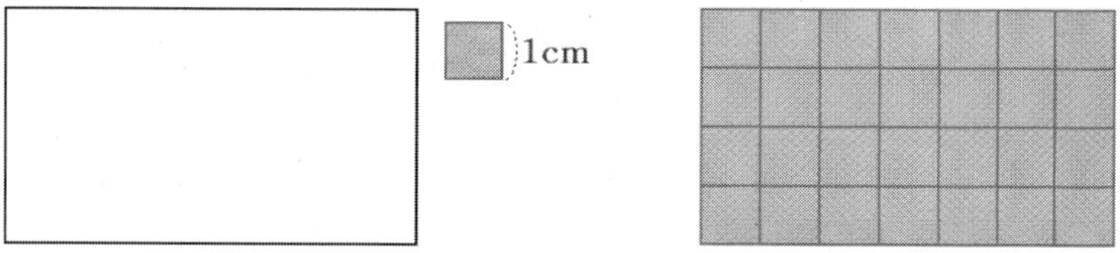

표준단위를 이용하여 직사각형의 넓이를 직접측정해 보자. <그림 8-7>의 왼쪽 직사각형

〈그림 8-7〉 직사각형의 넓이 직접측정

의 넓이를 직접 측정하려면 오른쪽 그림과 같이 모눈종이를 이용하든지 혹은 한 변이 1cm인 정사각형을 일일이 놓아보아야 한다. 아동들은 이와 같이 직접측정하다가 보다 효과적인 방법을 찾게 될 것이다. 단위 정사각형으로 직사각형을 전부 채울 것이 아니라 <그림 8-8>과 같이 가로로 몇 개를 놓을 수 있는지 그리고 세로로 몇 개를 놓을 수 있는지만 확인하면 가로와 세로에 놓인 단위의 수를 곱하여 직사각형의 넓이를 구할 수 있다는 사실을 어렵지 않게 발견할 것이다. 이러한 과정에서 자연스럽게 직사각형의 넓이를 간접측정하게 된다. 이러한 방법을 서둘러서 가르칠 필요는 없으나 직사각형의 넓이를 구하는 방법은 앞으로 여러 도형의 넓이를 구할 때 기본이 되는 것이므로 확실히 이해시켜야 한다. 이때 '가로'와 '세로'는 도형으로서의 변을 의미하기도 하지만 변의 길이를 나타내기도 한다. 그러므로 (가로의 길이)×(세로의 길이)와 같이 나타낼 필요가 없다.

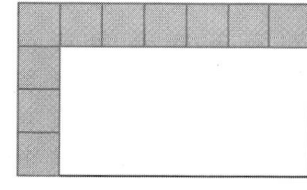

〈그림 8-8〉

라. 여러 가지 도형의 넓이 간접측정

도형의 넓이 공식은 직사각형의 넓이에서 정사각형, 평행사변형, 삼각형, 사다리꼴, 마름모, 복합도형, 원의 순으로 지도한다. 삼각형을 평행사변형보다 먼저 지도하여도 문제는 없다. 그러나 삼각형을 먼저 지도하게 되면 높이가 도형의 밖에 있는 삼각형의 넓이 공식을 이해시키는 것이 쉽지 않은 문제가 있다.

1) 직사각형과 정사각형의 넓이

직사각형의 넓이는 직접측정을 하는 과정에서 귀납적으로 (가로)×(세로)라는 공식을 발견하게 된다. 이 공식을 이용하여 정사각형의 넓이는 (한 변의 길이)×(한 변의 길이)라는 공식을 쉽게 얻게 된다.

2) 평행사변형의 넓이

평행사변형의 넓이를 모눈종이나 단위 정사각형을 이용하여 직접측정하게 한다. 직접측정으로 평행사변형의 넓이를

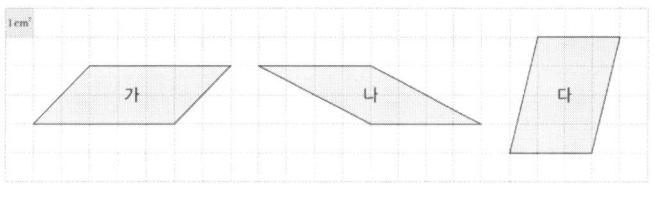

〈그림 8-9〉 넓이 측정(교육부, 2019b)

구하기보다는 직접측정이 어렵고 귀찮은 일이라는 것을 인식시키는 것이 핵심이다. 그런 점에서 교과서에서 제시된 것처럼 <그림 8-9>와 같이 단위 정사각형의 개수를 쉽게 셀 수 있는 평행사변형을 제시할 필요는 없다고 생각한다. 오히려 <그림 8-10>과 같이 단위 정사각형의 개수를 세기 힘든 도형을 제시하는 것이 바람직하다고 생각한다. 이와 같이 직접측정이 힘들고 불편해야 다른 방법을 찾게 되고 수학의 가치를 인식할 수 있게 된다.

아동이 "넓이를 구할 수 있는 도형이 무엇인가?"

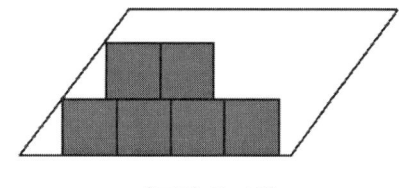

〈그림 8-10〉

를 생각해 보게 하고 이 평행사변형을 <그림 8-11>과 같이 아동이 넓이를 구할 수 있는 도형인 직사각형으로 변형하게 한다.

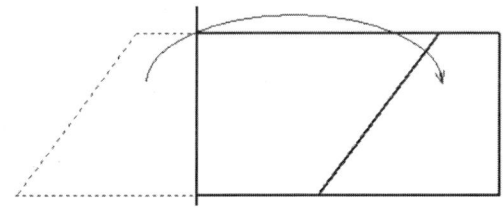 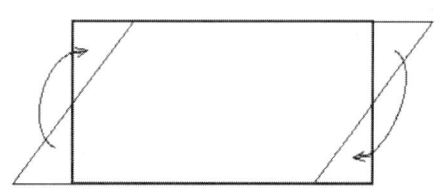

〈그림 8-11〉 평행사변형을 직사각형으로 변형하기

직사각형으로 등적변형하면 평행사변형의 넓이는 다음과 같이 구해진다.

(평행사변형의 넓이)=(직사각형의 가로)×(직사각형의 세로)

직사각형의 가로와 세로에 해당하는 평행사변형의 요소는 무엇일까? 직사각형의 가로에 해당하는 것을 그대로 평행사변형의 '가로'라고 할 수 있으나 세로에 해당하는 것은 평행사변형의 변이 아니다. 그러므로 이를 세로라고 하기는 곤란하다. 그래서 직사각형의 가로와 세로에 해당하는 것을 각각 평행사변형의 밑변과 높이로 약속한다. 정확히 표현하면, 높이는 변이 아니라 해당되는 선분의 길이로 정의된다. 그렇게 되면 평행사변

형의 넓이는 다음과 같은 공식을 얻을 수 있다.

(평행사변형의 넓이)=(밑변의 길이)×(높이)

이제 <그림 8-12>와 같이 높이가 외부에 있는 평행사변형의 넓이도 구해보자.

이 평행사변형을 ⑴과 같은 방법으로 직사각형으로 변형할 수도 있다. 이 경우 높이는 평행사변형의 내부에 존재하는 것으로 위의 방법과 동일하다. 그러나 우리는 내부에 있는 높이를 측정하지 못하는 경우도 있으므로 높이가 외부에 있는 경우도 다루어야 한다. 그러기 위해서는 ⑵와 같이 이 평행사변형을 가로로 반으로 잘라서 옮겨붙여 본다. 이렇게 하면 외부에 있는 높이가 내부에 존재하게 된다. 만약 그렇지 않다면 다시 또 이런 작업을 반복한다. 그러한 반복 과정에서 높이가 내부에 존재하는 평행사변형으로 변형이 가능해진다. 이 경우 평행사변형의 넓이는 다음과 같이 구할 수 있다.

(평행사변형의 넓이)=(변형된 평행사변형 밑변의 길이)×(변형된 평행사변형의 높이)
=(원래의 밑변 길이의 2배)×(원래의 높이의 반)
=(원래의 밑변의 길이)×(원래의 높이)

⑶의 경우는 대각선으로 평행사변형을 잘라서 붙이는 방법으로, 원래의 평행사변형이나 변형된 평행사변형의 밑변과 높이가 동일하다.

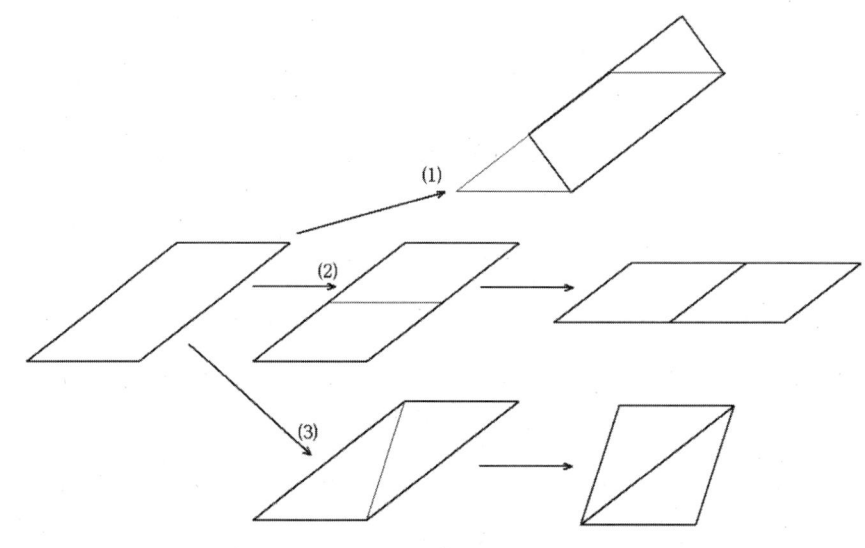

〈그림 8-12〉 평행사변형의 등적변형

이러한 과정에서 밑변과 높이의 정의를 좀 더 다듬을 필요가 있다. 즉, 어느 쪽으로든 평행한 두 변을 밑변이라고 하고 두 밑변 사이의 거리를 높이로 약속할 수 있다.

이와 같이 이미 학습한 직사각형으로 변형하는 과정을 통해 평행사변형의 넓이를 구하는 공식을 이끌어낼 수 있다. 만약 삼각형의 넓이 공식을 학습했다면 다음 <그림 8-13>과 같이 평행사변형을 합동인 두 삼각형으로 분할하는 과정을 통해서도 넓이 공식을 이끌어낼 수 있다. 이와 같이 삼각형으로 자르면 삼각형의 밑변과 높이는 각각 평행사변형의 밑변 및 높이와 같다. 그러므로

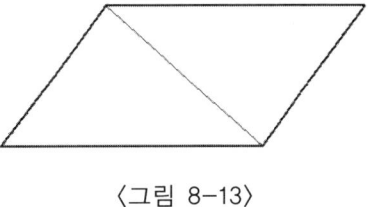

〈그림 8-13〉

(평행사변형의 넓이)=두 삼각형의 넓이의 합
=｛(밑변의 길이)×(높이)÷2｝×2
=(밑변의 길이)×(높이)

3) 삼각형의 넓이

삼각형의 넓이 공식을 지도할 때도 역시 모눈종이를 이용하여 직접측정을 경험하게 하며 직접측정의 불편함을 인식시킨다. 또한 삼각형의 밑변과 높이를 미리 정의하지 않고 평행사변형에서처럼 넓이를 구하는 과정에서 밑변과 높이 개념이 등장하도록 하는 것이 개념의 발생 과정을 드러내는 데 도움이 된다.

다음 <그림 8-14>와 같이 모눈종이를 이용하여 단위 정사각형의 개수를 구하는 것이 쉽지 않은 상황을 제시하고 이 삼각형을 넓이를 구할 수 있는 다른 도형, 즉 직사각형이나 평행사변형으로 변형하도록 한다. 이것은 폴리아의 문제해결 단계 중 계획 단계에서 "미지인 것이 같거나 유사한 문제를 생각해 보아라."라는 권고를 따르는 것이기도 하다.

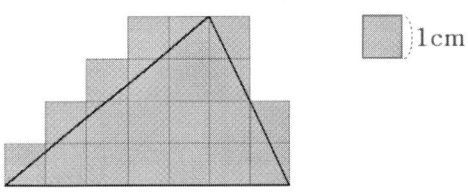

〈그림 8-14〉 삼각형 넓이 직접측정

가) 삼각형을 직사각형으로 변형하기

삼각형을 직사각형으로 변형하는 방법은 <그림 8-15>와 같이 다양하다. (1)의 직사각형의 넓이는 삼각형 넓이의 배가 되므로 이러한 변형을 배적변형이라고 한다. 직사각형의 넓이를 구하려면 직사각형의 가로와 세로를 곱하면 된다. 가로와 세로에 해당하는

삼각형의 요소가 무엇인지 살펴보자. 가로에 해당하는 변은 있지만 평행사변형에서와 마찬가지로 세로에 해당하는 삼각형의 변은 없다. 그러므로 세로에 해당하는 가상의 변을 생각해야 한다. 이제 가로에 해당하는 변을 밑변, 세로에 해당하는 가상의 변(의 길이)을 높이라고 하자. 그러면 삼각형의 넓이는 (밑변의 길이)×(높이)÷2이다.

 종이접기를 이용하여 (2)와 같이 변형하면 이 직사각형의 넓이는 삼각형 넓이의 반이다. 이러한 변형을 반적변형이라고 한다. 이 경우 삼각형의 넓이는 (밑변의 길이의 반)×(높이의 반)×2이다.

 (3)과 (4) 같은 변형에서는 넓이가 같으므로 이를 등적변형이라고 한다. 여기서도 각각 삼각형의 넓이를 구하는 공식을 만들 수 있다.

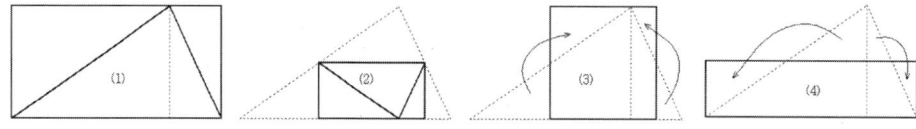

〈그림 8-15〉 삼각형을 직사각형으로 변형하기

나) 삼각형을 평행사변형으로 변형하기

 삼각형을 〈그림 8-16〉과 같이 평행사변형으로 만들 수도 있다. 삼각형 두 개를 붙여서 평행사변형을 만들면 이것은 배적변형이다. 또 삼각형의 윗부분을 잘라서 붙여 평행사변형을 만들면 이것은 등적변형이다. 이와 같이 평행사변형으로 변형하게 되면 평행사변형의 넓이 공식을 이용하여 삼각형의 넓이 공식을 만들 수 있다.

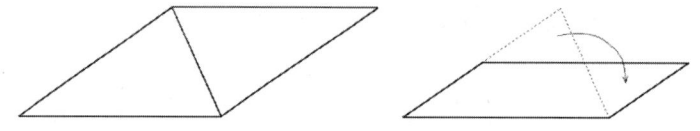

〈그림 8-16〉 삼각형을 평행사변형으로 변형하기

다) 높이가 외부에 있는 삼각형의 넓이 구하기

 <그림 8-17>과 같이 높이가 외부에 있는 삼각형의 넓이는 다음과 같이 구할 수 있다.
 삼각형 ABC의 넓이는 삼각형 ADC의 넓이에서 삼각형 BDC의 넓이를 뺀 것과 같다. 삼각형 ADC의 넓이는 큰 직사각형 넓이의 반이고 삼각형 BDC의 넓이는 색칠한 직사각형 넓이의 반이다. 그러므로 삼각형 ABC의 넓이는 색칠하지 않은 직사각형 넓이의 반이다. 색칠하지 않은 직사각형 넓이는 삼각형의 밑변과 높이를 곱한 것과 같으므로 삼각형 ABC의 넓이는 (밑변의 길이)×(높이)÷2와 같다. 즉 높이가 외부에 있어도 마찬

가지 공식으로 넓이를 구할 수 있다.

이 방법은 아동들이 이해하기 어려운 방법이다. 과거 평행사변형의 넓이보다 삼각형의 넓이를 먼저 지도할 때 이런 방법으로 높이가 외부에 있는 삼각형의 넓이 공식을 설명하였다. 그러나 평행사변형의 넓이를 먼저 학습했다면 <그림 8-18>과 같이 설명하는 것이 보다 이해하기 쉽다.

똑같은 삼각형 두 개를 붙여서 평행사변형을 만들자. 이 평행사변형의 넓이는 삼각형의 밑면과 높이를 각각 밑변과 높이로 하므로 (밑변의 길이)×(높이)이다. 삼각형의 넓이는 이 평행사변형 넓이의 반이므로 (밑변의 길이)×(높이)÷2와 같다.

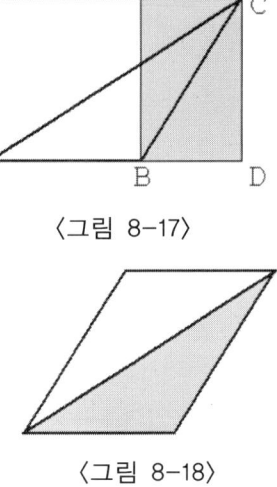

〈그림 8-17〉

〈그림 8-18〉

4) 사다리꼴의 넓이

사다리꼴의 넓이 공식을 지도할 때도 역시 모눈종이를 이용하여 직접측정을 경험하게 하며 직접측정의 불편함을 인식시킨다. 또한 사다리꼴의 밑변과 높이를 미리 정의하지 않고 평행사변형에서처럼 넓이를 구하는 과정에서 사다리꼴의 넓이를 구하는 데 필요한 요소로서 밑변과 높이 개념이 등장하도록 한다.

사다리꼴은 <그림 8-19>와 같이 직사각형, 평행사변형, 삼각형 등으로 변형하여 넓이를 구하면 된다. 교과서에서 사다리꼴의 넓이 공식을 다루고 있지만 굳이 사다리꼴의 넓이 공식까지 강조할 필요는 없어 보인다. 공식을 만드는 것보다는 지금까지 학습한 넓이 공식을 이용하여 사다리꼴의 넓이를 구하는 응용 문제로 다루는 것이 더 바람직하다고 생각한다. 그런 과정에서 도형의 변형 능력을 기를 수 있을 것이다.

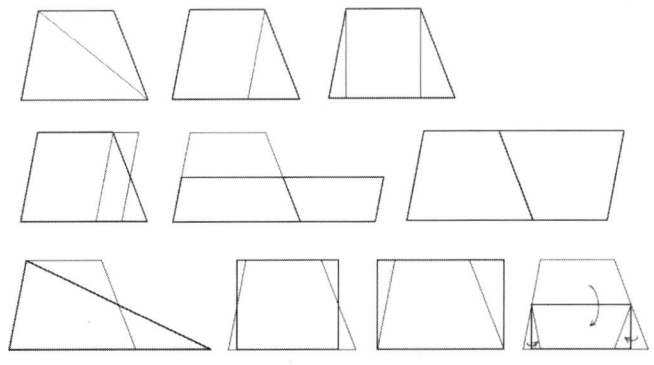

〈그림 8-19〉 사다리꼴을 다른 도형으로 변형하기

5) 마름모의 넓이

마름모는 <그림 8-20>과 같이 큰 직사각형의 넓이의 반으로 생각할 수도 있다. 이 경우에는 다음과 같은 마름모의 넓이 공식을 얻을 수 있다.

(마름모의 넓이)=(한 대각선의 길이)×(다른 대각선의 길이)÷2

그러나 마름모의 넓이를 반드시 이 공식으로만 구할 수 있는 것은 아니다. 마름모는 평행사변형의 특수한 경우이므로 평행사변형의 넓이 공식을 이용하여 넓이를 구할 수 있다. 혹은 대각선을 그어서 생기는 4개의 삼각형의 넓이의 합으로도 구할 수 있다. 다양한 방법을 생각해 보게 하는 것이 바람직하다.

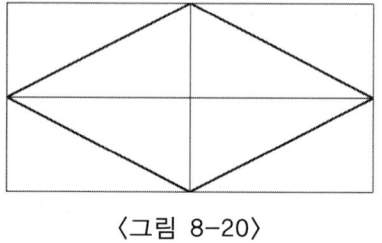

〈그림 8-20〉

6) 밑변과 높이 오류

직사각형을 제외한 다른 도형의 넓이를 구하려면 밑변과 높이를 알아야 한다. 많은 아동들은 밑변은 밑에 있는 변으로 착각한다. 밑변은 밑에 있는 변이 아니라 도형을 직사각형으로 변형했을 때 가로에 해당하는 변, 즉 넓이를 구하기 위해서 기본이 되는 변임을 충분히 인식하게 해야 한다. <그림 8-21>을 보면 아동들이 밑변과 높이에 대해 얼마나 심각한 오류를 범하고 있는지를 알 수 있다.

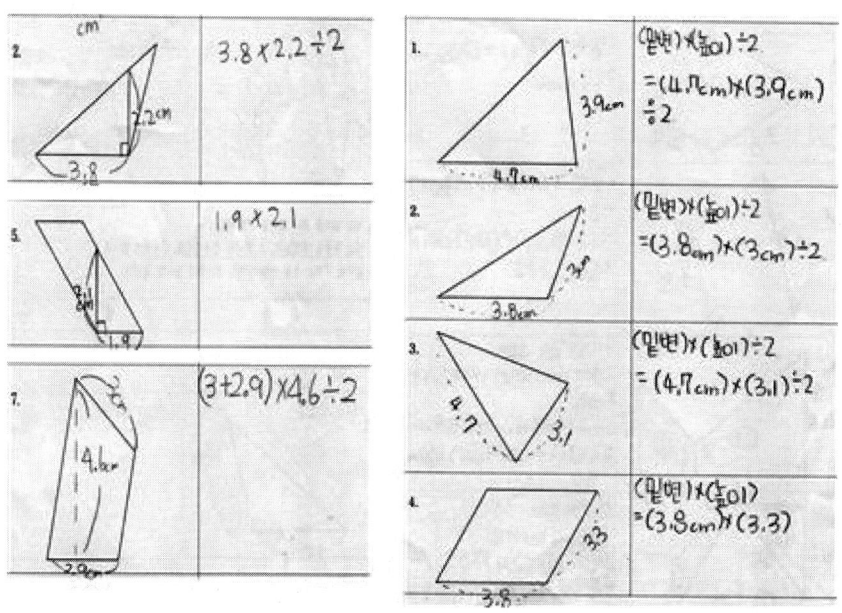

〈그림 8-21〉 밑변과 높이 오류(김정하, 강문봉, 2011)

도형의 넓이를 구하는 공식은 잘 기억하고 있지만, 밑변은 밑에 있는 변으로, 높이는 밑변에 수직으로 '만나는' 선으로 오해하고 있는가 하면 이웃한 두 변 중 하나를 밑변, 다른 변을 높이로 생각하는 경우도 있다. 삼각형에서는 어느 변이든 밑변이 될 수 있고 밑변과 마주 보는 꼭짓점에서 밑변까지의 거리가 높이이다. 평행사변형과 사다리꼴에서는 평행인 두 변이 밑변이며, 밑변 사이의 거리가 높이이다.

7) 복합도형의 넓이 및 실측에 의한 넓이 계산

삼각형이나 볼록사각형이 아닌 다각형을 복합도형이라고 한다. 복합도형의 넓이를 구하려면 이를 삼각형이나 평행사변형, 사다리꼴 등으로 분할 또는 합성할 수 있어야 한다. 2015 개정 교과서에서는 다루어지지 않지만 2009 개정 5학년 1학기 교과서에서는 <그림 8-22>와 같은 도형의 넓이를 구하는 문제를 다루고 있다. 이 문제에서는 적절히 보조선을 긋고 필요한 길이를 제시해 줌으로써 아동들은 사다리꼴과 삼각형의 넓이를 구해서 합하면 된다는 힌트를 은연중에 인식하게 된다. 그러나 이러한 힌트가 주어지지 않으면 이런 문제를 해결하지 못하는 아동들이 아주 많다. 넓이를 학습하면서 도형을 변형하거나 측정해야 할 곳이 어디인지 살펴보지도 않

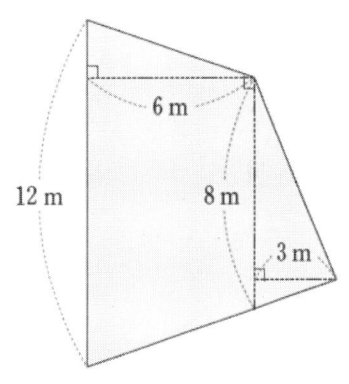

<그림 8-22> 복합도형 넓이

는다. 필요한 곳의 길이가 모두 주어지기 때문에 주어진 수치만 적절한 공식에 대입하면 되기 때문이다.

<그림 8-23>의 (1)과 같이 필요한 보조선과 수치를 주었을 때는 비교적 많은 아동들이 도형의 넓이를 잘 구하였다. 그러나 보조선과 수치를 주지 않고 실측하라고 했을 때는 시도조차 하지 못하는 아동들이 많이 있다. 심지어 <그림 8-23>의 (2)와 같이 사다리꼴의 넓이 공식을 이용한 듯한 기상천외한 풀이를 한 아동도 있다.

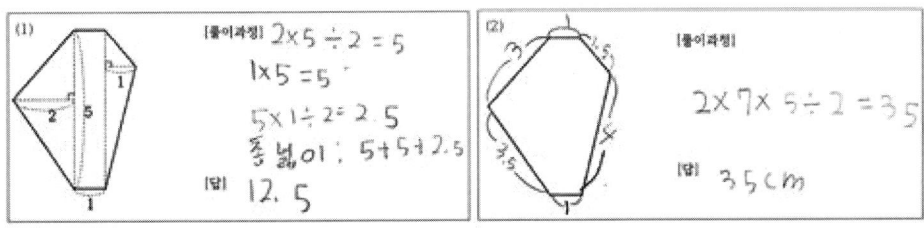

<그림 8-23> 복합도형의 넓이 구하기

이러한 현상은 아동이 직접 도형을 변형해 보지 않고 필요한 곳을 실제로 재어보지 않고 공식을 단순 적용하는 훈련만 한 데서 비롯되었다고 할 수 있다. 측정 지도에서는 길이가 주어진 도형의 넓이를 '계산'하는 것이 아니라 '측정 능력'을 길러주는 것이 목적임을 유의해야 한다.

측정 능력, 즉 측정 지도에서 학생들이 학습해야 할 능력은 (1) 기본적인 도형의 넓이 공식 이해, (2) 주어진 도형을 변형하는 능력, (3) 넓이를 구하기 위해 필요한 요소를 파악하고 실측하는 능력 등이다. 이러한 능력을 기르기 위해서는 실측하는 문제를 다루어 보아야 한다.

8) 원의 넓이

원의 넓이 공식을 찾는 일은 지금까지 도형의 넓이 공식을 발견하는 방식과 매우 달라 보인다. 인류는 원의 넓이를 구하는 방법을 알기 위해 오랜 기간 노력해 왔다. 그 과정을 더듬어보면서 원의 넓이 공식을 생각해 보자.

가) 대략적인 원넓이

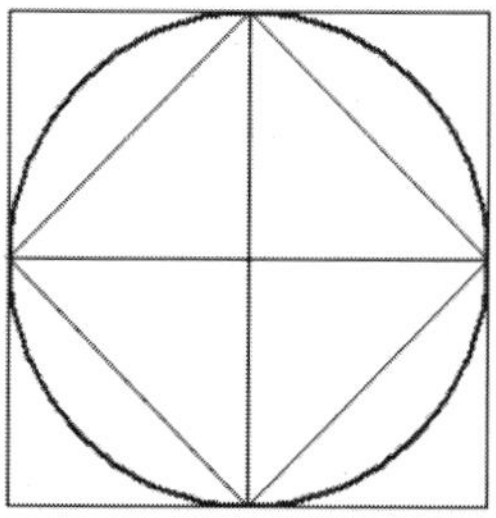

원의 넓이가 어느 정도 되는지를 살펴볼 때 가장 직관적으로 생각할 수 있는 것이 다음 <그림 8-24>와 같이 정사각형의 넓이를 구해서 그 중간 정도로 생각하는 것일 것이다. 원에 내접하는 정사각형과 외접하는 정사각형을 그린다. 반지름이 1인

〈그림 8-24〉

원이라고 하면 내접사각형의 넓이는 2가 되고 외접하는 사각형의 넓이는 4가 된다. 그러므로 원의 넓이는 2보다 크고 4보다 작다. 대략 3이라고 할 수 있다.

좀 더 정확하게 원의 넓이를 조사하려면 <그림 8-25>와 같이 단위 정사각형의 수를 세어야 한다. 원 안에 온전하게 포함되는 정사각형의 개수와 원주가 통과하는 정사각형의 개수를 세어서 원의 넓이를 어림한다. 예를 들어 원 안에 온전하게 포함되는 정사각형의 개수를 a, 원주가 통과하는 정사각형의 개수를 b라고 하면 원의 넓이는 다음과 같다.

$$a < (원의 넓이) < (a+b)$$

또는 원주가 통과하는 정사각형은 대략적으로 그 절반이 원의 넓이에 포함한다고 보면 원의 넓이는 대략 $a + \frac{b}{2}$라고 할 수 있다.

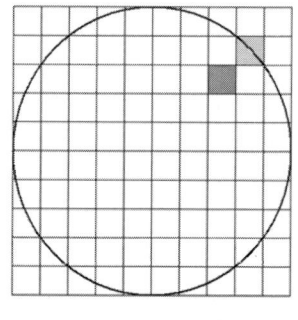

〈그림 8-25〉

그러나 이런 방법은 매우 불편하고 정확한 값도 아니다. 교과서에서도 이런 활동이 다루어지고 있다. 이때 a와 b의 값을 정확하게 찾는 데 목적을 둘 것이 아니라, 이런 방법이 매우 귀찮고 정확하지 않다는 것을 인식시키고 좀더 나은 방법을 찾고자 하는 생각을 하게 하는 데 목적을 두어야 할 것이다.

나) 아메스의 방법

고대 이집트의 아메스가 쓴 린드 파피루스에는 지름의 길이가 9인 원의 넓이를 구하는 방법으로 "지름의 길이의 $\frac{1}{9}$을 빼면 8이 남는다. 8 곱하기 8을 하면 64이므로 원의 넓이는 64이다."라는 내용이 기록되어 있다. 이것은 지름의 $\frac{8}{9}$, 즉 반지름의 $\frac{16}{9}$을 한 변으로 하는 정사각형의 넓이와 원의 넓이가 같다는 의미이다. 이렇게 계산하면 반지름이 r인 원의 넓이는 $(\frac{16}{9}r)^2 = (\frac{16}{9})^2 r^2 \approx 3.16049 r^2$이다. 지금 우리가 알고 있는 값에 매우 근사한 값이다. 그러나 정확한 값은 아니다. 또한 여기서 나온 3.16049…는 원주율을 의미하지는 않는다. 이 값은 원주와 지름의 비라는 원주율과 무관하게 얻어진 값으로서 원의 넓이를 구하는 일종의 비례상수라고 하는 것이 옳다.

아메스가 이런 방법을 어떻게 찾아내었는지는 모르지만, 아메스가 다음 <그림 8-26>과 같은 도형을 이용하는 방법을 사용하였을 것으로 추론하고 있다(Bunt, Jones, Bedient, 1988). 즉, 지름이 d인 원에 외접하는 정사각형을 그린 후 이 정사각형을 9등분하면 원의 넓이는 그림의 8각형과 거의 같다. 8각형의 넓이는 $7 \times \frac{1}{9} d^2$이다. $\frac{7}{9} = \frac{63}{81}$이며 이 값은 $\frac{64}{81}$와 거의 같으므로, 원의 넓이

<그림 8-26>

는 $(\frac{8}{9}d)^2$와 거의 같고 이것은 원의 지름의 $\frac{8}{9}$을 한 변으로 하는 정사각형의 넓이와 거의 같다는 것을 말한다.

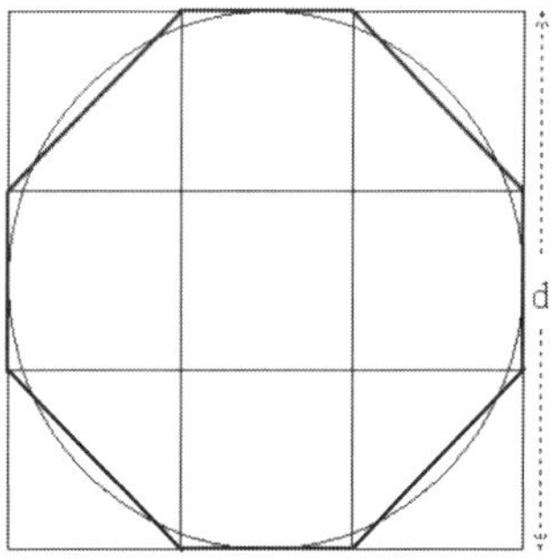

다) 아르키메데스의 방법

아르키메데스는 "모든 원의 넓이는 그 반지름이 직각을 낀 한 변과 같고 직각을 낀 다른 한 변은 원의 원주와 같은 직각삼각형의 넓이와 같다."(Fauvel, J., Gray, J., 1988)고 하였다. 이러한 사실을 어떻게 발견해 내었는지를 알 수는 없으나 원의 둘레가 n의 값이 매우 큰 내접하는 정n각형의 둘레와 아주 가깝다는 사실을 이용하여 이 정n각형을 아주 많은 이등변삼각형으로 분할하고 이를 등적변형하여 직각삼각형을 만들었을 것

으로 추정된다.

원의 넓이가 이 직각삼각형의 넓이와 같다면 원의 넓이는 $r \times 2\pi r \div 2 = \pi r^2$이 된다. 아르키메데스는 원에 내접하고 외접하는 정96각형을 작도하여 원주율 π가 $\frac{223}{71} < \pi < \frac{22}{7}$임을 밝혀냈다.

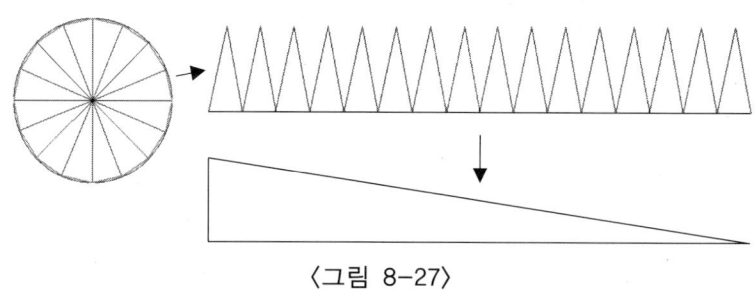

〈그림 8-27〉

라) 케플러의 방법

케플러(Kepler)는 원주에는 무수히 많은 조각들이 있고 이 조각들은 반지름을 한 변으로 하는 이등변삼각형의 밑변으로 간주될 수 있다고 생각하였다. <그림 8-28>과 같이 원의 둘레를 직선으로 펼친 것이 선분 BC라고 하면 삼각형 ABC의 넓이와 이 원의 넓이가 같으며, 이것을 이용하여 아르키메데스가 주장한, 원의 넓이는 지름을 한 변으로 하는 정사각형 넓이의 $\frac{11}{14}$이라는 정리를 증명하였다(Struik, 1986). 이러한 케플러의 방법에는 원을 무한히 작은 요소로 분할하고 이 합의 극한값을 구하는 아이디어가 들어있다.

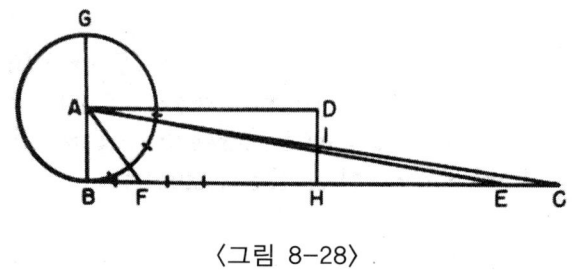

〈그림 8-28〉

마) 카발리에리의 방법

카발리에리(Cavalieri)는 아르키메데스의 구분구적 아이디어를 적용하여 원의 넓이 구하는 방법을 다음 <그림 8-29>와 같이 설명하기도 한다. 원은 아주 얇은 여러 개의 동심원으로 생각하여 이를 잘라서 그림처럼 펼친다. 그러면 이것은 높이가 반지름이고 원의 둘레의 길이가 밑변이 되는 직각삼각형과 같게 된다. 위의 설명과 마찬가지 방법으로 해서 원의 넓이 공식을 얻을 수 있다.

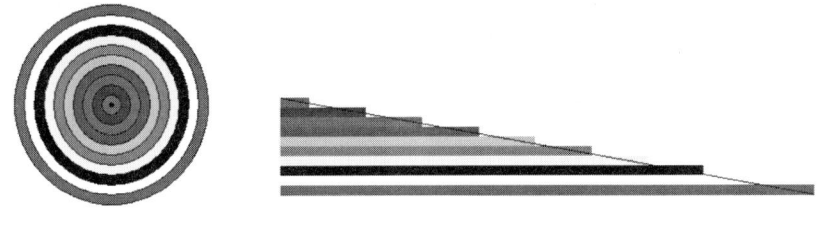

〈그림 8-29〉

바) 교과서 방법

6학년 2학기 교과서에서는 원을 직사각형으로 등적변형하도록 하고 있다. 그러나 지금까지의 등적변형과 달리 극한 개념이 포함되기 때문에 아동들이 이해하기 쉽지 않다. <그림 8-30>과 같이 원을 여러 조각으로 등분할하여 옮겨서 점점 직사각형 모양이 되어 가는 과정을 시각적으로 보여줄 필요가 있다. 관련된 소프트웨어를 이용하거나 교사가 직접 교구를 제작하여 보여주는 것도 도움이 될 것이다.

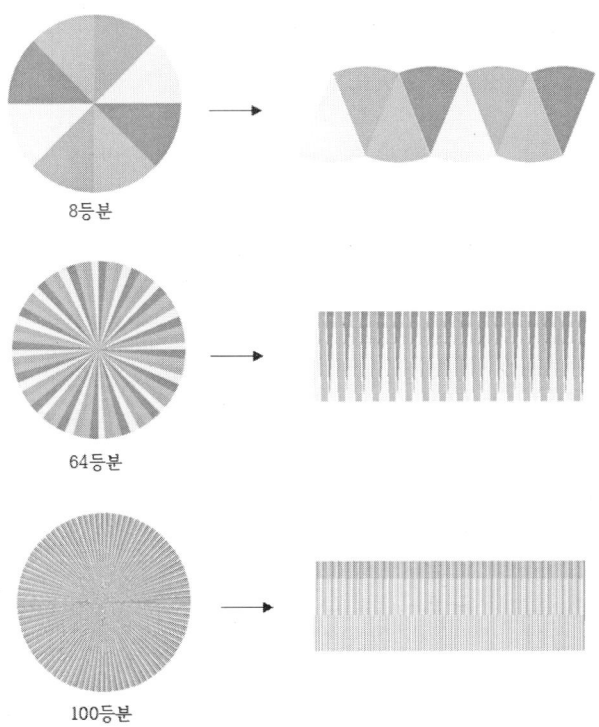

〈그림 8-30〉 원의 등분할

어느 방법을 사용하든 초등학교 아동들이 원넓이 공식을 이해하기는 쉽지 않을 것이다. 그러므로 원의 넓이를 구하는 방법을 찾고자 우리 선조들이 오랜 세월 고생하였고 보다 정확한 공식을 찾으려고 노력하였다는 것을 이해하고, 넓이 공식을 이용하여 원의 넓이를 구할 수 있는 정도로 만족해야 할 것이다. 원의 넓이를 구하는 공식은 여러 곳에서 이용하기 때문에 충분히 숙달할 수 있도록 지도하여야 하며, 지필 계산을 할 때는 원주율로 3을 사용하도록 하고, 계산기를 사용할 때는 원주율로 3.1 또는 3.14를 이용할 수 있도록 원주율의 근삿값을 적절히 채택하는 것이 좋다.

4. 들이와 부피 지도

들이는 용기의 내부 공간에 담을 수 있는 양이다. 그러므로 용기에 어떤 물체가 현재 들어 있는 양과는 무관하다. 들이는 1학년에서부터 4학년까지 지도한다. 1-2학년군에서는 구체물의 들이를 비교하여 '많다, 적다'를 구분하여 말할 수 있으며, 직관적 비교, 직접 비교, 간접 비교를 하도록 하고 있다. 3-4학년군에서는 들이를 나타내는 표준단위의 필요성을 인식하여 1L와 1mL의 단위를 알고 이를 이용하여 들이를 측정하고 어림하면서 들이에 대한 양감을 기르며, 1L와 1mL의 관계를 알아 들이를 단명수와 복명수로 나타낼 수 있게 한다. 또한 들이의 덧셈과 뺄셈을 할 수 있게 한다. 지나친 단위 환산은 다루지 않는다.

부피는 입체가 차지하는 공간의 크기를 말한다. 부피는 5-6학년군에서 다룬다. 부피 개념을 이해하고 1cm³와 1m³ 단위 및 그 관계를 이해하며, 직육면체와 정육면체의 부피를 구할 수 있게 한다. 부피를 구할 때 복잡한 계산은 계산기를 사용하도록 허용한다.

〈표 8-5〉 들이와 부피 내용 체계(교육부, 2015d)

영역	핵심 개념	일반화된 지식	학년군별 내용 요소		
			1-2학년군	3-4학년군	5-6학년군
측정	양의 측정	생활 주변에는 시간, 길이, 들이, 무게, 각도, 넓이, 부피 등 다양한 속성이 존재하며, 측정은 속성에 따른 단위를 이용하여 양을 수치화하는 것이다.	• 양의 비교	• 들이	• 입체도형의 부피
	어림하기				

가. 들이 지도

들이의 지도 순서는 다음과 같다.

1) 비교

컵, 주전자, 우유팩 등 용기를 제시하고 어느 용기에 액체를 더 많이 담을 수 있는지 비교하게 한다. 비교 결과, '담을 수 있는 양이 더 많다 또는 더 적다', 혹은 '많이 들어간다 또는 적게 들어간다'와 같이 표현할 수 있어야 한다.

들이는 외형만으로 직접 비교하기가 곤란하지만 현격하게 차이가 나는 두 용기를 보고 직관적으로 비교할 수 있다. 이어서 비슷한 용량의 용기를 비교한다. 어느 쪽에 더 많이 담을 수 있는지를 비교하기 위해 한 용기에 물을 가득 넣은 다음 그것을 다른 용기에 붓는다. 이렇게 해서 어느 용기에 더 많이 물을 담을 수 있는지를 알 수 있다. 이러한 비교를 직접비교로 보기도 하고 간접비교로 보는 경우도 있다. 직접비교냐 간접비교냐를 너무 예민하게 따질 필요는 없다.

두 용기(A와 B)에 물을 가득 부은 다음 같은 모양의 다른 두 용기(C와 D)에 각각 부어서 C와 D에 들어 있는 물의 수면의 높이를 비교하여도 A와 B의 들이를 비교할 수 있다. 이 경우는 명백히 간접비교이다. 혹은 A의 물을 C에 부어서 그 수면의 높이를 표시한 다음 그 물을 버리고 B의 물을 C에 부어서 표시했던 수면의 높이와 비교하는 것도 한 가지 방법인데 이 역시 간접비교이다.

2) 임의단위를 이용한 직접측정

매개물로 사용될 만큼 어느 정도 큰 용기가 없으면 컵과 같이 작은 용기에 몇 번 부을 수 있는가를 세어볼 수 있다. 이 경우 작은 용기가 임의단위가 된다. 임의단위를 사용하여 측정하면서 임의단위의 부정확함이나 사용하는 임의단위의 차이로 인해 의사소통의 문제점이 발생하는 상황을 드러내면서 들이의 단위를 합의할 필요성을 인식시킨다.

3) 표준단위를 이용한 직접측정

길이와 넓이의 표준단위가 확립된 상황에서는 들이의 표준단위를 도입하는 것은 어렵지 않다. 들이의 표준단위로는 1L, 1dL, 1mL 등이 있다. 1L는 1795년 프랑스 과학원에서 한 변의 길이가 10cm인 정육면체의 부피에 해당하는 용량으로 정하였다. 1dL는 1L의 $\frac{1}{10}$인데, 7차 교육과정에서부터 다루지 않는다. 1mL는 1L의 $\frac{1}{1000}$로서, 한 변이 1cm인 정육면체의 부피에 해당하는 용량이다. 일상생활에서는 mL와 같은 단위로 cc도 사용되지만 교과서에서는 다루지 않는다. 들이는 이와 같이 부피와 밀접한 관계가 있다. 그러나 들이와 부피의 관계는 지도하지 않는다.

들이를 측정하는 도구로는 용기의 표면에 들이의 눈금이 표시된 비커나 매스실린더가 있다.

L와 mL를 지도하면, 이어서 단위 환산과 함께 들이를 단명수와 복명수로 나타내고 들이의 덧셈과 뺄셈을 지도한다.

들이의 간접측정은 지도하지 않는다.

나. 부피의 지도

부피의 지도 순서는 다음과 같다.

1) 비교

어느 물체가 공간을 더 많이 차지하고 있는가를 비교하는 것은 현격한 차이가 있어서 직관적으로 비교하는 경우가 아니라면 부피의 직접비교는 매우 어렵다. 두 물체가 밑면이 같은 직육면체나 원기둥과 같을 경우에는 두 물체의 높이를 비교하는 것으로 부피 비교가 가능하지만 일반적으로 직접비교가 불가능하다. 물체를 옮기고 비어 있는 그 공간을 기억할 수 없기 때문이다.

간접비교는 비교적 쉽다. 아르키메데스가 목욕탕 욕조에 들어갔다가 넘치는 물을 보고 깨달은 것처럼 물속에 물체를 집어넣고 높아진 수면을 비교하면 된다. 가끔 두 상자의 부피를 비교하기 위하여 상자 속에 물건을 채워서 비교하기도 하는데 이것은 부피의 비교가 아니라 들이를 비교하고 이것을 이용하여 부피를 비교하는 셈이 된다. 이런 경우 상자의 두께가 문제가 될 수도 있다.

2) 임의단위를 이용한 측정

부피의 비교가 불가능하지만 단위를 이용한 직접측정도 일반적으로 불가능하다고 할 수 있다. 어떤 물체의 부피를 단위를 이용하여 측정하려면 그 물체를 밀어내고 그 공간에 단위를 넣

〈그림 8-31〉 부피 측정(교육부, 2019d)

어 보아야 하는데 이것은 불가능하다. 공간에서 차지하고 있는 크기를 기억할 수 있는 경우, 예를 들어 다음 <그림 8-31>과 같이 가로와 세로, 높이를 알 수 있는 직육면체의 경우에는 단위를 이용하여 측정이 가능하기는 하다. 부피의 임의단위로는 쌓기나무나 직육면체 모양의 벽돌이나 상자 등을 생각할 수 있다.

3) 표준단위를 이용한 측정

부피의 표준단위로 한 변이 1cm인 정육면체나 한 변이 1m인 정육면체의 부피를 선정한다. 즉, 한 변이 1cm인 정육면체의 부피를 1cm^3라고 하고 한 변이 1m인 정육면체의 부피를 1m^3로 정한다. 초등학교에서 다루어지지 않지만 한 변이 1mm인 정육면체의 부피를 1mm^3로 정한다.

1m=100cm이므로 1m^3에는 한 변이 1cm인 정육면체가 가로, 세로, 높이에 각각 100개씩 포함된다. 그러므로 1m^3=(100×100×100)cm^3=1000000cm^3이다.

4) 간접측정

주어진 직육면체의 부피를 직접측정하기는 쉽지 않다. 그보다는 단위 정육면체를 쌓아서 직육면체를 만들고 만들어진 직육면체의 부피를 구해보는 활동을 통해 직육면체 부피 공식을 찾는 것이 보다 자연스럽고 쉽다. 즉, 아동들에게 단위 정육면체(쌓기나무)를 이용하여 임의로 직육면체를 만들고 <표 8-6>과 같은 표를 완성하게 한다.

<표 8-6> 직육면체의 부피

	가로에서 쌓기나무 개수	세로에서 쌓기나무 개수	높이에서 쌓기나무 개수	전체 쌓기나무 개수(부피)
직육면체 1				
직육면체 2				
직육면체 3				
직육면체 4				

이를 통해 다음 공식을 만들 수 있다.

(직육면체의 부피)=(밑면의 가로)×(밑면의 세로)×(높이)

(정육면체의 부피)=(한 변의 길이)×(한 변의 길이)×(한 변의 길이)

부피는 단위 정육면체의 개수를 말한다. 그러므로 (밑면의 넓이)×(높이)와 같이 넓이와 길이를 곱하는 것은 초등학교 수준에서 다루어질 내용은 아니다. 그러나 원기둥의 부피 공식을 얻으려면 이런 공식이 필요하다. 즉, (밑면의 가로)×(밑면의 세로)는 직육면체의 가장 밑바닥에 놓여지는 단위 정육면체의 개수를 구하기 위한 공식이기는 하지만 밑면인 직사각형의 넓이를 구하는 공식이기도 하다. 그런 점에서 직육면체의 부피를 다음과 같이 변형할 수 있음을 지도할 수 있다.

(직육면체의 부피)=(밑면의 넓이)×(높이)

(정육면체의 부피)=(밑면의 넓이)×(한 변의 길이)

그러나 2009 개정 교과서와 달리 2015 개정 교과서에서 원기둥의 부피를 구하는 내용이 삭제되었으므로 굳이 이런 공식을 지도하지 않아도 무방하다.

어쨌든, (직육면체의 부피)=(밑면의 넓이)×(높이)라는 공식에 근거하여 원기둥의 부피 공식도 살펴보자. 원을 무수히 많은 여러 조각으로 잘라서 엇갈리게 이어 붙이면 직사각형 모양이 된다는 것은 원의 넓이를 구할 때 살펴보았다. 이와 비슷하게 원기둥을 무수히 작은 부채꼴 기둥으로 잘라서 엇갈리게 이어 붙이면 <그림 8-32>와 같이 직육면체가 된다. 이 직육면체의 밑면의 넓이는 원기둥의 밑면인 원의 넓이와 같으므로 다음과 같은 공식이 유도된다.

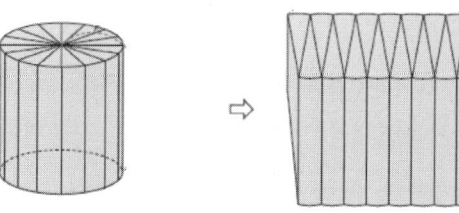

〈그림 8-32〉 원기둥을 직육면체로 변형

(원기둥의 부피)=(밑면의 넓이)×(높이)=(반지름)×(반지름)×(원주율)×(높이)

참고사항)

조나단 스위프트는 걸리버 여행기에서 소인의 키를 걸리버의 키의 $\frac{1}{12}$로, 대인의 키는 걸리버의 키의 10배로 정하였다. 왜 그랬을까?

5. 기타 외연량의 지도

지금까지 살펴본 길이, 넓이, 부피와 들이 이외에 무게, 시간, 각도와 같은 외연량을 살펴보자.

〈표 8-7〉 무게, 시간, 각도의 내용 체계(교육부, 2015d)

영역	핵심 개념	일반화된 지식	학년군별 내용 요소		
			1-2학년군	3-4학년군	5-6학년군
측정	양의 측정	생활 주변에는 시간, 길이, 들이, 무게, 각도, 넓이, 부피 등 다양한 속성이 존재하며, 측정은 속성에 따른 단위를 이용하여 양을 수치화하는 것이다.	• 양의 비교 • 시각과 시간	• 시간, 무게, 각도	
	어림 하기				

가. 무게의 지도

무게는 지구가 물체를 끌어당기는 힘의 크기로서 시각적으로 판단할 수 없는 양이다. 1-2학년군에서는 구체물의 무게를 비교하고, '무겁다, 가볍다'를 구분하여 말할 수 있으며, 직관적 비교, 직접 비교, 간접 비교를 하도록 하고 있다. 3-4학년군에서는 무게를 나타내는 표준단위의 필요성을 인식하여 1g과 1kg의 단위를 알고 이를 이용하여 무게를 측정하고 어림하면서 무게에 대한 양감을 기르며, 1kg과 1g의 관계를 알아 무게를 단명수와 복명수로 나타낼 수 있게 한다. 또한 들이의 덧셈과 뺄셈을 할 수 있게 한다.

무게의 지도 순서는 다음과 같다.

1) 비교

무게는 직관적 비교가 쉽지 않다. 코뿔소와 다람쥐같이 직관적으로 비교가 가능한 경우도 있지만 매우 큰 물체가 오히려 더 가벼울 수도 있고 부피가 같아도 재질에 따라 무게가 다르기도 하기 때문이다. 직관적 비교보다는 물건을 직접 들어보고 더 무겁다거나 더 가볍다는 정도를 느끼게 한다. 큰 물건일 경우 한 물건을 들어보고 나서 다른 물건을 들어보고 비교할 수도 있고 작은 물건의 경우에는 양손에 하나씩 들고서 비교할 수도 있다. 혹은 눈금이 없는 양팔저울을 사용할 수도 있다. 시소를 타면서 직접비교를 할 수도 있다. 시소의 경우에는 균형점에서 같은 거리에 위치해야 한다는 점을 주의해야 한다.

직접비교가 어려운 경우에는 무게가 비슷한 매개물을 사용하여 간접비교를 할 수도 있다.

2) 임의단위를 이용한 측정

무게를 좀 더 정확하게 비교하기 위해서 양팔저울의 한쪽에 바둑돌이나 추를 여러 개 놓을 수 있다. 이 경우 바둑돌이나 추는 임의단위가 된다.

임의단위를 사용할 때의 문제점을 인식하게 한다. 예를 들어 바둑돌을 무게의 단위로 사용한다고 하자. 바둑돌은 바둑판의 크기에 맞게 어느 정도 일정한 규격으로 만들어져 있기는 하지만 크기가 다르고 재질에 따라 무게가 달라서 무게에 관한 의사소통이 어려울 수 있다.

3) 표준단위를 이용한 측정

무게를 모든 사람이 정확하게 측정하고 의사소통을 하기 위해서 무게 단위를 정한다. 표준단위로는 1g, 1kg, 1t 등이 있다. 교과서에서는 kg과 g을 동시에 도입하고 있지만 어느 하나를 먼저 도입하고 도입한 단위로는 측정하기가 너무 가볍거나 너무 무거운 상황에서 새로운 단위를 도입하는 방식으로 진행해도 무방하다. 혹은 이런 과정을 이미 다른 양의 지도에서 여러 차례 반복했다면 여기서는 동시에 도입하여도 무방하다.

g, kg, t 사이의 관계를 지도한다. 1t=1000kg, 1kg=1000g이다. 단위 환산과 복명수와 단명수의 계산을 지도하지만 교육과정에서는 t을 g으로 환산하는 것은 지도하지 않도록 하고 있으므로 t과 kg 사이에서, 그리고 kg과 g 사이에서만 단위 환산을 하도록 한다. 이어서 무게의 덧셈과 뺄셈을 지도한다. 무게의 단위는 십진법 체계를 따르고 있기 때문에 받아올림이 있는 덧셈이나 받아내림이 있는 뺄셈이 그리 어렵지는 않지만 복잡한 계산을 할 필요는 없다.

4) 간접측정

초등학교 수준에서는 공식을 이용하여 무게를 측정하는 간접측정은 다루지 않는다. 다만, 추를 이용하는 양팔저울로 측정하는 것은 직접측정이지만, 접시저울, 용수철저울, 판지시저울 등은 단위가 몇 개인가를 측정하는 것이 아니라 무게에 따라 변하는 바늘의 각도나 용수철의 길이 등을 이용한 것이므로 이러한 저울을 이용하여 무게를 재는 것은 일종의 간접측정이라고 할 수 있다.

나. 시간의 지도

시각은 사건의 발생 시기 혹은 흘러가는 순간 가운데의 어느 시점을 말하며, 시간은 사건의 지속 기간 혹은 흘러가는 어느 시점부터 시점까지의 간격이다. 그러므로 시각은 양이 아니며 시간은 양이다.

1-2학년군에서는 시계를 보고 '몇 시 몇 분' 또는 '몇 시 몇 분 전'으로 읽을 수 있게 한다. 다만 '3시 12분 전'과 같이 읽을 필요는 없으며 5분 단위 정도로 읽을 수 있게 하고 있다. 분, 시간, 일, 주일, 개월, 연 사이의 관계까지 1-2학년군에서 지도한다.

3-4학년군에서는 1분이 60초임을 알고 초 단위까지 시각을 읽을 수 있게 하고, 초 단위까지의 시간의 덧셈과 뺄셈을 지도한다. 시간에서의 지나친 단위 환산은 다루지 않는다.

1) 비교

길이, 무게, 넓이, 들이의 비교는 1학년 1학기에서 지도하지만, 시간의 지도는 1학년 2학기에서 곧바로 시계보기로부터 시작한다. 그만큼 시간의 비교나 임의단위를 이용한 측정이 쉽지 않다는 것을 의미할 것이다.

시간의 비교는 얼마나 오래 가는지를 비교하는 것으로 시작할 수 있다. 두 사람이 줄넘기를 하는데 누가 더 오래 하는가 등으로 시간 감각을 가질 수 있다. 그러나 시간은 주관적인 느낌이 많이 작용하기 때문에 비교하는 것이 그리 쉽지는 않다.

2) 임의단위를 이용한 측정

놀이터에서 온종일 놀다 왔으면서도 시간이 금방 간 것처럼 느껴진다. 그러므로 막연한 '감'보다는 임의단위로 시간을 측정하는 것이 좋다. 임의단위로는 '하나 둘 셋, …'과 같이 천천히 수를 센다든가 애국가를 부른다든가 하면서 시간을 측정할 수 있다. 이때 수를 세는 하나하나가 임의단위가 되며 애국가의 한 소절 또는 한 절을 부르는 데 걸리는 시간이 임의단위가 된다. 맥박 수도 시간을 측정하는 데 사용한다면 임의단위가 된다. 그러나 수를 세거나 노래를 부르는 경우에도 측정하는 사람이 제각각의 빠르기로 진행할 수 있어서 정확하지 못하고, 의사소통에도 문제가 생길 수 있다. 보다 정확한 임의단위를 생각한다면 모래시계가 있을 것이다.

우리가 흔히 사용하는 언어 중에서 시간의 임의단위인 것들을 찾아보는 것도 의미가 있을 것이다. 아주 짧은 시간을 나타내는 '찰나'도 있고, '순식간'도 있다. '순'은 눈 한 번 깜박거리는 데 걸리는 시간이고, '식'은 숨을 한 번 내쉬는 데 걸리는 시간이다. '한나절'은 아침 식사 이후부터 점심 식사 전까지 또는 점심 식사 후부터 저녁 식사 전까지의 시간을 말한다.

시간의 비교나 임의단위를 이용한 시간의 측정은 교육과정에서 다루지 않고 있다. 그러나 '시간'이라는 양을 지도하기 위해서 시계보기를 지도하기 전에 가볍게라도 다룰 필요가 있지 않을까 생각한다.

3) 표준단위를 이용한 측정

2015 개정 교과서에서는 1학년 2학기에서 곧바로 시계 읽기를 통해서 시간의 표준단위를 지도한다. 시간은 시각과 시각 사이의 간격이므로 시간을 지도하기 위해서는 먼저 시계를 읽는 법을 지도해야 한다. 요즘 디지털 시계가 많이 보급되어 있기 때문에 아날로그 시계를 읽을 줄 몰라도 문제가 되지는 않는다. 그러나 아날로그 시계 역시 여전히 주변에서 많이 볼 수 있기 때문에 현재까지는 아날로그 시계를 읽는 법을 지도할 필요는 있어 보인다.

가) 시계 보기

시계는 원형으로 1에서 12까지 30° 간격으로 숫자가 배열되어 있고, 숫자와 숫자 사이에 5등분한 작은 눈금이 있다. 숫자는 '몇 시'라는 시각을 나타내며, 전체 60개의 눈금은 '몇 분'이라는 시각을 나타낸다.

먼저 정각인 시각을 보는 법을 지도한다. 이어서 긴바늘이 6을 가리킬 때 '몇 시 30분'이라고 읽는 법을 지도한다. 6을 가리킬 때 왜 30분이라고 하는지를 설명하기가 쉽지 않을 것이다. 필요하다면 분을 나타내는 긴바늘이 12에서 6까지 갈 때 분을 나타내는 눈금 30개를 지나는 정도로 간단하게 설명해 주면 된다. '몇 시 30분'은 '몇 시 반'이라고도 읽는데 2학년에서 '몇 시 몇 분'을 배우기 전까지는 '몇 시 반'이라고 읽는 것이 차라리 이해하기는 쉬울 것이다. '몇 시 30분'을 지도할 때 짧은바늘은 숫자와 숫자의 중간에 위치하고 긴바늘은 6을 가리킴을 주의시킨다.

2학년 2학기에서는 분 단위의 시각을 읽는 법을 학습한다. 곱셈구구를 학습하였기 때문에 시계의 긴바늘이 가리키는 수에 5배를 한 것이 분임을 아는 것은 어렵지 않을 것이다. 5분, 10분 등의 시각을 읽고, 1분 간격으로 읽는 법을 지도한다. 교육과정에서는 5분 전, 10분 전, 15분 전과 같이 읽는 법도 지도하게 하고 있다.

나) 표준단위 환산

시각을 읽게 되면 시각과 시각 사이의 간격으로서 시간을 지도한다. 시간의 기본단위는 '초'이지만 2015 개정 교과서에서는 '분'을 먼저 지도한다. 시계의 긴바늘이 한 바퀴

도는 데 걸리는 시간을 60분으로 정의하고 있다. 이 동안에 짧은바늘은 예를 들어 5에서 6까지 움직이는데 이를 1시간이라고 정의한다. 그러므로 1시간은 60분이다. 이런 방식으로 1시간은 60분, 하루는 24시간, 1주일은 7일, 1년은 365일, 1분은 60초 등의 표준단위를 학습하고 단위 환산을 하게 된다.

이와 동시에 달력에 대해서도 지도한다. 각 달이 며칠인지, 2월은 28일이기도 하고 29일이기도 한 사실을 학습한다.

지금까지 지도한 길이, 넓이, 무게 등 여러 양들은 십진법을 사용하기 때문에 단위 환산이 그리 어렵지는 않았다. 그러나 시간에서는 60진법을 사용하기 때문에 단위 환산에 오류가 많이 생기게 된다. 교육과정에서는 지나친 단위 환산은 지도하지 않도록 하고 있지만 초를 분으로, 분을 시간으로 고치는 것은 일상생활과 밀접하게 관련되므로 충분히 지도해야 한다.

다) 시간의 덧셈과 뺄셈

3학년 1학기에서는 '초'에 대해서 지도하고, 시간의 덧셈과 뺄셈을 지도한다. 시간의 덧셈과 뺄셈에서도 받아올림이 있거나 받아내림이 있는 경우 60진법에 따라야 한다. 그런 점에서 시간의 계산 역시 어려움이 많다. 그러나 교육과정의 취지에 맞게 받아올림과 받아내림의 계산을 강조할 필요는 없다. 시간 계산에서는 다음과 같은 여러 가지 상황이 있다.

① (시각)±(시간)=(시각)

예를 들어, '현재 시각은 오후 1시 10분입니다. 학교에서 집으로 가는 데 50분이 걸립니다. 집에 도착하는 시각은 몇 시 몇 분입니까?'와 같은 문제가 이에 해당한다.

② (시간)±(시간)=(시간)

예를 들어, '전망대를 구경하는 데 1시간 30분이 걸리고 수족관을 구경하는 데는 2시간 10분 걸립니다. 수족관을 구경하는 시간은 전망대를 구경하는 시간보다 얼마나 더 걸립니까?'와 같은 문제가 이에 해당한다.

③ (시각)-(시각)=(시간)

예를 들어, '뮤지컬 공연이 오후 6시 10분에 시작하여 오후 8시 30분에 끝납니다. 뮤지컬 공연하는 데 시간이 얼마나 걸립니까?'와 같은 문제가 이에 해당한다.

다. 각도의 지도

각은 3-4학년군에서 처음 등장한다. 각의 크기를 비교하고, 각의 크기의 단위인 1도(°)를 이해하고 각도기를 이용하여 각의 크기를 측정하고 어림하며, 주어진 크기의 각을 그릴 수 있어야 한다. 또한 삼각형과 사각형의 내각의 크기의 합을 추론하게 한다.

4학년 1학기 교사용지도서에서 '각의 크기는 각의 꼭짓점을 중심으로 두 변이 벌어진 정도를 나타내는 양'이란 설명이 나오지만, 교과서에서는 각의 크기에 대한 설명이 없이 각의 크기를 각도라고 하고 있다. 각의 크기를 각의 꼭짓점을 중심으로 하여 한 변을 다른 변까지 회전한 양으로 정의할 수도 있으나, 초등학교에서 각을 한 점에서 그은 두 반직선으로 이루어진 도형으로 정의하고 있으므로 두 변이 벌어진 정도로 정의하는 것이 적합하다.

1) 비교

각의 크기가 현저하게 다른 두 개의 각 중에서 어느 것이 더 벌어졌는지를 비교하게 하면서 '벌어진 정도'를 인식하게 한다. 입체의 일부분으로서의 각은 직접비교하거나 같은 크기로 벌어진 다른 매개물을 이용하여 간접비교할 수 있다. 종이에 그려진 각의 경우는 투명종이에 본을 떠서 겹쳐보게 함으로써 비교하게 할 수 있다. 주의할 것은 각의 변은 반직선이기 때문에 종이에 그려진 선분의 길이에 주목하는 것이 아니라 벌어진 정도를 주목하게 해야 한다는 점이다.

2) 임의단위를 이용한 측정

종이에 그려진 각이나 입체의 일부분인 각의 크기를 비교할 때 임의단위를 사용하여 크기를 측정하여 비교할 수도 있다. 이때 사용되는 임의단위로는 부채의 부챗살이나 패턴블록의 마름모 조각 혹은 손가락을 벌려서 생기는 손가락으로 이루어진 각의 크기 등을 생각할 수 있다.

어느 양을 측정하든지 마찬가지로 각의 크기를 임의단위로 측정할 때도 임의단위 사용의 불편함이나 문제점을 인식시켜서 표준단위 도입의 필요성을 느끼게 한다.

3) 표준단위를 이용한 측정

각도의 표준단위로 1°(도)를 사용한다. 1°보다 작은 각의 크기로 1′(분), 1″(초)가 있다. 시간에서와 마찬가지로 1°=60′, 1′=60″이다. 그러나 초등학교에서 각도의 단위로서 분(′)과 초(″)는 다루지 않는다.

1°는 직각을 90등분한 하나의 크기이다. 직각을 90등분한 이유는 무엇일까? 인류는 오래전부터 1년을 대략 360일로 생각하였다. 즉 360일이면 계절이 완전히 1회전하게 된다. 그러므로 1회전을 360등분하게 되었고 그 하나가 1°가 되는데, 이것은 직각을 90등분한 것에 해당한다.

각의 크기를 측정하기 위해 각도기가 사용된다. 각도기를 사용하는 법을 학습한다. 각도기를 이용하여 각의 크기를 측정할 때 보통 <그림 8-33>의 각 BAC와 같이 각의 한 변이 가로나 세로로 놓여 있을 때는 제대로 측정하지만, 각 ABC와 같이 비스듬히 놓여 있는 경우에는 각도기를 잘 사용하지 못하는 경우가 있으므로 이에 대한 지도도 필요하다.

각의 두 변이 포개졌을 때 각의 크기는 0°이며 두 변이 일직선을 이루면 그 각의 크기는 180°이다. 초등학교에서는 크기가 180°를 넘는 각은 지도하지 않는다. 그러나 이동을 지도할 때는 270° 돌리기와 360° 돌리기를 다루며, 각의 크기의 합에서는 180° 이상도 나

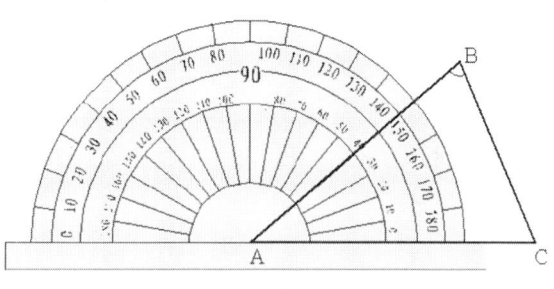

〈그림 8-33〉 각도 측정

타나므로 180°보다 작은 각으로 너무 제한하여 다룰 필요는 없을 것이다.

각도기를 이용하여 각의 크기를 측정하는 것을 지도하는 것 외에 각도기를 이용하여 주어진 크기의 각을 그릴 수 있도록 지도해야 한다.

각도기 사용법을 배우고 나면 각도의 합과 차를 지도하는데, 도(°)라는 하나의 단위만 사용하기 때문에 특별히 어렵지는 않다. 이어서 삼각형의 세 각의 크기의 합과 사각형의 네 각의 크기의 합을 지도한다.

🔍 6. 내포량의 지도

내포량은 속력, 밀도, 농도 등과 같이 더할 수 없는 양이다. 일반적으로 내포량은 두 외연량의 몫으로 표현된다.

두 외연량이 같은 종류일 때 내포량은 순수한 수가 되며 이러한 내포량을 일반적으로 '…율(率)'과 같이 부른다. 원주율, 타율, 환율, 확률, 출석률 등이 여기에 해당한다. 실제

거리를 지도에 맞게 일정하게 줄인 비율을 말하는 축척은 '율'을 붙이지 않았다.

두 외연량이 다른 종류일 때의 내포량은 새로운 양이 되며 일반적으로 '…도(度)'라고 부른다. (거리)÷(시간)인 속력(속도), (인구의 수)÷(넓이)인 인구밀도 등이 여기에 해당한다. 두 외연량이 다른 내포량에는 ㎧, 명/km^2와 같은 새로운 단위가 사용된다.

농도의 경우는 약간 미묘하다. 농도를 나타내는 단위는 상황에 따라 다르다. 예를 들어 초미세먼지의 농도는 25㎍/㎥와 같이 나타낸다. 이 경우 농도는 (무게)÷(부피)로서 두 외연량의 몫이다. mg/L와 같이 (무게)÷(들이)로 나타내는 농도도 있다. 소금물의 농도는 (소금의 무게)÷(소금물의 무게)로서 같은 두 외연양(무게)의 몫이다. 이와 같이 농도는 두 외연량이 같은 경우에도 사용되고 다른 경우에도 사용된다.

초등학교에서는 소금물의 농도라는 표현 대신 소금물의 진하기, 속도나 속력 대신 시간에 대한 거리의 비율, 인구밀도 대신에 넓이에 대한 인구의 비율이라는 표현을 사용하고 있다.

내포량은 두 외연량의 몫으로 표현되기 때문에 내포량의 지도는 두 외연량을 함께 보는 안목을 길러주어야 한다. 예를 들어 다음 <표 8-8>을 보고 어느 학교 운동장이 전교생이 나와서 놀기에 좋은지를 설명해 보게 하여 단위 넓이에 대한 아동 수를 비교하려는 생각을 가지게 하면서 내포량을 다루는 것이 효과적일 것이다.

〈표 8-8〉

학교	아동 수(명)	운동장 넓이(㎡)
A	400	4500
B	500	5000

7. 개측(어림 측정)

측정 지도의 마지막 단계가 어림 측정 또는 개측이다. 어림 측정은 대략적으로 양을 측정하는 것이다.

가. 어림 측정의 지도 이유

이와 같은 어림 측정을 지도하는 이유는 다음과 같다. 첫째 적절한 측정 단위나 측정 기구를 선택하기 위해서이다. 큰 단위와 작은 단위가 함께 포함된 측정 기구가 있기는 하지만 보통은 큰 단위에 적합한 기구, 작은 단위에 적합한 측정 기구들이 있게 마련이다. 그러므로 대략적으로 측정해서 그에 맞는 측정 기구를 선택하는 것이 현명하다.

둘째, 굉장히 큰 양이나 아주 작은 양을 측정하기 위한 적절한 기구가 없을 때이다. 이와 같은 측정 기구가 없을 때는 다른 측정 기구에 견주어서 대략적으로 그 양을 짐작할 수밖에 없다.

셋째, 정확한 측정이 필요하지 않고 대략적인 측정으로 족할 때이다. 항상 정확한 측정이 필요한 것은 아니며, 개측만으로 충분히 필요한 일을 할 수 있는 경우들도 많이 있다. 이럴 때 굳이 정확하게 측정하려고 시도할 필요는 없다.

나. 어림 측정의 실제

어림 측정은 어떤 양을 지도하든 그 마지막 단계에서 다루어지고 있다. 이때 두 가지 방향으로 진행될 수 있다. 한 가지는 어떤 대상의 측정값이 얼마인지를 어림하는 것이다. 예를 들어 '교실의 넓이가 얼마일까?'와 같은 경우이다. 다른 한 가지는 측정값에 해당하는 대상을 찾는 것이다. 예를 들어 '교실에서 1m 정도 되는 물건을 찾아보자.'와 같은 경우이다.

길이나 거리의 어림 측정은 3학년 1학기에서 지도하고 있다. 주변의 짧은 물건의 길이가 얼마나 되는지를 어림하고 실제로 측정해서 비교해 보기도 하고, 연필이나 버스, 또는 먼 거리의 측도를 주고 그에 알맞은 단위가 무엇인지를 찾아보게 한다. 긴 거리를 어림 측정하게 하는 것은 교실에서 행하기는 쉽지 않다. <그림 8-34>의 경우 어림 측정이 아니라 '(어림) 계산'이 될 가능성이 많다. 교과서나 교실에서는 어쩔 수 없다. 이를 참고하여 교실 밖으로 나가서 일정한 장소까지의 거리를 어림 측정하고 이것을 참조물로 삼아서 다른 거리를 어림 측정해 보게 해야 할 것이다.

기차역에서 주변에 있는 장소까지의 거리를 어림해 봅시다.

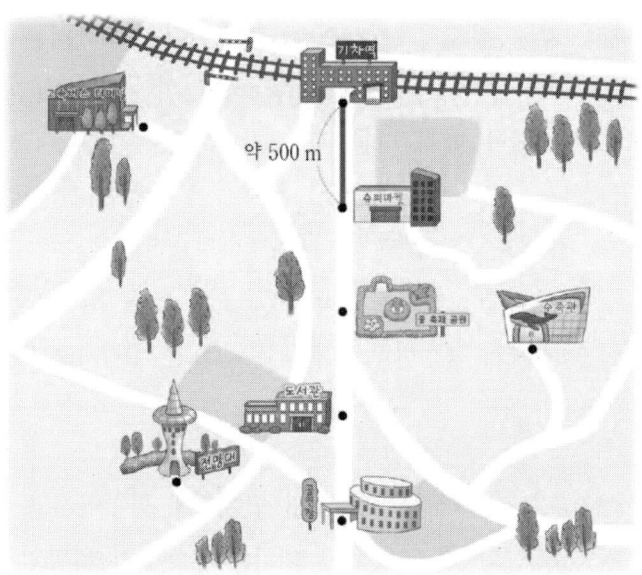

〈그림 8-34〉 거리의 어림 측정(교육부, 2018b)

3학년 2학기에서는 들이와 무게를 어림 측정한다. 거리의 어림 측정에서와 마찬가지로 작은 물건의 들이나 무게를 어림 측정해 보게 하고 실제로 들이나 무게를 측정하여 비교해 본다. 또한 물건의 측도를 주고 그에 적절한 단위를 말하게 하고 있다.

4학년 1학기에서는 각도를 어림 측정한다. 각의 크기를 어림하고 실제로 측정하여 어림 측정한 값과 비교해 보게 한다. 각도의 경우 측정 단위가 도(°)뿐이므로 알맞은 단위를 찾아보는 활동은 하지 않는다.

넓이는 5학년 1학기에서 다루고 있는데 넓이를 어림 측정하는 활동은 거의 찾아보기 힘들다. 교실의 가로와 세로를 어림하고 이를 바탕으로 교실의 넓이를 어림하거나 운동장의 넓이를 어림해 보게 할 수도 있을 것이다. 운동장이 직사각형 모양이 아닐 경우에는 마음속으로 적당한 도형으로 분할하여 어림 측정할 수 있다.

다. 어림 측정 전략

어림 측정한다고 해서 적당히 얼마쯤이라고 해서는 안된다. 이런 어림으로는 경우에 따라서 아주 근사한 측정값을 얻을 수 있지만 합리적인 측정이 아니다. 그러므로 다음과 같은 어림 측정 전략을 지도할 필요가 있다.

첫째, 측정할 양을 적절히 분할하여 어림 측정하는 것이다. 10층 건물의 높이를 어림할 때는 이 건물의 높이를 10등분하여 한 층의 높이만 어림한 후 열 배를 하거나, 용기에 들어 있는 콩의 개수를 어림할 때는 컵으로 몇 컵이 되는지를 알아보고 한 컵의 콩의 수를 어림하여 컵의 수를 곱한다든가 하는 방법이다. 이때 몇 컵이 되는지는 어림할 수도 있고 실제로 컵으로 측정할 수도 있다. 이러한 방법은 무작정의 어림이 아니라 꽤 합리적이면서 비교적 정확하게 어림할 수 있는 방법이다.

둘째, 첫 번째 방법과 반대로 측정할 양의 적당한 배수를 어림 측정하는 방법이다. 종이 한 장의 두께가 얼마인지를 어림할 때 이 종이를 여러 장 쌓은 후에 전체가 얼마쯤 되는지를 어림한 후 종이의 장 수로 나누는 방법이다. 종이 한 장의 두께를 어림하기는 힘들어도 종이를 여러 장 쌓으면 그 두께를 어림하기는 쉽다.

마지막으로, 참조물(벤치마크)을 사용하는 방법이다. 예를 들어 길이를 어림할 때 자신의 뼘의 길이가 몇 cm인지, 한 걸음이 몇 cm인지를 미리 알아두면 뼘이나 걸음 수를 측정하여 그 길이를 어림할 수 있다. 넓이의 경우는 손바닥에 해당하는 직사각형의 넓이나 천 원짜리 지폐의 넓이, 자주 가지고 다니는 체크카드나 휴대폰의 넓이 등을 미리 알아두면 유용하다. 시간에 대해서는 천천히 열까지 셀 때의 시간이 벤치마크가 될 수 있다. 각도에 대해서는 30°나 45°에 해당하는 벤치마크를 확보할 필요가 있다. 부피나 무게에 대해서도 주변에서 쉽게 구할 수 있는 임의단위들을 벤치마크로 사용하면 좋다. 임의단위가 벤치마크로 사용되고 있기는 하지만 이것은 임의단위를 사용한 측정이 아니다. 임의단위가 표준단위로 얼마인지를 알고 임의단위를 이용하여 직접 측정하거나 대략적으로 측정한 후 이를 다시 표준단위로 환산하는 것이라 임의단위를 이용한 측정과는 다르다.

제9장

자료와 가능성 및 그 지도

제 9 장
생각할 문제

이 단원을 학습하기 전에 다음 문제를 생각해 봅시다.

01 우리 생활에서 가능성에 대한 고려가 왜 필요한가?

02 동전을 9번 던져서 모두 앞면이 나왔다고 하자. 열 번째 던질 때는 동전의 앞면 또는 뒷면 어느 것이 나올 가능성이 더 많은가? 왜 그렇게 생각하는가?

03 세상에는 그럴듯한 거짓말, 새빨간 거짓말, 그리고 통계라는 세 가지 거짓말이 있다는 우스개가 있다. 통계가 왜 거짓말이라고 하는가?

04 평균이 불합리하다고 생각한 적이 있는가? 있다면 언제인가?

9장 자료와 가능성 및 그 지도

1. 관련 이론

가. 확률과 통계 지도의 목적

확률과 통계를 지도하는 목적은 다음과 같다.

첫째, 우리 주변에 통계적 현상이나 확률이 관련된 현상들이 많이 있기 때문이다. 하나하나의 사건에서는 인과 관계가 명확하지는 않지만 그러한 사건들을 모두 모아서 보면 대체적인 어떤 규칙성을 찾을 수 있게 되는데, 이러한 규칙성을 찾기 위해서는 확률과 통계에 대한 지식이 필요하다.

둘째, 통계적 능력은 민주시민의 중요한 소양이기 때문이다. 현대사회에는 엄청나게 많은 정보가 쏟아진다. 국내외의 여러 경제와 정치, 심지어는 전염병과 관련해서도 많은 정보들을 인터넷과 신문, 방송을 통해 접하게 된다. 이러한 정보를 수집하여 정리하고 해석하며, 정보에 기초하여 합리적인 의사결정을 하는 것은 민주시민으로서 필요한 소양이 되고 있다.

셋째, 통계적 과정은 그 자체로 흥미가 있으며 일상생활에서 수학의 힘과 유용성을 느끼게 하기 때문이다. 아동들은 주변에서 자신과 관련된 여러 자료를 수집하고 분류함으로써 통계적 활동에 관심을 가지게 되며, 통계를 이용하여 관심 있는 문제를 해결함으로써 수학의 가치를 인식하게 된다.

넷째, 자료의 활용은 수를 생각하고 이용하고 이해하며 해석할 기회를 제공하여 수 감각을 발전시킬 수 있기 때문이다.

다섯째, 통계학은 물리, 공학, 생물학, 의학은 물론 경제, 경영, 정치, 심리학, 교육학 등 많은 분야에 응용되고 있기 때문이다.

여섯째, 비판적 사고를 길러줄 수 있는 장을 제공한다. 통계를 가르친다는 것은 평균을 구하고 그래프를 그리는 것을 지도하는 것만을 의미하지 않는다. 자료의 수집 과정이나 통계적 추론에서의 잘못된 점을 파악하고 올바른 판단을 하도록 하는 것도 통계교육의 중요한 목적이다.

나. 관련 용어

확률은 사건이 일어날 가능성을 0과 1 사이의 수로 나타낸 것이다. 1에 가까울수록 일어날 가능성이 매우 높으며 0에 가까울수록 일어날 가능성이 매우 적다.

통계는 한꺼번에 몰아서 계산한다는 뜻으로, 어떤 집단의 자료를 수집하여 집단의 특성을 수로 파악하고 요약하며 그로부터 어떤 판단을 내리는 기술이다.

무작위성(임의성)은 우연 이외에 다른 요인이 작용하지 않는 것이다. 통계에서는 무작위성이 매우 중요한데 무작위성을 보장하기 위해 주사위를 이용하거나 난수표를 이용하기도 한다. 난수는 특정한 순서나 규칙을 가지지 않고 나열된 수들을 말한다.

다. 확률의 역사

인간이 확률을 생각했다는 흔적은 고대 문명으로 거슬러 올라갈 수 있다. 기원전 3500년경에 양의 복사뼈가 발견되었는데 이것은 주사위 역할을 한 것으로 추정된다. 기원전 300년경에 바빌론에서 사용된 것으로 보이는 주사위는 거의 완벽한 정육면체 모양이다. 그러나 이러한 주사위는 수학적 탐구 도구라기보다는 신의 뜻을 확인하려는 종교적 도구라고 할 수 있다. "여호와께서 모세에게 명하신 대로 그들의 기업을 제비뽑아 아홉 지파와 반 지파에게 주었으니"(여호수아 14:2)라는 글에서 알 수 있는 것처럼 제비를 뽑은 결과도 신의 뜻으로 받아들였다. 우연이라는 현상을 탐구하는 것은 신의 영역을 엿보는 것으로 여겨졌기 때문에 확률에 대한 학문적 연구는 15세기가 지나서야 가능할 정도로 매우 늦어졌다.

인도에서는 850년경에 n개 중에서 r개를 택하는 방법의 수, 곱의 법칙, 같은 종류의 문자가 포함된 여러 문자를 정렬하는 방법 등을 알고 있었고, 중국에서는 주세걸(1353)의 <사원옥감>이라는 책에서 오늘날 우리가 파스칼의 삼각형으로 알려진 내용을 다루었다(이면우 역, 2000).

확률론과 관련하여 수학사에 처음 등장하는 인물은 카르다노(Cardano)이다. 도박을 좋아했던 카르다노는 1526년경에 주사위 게임에 관한 책을 썼다. 그는 주사위를 많이 던지면 $\frac{1}{6}$에 해당하는 만큼 1의 눈이 나온다는 사실을 지적하였는데, 아마도 이것이 확률에 관한 최초의 책일 것이다.

확률론의 탄생은 17세기에 파스칼(Pascal)과 페르마(Permat)가 편지 왕래를 통해 해결한 '드 메레의 문제'와 '상금의 분배 문제'에서 이루어졌다. 드 메레의 문제는 다음과 같다.

한 개의 주사위를 4번 던졌을 때 적어도 한 번 6의 눈이 나오는 것에 내기를 걸면 유리한데, 두 개의 주사위를 24번 던졌을 때 적어도 한 번 (6, 6)이 나오는 것에 내기를 거는 것이 왜 불리한가?

파스칼은 적어도 한 번 6의 눈이 나올 확률은 $1-(\frac{5}{6})^4 = 0.508$이고 (6, 6)이 나올 확률은 $1-(\frac{35}{36})^{24} = 0.491$이므로 6의 눈이 적어도 한 번 나오는 사건이 더 유리하다고 답하였다. 그러나 드 메레는 한 개의 주사위를 던지면 6가지 경우가 있는데 4번 던지는 것과 두 개의 주사위를 던지면 36가지 경우가 있는데 24번 던지는 것은 6:4=36:24로 똑같다고 생각하였다.

상금의 분배 문제는 다음과 같다.

A, B 두 사람이 내기 돈을 걸고 5회 먼저 이기는 사람이 내기 돈을 모두 갖는다. 매회 두 사람이 이길 확률은 각각 $\frac{1}{2}$이다. A가 4:3으로 유리한 상황에서 게임이 중단될 때 어떻게 내기 돈을 나누는 것이 공평한가?

드 메레는 A가 이기려면 1번 더 이기면 되고 B가 이기려면 2번 더 이겨야 하기 때문에 내기 돈을 2:1로 분배해야 한다고 생각하였으나 파스칼은 게임이 계속 된다는 가정하에 A가 5회 이길 확률은 $\frac{3}{4}$이고 B가 5회 이길 확률은 $\frac{1}{4}$이므로 $\frac{3}{4}:\frac{1}{4}$=3:1로 분배해야 한다고 하였다.

파스칼의 이러한 문제해결은 확률의 개념화에 큰 진전을 이루었다. 그 후 호이겐스(Huygens), 야곱 베르누이(Bernoulli) 등을 거쳐 라플라스(Laplace, 1749-1827)에 와서 확률이 정의되었다. 라플라스는 사건 A의 확률을 $\frac{A가\ 일어나는\ 모든\ 경우의\ 수}{시행에서\ 가능한\ 모든\ 경우의\ 수}$라고 정의하였다. 이것을 고전적 확률이라고 한다.

심슨과 베이즈, 라플라스, 가우스의 노력 덕분으로 19세기에는 물리학, 천문학, 생물학, 통계학 등 다양한 분야에서 확률론이 해당 분야의 이론적 근거 역할을 할 수 있었다. 그러나 확률의 정의에 대해서는 계속 문제가 제기되어 왔다. 그러다가 1900년 힐베르트(Hilbert)가 확률의 공리화를 제안하였고, 마침내 콜모고로프(Kolmogorov)가 확률을 공리적으로 정의하는 데 성공하여 확률을 수학적으로 엄밀하게 체계화할 수 있었다. 그러나 여전히 확률의 정의에 대해서는 다양한 관점이 공존하고 있다(이경화, 1997).

라. 수학적 확률과 통계적 확률

1) 수학적 확률

수학적 확률이란 각각의 근원사건이 일어날 가능성이 같은 어떤 실험이나 관찰에서 모든 경우의 수에 대한 사건 A가 일어날 경우의 수의 비율을 말한다. 수학적 확률을 구하려면 각각의 근원사건이 일어날 가능성이 같아야 하고 경우의 수를 구할 수 있어야 한다. 그러므로 수학적 확률을 지도하기 전에 경우의 수를 지도해야 한다. 2015 개정 교육과정에서는 5학년 2학기 교과서에서 확률이란 용어를 사용하지 않고 가능성이란 말을 사용하기 때문에 수학적 확률은 물론 경우의 수도 지도하지 않는다.

경우의 수란 어떤 일이 일어날 수 있는 경우의 가짓수이다. 동전을 하나 던질 때 나오는 경우의 수는 앞면과 뒷면의 2가지이며 앞면과 뒷면이 나올 가능성은 각각 같다. 주사위를 던질 때 나오는 경우의 수는 1, 2, 3, 4, 5, 6의 6가지이며 이때 각각 일어날 가능성이 같다.

주사위를 던져서 짝수가 나올 확률은 짝수가 나올 경우의 수가 2, 4, 6의 3가지이므로 이때 수학적 확률은 $\frac{3}{6}=\frac{1}{2}$이다. 수학적 확률은 실제로 행해보기 전에 확률을 구할 수 있다는 점에서 선험적 확률이라고도 한다.

2) 통계적 확률

앞면과 뒷면의 모양이 같은 동전을 던질 때와 달리 윷가락은 안면과 바깥면이 다르기 때문에 윷가락 하나를 던질 때 나오는 경우의 수는 2가지이지만 각각 일어날 가능성은 같지 않다. 그러므로 수학적 확률을 구할 수 없다. 이런 경우에는 통계적 확률을 구해야 한다.

통계적 확률은 어떤 사건이 일어난 상대도수의 극한값으로 정의된다. 실제로 무수히 많이 행할 수 없고 따라서 상대도수의 극한값을 알 수 없기 때문에 시행 횟수가 많은 경우의 상대도수를 생각한다. 동전을 던지는 경우와 같이 수학적 확률로 구할 수 있는 경우에도 통계적 확률을 구할 수 있는데 시행 횟수가 많으면 많을수록 수학적 확률에 근사하게 된다. 예를 들어 동전 2개를 던져서 앞면과 뒷면이 하나씩 나올 수학적 확률은 $\frac{1}{2}$이다. 컴퓨터 프로그램을 이용하여 시뮬레이션을 한 실험에서는 100번 시행했을때 49회, 1000번 시행했을 때는 523회, 10000번 시행했을 때는 4999회가 나온 경우가 있다.

간혹 윷가락 하나를 던졌을 때 안면과 바깥면이 나올 확률이 각각 $\frac{1}{2}$이라고 하고, 도, 개, 걸, 윷, 모가 각각 나올 확률을 구하는 경우가 있는데 이는 잘못이다. 이론적으로는 넓이를 이용하여 그 확률을 계산할 수 있다. <그림 9-1>을 보자. 윷을 만든 원기둥의 밑면의 반지름이 r, 높이가 h라고 하면 안면인 직사각형의 넓이는 $2rh$이고 바깥면인 곡면의 넓이는 πrh이다. 그러므로 일어날 확률의 비는 $2rh:\pi rh=2:\pi$이므로 약 4:6이 된다. 즉, 안면이 나올 확률은 약 40%, 바깥면이 나올 확률은 약 60%이다. 윷을 만드는 방식에 따라서 넓이가 다를 수 있으니, 안면이 나올 확률을 35-45%로 보면 된다.

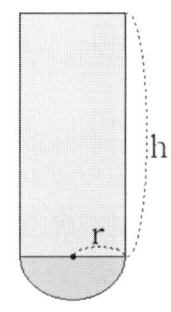

〈그림 9-1〉

마. 통계의 역사

1) 근대 통계학의 출발

17세기 통계는 독일의 국세학, 영국의 정치산술, 프랑스의 확률론에 그 뿌리를 두고 있다. 독일의 콘링(Conring)은 30년 전쟁 이후 폐허화된 국가를 재건하기 위해 인구와 토지, 군사력, 세입과 세출 등의 국세(國勢)를 기술하고 사회현상을 규명하고자 하였는데, 이러한 접근이 근대 통계학의 시작이라고 할 수 있다. 통계학(statistics)이라는 용어가 국가(state)에 근원을 둔 이유이다. 영국에서는 그랜트(Graunt)가 1662년에 출생 및 사망에 관한 표를 만들고 여기서 인구의 추정, 출생, 사망에 관한 분석 및 통계적 규칙을 발견하였는데, 이것은 인구에 대한 최초의 과학적 연구이다.

18세기에는 천문학과 측지학에서 관찰값의 오차를 어떻게 최소화할 것인가 하는 문제를 다루면서 통계적 접근의 이론화가 시작되었다. 마이어(Mayer), 오일러(Euler), 라플라스(Laplace), 메어(Maire)와 보스코비치(Boscovitch) 등이 이런 문제를 해결하려고 시도하였으며, 이러한 과정에서 통계학의 이론화의 출발점으로 간주되는 최소제곱법에 관한 이론적 방향이 확고해졌다.

2) 기술통계학

1805년 르장드르(Legendre)가 오차를 최소화하기 위한 노력의 결실을 발표한 이후 19세기에는 최소제곱법이 많은 분야에 급속하게 적용되었다. 19세기는 또한 정규분포에 관한 관심이 고조되었던 시기이기도 하다. 이 시기에 벨기에의 케틀래(Quetelet)가 사회과학적 자료의 통계적 분포에 주목하였다. 그는 출생과 사망에 관한 정부의 통계가 불합리한 방법에 많이 의존하고 있음을 주목하고, 평균적인 사람과 정규분포라는 주제에 몰두하였다.

19세기 중반 갈톤(Galton)은 아버지와 아들의 키를 분석하는 과정에서 상관관계에 대한 아이디어를 다루었고, 피어슨(Pearson)이 상관분석을 정교하게 이론화하였다. 갈톤은 두 변수 간에 관계가 있는지 없는지를 추측하기 위한 상관분석 외에도 한 변수의 값으로부터 다른 변수의 값을 예측하는 통계적 방법인 회귀분석도 시도하였다. 피어슨은 비정규분포에 관한 연구에 몰두하였다. 비대칭 도수분포 곡선을 두 개의 정규 곡선의 합으로 나타내는 방법은 그의 업적 중에서 가장 중요한 것이다. 대량 자료를 정리하는 방법에 주목하는 기술 통계 영역의 대부분은 피어슨이 이론화한 것이다.

기술통계학은 전수조사에 의해 얻은 통계적 자료를 가지고 집단을 기술하는 것을 목적으로 한다. 도수분포, 집단의 특성값(평균, 분산 등), 상관분석, 회귀분석 등이 기술통계학에서 다루는 내용으로, 초등학교에서 다루는 통계 내용은 대부분 기술통계학에 속한다.

3) 추측통계학

1907년에 고세트(Gosset)는 소표본으로 모집단에 대한 통계적 추론을 하는 방법을 연구하여 t-분포에 관한 결과를 발표하였다. 지금까지는 많은 자료를 필요로 하였는데 많은 자료는 정규본포를 따르기 때문이다. 그러나 적은 수의 표본은 정규분포를 따른다는 보장이 없기 때문에 이에 대한 이론화는 추측통계학의 시작인 셈이다. 추측통계학은 적은 수의 표본에서 얻어진 결과를 활용하여 모집단의 특성을 추측해 내는 통계학이다.

피셔(Fisher)는 피어슨이 완전히 해결하지 못한 문제를 완성하고, 최우추정법을 통하여 효율적인 통계량을 구하는 과정, 분산분석 등 추측통계학에 큰 업적을 남겼다. 피셔가 통계학을 귀납적으로 설명하려고 한 반면에 네이만(Neumann)은 가설 검정 이론을 발전시키고 통계적 사고의 이면에 연역적 추론이 강하게 들어 있음에 주목하여 통계학 발전에 큰 기여를 하였다(이경화, 1997).

2. 통계 지도

1-2학년군에서는 주변에 있는 사물들을 기준에 따라 분류하여 개수를 세어보고, 분류한 자료를 표로, 그리고 ○, ×, / 등을 이용하여 그래프로 나타내고, 표와 그래프의 편리한 점을 알게 한다. 3-4학년군에서는 자료를 수집, 분류, 정리, 해석하게 한다. 즉, 간단한 그림그래프나 막대그래프, 꺾은선그래프로 나타낼 수 있게 하고, 자료의 특성에 맞는 그래프를 선택하여 나타내고 그래프를 해석할 수 있게 한다. 5-6학년군에서는 자료를 그림그래프로 나타내고, 띠그래프와 원그래프로 나타내며, 자료를 수집, 분류, 정리하여 목적에 맞는 그래프를 그리고, 그래프를 해석할 수 있게 한다. 또한 평균의 의미를 알고 평균을 구할 수 있게 한다.

〈표 9-1〉 통계 내용 체계(교육부, 2015d)

영역	핵심 개념	일반화된 지식	학년군별 내용 요소		
			1-2학년군	3-4학년군	5-6학년군
자료와 가능성	자료 처리	자료의 수집, 분류, 정리, 해석은 통계의 주요 과정이다.	• 분류하기 • 표 • ○, ×, /를 이용한 그래프	• 간단한 그림그래프 • 막대그래프 • 꺾은선 그래프	• 평균 • 그림그래프 • 띠그래프, 원그래프
	가능성				

가. 통계적 탐구 절차

통계적인 탐구 절차는 문제 인식, 문제를 해결하기 위한 자료 수집, 자료의 분류 및 정리, 자료의 해석, 문제의 해결 순으로 진행된다.

1) 문제 인식

문제로부터 탐구가 시작된다. 이 문제는 인과론적인 문제가 아니라 통계적인 문제라야 한다. 아동들이 관심을 가질 수 있는 문제, 그중에서도 교실이나 주변에서 자료 수집이 가능한 통계적 문제를 설정해야 한다. 그러나 사행심을 조장하는 문제나 차별적 인식이 들어갈 수 있는 문제는 피하도록 한다.

- 우리나라 어린이들이 어른이 되어서 하고 싶은 직업은 무엇일까?
- 우리 반 학생들이 어느 달에 가장 많이 태어났을까?
- 우리 친구들이 요즘 가장 많이 보고 있는 TV 드라마는 무엇일까?
- 우리 반 친구들은 어떤 운동을 좋아할까?

이런 문제들은 자료를 수집해서 경향을 분석해야 하는 통계적인 문제이다. 이런 문제로부터 자연스럽게 자료 수집의 필요성이 나타난다.

2) 자료 수집

문제를 해결하기 위해 자료를 수집할 방법을 생각한다. 자료 수집 대상이 누구인지, 언제, 어디서, 어떤 방법으로 수집할 것인지를 정하고 정해진 방법에 따라 자료를 수집한다.

자료를 수집할 때는 타당성과 신뢰성이 있는지를 유의해야 한다. 타당성은 목적(문제 해결)에 비추어 알맞은 자료인가 하는 것이며 신뢰성은 조사 방법이 정확한가 하는 것이다.

3) 자료의 분류 및 정리

수집한 자료는 문제를 해결하기 위하여 적절히 분류하고 정리되어야 한다. 분류는 기준에 의해서 자료를 분할하는 것이고, 분류한 자료를 표나 그래프로 나타내거나 평균 등을 산출하여 알기 쉽게 만드는 것을 정리라고 한다.

분류하고 정리할 때는 자료가 누락되거나 중복되지 않도록 주의해야 한다. 자료를 정리하기 위해서는 표나 그림그래프, 막대그래프, 꺾은선그래프, 비율그래프 등으로 나타내거나 경향을 알아보기 위하여 평균이나 중앙값, 최빈값을 구하고 분산 또는 표준편차를 구하기도 한다. 초등학교에서는 중앙값, 최빈값, 분산, 표준편차는 다루지 않는다. 한때 그래프의 하나로서 줄기와 잎 그림을 지도하기도 하였으나 요즘은 다루지 않는다.

초등학교의 통계 영역에서 비중이 가장 큰 부분이 자료를 그래프로 나타내고 평균을 구하는 내용이다. 이 부분은 이하에서 따로 설명한다.

4) 표나 그래프의 해석

자료가 정리된 표나 그래프를 보고 이 표나 그래프가 무엇을 나타내는지, 그 의미가 무엇인지를 명확히 해석할 수 있어야 한다.

먼저 표나 그래프의 제목을 확인한다. 제목은 표나 그래프가 무엇을 나타내기 위한 것인지를 가장 잘 드러내는 정보이기 때문에 반드시 가장 먼저 확인해야 한다.

이어서 표에서는 각 항목 또는 구간의 정보를 파악하고 항목이나 구간의 도수를 확인한다. 그림그래프의 경우 단위를 나타내는 그림이 무엇을 의미하는지 그 크기가 얼마인지를 확인한다. 그리고 각각의 항목이나 지역의 도수를 확인한다.

막대그래프나 꺾은선그래프의 경우에는 가로와 세로의 눈금 하나가 얼마를 나타내는지 그 크기를 확인한다. 이어서 가로의 항목이나 연속량이 무엇인지 확인한 다음 각 항목이나 구간의 도수를 확인한다.

원그래프나 띠그래프의 경우에도 각 항목별 비율을 확인한다. 비율그래프의 경우에는 비율로 나타내기 때문에 전체 도수에 대한 정보가 주어질 수도 있으므로 이런 경우 전체 도수가 얼마인지도 확인해야 한다.

5) 문제해결

지금까지 진행한 통계적 활동에 근거하여 이제 자료를 수집하게 된 최초의 문제로 돌아가서 문제를 해결하게 된다. 그래프나 평균 그 자체로 우리가 탐구했던 문제를 간단히 해결할 수 있는 경우도 있으나 이를 바탕으로 하여 우리가 얻지 못한 자료를 추정해서 문제를 해결해야 하는 경우도 있다.

나. 여러 가지 통계 그래프

1) 자료의 분류와 표

자료를 타당하고 신뢰성 있게 수집하였더라도 자료 그 자체로는 문제를 해결하기 어렵다. 목적에 맞게 자료를 분류하여야 한다. 자료를 분류할 때는 문제 해결에 적합하게 분류 기준을 잡아야 한다. 자료가 기준에 해당하는지 해당하지 않는지를 판단할 수 있도록, 기준은 간단하고 명확해야 한다.

2015 개정 2학년 2학기 교과서에서는 반 학생들이 어떤 운동을 좋아하는지를 알아보기 위해 <그림 9-2>와 같이 자료를 조사하였다. 이때 분류 기준은 운동의 종류이며 경우에 따라서 종류를 몇 가지로 정할 것인지도 결정할 필요가 있다. 이 자료를 분류하여 표를 만들면 다음 <표 9-2>와 같다.

표를 만들 때는 표를 작성하는 목적에 맞게 제목을 정하고, 운동 종류, 인원수와 같이 행과 열이 무엇을 의미하는지의 성격을 정한다. 합계 항목을 만드는 것도 도움이 된다. 운동의 종류를

<그림 9-2> 좋아하는 운동(교육부, 2017h)

어떤 순서로 정할 것인가와 같이 항목의 순서를 결정해야 하는 경우도 있다. 도수가 가장 큰 순서대로 항목을 정리하는 것도 한 가지 방법이다. 도수가 1인 항목이 여럿 나올 수도 있다. 이런 경우는 모두 모아서 '기타'로 정리할 수도 있다. 가급적 기타 항목의 도수는 다른 항목의 도수보다 많지 않도록 하는 것이 좋다.

이와 같이 표를 만들면 우리 반이 좋아하는 운동 종류가 몇 가지인지, 어떤 운동을 가장 많이 좋아하는지를 쉽게 파악할 수 있는 장점이 있다. 대신 누가 어떤 운동을 좋아하는지는 알 수가 없다. 이 정보는 원래 자료에 존재한다. 이처럼 표가 가지는 장점이 있고 표로 만들면서 사라지는 정보들도 있음을 알 필요가 있다.

<표 9-2> 우리 반 학생들이 좋아하는 운동별 학생 수

운동 종류	달리기	태권도	줄넘기	축구	수영	합계
인원 수	4	5	6	7	2	24

2) O, ×, /를 이용한 그래프

표는 항목별 수로 나타내어진다. 표를 보면 어느 항목이 가장 많고 어느 항목이 가장 적은지 그리고 몇 개의 항목이 있는지를 어렵지 않게 확인할 수 있다. 그러나 이를 그

래프로 나타내면 시각적으로 이러한 사실들을 확인할 수 있기 때문에 표를 보는 것보다 그래프를 보는 것이 심적 부담도 적다.

아동들에게 그래프를 처음 도입할 때는 <그림 9-3>의 왼쪽과 같이 '좋아요' 스티커를 붙이는 방법을 사용할 수 있다. 스티커가 붙어 있는 것을 보면 어느 쪽이 많은지를 알 수는 있으나 경우에 따라서 정확하게 파악하기 어려울 수도 있다. 그래서 스티커를 한 줄로 정렬하여 붙이고, 이어서 스티커를 추상화하여 ○나 ×, /를 이용하여 나타내게 한다.

이러한 그래프는 표를 보고 그 도수만큼 ○ 기호를 그리면서 만들 수 있으나 표를 만들지 않고서도 자료를 보고 직접 그릴 수 있다는 점에서 간단하면서도 시각적 효과가 있다. 여기서 ○ 수만큼 막대를 그려 넣으면 곧바로 막대그래프가 될 수 있다.

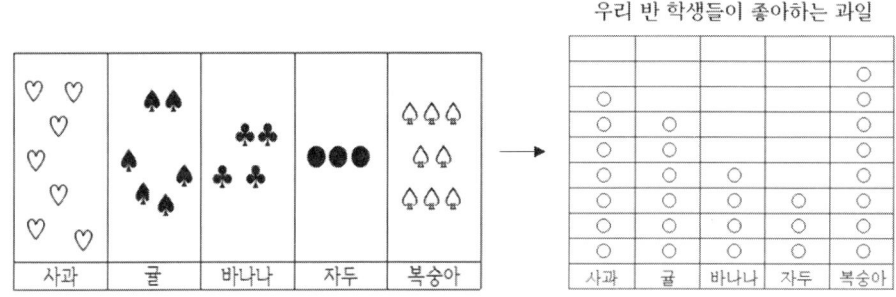

<그림 9-3> '좋아요' 그림과 ○을 사용한 그래프

3) 그림그래프

그림그래프에서는 그림의 크기로 자료의 도수를 나타낸다. 그림을 이용한 그래프는 수나 식에 대한 이해 없이도 그림을 보고 직관적으로 해석할 수 있다는 점에서 교육 수준이 낮은 경우에 그림그래프를 많이 이용할 수 있다. 그 외에도 그림으로 나타내면 보는 사람들의 흥미를 유발할 수도 있고 그림의 형태에서 창의적인 그래프를 그릴 수도 있다.

그림그래프에서는 그림의 크기(길이나 넓이)로 단위를 비례적으로 구별하고 그림의 개수로 자료의 도수를 나타낸다. 그렇기 때문에 자료의 양을 정확하게 표현하지는 못하는 단점이 있다.

2015 개정 교과서에서는 그림그래프를 크게 두 가지 형태로 제시하고 있다. 3학년 교과서에서는 <그림 9-4>의 왼쪽과 같이 ○, ×를 이용한 그래프의 변형으로 직선적으로 나타내고 있으며, 6학년에서는 <그림 9-4>의 오른쪽과 같이 평면적으로 나타내고 있다.

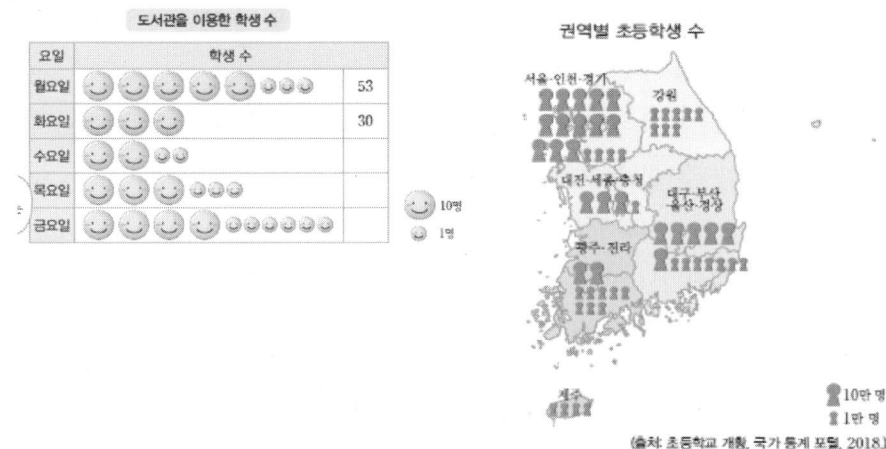

〈그림 9-4〉 두 종류의 그림그래프(교육부, 2018c; 2019d)

그림그래프를 그릴 때는 단위를 나타내는 그림을 둘 정도가 되게 정하는 것이 좋다. 3개 이상이면 그림을 보고 해석하는 데 불편할 수가 있다. 또한 단위 그림의 수가 각 항목별로 너무 많으면 그림 수를 세는 데 불편하기 때문에 단위의 크기를 적절히 잡아야 하되 10의 거듭제곱이 되도록 하는 것이 좋다. 예를 들어 단위 그림 하나가 3천 명을 의미하기보다는 1천 명 또는 1만 명을 의미하도록 한다.

4) 막대그래프

막대그래프는 수량을 막대의 길이로 나타내는 그래프로서, 자료가 국어, 수학과 같이 항목이거나 사람 수와 같은 이산량일 때 많이 사용된다. 여러 항목의 도수를 전체적으로 한눈에 쉽게 비교할 수 있는 장점이 있다. 막대그래프와 비슷한 것으로서 히스토그램이 있다. 히스토그램은 자료가 연속량일 때 사용하는 것으로서 막대그래프의 막대는 서로 분리되어 있지만 히스토그램에서는 막대가 서로 붙어 있다는 차이가 있다.

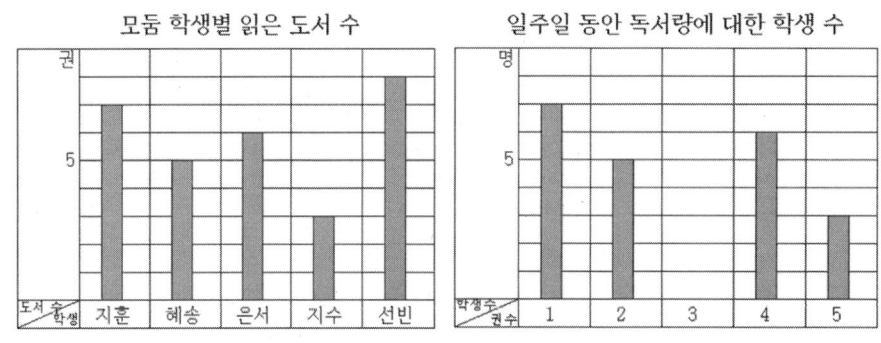

〈그림 9-5〉 막대그래프

막대그래프를 그리는 순서는 다음과 같다. ① 항목 또는 이산량을 가로와 세로 어느 쪽에 나타낼 것인지를 정한다. 보통 항목이나 이산량을 가로로 배치하지만, 그래프를 나타낼 지면의 공간에 따라 혹은 디자인에 따라 세로로 배치할 수도 있다.

② 항목의 순서를 정한다. 순서는 그래프를 그리는 사람의 관점에 따라 정해진다. 도수가 많은 순서대로 그릴 수도 있고 항목의 관계에 맞춰 다른 순서로 그릴 수도 있다.

③ 눈금 한 칸의 크기를 정한다. 가장 큰 도수를 살펴서 눈금의 수가 그래프를 나타낼 지면의 공간에 나타날 수 있도록 적절히 정한다. 눈금 한 칸의 크기가 크면 눈금의 수가 적어지므로 눈금 수가 너무 많아지거나 너무 적어지지 않게 정해야 한다. 또한 조사한 자료가 눈금에 맞지 않게 되는 사례가 너무 많아도 좋지 않다. 이때 한 눈금의 크기가 얼마인지를 알 수 있는 단서를 적는다.

④ 조사한 빈도에 맞게 막대를 그린다. 막대는 너무 가늘지 않도록 그리고 서로 붙어 있지 않도록 그린다.

⑤ 마지막으로 그래프에 알맞은 제목을 간단하게 붙인다.

5) 꺾은선그래프

꺾은선그래프는 시간의 경과에 따른 변화를 나타낼 때 유용하다. 꺾은선그래프는 시간에 따른 수량을 점으로 나타내고 그 점을 선분으로 이어 그린 그래프이다. 꺾은선그래프로 나타내면 시간의 경과에 따른 변화를 한눈에 파악할 수 있으며, 변화가 심한 구간을 알 수 있고, 조사하지 않은 중간 시기의 값을 추정할 수 있다.

꺾은선그래프는 가로에 시각, 월, 연도 등 시간의 흐름을 나타내며 세로에는 시간에 따라 조사한 여러 가지 양, 즉 키, 기온, 강수량 등의 연속량이나 출생 인구수, 황사 발생 일수 등의 이산량을 나타낸다.

시간의 경과에 따른 경우에도 막대그래프로 나타낼 수 있으나 막대그래프로는 중간의 값을 추정할 수 없다.

꺾은선그래프를 그리는 순서는 다음과 같다.

① 가로에는 시간의 흐름을 나타낸다. 시간은 발생 순서대로 기록하되, 가로의 길이는 시간 간격에 비례하도록 정한다.

② 세로로 눈금 한 칸의 크기를 정한다. 조사한 양 중에서 가장 큰 값이 나타날 수 있도록 적절히 눈금 수를 정한다. 가장 작은 값이 그래프의 일정한 위치 위에 자리하여 그 밑에 불필요한 공간이 많을 때는 물결선을 이용하여 중간을 생략할 수 있다. 물결선

을 이용하거나 혹은 눈금의 크기를 크게 하면 시각적으로 변화가 큰 것처럼 보일 수 있어서 그래프를 잘못 해석할 가능성도 있기 때문에 눈금의 크기를 유의해서 살펴봐야 한다.

③ 해당하는 위치에 점을 찍고, 이웃한 점들을 선분으로 연결한다.
④ 마지막으로 그래프에 알맞은 제목을 간단하게 붙인다.

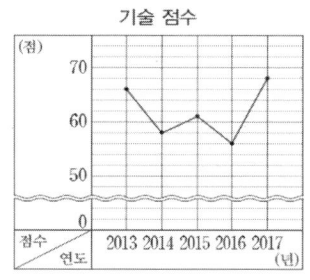 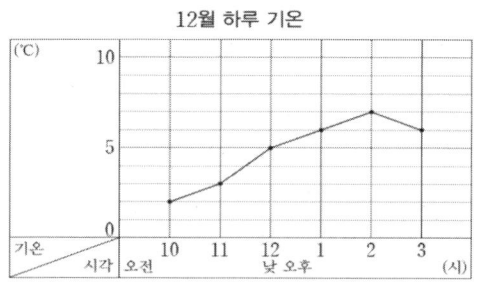

〈그림 9-6〉 꺾은선그래프

위의 꺾은선그래프를 보고 11시 30분의 기온이 몇 도인지를 추정할 수 있다. 이웃한 점을 선분으로 연결하였기 때문에 이 사이의 변화는 일정하다는 가정이 전제되어 있다. 그러므로 11시 30분의 기온은 정확한 값은 아니며 대략적인 기온의 추정치이다.

꺾은선그래프를 보고 조사하지 않은, 미래의 변화를 예측할 수 있다고 하지만 이는 매우 조심스럽게 접근해야 할 문제이다. 미래를 예측하는 것은 우리가 경험적으로 알고 있거나 혹은 증가 또는 감소에 관한 이론적 근거가 있기 때문에 가능한 것이며, 꺾은선그래프의 경향만을 보고 판단할 문제는 아닌 것이다. 예를 들어 하루의 기온을 측정할 때 오후 2시까지만 측정한 자료를 가지고 꺾은선그래프를 그려서 추정한다면 3시 이후에도 계속 기온이 상승한다고 잘못된 예측을 하게 된다.

6) 비율그래프

지금까지의 그래프는 자료의 도수나 값을 그대로 나타내었다. 막대그래프나 꺾은선그래프에서 도수 대신 상대도수, 즉 비율로 나타낼 수도 있다. 그러나 비율을 나타내는 특화된 그래프가 있는데 그러한 그래프를 비율그래프라고 한다. 비율그래프는 전체를 100%로 보고 각 항목이 차지하는 비율만큼 띠나 원, 사각형에 나타내는 그래프이다.

가) 띠그래프

띠그래프는 직사각형 모양의 얇은 띠에 각 항목의 양이 차지하는 비율만큼 띠의 길이의 비율을 배정한 그래프이다. 각 항목별 배열은 그래프를 그리는 사람의 의도에 따라 달라지겠지만 보통은 항목 배열의 순서가 어떤 의미가 있을 때는 그 순서에 따라 나타내고 그렇지 않을 때는 비율이 높은 순서대로 나타낸다.

띠그래프를 그리는 순서는 다음과 같다. ① 각 항목의 백분율을 구한다. ② 띠의 전체 길이를 정하고 각 항목의 비율에 맞게 그 길이를 배분한다. ③ 나눈 띠 안에 각 항목의 명칭을 적는다. 항목의 길이로 그 비율을 알 수 있지만 가독성을 높이기 위해 항목의 백분율을 함께 적는 것이 좋다. ④ 마지막으로 띠그래프의 제목을 적는다.

띠그래프는 각 항목이 차지하는 비율의 크기를 시각적으로 쉽게 알아볼 수 있다. 그러나 항목의 비율에 맞는 띠의 길이를 구하는 것이 쉽지 않기 때문에 교과서에서는 다음 <그림 9-7>과 같이 띠 위에 20등분한 눈금자를 추가하여 띠의 길이를 구하기 쉽게 하고 있다. 20등분하면 한 눈금이 5%를 의미하게 된다.

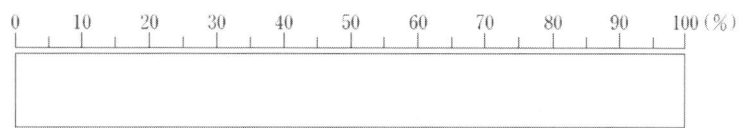

〈그림 9-7〉 백지 띠그래프

비율그래프, 특히 그중에서도 띠그래프를 이용하는 이유는 전체 도수가 다른 두 자료를 비교할 때 유용하기 때문이다. 다음의 비율그래프(그림 9-8)를 보자. 이 그래프에는 2012년 자원봉사자 수와 2017년 자원봉사자 수에 대한 정보는 없다. 만약 이 두 해의 자원봉사자 수가 같다면 막대그래프로도 비교가 수월할 수 있다. 그러나 전체 자원봉사자 수가 다르다면 단순히 도수로 나타낸 표나 막대그래프로는 비교하기 쉽지 않다. 그러나 비율그래프로 나타내면 2012년에 비해 2017년에는 '생활편의'와 '안전방범'에 대한 자원봉사자 비율이 줄어들었고 '문화행사'나 '환경보호' 등에 대한 자원봉사자의 비율이 높아졌다고 해석할 수 있게 된다. 다만 이 그래프에서 '기타'의 비율이 너무 높아서 기타 항목을 좀더 세분하고 구체화할 필요는 있다.

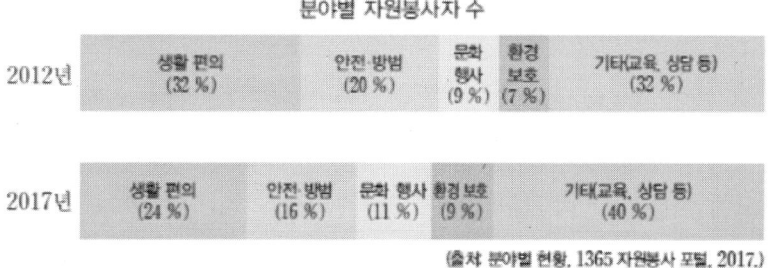

〈그림 9-8〉 띠그래프의 비교(교육부, 2019d)

나) 원그래프

원그래프는 전체를 원으로 하여 각 항목의 양이 차지하는 비율만큼 원의 중심각으로 나타낸 그래프이다. 띠그래프에서와 마찬가지로 각 항목별 배열은 그래프를 그리는 사람의 의도에 따라 달라지겠지만 보통은 항목 배열의 순서가 어떤 의미가 있을 때는 그 순서에 따라 나타내고 그렇지 않을 때는 비율이 높은 순서대로 나타낸다.

원그래프를 그리는 순서는 다음과 같다. ① 각 항목의 백분율을 구한다. ② 각 항목의 비율에 맞게 원의 중심각을 구하여 원을 분할한다. ③ 나눈 원의 부채꼴 안에 각 항목의 명칭을 적고, 항목의 백분율도 함께 적는다. ④ 마지막으로 원그래프의 제목을 적는다.

원그래프는 각 항목이 차지하는 비율을 시각적으로 쉽게 알아볼 수 있으며 보기도 좋다. 그러나 원그래프를 그리려면 중심각의 크기를 구해야 하는데 이것은 띠그래프에서 항목별 길이를 구하는 것보다 더 어렵다. 그래서 초등학교 수준에서는 <그림 9-9>와 같이 원주 위에 20등분 표시를 하여 원그래프를 보다 쉽게 그릴 수 있도록 배려하고 있다. 즉, 중심각의 크기를 구하지 않고 비율만으로 원그래프를 그릴 수 있도록 하였다.

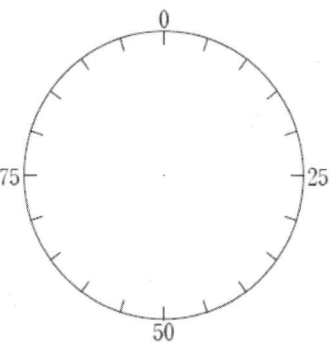

〈그림 9-9〉 백지 원그래프

다) 사각형그래프

비율을 나타내는 그래프로는 사각형그래프도 있다. 사각형그래프는 전체에 대한 각 부분의 비율을 사각형의 넓이로 나타내는 것인데, 6차 교육과정의 6학년 1학기 교과서에서 <그림 9-10>과 같이 다루어진 적이 있으나 그 후로는 다루지 않는다.

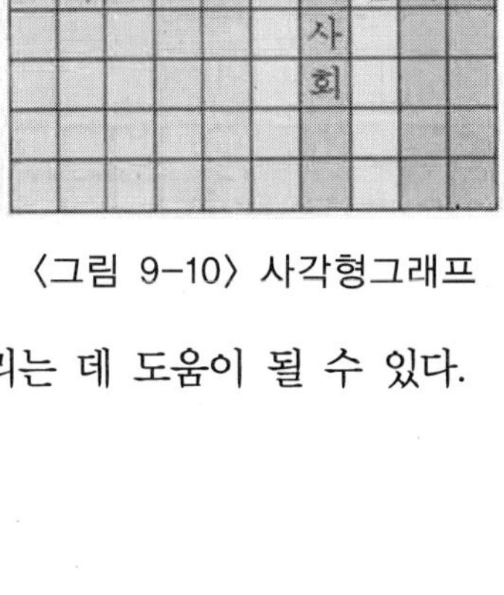

7) 여러 가지 그래프의 특징

각각의 그래프는 자료의 특성이나 그래프를 만드는 사람의 의도에 따라 적절히 선택될 수 있지만 각 그래프가 가지고 있는 특징이 있다. 그러므로 그 특징을 잘 파악해 두면 자료의 특성에 적합한 그래프를 선정하고 그리는 데 도움이 될 수 있다.

〈그림 9-10〉 사각형그래프

〈표 9-3〉 여러 가지 그래프의 특징

종류	특징
그림그래프	시각적 효과가 크다. 시각적 오류를 범하기 쉽다. 숫자에 대한 부담이 없다. 단위로 사용되는 그림에 대한 이해가 필요하다. 지리적 또는 항목별 특성을 반영하는 것이 가능하다. 정확성이 떨어질 수 있다.
막대그래프	항목 또는 이산적인 자료에 활용된다. 시각적으로 비교가 쉽다.
꺾은선그래프	시간에 따른 변화를 보는 데 효율적이다. 조사하지 않은 중간의 값을 추정하기 쉽다. 좌표에 대한 선수학습 역할을 할 수 있다.
띠그래프	항목의 비율을 시각적으로 파악하기 쉽다. 집단의 수가 다른 여러 집단을 비교하는 데 효과적이다. 비율이 적은 항목을 그리기가 쉽지 않다. 그래프를 그리기가 쉽지 않다.
원그래프	항목의 비율을 시각적으로 파악하기 쉽다. 비율이 적은 항목을 그리기가 쉽지는 않지만 띠그래프보다는 쉽다. 그래프를 그리기가 쉽지 않다.

다. 대푯값

통계 집단에는 많은 자료가 있으며 그런 자료들을 대표하여 어떤 하나의 값을 사용할 수 있는데 그런 값을 대푯값이라고 한다. 대푯값으로 사용할 수 있는 수는 여러 가지가 있지만, 평균, 중앙값, 최빈값을 일반적으로 사용하며, 그중 가장 많이 사용하는 것은 평균이다. 우리나라에서는 평균을 지도하고 중앙값이나 최빈값을 다루지 않고 있지만 실생활에서는 중앙값과 최빈값도 의미 있는 대푯값이다.

1) 평균

평균에도 산술평균, 기하평균, 조화평균 등 여러 가지가 있으나 평균이라고 하면 보통 산술평균을 말한다.

평균은 여러 의미를 가지고 있다. 우선 수준이 같다는 의미이다. <그림 9-11>에서 보는 것처럼 다섯 사람의 수준이 다르지만 수준이 높은 경우를 낮은 곳으로 옮겨서 수준을 같게 만들면 이 수준이 평균이 되는 것이다.

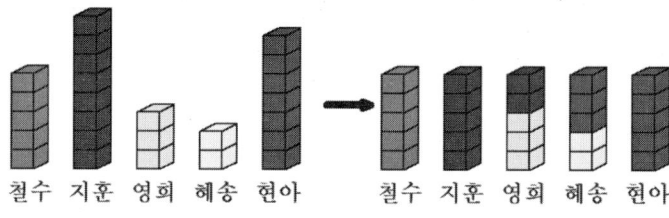

〈그림 9-11〉 수준이 같은 의미로서의 평균

평균은 균형점의 의미를 가지기도 하다. 〈그림 9-12〉에서 받침대를 어디에 두면 균형을 이룰 것인가 하는 지점이 평균인데, 이 경우에는 7 지점이 해당된다.

두 수의 경우에는 이를 좌표로 나타냈을 때 두 수 사이의 중간 위치가 평균이기도 하다.

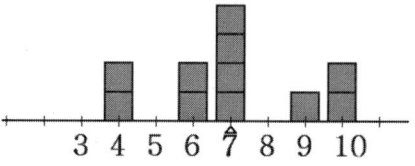

〈그림 9-12〉 균형점의 의미로서의 평균

평균은 이와 같이 여러 의미를 가지고 있지만 어느 경우든 평균을 구할 때는 변량의 총합을 구한 후 변량의 개수로 나누면 된다. 이때 변량이 0인 경우에도 변량의 수에 포함되어야 한다는 점을 주의해야 한다. 즉, 5, 6, 3, 0, 4일 때 평균은 $\frac{5+6+3+4}{4} = 4.5$가 아니라 $\frac{5+6+3+0+4}{5} = 3.6$이다.

2) 중앙값

중앙값은 자료를 작은 순서부터 나열하였을 때 가장 중앙에 위치한 값이다. 예를 들어 중앙값은 다음과 같이 구한다.

1, 2, 5, 6, 7, 7, 8의 경우 중앙값은 6
1, 2, 5, 6, 6, 8, 9의 경우 중앙값은 6
1, 2, 5, 6, 7, 8, 9, 10의 경우 중앙값은 (6+7)÷2=6.5

영희의 5차례 수학 시험 성적이 70, 85, 90, 10, 85라고 하자. 4번째 시험을 볼 때 영희가 많이 아파서 공부를 제대로 하지 못했다고 하자. 이 경우 영희의 평균 점수는 68점이다. 그러나 중앙값은 85점이다. 이와 같이 평균은 극단적인 자료에 영향을 많이 받지만 중앙값은 극단적인 자료의 영향을 크게 받지 않는 장점이 있다.

3) 최빈값

최빈값은 수집된 자료 중에서 가장 많이 나타나는 값이다. 최빈값은 구하기도 쉽고 극단적인 값에 영향을 거의 받지 않는다는 장점이 있다.

아동 신발 가게 주인을 생각해 보자. 근처 학교의 아동들의 발의 크기의 평균을 구하고 그에 맞는 신발을 많이 준비했다면 그 신발은 많이 팔릴 것인가? 최악의 경우 평균적인 신발은 하나도 팔리지 않을 수 있다. 현명한 가게 주인이라면 평균보다는 아동들의 발 크기의 최빈값을 생각할 것이다. 그래야 가장 많이 팔리게 된다. 이와 같이 최빈값은 실생활에서도 유용하게 사용될 수 있는 대푯값이다.

3. 가능성의 지도

가능성은 5-6학년군에서 다룬다. 실생활에서 가능성과 관련된 상황을 '불가능하다', '~아닐 것 같다', '반반이다', '~일 것 같다', '확실하다' 등으로 나타내게 하고, 가능성을 비교하고, 수로 표현할 수 있게 한다. 가능성을 수로 표현할 때는 $0, \frac{1}{2}, 1$ 등 직관적으로 파악되는 경우를 다루도록 하고 있다.

〈표 9-4〉 가능성 내용 체계(교육부, 2015d)

영역	핵심 개념	일반화된 지식	학년군별 내용 요소		
			1-2학년군	3-4학년군	5-6학년군
자료와 가능성	자료 처리				
	가능성	가능성을 수치화하는 경험은 확률의 기초가 된다.			• 가능성

2009 개정 교육과정에서부터 확률이란 용어는 사라지고 가능성이란 용어만 사용한다. 확률은 사건이 일어날 가능성을 0과 1 사이의 수로 나타낸 것이다. 확실히 일어나는 사건의 확률을 1, 일어날 수 없는 사건의 확률을 0으로 하고, 일어나기 쉬운 사건에 확률이 높게 부여된다. 그러므로 확률은 형식적인 수학적 개념이며 가능성은 확률에 대한 비형식적 개념이라고 할 수 있다.

가능성은 몇 가지 단계로 지도된다. 먼저 가능성이란 개념을 지도한다. 우리 주변에서 '…일 것 같다', '…아닐 것 같다', '반반이다' 등과 같은 말로 표현될 수 있는 일들을 조사하면서 가능성이란 개념을 이해하게 한다. 그 다음에는 가능성의 정도를 파악하게 한다. 가능성이 더 높다거나 가능성이 더 낮다거나와 같은 표현을 사용하여 어떤 일이 일어날 가능성의 정도를 비교하게 하고, 점차 가능성의 정도를 '불가능하다, 아닐 것 같다, 반반이다, 일 것 같다, 확실하다'와 같이 5단계로 분류할 수 있게 한다. 특히, 확실하다거나 불가능하다거나 하는 표현도 가능성을 나타내는 표현임을 알게 한다. 이러한 가능성의 정도를 다음 <그림 9-13>과 같은 척도에 표시해 보게 하는 것도 좋을 것이다.

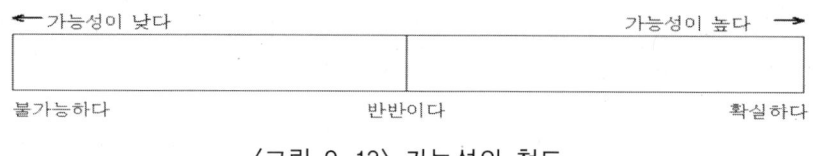

〈그림 9-13〉 가능성의 척도

이어서 가능성의 정도를 수로 나타내게 한다. 2015 개정 교육과정에서 가능성의 정도를 5단계로 비교하였지만 이것을 수로 나타낼 때는 반드시 일어나는 가능성은 1, 절대 일어나지 않을 가능성을 0으로 하고, 가능성이 반반인 경우를 $\frac{1}{2}$로 나타내게 하고 있다. 2009 개정 교육과정에서는 가능성을 수로 나타낼 때 0, $\frac{1}{4}$, $\frac{1}{2}$, $\frac{3}{4}$, 1과 같이 나타내도록 하였으나 2015 개정 교육과정에서는 0, $\frac{1}{2}$, 1과 같이 3단계로 나타내게 하였다. 그러나 성취기준 [6수05-05]에서 가능성을 5단계로 나타내도록 하였기 때문에 이를 수화(數化)할 때도 5단계 척도로 나타내는 것이 그리 무리가 될 것 같지는 않다. 다만 정확한 수화는 경우의 수의 비율에 근거해야 하는데 초등학교에서 경우의 수를 다루지 않기 때문에 정확하게 5단계 척도를 고집할 필요는 없다. 반보다 더 크면서 반드시 일어나는 것은 아닌 일의 가능성을 $\frac{3}{4}$으로, 반보다 적으면서 절대 일어나지 않는 것은 아닌 일의 가능성을 $\frac{1}{4}$로 나타내면 될 것이다.

교과서에서는 경우의 수를 다루지 않는 대신 회전판의 넓이를 이용하여 직관적으로 가능성을 수로 표현하려고 하고 있다.

제10장
규칙성과 그 지도

제 10 장
생각할 문제

이 단원을 학습하기 전에 다음 문제를 생각해 봅시다.

01 왜 수학을 규칙성의 과학이라고 할까?

02 규칙성을 탐구하면 좋은 점은 무엇일까?

03 1, 2, 4, 8, □와 같이 규칙을 찾을 때 몇 개의 자료를 제시해 주는 것이 좋을까?

04 어느 가게에서 물건값을 10% 인상했다가 그 다음 달에 10% 인하하였다. 그러면 처음 물건값과 같을까 다를까?

05 1월을 기준으로 하여 2월에는 물가가 5% 상승하였고, 3월에는 1월에 비해 7% 상승하였다. 그러면 3월 물가는 2월에 비해 2% 상승하였다고 말할 수 있을까?

10장 규칙성과 그 지도

🔍 1. 관련 이론

우리는 일상생활이나 자연에서, 그리고 수학에서 여러 규칙성을 접하게 된다. 계절의 변화나 하루의 일과에서 규칙이 존재하며 음악의 멜로디에서 혹은 자연의 여러 모습이나 배치에서 규칙을 인식한다. 수학은 이런 규칙성을 탐구하는 과학이다. 그러므로 주변에서 그리고 수학에서 규칙성을 인식하고 표현하려는 마음을 갖게 하는 것과 그런 능력을 기르는 것은 수학교육의 중요한 목표 중의 하나이다.

2015 개정 교육과정에서 규칙성 영역은 비와 비율, 규칙 찾기의 두 가지 하위 요소로 구성된다.

가. 비와 비율의 지도 이유

비는 두 수를 비교할 때 사용하는 개념이며, 비율은 비를 하나의 수치로 나타낸 값이다. 비와 비율은 우리 주변에서 흔히 마주치게 되는 개념으로, 비와 비율을 지도하는 이유는 다음과 같다.

첫째, 일상생활에서 비나 비율과 관련한 다양한 현상들을 접하게 되기 때문이다. 물건의 할인율, 야구 선수들의 타율, 비가 올 확률, 초미세먼지의 농도, 지도의 축척이나 닮음, 남학생과 여학생의 비, 음식을 만들 때 여러 가지 재료의 비 등 비와 비율이 관련된 현상들이 주변에 많이 있다.

둘째, 비와 비율은 수학의 여러 주제들과 밀접하게 관련되어 있기 때문이다. 비와 비율은 분수의 곱셈이나 나눗셈 문제를 해결하는 데 도움을 주며, 통계에서의 상대도수와 확률, 이후에 학습하게 될 닮음이나 정비례와 반비례, 함수 등의 기초가 된다. 측정하는 것도 단위에 대한 전체의 비를 구하는 것이다.

셋째, 비와 비율은 다른 교과 내용과 수학을 연결해 주기 때문이다. 비와 비율은 과학에서 농도나 속도, 음악에서의 박자나 음계, 미술에서의 비례적 구도, 문학에서의 여러 표현 등을 연결하는 데 도움을 준다.

나. 비와 비율에 관한 여러 개념

1) 두 수의 크기 비교

두 수 a, b를 비교할 때 두 수의 차를 구해서 두 수의 크기를 비교하는 방법이 있는데 이를 절대적 비교 또는 덧셈적 비교라고 한다. 한 수가 다른 수의 몇 배인가를 알아보기 위해 두 수를 비교하는 경우도 있다. 이럴 때는 나누어서 비교하게 되는데 이를 상대적 비교 또는 곱셈적 비교라고 한다. 덧셈적 비교를 할 때 $a-b$와 같이 나타내듯이 곱셈적 비교를 할 때는 $a:b$로 나타내며 이를 a와 b의 비, a의 b에 대한 비, b에 대한 a의 비라고 읽는다. 이때 a를 비교하는 양, b를 기준량이라고 한다.

곱셈적 추론은 비 개념의 토대이지만 아동의 발달 초기에는 곱셈적 추론이 어렵다는 연구 결과들이 있다. 2학년에서 곱셈을 배우고 곱셈이 비를 비형식적으로 다룰 기회를 제공하기는 하지만 비의 개념은 5학년이나 6학년이 되어서야 배우게 된다. 그러므로 가법적 추론을 충분히 경험하게 한 후에 곱셈적 추론을 지도해야 한다.

2) 내적비와 외적비

2시간에 10km를 걷는다면 4시간에는 20km를 걷게 된다. 이때 <표 10-1>을 보고 (1) 2:4=10:20 또는 (2) 2:10=4:20과 같은 비례식을 세우게 된다. 비례식 (1)은 세로로 보고, 시간끼리 비교하거나 거리끼리 비교하고

<표 10-1> 시간과 거리

시간	거리(km)
2	10
4	20

있다. 이와 같이 시간이나 거리처럼 한 체계 내에서의 비를 내적비라고 한다. 반면에 비례식 (2)는 표를 가로로 보고, 시간과 거리를 비교하고 있다. 이와 같이 다른 두 체계 사이의 비를 외적비라고 한다. Freudenthal(1983)에 의하면 아동들은 내적비보다 외적비에 대해 더 심리적으로 어려움을 느낀다.

내적비는 그 결과가 수(數)이지만 외적비는 새로운 양(量)이다. 예를 들어 거리와 시간의 비는 속도(km/h), 사람 수와 땅의 넓이의 비는 인구밀도(명/km^2)와 같은 새로운 내포량을 생성한다.

3) 비, 비율, 백분율에 대한 정의의 변화

비와 비율에서 다루어지는 용어에는 비, 비의 값, 비율, 백분율, 비례식, 비례배분 등이 있으며, 교육과정이 개정될 때마다 이러한 용어에 대한 정의가 달라졌다. 그것은 이러한 용어의 개념이 아주 모호하고 혼돈스럽다는 것을 의미한다. 2차 교육과정의 6학년 1학기 교과서에서는 "비율은 비로 나타내기도 하지만, 분수나 소수로도 나타낸다."고 하여 비를 비율에 통합하였지만 보편적으로 이를 달리 구분하여 사용한다. 과거에 교과서에서 정의되었던 내용들을 살펴보자.

〈표 10-2〉 비와 비율에서의 용어의 변화

	비	비의 값	비율	백분율	외적비 사례
6차	여학생 수가 남학생 수의 몇 배인지를 나타내기 위하여 기호 :를 사용한다. 여학생 수 3을 남학생 수 6에 대하여 3:6으로 나타내고, 3 대 6이라 읽는다.	$\frac{5}{8}$를 8에 대한 5의 비의 값이라 하고, 비의 값 $\frac{5}{8}$를 소수 0.625로도 나타낸다. $5:8 \Rightarrow \frac{5}{8}$ $\frac{(비교하는 양)}{(기준량)}$	나에 대한 가의 비는 2:5이고, 그 비의 값은 $\frac{2}{5}$이다. 이 비의 값은 기준량 나를 1로 보았을 때, 비교하는 양 가가 $\frac{2}{5}$임을 뜻하며, 이것을 비율이라고 한다.	비율에서 기준량을 100으로 보았을 때, 비교하는 양을 나타내는 수를 백분율 또는 퍼센트라 하고, 기호 %로 나타낸다.	2분에 15L, 5분 동안에 8km, 5L를 증발시켜 170g의 소금물, 4일에 112000원
7차	남학생 수와 여학생 수를 비교하기 위하여 기호 :를 사용합니다. 남학생 수 3명과 여학생 수 5명을 비교하는 것을 3:5로 나타내고, 3대5라고 읽습니다.	기준량을 1로 볼 때의 비율을 비의 값이라고 합니다.	기준량에 대한 비교하는 양의 크기를 비율이라고 합니다. $\frac{(비교하는 양)}{(기준량)}$	기준량을 100으로 할 때의 비율을 백분율이라 하고, 기호 %를 써서 나타냅니다.	

2007 개정	학생 수 1명과 공책 수 4권을 비교하기 위하여 비로 나타냅니다. 이것을 1:4라 쓰고 1대4라고 읽습니다.	삭제	기준량에 대한 비교하는 양의 크기 $\frac{(비교하는 양)}{(기준량)}$ 을 비율이라고 합니다.	기준량을 100으로 할 때 비교하는 양 80의 비율 $\frac{80}{100}$ 을 백분율이라고 합니다. 백분율 $\frac{80}{100}$ 을 %를 써서 80%라 나타내고,	학생 수 1명과 공책 수 4권
2009 개정	두 수를 나눗셈으로 비교할 때 기호 :을 사용합니다. 두 수 7과 1을 비교할 때 7:1이라 쓰고 7대 1이라고 읽습니다.		비교하는 양을 기준량으로 나눈 값을 비의 값 또는 비율이라고 합니다. (비율) = (비교하는 양) ÷ (기준량) $= \frac{(비교하는 양)}{(기준량)}$	비율에 100을 곱한 값을 백분율이라고 합니다. 백분율은 기호 %를 사용하여 나타냅니다. 비율 $\frac{72}{100}$ 또는 0.72를 백분율로 72%라 쓰고	속력, 인구밀도,
2015 개정	두 수를 비교하기 위해 기호 :을 사용하여 나타낸 것을 비라고 합니다. 두 수 3과 2를 비교하기 위해 3:2라 쓰고 3대 2라고 읽습니다.	삭제	기준량에 대한 비교하는 양의 크기를 비율이라고 합니다. (비율)=(비교하는 양)÷(기준량) $= \frac{(비교하는 양)}{(기준량)}$	기준량을 100으로 할 때의 비율을 백분율이라고 합니다. 백분율은 기호 %를 사용하여 나타냅니다. 비율 $\frac{85}{100}$ 를 85%라 쓰고 85 퍼센트라고 읽습니다.	시간에 대한 거리의 비율, 인구의 비율,

용어의 변화에서 특징적인 점들은 다음과 같다. 첫째, 비의 값이라는 용어를 2015 개정 교과서에서 사용하지 않는다는 점이다. 비의 값과 비율이 서로 혼동되는 면이 많기 때문에 2007 개정 교과서에서는 삭제되었고, 2009 개정 교과서에서는 비율과 비의 값을 같은 개념으로 도입하고 실제로는 거의 사용하지 않았다(원주율 설명에서 한 차례 사용함). 그리고 2015 개정 교과서에서도 삭제되었다. 그러므로 비의 값은 더 이상 다루지

않아도 될 것이다.

둘째, 2007 개정 교과서를 제외하고 모든 경우에 비를 내적비로 도입하였다. 사실 두 수를 비교할 때 같은 양에서의 수를 비교하는 경우가 아니라면 의미가 없다. 예를 들어 남학생 3명과 여학생 6명을 비교한다면 여학생이 3명 더 많다고 하거나 여학생이 남학생의 두 배라고 말하는 것은 의미가 있다. 그러나 2시간에 10km를 걷는 경우 2와 10을 비교하여 거리가 8km 뭐라고 하기도 그렇고 거리가 시간의 5배라고 하기도 그렇다. 그러므로 두 수를 비교하면서 덧셈적 비교와 대비하여 곱셈적 비교를 비로 나타낸다면 외적비는 존재할 수 없다. 그러나 서로 다른 두 양 사이의 관계에 초점을 둔다면 2시간에 10km, 3시간에 15km와 같은 관계를 2:10, 3:15로 나타내는 것은 유의미하다.

셋째, 비율은 약간의 차이가 있기는 하지만 '기준량에 대한 비교하는 양의 크기'로 확립되는 것 같다. 그러나 '크기'라는 개념이 모호하다. 그러므로 비율을 '기준량에 대한 비교하는 양의 (상대적인) 크기'로 받아들이는 것이 좋을 것이다.

넷째, 백분율은 기준량을 100으로 할 때의 '비교하는 양', '비교하는 양의 비율', '비율'과 같이 매번 그 정의가 다르다. 그러나 비율은 결국 $\frac{(비교하는\ 양)}{(기준량)}$이므로 기준량을 1로 하든 100으로 하든 그 값은 동일할 수밖에 없다. 그러므로 백분율에 대한 정의는 적절하지 않아 보인다. 가장 정확하게 표현한 것은 6차 교육과정에서 정의한 것처럼 '기준량을 100으로 보았을 때, 비교하는 양을 나타내는 수'인 것 같다. 다만 이렇게 정의하면 백분율은 비율이 아니라는 결과가 도출된다. 그러나 백분율 역시 비율이므로 백분율을 포함하는 개념으로 비율의 정의를 재정립해야 할 것 같아 보인다.

다섯째, 내적비로 비를 도입하고 이에 근거하여 비율을 정의하면서도 명확하지 않게 외적비를 계속 다루고 있다. 속력이나 인구밀도, 미세먼지 농도와 같이 생활에서 밀접하게 사용되는 외적비가 있으며 또한 외적비를 이용한 비례식으로 문제를 해결하는 상황도 많이 있기 때문에 내적비와 외적비에 대한 혼란이 있다 하더라도 교과서에서 적절히 외적비를 다룰 필요가 있어 보인다.

다. 규칙성 지도의 이유

규칙성을 지도하는 이유는 다음과 같다.

첫째, 우리 주변에서는 물론 수학의 여러 영역에서도 규칙성이 많이 존재하며, 규칙을 이용하여 자연과 사회와 수학의 현상을 이해하기 때문이다. 보도블록과 같이 우리 주변에 흔히 있는 디자인이나 가구의 배열, 식물의 모양, 동물의 걸어다니는 패턴, 수학에서의 수의 배열 등에서 우리는 규칙을 접하게 된다. 이러한 여러 가지 규칙을 인식하고 해석하며, 규칙을 창조하는 능력은 수학적 능력을 향상시킬 것이다.

둘째, 규칙성과 관계를 찾고 기술하는 것은 함수와 대수를 이해하는 중요한 방식이기 때문이다. 예를 들어 수의 배열에서 전항보다 3이 크다는 규칙을 찾아서 이를 말로 표현하고 식으로 나타내면서 함수식을 이해하게 되고 대수의 학습으로 이어질 수 있다.

셋째, 규칙성 찾기는 귀납적 사고의 일종이며, 중요한 문제해결 전략 중의 하나이기 때문이다. 귀납적 사고는 수학에서 새로운 사실을 발견하는 중요한 발견적 사고이며 규칙성 찾기는 귀납적 사고의 한 가지 방법이다. 또한 규칙성을 찾아서 해결하는 수학 문제들이 초, 중, 고 수준에서 많이 있다.

넷째, 수학의 많은 영역들이 규칙성으로 연결될 수 있기 때문이다. 도형에서, 측정에서, 통계적 현상에서, 수나 연산 영역에서 많은 규칙을 탐구하고 이를 말로, 그림으로, 식으로 표현하고 계산할 수 있다.

다섯째, 규칙성 탐구는 아동들의 다양한 수준에서 접근 가능하게 해 주고, 의사소통 능력을 신장시킬 수 있기 때문이다. 규칙성을 탐구할 때 동일한 상황에 대해서도 구체물을 조작하거나 그림을 이용하거나, 수식을 이용하여 접근할 수 있으며, 탐구한 규칙 또한 궁극적으로는 동일한 수식으로 정리될 수 있겠지만 한 가지 방법으로 표현되지 않고, 예를 들어 $a=2b+6$, $a=2(b+2)+2$, $a=3(b+2)-b$ 등과 같이 다양하게 표현될 수 있다. 이러한 결과를 서로 발표하고 상대방의 아이디어를 경청하고 토론하며 의사소통 능력도 신장할 수 있다.

라. 규칙성의 유형

규칙은 모양에서, 위치에서, 색에서, 크기에서, 수에서 다양하게 나타난다. 그러한 규칙을 몇 가지로 유형화하면 초등학교 아동들에게 규칙을 인지하고 찾을 수 있도록 도움을 줄 수 있을 것이다.

첫째, 반복적인 규칙이 있다. 반복하는 순환마디는 간단한 경우에는 ab일 수도 있으며 조금 더 복잡해지면 abc, aab 등이 있을 수 있다. 이러한 순환마디는 색이나 모양, 소리, 위치, 수 등 다양한 형태로 나타날 수 있다.

둘째, 반복하는 마디가 점증적인 경우도 있다. $ababbabbb...$와 같이 어느 하나만 증가

하는 경우도 있고, *abaabbaaabbb*...와 같이 두 가지가 함께 증가하는 경우도 있다. 이와 같이 증가하는 경우만 있는 것이 아니라 감소하는 경우도 있을 수 있다.

셋째, 이웃한 수의 차가 일정한 수의 배열인 등차수열이 있다. 예를 들어 1, 3, 5, 7, 9,...와 같은 수의 배열은 홀수로 이루어진 경우이지만 이웃한 항의 차가 2로 일정한 경우이다.

넷째, 이전 수에 일정한 수를 곱한 수의 배열인 등비수열이 있다. 예를 들어 1, 2, 4, 8, 16,...은 전항에 2를 곱한 값이 다음 항이 되는 수의 배열이다.

다섯째, 이웃한 두 수의 합이 그 다음 수가 되는 피보나치 규칙이 있다. 피보나치수열은 1, 1, 2, 3, 5, 8, 13,...과 같이 $a_1 = a_2 = 1$이고 $a_n + a_{n+1} = a_{n+2}$인 규칙을 가지고 있다. 초등학생에게는 쉽지 않은 수의 배열이기는 하지만 가끔 초등학생들에게 노출되는 규칙이기도 하다.

여섯째, n번째 항이 n^2이 되는 수의 배열이 있다. 예를 들어 홀수를 순서대로 더한 값이라든가 다음 <그림 10-1>에서 가장 작은 정삼각형의 개수를 찾는다거나 할 때 이런 규칙이 나타난다.

일곱째, 대칭적인 규칙도 있다. 예를 들어, 1, -1, 2, -2, 3, -3, ...과 같이 기본 단위가 대칭으로 나타나는 경우이다. 물론 이런 경우에 (1, -1), (2, -2), (3, -3), ...과 같이 해석하면 등차수열의 쌍으로 볼 수도 있다.

여덟째, 두 변수 사이의 관계를 찾아야 하는 대응도 있다. 예를 들어, 다음 <표 10-3>에서 대응 규칙을 찾아보고 이를 식으로 나타낼 수 있다.

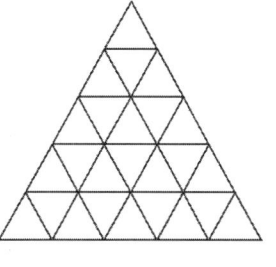

〈그림 10-1〉

〈표 10-3〉 사람 수에 따른 손의 수

사람 수(△)	1	2	3	4	5
손의 수(□)	2	4	6	8	10

이 표를 보고 사람 수가 1명씩 늘어난다거나 손의 수가 2씩 늘어나는 규칙을 찾을 수도 있지만 이런 경우에는 사람 수와 손의 수 사이의 관계를 주목해야 한다. 그리고 손의 수는 사람 수의 2배임을 파악하고 이를 □=△×2와 같이 식으로 표현하게 된다.

이것은 두 양 사이의 관계를 식으로 나타낸 것이지만 사람 수가 달라지면 그에 따라 손의 수도 달라지는 함수식을 만든 것이다.

이전의 유형들도 식으로 나타내고 함수로 발전할 수 있다. 예를 들어, 1, 3, 5, 7, 9,… 와 같은 수의 배열에서는 n번째 수에 대한 식을 생각하면 $f(n)=2n-1$과 같이 나타낼 수 있다. 이와 같이 규칙을 찾게 되면 항상 가능한 것은 아니지만 식으로 나타내고 함수와 대수로 이어지게 된다.

2. 비와 비율의 지도

비와 비율은 5-6학년군에서 다룬다. 두 양을 비교하는 상황을 통해 비의 개념을 이해하고, 그 관계를 비로 나타내며, 비율을 이해하고 비율을 분수, 소수, 백분율로 나타내게 한다. 또한 비례식의 성질을 이해하고 이를 활용하여 간단한 비례식을 풀며, 주어진 양을 비례배분하게 한다.

두 양을 비교할 때 한 양이 다른 양의 몇 배인가를 나타낼 필요성을 인식하게 하면서 비의 개념을 도입하도록 하고 있으며, 타 교과나 실생활에서 비율이 적용되는 사례를 사용하되, 속력, 인구밀도, 축척, 농도 등을 구하는 문제는 평가하지 않도록 하고 있다.

〈표 10-4〉 비와 비율 내용 체계(교육부, 2015d)

영역	핵심 개념	일반화된 지식	학년군별 내용 요소		
			1-2학년군	3-4학년군	5-6학년군
규칙성	규칙성과 대응	규칙성은 생활 주변의 여러 현상을 탐구하는 데 중요하며 함수 개념의 기초가 된다.			• 비와 비율 • 비례식과 비례배분

가. 비와 비율

비보다 비율을 먼저 지도하자는 연구(김수현, 나귀수, 2008)도 있으나, 우리나라 교과서는 전통적으로 비를 비율보다 먼저 지도하고 있다.

1) 비

비 개념을 지도하기 위해서는 두 수를 곱셈적으로 비교하게 해야 한다. 그러나 지금까지 덧셈적 사고를 해 왔기 때문에 두 수를 곱셈적으로 비교하도록 상황을 조성할 필요가 있다. 남학생 3명과 여학생 6명을 비교하게 하면 여학생이 6-3=3(명) 더 많다고 답하기 쉽다. 그러므로 비례적 상황을 제시하여 불변하는 어떤 것을 인식하게 할 필요가 있다. 비례적 상황에서 '하나에 대해 몇 개' 혹은 '100원당 몇 개'와 같은 표현이 사용된다.

다음 <그림 10-2>와 같은 상황에서는 물의 양과 포도 원액의 양을 뺄셈으로 비교하는 것보다 두 양 사이의 불변성을 인식하여 '몇 배'와 같은 나눗셈(곱셈)을 이용하여 비교하려는 마음이 생기게 된다. 혹은 '물 3컵당 포도 원액 2컵'과 같은 식으로 비교하게 된다.

이러한 곱셈적 비교 후에 기호 :을 사용하여 비를 도입하고 읽는 법을 지도한다. 3:2를 '3 대 2'라고 읽는 것은 어렵지 않으나 '3의 2에 대한 비', '2에 대한 3의 비'와 같이 읽는 법, 그리고 기준량을 기호 : 뒤에 적는 이유 등에 대해서 많이 혼란스러울 수 있다.

〈그림 10-2〉 물과 포도 원액의 비교(교육부, 2019d)

분수를 나타낼 때 분자와 분모를 바꿔서 적는 경우가 있는 것처럼 비교하는 양과 기준량을 적는 순서에 혼란이 올 수 있는데, 그것은 언어적 관습 탓이다. 예를 들어 가로와 세로의 비가 3:4라고 할 때는 어느 것이 기준량인가 하는 문제는 그리 중요하지 않다. 그러나 토끼 5마리와 거북 6마리가 있을 때 거북 수에 대한 토끼 수의 비는 5:6으로 나타내는데, 우리 말의 언어적 표현에서 먼저 등장하는 것이 보통은 기준량이다. 그러나 이것을 비로 나타낼 때는 뒤에 표시한다. 영어에서는 언어적 관습과 수학적 표현의 순서가 동일하다. 예를 들어 'a ratio of 7 to 3'은 7:3으로 나타낸다. 우리나라 언어적 표현과 수학적 표현 사이의 이러한 괴리는 여러 군데서 나타나므로 이러한 표현 방법에 유의해야 할 것이다.

2) 비율

비율은 비를 하나의 수치로 나타낼 때 쓰는 개념이다. 그러므로 일단 비로 표현되었으면 비율은 (비교하는 양)÷(기준량)으로 간단히 계산할 수 있다. 비율은 분수나 소수, 또는 백분율로 나타낼 수 있도록 지도한다. 백분율은 일상에서도 많이 사용되는 개념이다. 백분율의 정의는 교육과정을 개정할 때마다 조금씩 달라졌음을 알고 있다. 2015 개정 교과서에서의 정의도 깔끔하지는 않지만 그 의도하는 실체를 우리는 알고 있으므로 교과서의 정의인 '기준량을 100으로 할 때의 비율'을 그대로 인정하고 넘어가자.

백분율은 다음 공식으로 구할 수 있으며, 이 수치에 기호 %(퍼센트)를 붙여서 사용한다.

$$\frac{비교하는\ 양}{기준량} \times 100$$

분수 또는 소수로 나타낸 비율을 백분율로 나타내고 그 반대로도 나타낼 수 있도록 지도한다. 백분율은 내적비에서 사용한다. 참고로, 기준량을 1000으로 할 때는 천분율이라고 하며 기호는 ‰(퍼밀)를 사용한다.

백분율과 관련하여 오개념의 한 가지를 해소하기 위해 2009 개정 교과서에서는 퍼센트포인트(%p)라는 개념을 도입하였으나 2015 개정 교과서에서는 삭제되었다. 퍼센트포인트는 백분율을 뺄셈으로 비교할 때 사용한다. 예를 들어 '작년 기준 올해 50% 증가하였는데 내년에는 (작년 기준으로) 60% 증가하여 금년에 비해 10% 증가할 예정이다.' 와 같은 표현이 있을 수 있다. 이럴 경우 10% 증가가 아니라 '10%p 증가'라고 해야 한다. 이와 같이 %p를 사용하는 사례가 일상에서, 특히 주식 시세의 경우에 많이 등장한다. 필요한 개념이기는 하지만 초등학교 수준에서는 이러한 차이점을 인식하게 하기가 쉽지 않을 것이다.

3) 비율이 사용되는 경우

주변에서 비율이 사용되는 경우를 살펴보면서 비율에 대한 이해를 심화시킨다. 직사각형 액자의 가로와 세로의 비율, 야구 선수의 타율, 음료수에서의 성분별 비율, 시장에서의 물건 할인율, 여러 가지 경쟁률, 음식을 만들 때의 여러 재료 사이의 비율 등을 다룰 수 있다. 우리나라에서 마스크의 등급을 나타내는 KF80, KF94에도 백분율의 의미가 들어 있다. 주로 내적비에서의 비율을 다룬다. 소금물의 농도도 소금물의 무게에 대한 소금의 무게의 비율이므로 다룰 수 있는데, 교육과정에서는 비율을 평가할 때 속력, 인구밀도, 축척, 농도 등을 구하는 문제는 다루지 않도록 하였다. 교과서에서는 소금물의 농도를 진하기라는 표현으로 다루고 있기는 하다.

외적비에서의 비율도 우리 주변에서 찾을 수 있다. 초미세먼지의 농도나 속력, 인구밀도 등에서도 외적비의 비율이 들어 있다. 그러나 비를 내적비로 도입하였기 때문에 이런 경우에는 비율로 지도하지 않고 '…당(per)'이라는 표현으로 사용하는 것도 한 가지 방법일 것이다. 즉 미세먼지의 농도는 '1m³당 …g'으로, 속력은 '한 시간에(당) …km'로, 인구밀도는 '1㎢에(당) …명'으로 지도해도 되지 않을까 생각한다.

나. 비례식과 비례배분

비례식과 비례배분은 6학년 2학기에서 지도한다. 먼저 비의 성질을 다룬다. 같은 시간 같은 장소에서의 물체와 그림자의 길이의 비나 확대 또는 축소된 직사각형의 가로와 세로의 비 등과 같은 정비례 관계에 있는 상황에서 여러 개의 비와 비율을 구해보고 비의 표현은 다르지만 모두 비율이 같음을 확인한다. 앞서의 <그림 10-2>를 예로 살펴보자. 물의 양과 포도 원액의 양의 비는 포도주스의 병 수에 따라 3:2, 6:4, 9:6 등이 된다. 그러나 비율은 모두 $\frac{3}{2}$이다. 여기서 비의 전항과 후항에 0이 아닌 같은 수를 곱하거나 0이 아닌 같은 수로 나누어도 그 비율은 같다는 사실을 확인할 수 있다. 비율이 같은 두 비를 등호를 사용하여 비례식으로 나타낼 수 있다는 것을 지도한다.

비례식 6:4=18:12에서 바깥쪽에 있는 6과 12를 외항, 안쪽에 있는 4와 18을 내항으로 정의한 다음, 비례식에서 외항의 곱과 내항의 곱이 같음을 귀납적으로 발견한다. 이러한 비례식의 성질은 많은 문제를 해결하는 데 유용한 수단이 되므로 잘 이해할 수 있도록 한다. 비례식을 기계적으로 이용하면 비례 관계가 성립하지 않는 상황에서도 비례식을 적용하는 오류를 범하게 되므로 비례 관계가 성립하는지를 잘 이해할 수 있게 한다.

마지막으로 비례배분을 지도한다. 비례배분은 전체를 주어진 비로 배분하는 것을 말한다. 예를 들어, 두 사람에게 3:2로 나누어 주려면 한 사람에게는 전체의 $\frac{3}{3+2}$ 만큼, 다른 사람에게는 $\frac{2}{3+2}$ 만큼 배분하면 된다.

다. 정비례와 반비례

정비례와 반비례는 2009 개정 교육과정에서는 지도하였으나 2015 개정 교육과정에서는 중학교로 이동하였다.

정비례는 두 양 x, y에서 x가 2배, 3배, 4배,...로 변함에 따라 y도 2배, 3배, 4배,...로 변하는 관계를 말하며, 반비례는 두 양 x, y에서 x가 2배, 3배, 4배,...로 변함에 따라 y는 $\frac{1}{2}$배, $\frac{1}{3}$배, $\frac{1}{4}$배,...로 변하는 관계를 말한다. 정비례와 반비례는 함수를 지도하는 데 기초가 된다.

이와 같이 비례는 규칙적으로 변화하는 두 양 사이의 곱셈적 관계이다. 특히 정비례는 비의 불변을 의미하고 반비례는 곱의 불변을 의미한다. 다음 정비례를 나타내는 표를 보자.

〈표 10-5〉 정비례

x	1	2	3	4	5	6
y	3	6	9	12	15	18

이때 x와 y의 비는 1:3으로 일정하다. 반면 반비례를 나타내는 다음 표를 보자. 여기서는 x와 y의 비는 서로 다르지만 x와 y의 곱은 24로 변하지 않는다.

〈표 10-6〉 반비례

x	1	2	3	4	6	8
y	24	12	8	6	4	3

🔍 3. 규칙성의 지도

1-2학년군에서는 물체, 무늬, 수 등의 배열에서 크기, 색깔, 위치, 방향 등에 대한 규칙을 찾고 자신이 정한 규칙에 따라 물체, 무늬, 수 등을 배열할 수 있게 한다. 수에 대해서는 수의 배열뿐만 아니라 덧셈표, 곱셈표 등을 활용하기도 한다.

3-4학년군에서는 다양한 변화 규칙을 찾아 설명하고 규칙을 수나 식으로 나타낼 수 있게 하며, 규칙적인 계산식의 배열에서 계산 결과의 규칙을 찾고 규칙을 적용하여 계산 결과를 추측할 수 있게 한다. 규칙을 찾을 때 계산기를 사용할 수 있게 하고 있다.

5-6학년군에서는 대응관계를 나타낸 표에서 규칙을 찾고, 이 규칙을 □, △ 등을 이용한 식으로 나타내게 하고 있다. 대응 관계를 나타내는 식은 덧셈식, 뺄셈식, 곱셈식, 나눗셈 식 중의 하나로 표현되는 간단한 경우만 다루도록 하고 있다.

〈표 10-7〉 규칙성 내용 체계(교육부, 2015d)

영역	핵심 개념	일반화된 지식	학년군별 내용 요소		
			1-2학년군	3-4학년군	5-6학년군
규칙성	규칙성 과 대응	규칙성은 생활 주변의 여러 현상을 탐구하는 데 중요하며 함수 개념의 기초가 된다.	• 규칙찾기	• 규칙을 수나 식으로 나타내기	• 규칙과 대응

가. 규칙성 찾기 지도에서 주의할 점

규칙성은 중요하지만 무엇을 언제 지도할 것인가에 대하여는 아직 체계가 잘 잡혀 있지 않는 영역이다. 교과서에서 한 단원으로 설정하여 지도한다면 규칙성은 수학의 다른 내용과 별개의 주제로 인식되기 쉬우며, 지도할 주제를 학년에 적합하게 배치하는 것도 쉽지 않다.

수학의 여러 내용을 지도하면서 관련하여 규칙을 찾도록 구성할 수도 있다. 예를 들어 <그림 10-3>과 같이 벽지의 무늬를 보고 규칙을 찾는 내용은 도형 영역에서 지도할 수 있으며, <그림 10-4>와 같이 곱셈표에서 규칙을 찾는 것은 곱셈구구를 구성하고, 그곳에서 지도할 수도 있다. 이와 같이 수를 지도하면서 수에서의 규칙을, 연산을 지도하면서 연산과 관련한 규칙을, 도형이나 측정을 지도하면서 이와 관련한 규칙을 지도하면 훨씬 다양하고 의미 있는 규칙을 찾을 수 있으며 규칙성을 찾을 필요성도 인식할 수 있을 것이다.

〈그림 10-3〉 무늬에서 규칙 찾기(교육부, 2017h)

〈그림 10-4〉 곱셈표에서 규칙 찾기(교육부, 2017h)

규칙성을 지도할 때 주의할 점이 있다.

첫째, 동일한 현상에서 여러 가지 규칙이 있을 수 있다. 본질적으로는 수학적으로 동일한 규칙에 이르게 되지만 아동들 입장에서는 다르게 보이는 규칙이 있을 수 있다.

둘째, 찾은 규칙이 반례에 의해 틀린 것으로 판정될 수 있다. 이럴 경우에는 규칙을 수정하거나 새로운 규칙을 찾아야 한다.

셋째, 규칙을 찾기에 적절한 자료의 수에 대한 기준은 없다. 예를 들어 1, 2, 4 다음에 어떤 수가 나올 것인지를 생각해 보자. 이 다음에 8이 올 수도 있고 7이 올 수도 있다. 심지어는 1이 올 수도 있고 전혀 예측하지 못한 수가 나올 수도 있다. 만약 1, 2, 4, 8일 경우에 나올 수 있는 수는 16일 수도, 6일 수도, 1일 수도 혹은 다른 수일 수도 있다. 주어진 자료가 많을수록 가능한 규칙이 제한되기는 하지만 그렇다고 확실한 규칙을 보증하는 것은 아니다. 주어진 자료에서 규칙을 생각해 보고 그 다음에 발견되는 자료에 의해서 그 규칙이 반박될 수도 있음을 인정해야 한다.

넷째, 수학적으로 표현할 수 없는 규칙도 있다. 예를 들어 영화 <페르마>에 나오는 다음 수의 배열의 규칙을 생각해 보자. 5-4-2-9-8-6-7-3-1. 이것은 수학적인 규칙에 의해서 배열된 것이 아니라 스페인의 수 이름의 알파벳 순서로 해당되는 수를 배열한 것이다. 즉, 5(cinco), 4(cuatro), 2(dos), 9(nueve), 8(ocho), 6(seis), 7(siete), 3(tres), 1(uno)이다.

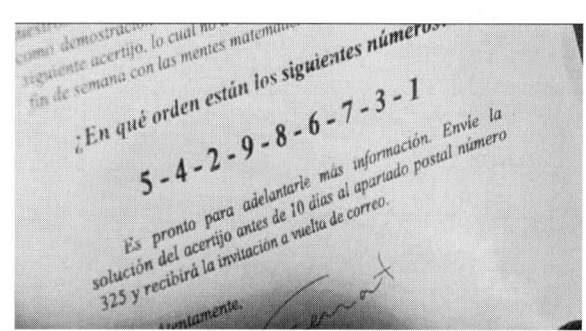

〈그림 10-5〉 영화 〈페르마〉에서의 수의 배열

나. 대응 관계 찾기

지금까지의 규칙 찾기는 하나의 양 또는 하나의 변수에서의 변화를 찾은 것이다. 그러나 대응은 두 양 또는 두 변수 사이의 관계를 찾는 것이다. 물론 하나의 변수에서 규칙을 찾을 때도 암묵적으로 자연수라는 또 하나의 변수가 존재하기는 하지만 이를 의식하거나 드러내지 않아도 된다. 그러나 대응에서는 두 변수에 주목해야 하기 때문에 훨씬 어려울 수 있다.

5-6학년군에서 대응은 복잡한 경우를 다루지 않고 덧셈식, 뺄셈식, 곱셈식, 나눗셈식 중의 하나로 표현되는 간단한 경우만 다루도록 하고 있다.

다음 표를 보자.

〈표 10-8〉 대응관계

자동차 대수(□)	1	2	3	4	5	6
바퀴 수(△)	4	8	12	16	?	24

□와 △ 사이의 대응 관계를 알기 위해서는 표를 가로로 살필 것이 아니라 세로로 살펴 보아야 한다. □=1일 때 △=4이다. 이것은 △=□+3일 수도 있고 △=□×4일 수도,

혹은 □의 3배에 1을 더한 것일 수도 있다. □=2일 때는 △=8이다. 이것은 △=□+6일 수도 있고 △=□×4일 수도 있고 다른 관계를 찾을 수도 있다. 이러한 여러 관계 중에서 공통인 관계를 찾아야 한다. 그렇게 해서 대응 관계를 식으로 나타내면 △=□×4가 된다. <표 10-7>에서 자동차가 5대일 경우의 바퀴 수를 조사하지 못했지만 이 대응 규칙을 이용하여 □=5일 때 △=20임을 구할 수 있다. 이와 같이 대응 규칙을 이용하여 누락된 부분을 구할 수도 있어야 한다.

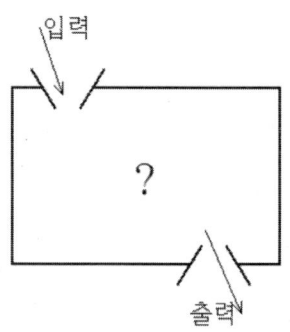

〈그림 10-6〉 대응상자

대응은 함수이므로 <그림 10-6>과 같은 입력과 출력이라는 대응 상자를 이용하여 활동하게 할 수 있다. 두 명이 하는 활동으로, 한 사람은 대응 상자의 규칙을 미리 정하여 혼자만 알고 있다. 예를 들어 입력한 수에 2를 곱하는 규칙이라고 하자. 상대방이 몇 번의 질문을 통해 이 대응 규칙을 찾아내도록 한다. 즉, 한 사람이 2를 말하면 규칙을 정한 사람이 4라고 대답한다. 다시 입력할 수로 3을 말하면 규칙을 정한 사람은 6이라고 답한다. 이런 과정을 통하여 대응 규칙을 찾아내게 된다. 이러한 활동은 대응 규칙을 찾는 재미있는 놀이가 될 것이다.

참고문헌

참고문헌

강문봉 (1993). Lakatos의 수리철학의 교육적 연구. 서울대학교 박사학위 논문.

강문봉 (2011). 자연수의 나눗셈 지도에 대한 고찰, **대한수학교육학회지 수학교육학연구, 21권** 1호, 1-16.

강문봉 외 번역 (1999). **초등수학 학습지도의 이해**. 양서원.

강문봉 외 (2013). **초등수학교육의 이해(제 3판).** 경문사.

강옥기 외 (1985). **수학과 문제 해결력 신장을 위한 수업 방법 개선연구.** 한국교육개발원.

강흥재 외 다수 (2018). **2015 교육과정에 따른 초등수학 교수법.** 동명사.

교육과학기술부 (2011). **수학 5-2**. 두산동아.

교육부 (1997). **수학 5-2.** 국정교과서주식회사.

교육부 (1999). **수학 6-1**. 국정교과서주식회사.

교육부 (2014). **수학 4-1**. 천재교육.

교육부 (2015a). **교사용지도서 수학 6-1**. 천재교육.

교육부 (2015b). **수학 5-1**. 천재교육.

교육부 (2015c). **수학 6-1**. 천재교육.

교육부 (2015d). **수학과 교육과정,** 교육부 고시 제2015-74호 [별책 8]. 교육부.

교육부 (2017a). **교사용지도서 수학 1-1**. 천재교육.

교육부 (2017b). **교사용지도서 수학 1-2**. 천재교육.

교육부 (2017c). **교사용지도서 수학 2-1**. 천재교육.

교육부 (2017d). **교사용지도서 수학 2-2**. 천재교육.

교육부 (2017e). **수학 1-1**. 천재교육.

교육부 (2017f). **수학 1-2**. 천재교육.

교육부 (2017g). **수학 2-1**. 천재교육.

교육부 (2017h). **수학 2-2**. 천재교육.

교육부 (2018a). **교사용지도서 수학 4-1**. 천재교육.

교육부 (2018b). **수학 3-1**. 천재교육.

교육부 (2018c). **수학 3-2**. 천재교육.

교육부 (2018d). **수학 4-1**. 천재교육.

교육부 (2018e). **수학 4-2**. 천재교육.

교육부 (2019a). **교사용지도서 수학 6-2**. 천재교육.

교육부 (2019b). **수학 5-1**. 천재교육.

교육부 (2019c). **수학 5-2**. 천재교육.

교육부 (2019d). **수학 6-1**. 천재교육.

교육부 (2019e). **수학 6-2**. 천재교육.

교육인적자원부 (2004). **수학 6-가**. 대한교과서주식회사.

김수현, 나귀수 (2008). 비와 비율 지도에 대한 연구-교과서 재구성을 중심으로-, **대한수학교육학회지 수학교육학연구** 18(3), 309-333.

김정하 (2020). 분수 나눗셈 지도 방법의 변천과정 분석, **수학교육학연구** 30(1). 67-88.

김정하, 강문봉 (2011). 평면도형의 넓이 측정 지도에 관한 고찰. **한국초등수학교육학회지, 15권** 3호, 509-531.

김정환 (1970). ペスタロッチ教育學における數學教育の理論とその數學教育史的位置. 廣島大學院 박사학위 논문.

김태은 외 (2018). **초·중학교 학습부진학생의 성장 과정에 대한 연구(Ⅱ)**. 한국교육과정평가원.

문교부 (1973). **산수 6-1**. 국정교과서주식회사.

문교부 (1975a). **산수 3-1**. 국정교과서주식회사.

문교부 (1975b). **산수 3-2**. 국정교과서주식회사.

박경미 외 (2015). **2015 개정 수학과 교육과정 시안 개발 연구 Ⅱ**. 한국과학창의재단.

방정숙 역 (2013). **효과적인 수학적 논의를 위해 교사가 알아야 할 5가지 관행**. 경문사. (Smith, M. S., Stein, M. K., *5 practices for orchestrating productive mathematics discussions*).

백석윤 (1996). 종이접기를 통한 초등 기하 학습 지도 방법의 탐색, **수학교육학연구** 6(1), 25-32.

우정호 (1998). **학교 수학의 교육적 기초**. 서울대학교출판부.

우정호, 변희연 (2005). 소수 개념의 교수학적 분석. **수학교육학연구** 15(3), 289-313.

윤기옥, 정문성, 최영환, 강문봉, 노석구 (2009). **수업모형**. 동문사.

이경화 (1997). 확률과 통계의 역사. **한국초등수학교육학회지** 1, 53-65.

이면우 역 (2000). **중국의 과학과 문명: 수학, 하늘과 땅의 과학, 물리학**. 까치글방.

이용률 (2010). **초등학교 수학의 중요한 지도 내용**. 경문사.

임재훈, 김수미, 박교식(2005). 분수 나눗셈 알고리즘 도입 방법 연구: 남북한, 중국, 일본의 초등학교 수학 교과서의 내용 비교를 중심으로. **대한수학교육학회지 학교수학 제7권** 제2호, 103-121.

장혜원 (2006). **산학서로 보는 조선 수학**. 경문사.

정동권 (2018). **교사를 위한 수학사 개론**. 경문사.

정영옥 외 (발간예정). **수학 4-2**. 동아출판.

조영선, 정영옥 (2012). 초등학생들의 공간 감각 실태 조사 -4,5,6학년을 중심으로-, **한국초등수학교육학회지** 16(3), 359-388.

허민 역 (2003). **도대체 수학이란 무엇인가?** 경문사. (Hersh, What Is Mathematics, Really?)

허민 역 (2009). **산학계몽 상**. 소명출판.

Bunt, Lucas N. H., Jones, Phillip S., & Bedient, Jack D. (1988). *The historical roots of elementary mathematics*. Dover Publications, Inc..

Devlin, Keith (1994). *Mathematics, the science of patterns: the search for order in life, mind, and the universe*. Scientific American Library.

Fauvel, J., Gray, J. (1988). *The history of mathematics: a reader*. Macmillan Press.

Freudenthal, H. (1983). *Didactical phenomenology of mathematical structures*. D. Reidel Publishing Company.

Lakatos, Imre (1976). *Proofs and refutations. the logic of mathematical discovery*. Cambridge University Press.

NCTM (1989). *Curriculum and evaluation standards for school mathematics*. NCTM.

NCTM (1995). *Geometry and spatial sesne. Curriculum and evaluation standards for school mathematics addenda series K-6*. NCTM

McLellan, J. A. and Dewey, J. (1895). *The psychology of number and its applications to methods of teaching arithmetic*. New York: D. Appleton and Company.

Poincaré, Henri (1952). *Science and method*. Trans. by Francis Maitland, Dover Publications, Inc..

Polya, G. (1973). *How to solve it*. Princeton University Press.

Smith, D. E. (1951). *History of Mathematics. Vol. 1*. Dover.

Smith, D. E. (1953). *History of Mathematics. Vol. 2*. Dover.

Struik, D. J. (1986). *A source book in mathematics 1200-1800*. Princeton University Press.

찾아보기

찾아보기

| G |
Geometer's SketchPad ············· 183
GSP ································· 188

| L |
LOGO ······················ 183, 184, 207

| N |
NCTM ················· 15, 54, 69, 171

| ㄱ |
가능성 ······················ 272, 287
가로 ························· 238, 239, 241
가법적 기수법 ······················ 50
가분수 ············ 118, 127, 134, 139
각 ························· 171, 193, 260
각기둥 ······················ 210, 214
각도 ············ 176, 224, 260, 264
각도기 ············ 170, 195, 260, 261
각뿔 ······················ 210, 214, 215
각의 크기 ········ 170, 176, 212, 260
간접 비교 ························· 225
간접비교 ······················ 235, 252
간접측정 ············ 228, 233, 256
개념 ············ 28, 30, 188, 191, 192
개념학습 모형 ························· 28
개념형성 모형 ······················ 29, 30

개연적 추론 ························· 33
개측 ······················ 228, 232, 262
거듭제곱 ············ 75, 145, 157
검산 ······················ 100, 109
겨냥도 ······················ 210, 212
격자곱셈 ························· 99
결합법칙 ························· 82, 95
경우의 수 ························· 63, 272
계산 ································ 67, 69
계산 순서 ············ 81, 100, 106
계산기 ······· 27, 34, 62, 67, 72, 74,
························ 107, 149, 233, 250
곱셈 ············ 67, 68, 73, 87, 154
곱셈구구 ······················ 67, 89, 96
곱셈적 비교 ························· 292
곱집합 ························· 87, 88
공간 ······ 169, 171, 192, 193, 220
공간 감각 ············ 171, 172, 181, 210
공간 방향 ························· 171
공간 시각화 ························· 171
공리적 정의 ························· 192
공배수 ································ 56
공약수 ································ 56
공통분모 ························· 119
관계적 수준 ························· 164
괄호 ············ 81, 82, 95, 106, 108

| ㄱ |

교구 ·································· 27, 172
교환법칙 ················ 46, 82, 91, 95
구 ································ 210, 220
구거법 ···························· 110, 111
구골 ·· 49
구성 요소 ······· 164, 207, 210, 211, 215
구의 중심 ······························· 220
국제단위계 ······························ 227
권고 ······································· 35
귀납적 ···················· 82, 91, 95, 102
귀납적 사고 ············ 84, 85, 86, 296
귀납적 추론 ······················· 33, 35
귀납적 추론 수업모형 ·········· 28, 33
규칙 ············ 174, 178, 199, 217, 269,
······························ 291, 295, 304
규칙성 ···································· 75
그림그래프 ········ 275, 276, 279, 285
근삿값 ······················ 71, 145, 250
기본단위 ······················ 116, 227, 231
기수법 ······························· 50, 53
기술적 수준 ··························· 164
기술통계학 ····························· 274
기약분수 ······························· 119, 148
기준량 ································ 292, 300
기하 ·································· 161, 165
기하 학습 수준 이론 ················ 164
기하학의 엄밀화 수준 ·············· 165
기호화 ···················· 62, 77, 88, 102
길이 ······························ 224, 229, 263
꺾은선그래프 ····················· 281, 282
꼭짓점 ···················· 168, 194, 196, 205,
······························ 211, 215, 220

| ㄴ |

나누는 수 ······················ 99, 102, 132
나누어지는 수 ················ 99, 102, 133
나눗셈 67, 68, 99, 100, 132, 139, 154
나머지 ······················ 105, 107, 140, 156

난수 ····································· 270
내적비 ······························ 292, 295
내포 ······································ 204
내포량 ································ 224, 261
내항 ····································· 301
넓이 ······························ 224, 234, 264
논리적 법칙의 본질 수준 ········· 165
논리적 정의 ··························· 191
논증 기하학 ··························· 162
논증기하 ······························· 165
논증적 추론 ···························· 33
농도 ····································· 224
높이 ····· 169, 202, 203, 215, 220, 239,
······························ 241, 242, 244

| ㄷ |

다각형 ·············· 180, 191, 194, 205
다면체 ······················ 163, 216, 217
단면 ····································· 220
단명수 ······················ 232, 237, 252, 256
단순화 ··································· 137
단위 ················ 46, 116, 151, 224, 225
단위분수 ······················ 117, 118, 124, 133
단위비율 결정 맥락 ········ 135, 139, 156
단위소수 ·························· 153, 155
닮음 ····································· 164
대각선 ············ 84, 164, 189, 203, 205
대괄호 ······························ 81, 106
대분수 ······················ 118, 128, 139, 157
대소수 ·································· 150
대응 ······························ 67, 305, 306
대응각 ······························ 208, 209
대응변 ······························ 208, 209
대응점 ······························ 208, 209
대칭의 중심 ··························· 209
대칭축 ······························ 209, 210
대푯값 ·································· 285
덧셈 ······················ 67, 68, 76, 125, 153

덧셈적 비교	292
덧셈표	84
도	145, 261
도형	164, 193
돌리기	210
동수누가	86, 92, 129, 154
동수누감	101, 140
동심원	248
동위각	195
동치분수	118, 134
둔각	194
둔각삼각형	179, 198
둘레	234
뒤집기	210
듀이	46
드 메레의 문제	271
들이	224, 250, 251, 264
등변사다리꼴	202
등분제	101, 103, 104, 133, 135, 154
등분할	59, 115, 118, 121
등비수열	297
등적변형	189, 239, 240, 242, 249
등차수열	297
등호	83
디비 활동	86
디피 활동	86
띠그래프	282

ㄹ

라카토스	33
라플라스	271
로고(LOGO)	183
로꾜	182
린드 파피루스	117, 162, 247

ㅁ

마름모	204, 244
막대그래프	280, 282
맞꼭지각	162
매개물	225, 230, 251, 255
명명적 정의	191
명목수	47
명수법	48, 49
명제	164, 165
모서리	211
모선	218, 220
모스크바 파피루스	162
모양의 인식	189
몫	102, 107, 140, 156
몫 분수	115
무게	224, 255, 256, 264
무리수	15, 148
무작위성	270
무정의용어	193
무한소수	148, 156
묶음	47, 61
묶음 모델	89
문제 해결	16
문제해결	13, 35
문제해결 수업모형	28, 35
미지수	83
밀기	210
밀도	224
밑각	162, 197
밑면	211, 214, 215, 218, 220
밑변	168, 196, 202, 203, 239, 241, 242, 244

ㅂ

반비례	291, 302
반올림	71, 73
반올림 전략	73
반적변형	169, 242
반지름	207, 208, 220
반직선	193
받아내림	58, 80, 86

받아올림 ……………………… 32, 58, 79	비교형 …………………………………… 76
발견술 …………………………………… 35	비례모형 ………………………………… 59
발문 ……………………………………… 35	비례배분 ……………………… 293, 301, 302
발생적 정의 …………………………… 192	비례식 …………………………… 293, 301
발생적정의 ………… 214, 218, 219, 220	비비례모형 ……………………………… 59
발전적 사고 ……………………… 34, 85, 86	비유클리드기하학 …………………… 163
배 ………………… 87, 129, 135, 154, 156	비율 ……… 116, 147, 282, 291, 293, 300
배분 ………………… 118, 125, 134, 139, 157	비율 분수 …………………………… 116
배수 ……………………… 55, 85, 111, 155	비율그래프 …………………………… 282
배적변형 ……………………………… 241	비의 값 ………………………………… 293
백분율 ……… 283, 284, 293, 295, 300	비의 성질 ……………………………… 301
버림 …………………………………… 71	비형식적 추론 수준 ………………… 164
범례 ………………………………… 29, 30	빈 자리 …………………………… 52, 53, 60
변 ………………………………… 194, 205	뺄셈 ………………… 67, 68, 76, 125, 153
변수 …………………………………… 186	
변환군 ………………………………… 163	**ㅅ**
보조단위 ………… 116, 147, 227, 231, 237	사각형 ……………………… 201, 202, 204
복명수 ……………… 232, 237, 252, 256	사각형의 네 각의 크기의 합 …… 173, 201
복합도형 …………………………… 245	사고실험 ……………………………… 12
볼록다각형 ……………………… 180, 205	사다리꼴 ……………………… 178, 202, 243
부분-전체 …………………………… 115	사영기하학 …………………………… 163
부채꼴 ………………………………… 220	산가지 …………………………… 58, 74
부피 ……………… 224, 250, 251, 252, 253	산법통종 ……………………………… 146
분 …………………………… 145, 258, 260	삼각자 …………………………… 168, 195
분류 ……… 28, 30, 191, 196, 211, 214,	삼각형 ……………………… 162, 168, 241, 242
……………………… 269, 276, 277, 288	삼각형의 세 각의 크기의 합 … 162, 166,
분리량 ………………………………… 224	………………… 188, 198, 199, 201, 205
분모 …………………………………… 115, 123	상금의 분배 문제 …………………… 271
분모가 같은 분수 ……………… 124, 125	상대적 비교 ………………………… 292
분모가 다른 분수 ……………… 124, 125	상투개념 ……………………………… 29
분배법칙 ……………………………… 96	선대칭 위치에 있는 도형 ………… 209
분석적 수준 …………………………… 164	선대칭도형 189, 197, 203, 204, 208, 209
분수 …………………… 67, 115, 123, 139, 152,	선대칭이동 ……………………… 209, 210
………………………… 154, 155, 300	선분 ……………………………… 191, 193, 205
분수띠 ………………………………… 126	설명식 수업모형 ……………………… 28
분자 ……………………………… 115, 123	세로 ……………………… 238, 239, 241
비 ……………………… 47, 291, 292, 293, 300	소괄호 ……………………………… 81, 106
비교하는 양 ……………………… 292, 300	소마큐브 ……………………………… 181

소수 ········· 34, 67, 117, 145, 146, 147,
······ 149, 150, 152, 154, 155, 192, 300
소수(素數) ································· 56
소수점 ············· 146, 147, 153, 154, 156
소인수 ····································· 148
소프트웨어 ······························· 182
속력 ······································· 224
속성 ················ 28, 47, 204, 224, 225
속성모형 ·································· 29
수 감각 ························ 53, 63, 70
수모형 ···················· 79, 80, 92, 103
수사 ···························· 46, 47, 59
수선 ······························· 195, 196
수업모형 ································· 27
수직 ······························· 195, 204
수직선 ······················ 59, 89, 101
수직선 모델 ····························· 89
수학 교과 역량 ······················ 15, 37
수학의 가치 ········· 68, 224, 239, 269
수학적 논의 수업모형 ················ 28
수학적 논의를 위한 수업모형 ······ 37
수학적 다양성의 원리 ··············· 188
수학적 사고 ······················ 68, 86
수학적 확률 ···························· 272
수학화 ···································· 191
순서수 ······················ 46, 76, 77, 82
순순환소수 ····························· 148
순환마디 ································ 296
숫자 ···························· 50, 53, 59
스테빈 ··································· 146
승법적 기수법 ·························· 50
시각 ······························· 256, 258
시각적 수준 ···························· 164
시각적 인식 수준 ···················· 164
시간 ······················· 224, 256, 258
실측 ······························· 245, 246
십진기수법 ····························· 147
십진분수 ······················ 145, 146, 153
십진블록 ································ 58, 79
쌍곡기하학 ····························· 163
쌓기나무 ···················· 172, 181, 210

▎ㅇ

아메스 ························ 117, 170, 247
알고리즘 ························ 68, 70, 74
알고리즘화 ······························ 81
암산 ···················· 69, 70, 71, 74
약분 ···················· 118, 119, 120, 125
약속 ···························· 81, 82, 106
약수 ······································· 55
양 ··· 224
양 분수 ·································· 116
어림 ························ 54, 72, 79, 110
어림 측정 ························ 228, 262
어림셈 ···················· 62, 69, 70, 71, 72
어림수 ···································· 71
엇각 ······································ 196
엔트리 ······················ 183, 186, 207
역수 ······························· 133, 136
역연산 ······················ 82, 101, 110, 139
연결큐브 ································ 58
연산 ···························· 60, 67, 68
연산자 ······························· 88, 116
연속량 ············ 47, 121, 224, 280, 281
연역 체계 ·························· 12, 165
연역적 방법 ···························· 201
연역적 사고 ······················ 84, 161
연역적 추론 ······················ 33, 35
연역적 추론 수준 ···················· 165
연역체계 ································ 14
옆면 ······················ 211, 214, 218, 220
예 ······························ 28, 29, 30, 85
예각 ······································ 194
예각삼각형 ····························· 198
예상과 확인 ···························· 83
예시적 정의 ···························· 192

예시적정의	207
오개념	29, 39, 125, 178, 194, 214
오류	97, 106, 110, 132, 161, 244
오목다각형	205
오일러(Euler)	163
오일러의 공식	15
올림	71
외연	204
외연량	224, 254, 261
외연적 정의	192
외적비	292, 295
외항	301
용어	190, 191
우연	270
원그래프	284
원기둥	210, 218
원론(Elements)	162
원리탐구 모형	28, 32
원뿔	210, 219
원의 중심	207, 208
원주	233
원주율	75, 146, 148, 234, 247, 248, 250
원형모형	29, 30
위상수학	163, 217
위치적 기수법	52, 53, 60, 61, 69, 145, 147, 152
유도단위	227
유리수	148
유클리드	162
유클리드(Euclid)	162
유클리드기하학	163
유한소수	148
음수	59, 108
의사소통	20, 37, 69, 226
이동	170
이등변삼각형	162, 196
이론적 수준	164
이산량	47, 121, 224, 280, 281
이중수직선	59, 130
이항연산	67, 81
인수	56, 157
인식론적 장애	120
일대일대응	45
임의단위	225, 230, 236, 251, 253, 256, 257, 260, 265
임의성	270
입체도형	172, 189, 190, 210, 212

ㅈ

자	170, 232
자리지기	60
자릿값	69, 97, 106, 145, 147, 151
자연수	45, 57, 67, 125, 126, 133, 139, 150, 154, 155, 224
작도	166, 170
작도 불가 문제	170
재발명	81
전개도	170, 182, 210, 212, 213, 216, 219
전체 중의 부분	115
전항	301
절대 기수법	51, 61, 98
절대적 비교	292
점	193
점대칭 위치에 있는 도형	209
점대칭도형	189, 203, 204, 208, 209
점대칭이동	210
점종이	172
점판	172, 209
정다각형	206, 215, 217
정다면체	217
정대위	146
정리	276
정보 처리	21
정비례	291, 302
정사각형	164, 173, 179, 203

정사면체	217	진분수	118
정삼각형	167, 178, 196	집합수	45, 76, 77
정수	56	짝수	55, 111, 175
정십이면체	217	쪽매맞춤	169
정육각형	167, 178		
정육면체	170, 210, 211, 213, 217	**ㅊ**	
정의	28, 31, 191	참조물	54, 263, 265
정이십면체	217	창의·융합	18
정팔면체	217	첨가형	76, 82
제1수준	164	초	145, 258, 260
제2수준	164	최대공약수	56, 119
제3수준	164	최빈값	285, 287
제4수준	165	최소공배수	56, 119
제5 공준	163	추론	17, 33, 85
제5수준	165	추상화	13, 28, 207
제거형	77	추측통계학	274
제곱근	145	측도	224, 263, 264
종이접기	166	측정	223
좌표	162	측정수	47, 147
주사위	217, 270	칠교판	172, 179
주판	74		
중괄호	81, 106	**ㅋ**	
중심각	284	컴퍼스	170, 208
중앙값	285, 286	컴퓨터	72
지름	208, 233	퀴즈네어 막대	123
지오보드	172, 174, 199	큐지네어 막대	58
직각	167, 173, 194, 203, 212	크립토	109
직각삼각형	162, 198		
직관기하	165	**ㅌ**	
직관적 비교	225, 236	타원기하학	163
직사각형	164, 168, 203	탈레스	162
직사각형 배열 모델	89	태도 및 실천	22
직선	193	탱그램	179
직육면체	210, 211, 213	테셀레이션	169, 170, 175
직접 비교	225	통계	269, 270
직접교수법	28	통계적 문제	276
직접비교	235, 252	통계적 확률	272
직접측정	228, 233, 238, 252	통분	119, 120

| ㅍ |

파스칼 ·· 271
판 힐러(van Hiele) ······················· 164
패턴 ··· 12
패턴블록 ························· 119, 175, 176
패턴의 과학 ····································· 12
페르마 ·· 271
페스탈로찌 ······································ 14
펜토미노 ·· 181
평가 ··· 40
평각 ··· 194
평균 ························· 74, 274, 285, 286
평면 ··· 195
평면도형 ································ 189, 190
평행 ·························· 195, 203, 214
평행사변형 ······ 178, 191, 203, 239, 240
평행선 ··· 195
평행선 공준 ·································· 163
평행선 사이의 거리 ······················ 196
평행선의 성질 ······························ 166
평행이동 ································ 209, 210
포앙카레 ··· 15
포함관계 ······································· 205
포함제 ······················ 100, 103, 104, 134,
  ································ 135, 139, 155
폴리드론 ······································· 182
폴리아 ···································· 35, 241
표준 알고리즘 ·········· 33, 68, 80, 92, 103
표준단위 ······ 226, 230, 237, 251, 253,
  ································ 256, 258, 260
피보나치 규칙 ······························ 297
필산 ·································· 69, 70, 74

| ㅎ |

한 점에서 직선까지의 거리 ··············· 195
함수 ································ 67, 116, 296
함수적 사고 ·································· 228
합동 ·············· 162, 164, 170, 208, 214
합동 변환 ····································· 208
합동변환 ······································· 209
합병형 ····································· 76, 82
해석기하학 ··································· 162
형식적 논리 수준 ························· 165
형식화 13, 33, 78, 79, 80, 92, 103, 104
혼순환소수 ··································· 148
혼합계산 ···················· 81, 100, 106, 157
홀수 ·································· 55, 111, 178
화폐 ··· 59
확률 ···················· 269, 270, 272, 287, 291
회전이동 ································ 209, 210
회전체 ································ 211, 217, 218
후항 ··· 301

| 기타 |

2009 개정 교육과정 ··········· 190, 209, 287
2015 개정 교육과정 ····· 15, 26, 40, 75, 193,
  ································ 216, 272, 288, 291